全国农业推广专业学位研究生教育指导委员会推荐教材

普通高等教育“十二五”规划建设教材

农村发展传播学

Communication for Rural Development

王德海 主编

中国农业大学出版社

·北京·

图书在版编目(CIP)数据

农村发展传播学/王德海主编. —北京:中国农业大学出版社,2012.4
ISBN 978-7-5655-0509-6

Ⅰ. ①农…　Ⅱ. ①王…　Ⅲ. ①农村—传播学—研究　Ⅳ. ①G206

中国版本图书馆 CIP 数据核字(2012)第 038026 号

书　　名	农村发展传播学
作　　者	王德海　主编

责任编辑	张秀环　屈江燕	**责任校对**	陈莹　王晓凤
封面设计	郑　川		
出版发行	中国农业大学出版社		
社　　址	北京市海淀区圆明园西路 2 号	**邮政编码**	100193
电　　话	发行部 010-62818525,8625	**读者服务部**	010-62732336
	编辑部 010-62732617,2618	**出　版　部**	010-62733440
网　　址	http://www.cau.edu.cn/caup	**e-mail**	cbsszs@cau.edu.cn
经　　销	新华书店		
印　　刷	涿州市星河印刷有限公司		
版　　次	2012 年 4 月第 1 版　　2016 年 4 月第 2 次印刷		
规　　格	787×980　16 开本　26.5 印张　475 千字		
定　　价	39.00 元		

图书如有质量问题本社发行部负责调换

编写人员

主　　编　王德海
编　　者　（按姓氏笔画排序）
王德海　刘玉花　林夏竹
高　崇　谭　英

内容简介

《农村发展传播学》共分四篇13章，是根据全国农业推广专业学位研究生教育指导委员会的要求，在参考作者在2003年出版的《发展传播学》和多种相关教材的基础上，总结多年教学经验，基于原有框架，结合现有教学形式和学生学习的特点，将基本理论的整合和学生实际能力的培养作为基本动机和目的，针对全日制和在职农业推广专业学位研究生的实际情况，兼顾学生从事和将要从事的专业工作的农业和农村背景，对传播的理论、方法和技能做了不同模块的切割，将本书从整体结构进行了重新安排，从内容上做了进一步的调整和补充。

本书主要内容包括农村发展传播学的基本理论，农村发展传播学的应用类型，农村发展传播学的基本技能和调查分析方法。第一篇为农村发展传播学的基本理论。在第一篇中除去一般传播过程和基本传播模式之外，增加了知识和信息的传播与管理一章，主要包括认知原理、符号互动理论、知识管理理论和农业知识和信息系统几个部分。出于对农业推广专业学位研究生课程的理解和教学经验，作者将上述理论联系在一起，其目的是试图构成农村发展传播学的基本理论框架。对这些理论的介绍将有助于农业推广专业学位研究生学习和领会农村发展传播学基础理论，提高学生对我国农村发展传播基本问题的分析能力，开拓和启发学生解决问题的视野和思路。第二篇为农村发展传播学的应用类型。按照传播学的基本框架，结合作者近几年的研究成果，介绍了农村人际传播、农村组织传播和农村大众传播的内容。为了使本教材更具实用性，本教材在介绍基本理论和基本知识点的基础上，尤其注重对传播的基本实用技能和调查分析方法的介绍。第三篇为农村发展传播学的基本技能。本篇主要分三章介绍了与农业推广专业学位研究生实际工作有关的倾听、演讲、会议主持这些传播与沟通的基本技能。特别需要指出的是，作者在本书中增加了第四篇，即农村发展传播学的调查分析方法。针对农业推广专业学位研究生的领域和专业多样化特点，通过本篇内容的增加，作者将农村发展学科领域的研究方法和参与式农村评估方法引入作为农村发展传播学的调查分析方法和参与式农村工作方法，还原了研究方法和工作方法的传播沟通属性，增强了农村发展传播学与农业推广和农村发展实际工作的联系，对国际农村发展的理论与实践在农业领域的影响范围的扩大和更加广泛地普及应用有较深远的意义。

总之，本教材中既有理论上分析和拓展，又有丰富的实践经验总结；既有一般传播学的基本知识，又适当兼顾了现代传播和农村发展学科的进展。本书基本理论和技能阐述清晰，边缘学科味道浓厚，有传统的理论模式，也有近年来研究的最新成果和实践技能总结，深入浅出，图文结合，理论联系实际。由于本书兼顾理论与技能两部分内容，因此，既可作为全日制农业推广专业学位研究生的教材，也可作为在职农业推广专业学位研究生的教材，同时也可作为大专院校本科生、研究生及一般相关职业人员的参考读物。

前 言

2003年版的《发展传播学》用完了，其实可以不加修改进行重印，以满足教学的需要。但基于作者对农业推广专业学位研究生的了解，对我国农村发展和农业推广现状的思考和近年来的教学经验，使得作者总觉得原来的版本有许多不足之处。为了满足农业推广专业学位研究生教学的需要，受全国农业推广专业学位研究生教育指导委员会的委托，作者汲取近年来的农业推广专业学位研究生教学经验，参考了最新学术观点和本学科几位博士生的研究成果，在2003年出版的《发展传播学》教材的基础上，经过修改补充，完成了这本《农村发展传播学》，提供各农业院校的教师和学生使用和参考。

本书冠名为《农村发展传播学》，是指它不同于一般意义上的传播学，它是指在农村发展框架背景下的传播学，是传播学在农村发展中的应用。本书的目的是使学生在了解一般传播学的理论和方法的基础上，理解农村中的知识和信息的传播过程与管理模式，学会用农村发展传播学原理的视角去发现农村传播问题，分析农村传播现象，站在更高和更宽的层面上观察人与人的传播沟通行为，分析传播对农村发展的影响。同时，学生通过对传播类型和农村发展传播方法和技能的学习，能够更好地利用媒介和与农民沟通，在所从事的农业推广和农村发展的具体岗位上努力寻求农村知识传播和技术转移中的问题解决途径。

作为教材，应该有明确的教学对象。对于本门课程的教学对象来说，无论在职农业推广专业学位研究生还是全日制农业推广专业学位研究生，他们所从事的工作岗位和将要从事的工作岗位的范围都很宽，从事的工作领域都很广，但都离不开农村发展目标下对人的工作。因此，为这些农业推广专业学位研究生开设传播学课程，不应该仅仅教给学生某些简单的传播技术，而更要重视提供学生必要的相关理论和思想方法，因为，一是我国农村的信息传播还有许多值得研究和提高的空间，例如自上而下信息流的“最后一公里”的解决和自下而上信息流传播驱动力的形成机制的建立对提高我国农村技术转移和成果转化效率说来仍面临挑战。二是虽然说要有方法和技能的训练，但说到底，与人沟通的技能不是靠学来的，而是发自一个人内心的。如果有一个好的心态，就可以产生适合的态度和行为表现。因此，与农民开展传播沟通的行为和质量取决于农业推广工作者和农村发展工作者的心理状态，与人的沟通需要心与心的交流。当然，在一个好的心态的基础上提供一定的技能训练是必要的，但需要说明的是，一般的专业信息传播技术已经有了一些专著，而基本的传播技术与应用绝不是农业推广专业学位研究生学习农村发展传播学的全部意义。

基于上述认识，在本教材中，作者重新编写了农村发展传播学的基本理论一篇，实际阐述的是农村发展传播学原理。全篇共分三章，除去保留《发展传播学》教材中传播过程和传播模式之外，重点增加了知识和信息的传播与管理一章。另外根据以往的教学经验，去掉了传播策略部分。根据注重实践教学的精神，在农村发展传播学的基本技能一篇中除去倾听之外，针对相当多的农业推广人员表达存在问题的现状，增加了演讲一章并扩充了会议主持的内容。上述这些技能都是近年来在实践教学过程中发现的农业推广专业学位研究生的实际需求而增加的内容。另外，作者第一次将农村发展学科中的研究方法及参与式农村评估工具作为独立的一篇，称为农村发展传播学的调查分析方法，放入教材内容中，其理由是，第一，这些方法本来就是国际农村发展中总结出的传播与沟通方法；第二，学习这些方法有助于从事多学科学习和工作的农业推广专业学位研究生运用适合的工具与农民沟通，提高个人实际工作能力。在分析方法中，将参与式的理念也做了相应的介绍，因为这些工具实际是参与式的传播与沟通方法的组成部分。

本教材针对农业推广专业学位研究生培养方向和学生的特点，在介绍传播与沟通基本原理和技能的基础上，在内容上尽可能联系国际国内农村发展实际，力求与学生的实际工作有紧密联系和指导意义，适合在职和全日制农业推广专业学位研究生学习。在编写过程中，力争体例科学，内容完整，资料翔实，立论有据。

需要说明的是，本书是一本编著的教材，但不同于其他一些教材，国内外没有一本相同的教材版本作参考。诚然，国内外有不同版本的《传播学》，也能见到《发展传播学》，但都不是本教材的视角和内容框架。针对我国农业推广专业学位研究生的特定教学对象，本书在编写过程中克服了许多困难，也有不少创新。所以，在此要对在本书编写过程中许多给予帮助的领导和同仁表示感谢。

为了保证本书的质量水平和代表性，全国农业推广专业学位研究生教育指导委员会于 2010 年召开了多次教材会议。在多次教材会议的基础上，全国农业推广专业学位研究生教育指导委员会秘书处于 2010 年 12 月 3～4 日在中国农业大学召开了农业推广专业学位研究生公共课程教材编写咨询会议，对《农村发展传播学》课程教学用书的编写工作进行同行审议。被邀请参会的同行专家有郭镇之教授（清华大学）、马九杰教授（中国人民大学）、卢敏副教授（吉林农业大学）、王鲁美副教授（青岛农业大学）和旷宗仁副教授（中国农业大学）。在此次会议上，针对农业推广专业学位研究生这一特定教学对象，同行专家对教材名称、编写的内容等进行了认真的讨论，最后通过了本教材的编写大纲。感谢参加教材编审会的领导、专家、教授和同事的诚意帮助。感谢国务院学位办和全国农业推广专业学位研究生教育指导委员会在方案制定和工作推动上的指导和支持。

参与本书编写的作者是：王德海教授、谭英博士、刘玉花博士、林夏竹博士和高崇博士。感谢各章主要负责编写的几位博士的严谨科学态度、辛苦努力和积极的敬业精神。

最后由于作者的水平有限，本教材可能存在许多不足之处，恳切希望有关专家和师生们给予批评指正。

作 者

2011 年 12 月

目录

绪论

>>>

作为开篇，本章将对农村发展传播学的缘起、概念、学习意义与方法等进行简要介绍，使读者对其能够有一个初步的认识。

第一节　农村发展传播学的缘起

对于一个农业和农村发展工作者而言，他们所面临的问题和挑战是一个不断快速变化着的世界。在这个世界上，现代化、工业化、城镇化都与农村发展紧密联系在一起。然而，没有农村的发展变化，就很难实现任何实质性的、可持续性的社会发展。农村发展的实现离不开发展干预，发展干预的重要手段之一就是创新和在创新基础上的传播。从这个意义上说，农村发展传播学是农业和农村发展工作者重要的必修课。

在我国，为农村发展工作者开设传播学课程始于中国农业大学。1988 年北京农业大学首先设置农业推广学专业并开始招生。作为以讨论农业推广和农村发展工作者与农民、农业和农村发展为主要内容的一种理论和实践的总结，传播学自1988 年开始便成为当时农业推广和后来农村发展学科的一门必修课。2001 年开始，随着国务院学位委员会对农业推广专业硕士培养方案的批准，农村发展传播学(当时名称为农业传播与沟通)成为我国农业推广专业硕士培养中的重要学位课程之一。

一、农村发展传播学的学科渊源

(一)传播学

“传播”(communication)是一个含义丰富的词汇，人们日常理解的传播包含了多重的意义。美国传播学家彼得斯在《交流的无奈——传播思想史》中认真梳理了communication 这一语词的来源。他认为 communicate 的拉丁语意义是告知、分享、使之共同。“传播”在 15 世纪时指的是促使某事成为常人所知之事的行动。17世纪，随着西方公路、运河、铁道的长足发展，“传播”成为与“运输”(transportation)并用的词汇。而由于17—19世纪，物体和人的运送并未与信息和社会关系的沟通分割开来，所以“传播”既指交通也指符号的交流。到20世纪，传播才从一般的沟通设施分立出来。在“传媒时代”，传播已经有二级意蕴：单向（one way）的过程与相互分享（share）的双向过程（吴飞，2007）。

传播学是20世纪出现的一门新兴社会科学。20世纪40年代，著名传播学家威尔伯施拉姆（Wilbur Schramm）与社会学家拉扎斯菲尔德（Paul Lazarsfeld）、政治学家哈罗德·拉斯韦尔（Harold Dwight Lass well）、心理学家库尔特·勒温（Kurt Lewin）和卡尔·霍夫兰（Carl Hovland）等共同开拓传播学研究的新领域。施拉姆将新闻学、社会学、心理学、政治学融为一炉，创建了传播学。传播学是研究社会信息系统及其运行规律的科学。作为一门边缘学科，传播学和其他社会科学学科有密切的联系。由于传播是人的一种基本社会功能，所以凡是研究人与人之间的关系的科学，如政治学、经济学、人类学、社会学、心理学、哲学、语言学、语义学、神经病学等，都与传播学相关。它运用社会学、心理学、政治学、新闻学、人类学等许多学科的理论观点和研究方法来研究传播的本质和概念；传播过程中各基本要素的相互联系与制约；信息的产生与获得、加工与传递、效能与反馈，信息与对象的交互作用；各种符号系统的形成及其在传播中的功能；各种传播媒介的功能与地位；传播制度、结构与社会各领域各系统的关系等。

农村发展需要所有相关方或利益相关群体的参与和合作，人们只有在相互理解的基础上才能为实现一个共同认定的目标而努力。一个农村发展工作者与农民工作的过程不仅是让农民了解农村发展工作者的意图，然后按照这个意图去做；同时也是农村发展工作者向农民学习的过程。只有将农民的创造性和研究人员、推广工作者以及其他农村发展工作者的创造性相结合，才能构成有效的知识和信息网络，形成中国农村特有的知识创新体系，建设现代化的农村和造就新时代的农民，从而提高居住在农村社区中各阶层人口的生活质量水平。农村发展目标的实现离不开人们的相互理解，传播学原理有助于增强这种人与人之间的相互理解以及行动中的自觉性、主动性、参与精神和合作意识。

（二）发展学

现代发展的概念起源于20世纪40年代中期。“二战”以后，“发展”开始成为社会科学中的一个新概念。最早明确发展学概念的是一些西方发展学者。发展学又称为发展理论（development theories）或称为发展研究（development studies）。单从研究对象的范围上划分，可将发展学分为广义发展学和狭义发展学。广义发展学指从全球背景上探索经济发展和社会变迁的一般规律，阐明包括发达国家和发展中国家在内的经济、政治和社会发展的历史和现状，乃至未来发展的远景。狭义发展学指专门以发展中国家为研究对象，分析这些国家落后的原因，发展的国内外条件和环境，并提出政治、经济、社会、文化等综合发展的战略方案和政策建议（赖晓飞等，2002）。

发展研究在融合普通学科的思想的同时，也促进了其他学科的发展。以发展思想为核心的各个学科分别形成了发展经济学、发展人类学、发展社会学、发展政治学、发展传播学以及发展生态学等不同的学科领域。

（三）发展传播学

传播学的分支学科有很多，发展传播学是其中的一个重要分支。所谓发展传播学（communication for development/development communication），从字面的意义讲就是为了发展而传播。发展传播并没有一个公认的标准定义，本书采用维伯特对此所下的定义："发展传播是利用传播的过程、技术和媒介，帮助人们全面认识他们所处的环境以及变革的手段，帮助人们解决冲突、达成共识，帮助人们制定改革和可持续发展的计划，帮助人们获取必要的知识和技能以改善自身的处境和社会状况、提高机构的效率。"（尹宏毅，2003）

发展传播学兴起于20世纪50年代，以美国学者勒纳在1958年出版的《传统社会的消失：中东的现代化》为标志，这一交叉学科在六七十年代开始受到广泛关注。发展传播学从产生至今经历了50年左右的发展，根据传播学者诺登斯壮与席勒的分析，发展传播学的历史进程大体可以划分为三个阶段（张国良，2001）。

（1）20世纪50年代末到60年代的进化论范式研究阶段，致力于传播对社会发展的作用的研究及实践。

（2）20世纪60年代末到70年代的批判学派研究阶段，关注国际传播中的不均衡现象，致力于"国际新闻传播新秩序"的建立。

（3）20世纪80年代以来的多元化发展阶段，认为各发展中国家应选择符合本国实际情况的发展目标和道路，形成与之相适应的发展传播模式，强调"多种声音，一个世界"。

当前的发展传播仍属于多元化发展阶段，即围绕当今世界发展中的一些关键议题来进行发展传播的实践与理论探讨。

（四）农业推广学

20世纪中叶，农业推广学起源于美国。1949年，凯尔塞（L. D. Kelsey）和赫尔（C. C. Hearne）合著的《合作推广工作》是美国第一本作为大学教材的著作。后来随着农业推广学研究的深入，各国出现了很多关于农业推广学的著作，研究领域也逐渐拓宽，农业推广也日益在向农村推广演化。中国农业推广学的教学和研究工作始于1988年，在那一年，北京农业大学开始设置农业推广专科，后来在1993年升为本科。农业推广学的学科渊源是农村社会学。罗林教授(Niels Roling)认为推广科学是由推广研究成果和推广实践经验的不断积累而构成的知识整体。推广作为一种政策手段,会随着所赋予的用途和特定的历史背景而变化。农业推广学是适应一些发展变化的需要而产生的,这些变化包括:①农业发展变得依靠技术推动为主要的发展动力;②现代国家发展目标的实现越来越依赖于诱导自愿行为改变的政策手段;③许多媒介和信息技术的发展;④环境保护的发展要适应人类意向的要求。上述变化要求推广工作更多地涉及包括公共信息、沟通干预和知识应用的内容。

农业推广学有狭义和广义之分。狭义的农业推广指农业技术扩散。广义的农业推广更多地强调以沟通干预为特征的农村人力资源开发和人的自愿行为改变。在一定政策目标下,农业推广学的核心理念是通过农业推广人员的努力,帮助农民发现问题、分析问题和解决问题,从而提高农民自我决策与自我发展的能力。按照研究的重点领域,农业推广学的发展阶段可以分为:①以单向传播为特征的技术转移;②以双向沟通为特征的自上而下和自下而上信息流的结合;③知识和信息系统。

综上所述,农村发展传播学产生的学科基础包括传播学、发展学、发展传播学和农业推广学。也就是说,农村发展传播学与上述这些学科有着很多交叉和联系。例如,农业知识和信息系统既是近年来农业推广学研究的内容,也是农村发展传播学研究的内容。不同学科从不同视角对同样内容的关注和研究,既说明学科间的密切联系,也有利于丰富研究成果。农村发展传播学是从传播学视角探究发展问题的一门学问。农村发展传播学将农村发展设定为研究目标,将研究场域设定在农村和农业这个范围,将研究对象限定为农民和与农民相关的农业推广人员或农村发展工作者。简言之,农村发展传播学属于传播学范畴,它是以农村发展为背景和目标的传播学。如果说传播学重点在于研究人与人的传播关系,发展传播学重点在于研究传播学与发展中国家发展的关系,那么,农村发展传播学重点在于研究传播学与农村发展之间的关系。

二、农村发展传播学产生的背景

(一)传播学研究对农村发展的关注

关注农村发展是农村发展传播学的实践着眼点。从1956年在印度举办的农村广播座谈会的尝试,到当今各国际组织在发展中国家所进行的发展传播项目,这些发展传播实践主要是在农村进行的。发展传播最主要的目标是希望通过提高传播质量和效果促进发展,特别是促进发展中国家的农村发展,即通过现代传播技术的应用与发展来提高农民素质、改善农村社区传播环境、解决农村发展中信息不足的问题以促进农村发展。

1. 国外传播研究对农村发展的关注

当前国外的发展传播机构对农村发展给予特别关注。如联合国粮食与农业组织(FAO)有专门的发展传播小组从事在发展中国家特别是在非洲各国的发展传播项目与研究;粮农组织的可持续发展部也是发展传播项目的先驱,主要通过传播过程与媒介的利用来帮助广大农村人口进行经验交流,以实现农户间的合作,促使其积极参加和管理农业和农村发展的活动;此外,据统计,世界银行(World Bank)的国际发展传播项目旨在讨论和促进发展中国家的媒介发展,许多发展中国家和经济转型国家从中受益;而教科文组织(UNESCO)的传播发展项目注重培养各个领域的传播专业人才,特别是对妇女和培训者的培训。

联合国开发计划署(UNDP)也曾与科学技术部中国农村技术开发中心、商务部(原对外经济贸易合作部)、中国国际经济技术交流中心共同合作开展"中国信息通讯技术扶贫能力建设"项目(简称"信息扶贫"项目),即针对中国贫困地区由于受到区域条件的限制,科技信息的接收和反馈能力较弱等问题开展全新的扶贫模式。项目目标是通过在贫困地区部分县、乡、村加强信息能力建设和科技信息服务,示范推广可行的科技信息扶贫模式,从而为国家制定扶贫和消除贫富差距的政策和计划,为扶贫开发工作,尤其是为"西部开发"过程中的扶贫工作提供有价值的经验和建议。

目前国际发展机构从事发展传播项目的区域主要为非洲、拉丁美洲及南亚等,而在这些国家和地区的相关机构和科研院所也有相应的部门从事相关的研究,或者给国际项目提供当地的人力支持与理论贡献,或者直接根据本国的实际情况从事相关的发展传播实践。如菲律宾大学的发展传播学院一方面在探索本国的农村发展传播实践经验,另一方面与国际组织合作从事相关的实践活动与理论研究等。

国外的发展传播项目广泛运用不同的媒体与途径,包括应用民间媒体和传统的社会团体以及最新的互联网技术等来实现促进农村发展的目标。具体的做法一般是,根据当地的实际情况与接受能力,运用现代传媒技术使得处于发展落后阶段的农村社区能够获得外部世界的信息,从而激起其发展的动力,如在非洲偏远的地区通过农村广播使得村庄能够获得外部世界的信息,激发年轻人的上进心与创业欲望,而远程教育、空中课堂、多媒体等形式则为农民培训创造了条件,促进农民素质与文化水平的提高等。因此,发展传播项目能够促进农民的相互交流与学习。

经过 50 多年的发展与实践,发展传播仍处于不断探索、力求完善的阶段。农村发展领域的专家与学者对于发展传播仍是各持己见,有的认为发展传播是农村发展过程中的工具,即如何借助传播技术与手段更好地促进发展;有的则认为发展传播是农村发展中的内在动力,是与农村发展不可分的。应该说,发展传播的实践与理论是随着农村发展及社会进步而不断进步的,虽然国外的发展传播实践并没有给我们提供一个完善的答案和直接可靠的实践方案,但从这些发展传播实践与理论中仍可汲取经验与教训,探索适合国情的农村发展传播的道路,借助大众传媒与现代传播与沟通技术促进农村的可持续发展。

2. 国内农村发展传播学研究

20 世纪 80 年代中期是传播学在中国逐渐得到广泛介绍的时期,发展传播这一概念也开始进入人们的视野。80 年代中期,祝建华等人(1985)通过“上海郊区农村传播网络研究”发现上海郊区农村的传播网络由大众传播与人际传播两个子系统构成,大众传播的使用效率高于人际传播。大众传播系统由六大媒介构成,其中广播的使用效率最高,报纸、电视与图书三项基本接近,使用率属于次高,杂志与电影的使用率最低。人际传播系统包括五项人际渠道,其中以串门的使用率最高,会议与婚丧喜庆次高,文化馆和茶馆最低。这次调查研究虽然从概念的界定到数据的分析尚不完全成熟,但却开创了中国传播学的实地调研与量化研究的先河,成为中国传播学研究中具有里程碑意义的事件,同时也是我国农村发展传播学研究的先驱。

20 世纪 90 年代,在进一步的理论介绍之外,在实证研究方面,开始将发展传播的理论框架运用于对中国本土情况的研究,进行了一些很有价值的调查,一些较大型的课题得以开展,并取得了可喜的成果。这方面的论文主要有:《大众媒介对观念现代化的影响》(王怡红,载《新闻研究资料》第 50 辑,1990 年)、《浙江省城乡受众接触新闻媒介行为与现代观念的相关性研究》(闵大洪、陈崇山,载《新闻研究资料》第 55 辑,1991 年)以及《新闻传播效力的一项实证分析》(张学洪,载《新闻研究资料》第 57 辑,1992 年)等,著作有《新闻事业与中国现代化》、《大众传播与中国乡村发展》、《媒介·人·现代化》、《传播与民族发展等》(徐晖明,2003)。

进入 21 世纪,发展传播学的研究领域及研究方法产生了多样化的发展趋势,经分析整理有如下一些主要的研究领域。

1)农村信息传播研究

方晓虹编著的《大众传媒与农村》开启了中国农村发展传播实证研究的新一轮高潮。该书作者方晓虹教授带领南京师范大学的青年教师和学生在 2001 年开展江苏农村受众调查、江苏媒介调查、苏南农村入户访谈以及南京城市受众调查等四项调查,分别对苏南受众与大众媒介、大众媒介与苏南农村经济、政治、文化的相互关系进行了分析与研究(方晓虹,2002)。

中国农业大学媒体传播系则采用“乡村传播”的概念，研究乡村传播是如何将新的技术、新的产品、新的思想与其价值观念普及到乡村社会中去的问题，并从历史发展、信息建设、传播机制三个方面对乡村传播与农村发展的研究进行了综述性的探讨，并将新农村建设的含义赋予其中（李红艳，2007）。

农村信息传播是农村发展传播研究的一个重要领域，国内研究者也对其给予了极大关注。谭英2004年的硕士论文《欠发达地区不同类型农户科技信息需求与服务策略研究》运用参与式农村评估方法和问卷调查方法，对云南思茅、陕西宝鸡、山西运城、河北深州、安徽芜湖等地区的不同类型农户科技信息需求及媒介接触行为进行了调查和研究。结果表明：在农户科技信息需求意识方面，科技信息需求强度的大小，决定一个地区经济发展的程度；越是经济贫穷落后的地区，比较贫困的农民受体科技信息需求意识越弱；越是相对富裕的农民受体，科技信息需求意识越强，获取和使用信息的效率越高。在信息传播渠道（媒介接触行为）方面，低收入型及中等型农户主要选择人际传播渠道；相对富裕型农户选择集市和大众传播渠道。在信息服务策略方面，多元传播主体相结合的科技信息服务模式传播效果最好。研究结果还表明：不同类型农户对不同种类信息偏好不同；人际传播与大众传播相结合的传播效果对农户选择信息有重要影响作用；意见领袖多为相对富裕型农户，其主业亦呈多样化；在信息传播主体多元化的时代，意见领袖的决策行为仍对一般农户的决策有非常大的影响。调查研究发现，农户日常行为习惯对获取和采纳科技信息有直接的影响；在“最后一公里”信息服务中，基层政府信息传播部门没能发挥应有的作用；农民受众最多的电视媒介未能充分发挥作用；民间产生的信息服务模式深受农户欢迎；宝鸡农业科技专家大院的多元信息服务主体相结合的信息服务模式有助于科技信息的应用与转化。在上述研究的基础上，提出了在政府的支持下大力发展民间信息服务组织、创建多样化的信息服务模式的建议。明确基层农村信息服务主体的角色和职责定位是进一步提高信息服务质量的关键；建立农业电视频道，可缓解科技信息供需错位；农业行业报纸和期刊通俗化、科普化可更好地发挥印刷媒介传递科技信息的作用；媒体信息传播的管理创新是搞好农村信息服务的保证。

谭英2011年的博士论文《乡村“自下而上”的信息传播位能提升研究》将物理学中的“位能”概念引入传播学中，构建信息传播位能理论，分析信息传播过程中的位能差现象，并采用实地调查研究的方法，选取典型的“自下而上”的农村基层信息传播范例，验证所构建的信息传播位能理论，提出了发展多元化农村基层信息服务组织的建议。该项研究构建了信息传播位能理论。提出信息传播位能由信息分量、信息传播速率和信息收发平台构成，其量值为三要素的乘积，并与三要素的值相关。认为信息传播下位者转为信息传播上位者一般需要的4个条件:①有成为传者的意愿,有代表弱势群群体利益表达的愿望;②有较强的信息需求意识,有一定的判断信息、采写信息的能力或借助他人和媒体发布信息的能力;③有较高层次的精神需求,有尊重的需求;④有一定的学习能力和创新精神。研究通过典型个案验证提出提升农民信息传播位能的途径。一是个体信息传播主体选择信息发布平台的种类及级别高,可提高其影响力;二是组织化的信息传播主体所发布的有价值信息多,所选择的信息平台的种类和级别高,其总位能潜在量就大;三是传播主体依托先进的信息技术加快信息传播频率,可增加信息传播位能量,对促进农民增收有较大的推动作用。研究分析了“自下而上”的信息传播内在影响因素与策略。推动信息传播下位者转为信息传播上位者的关键因素来自内部,信息传播位能的提升与信息意识、带头人的观念,自信、利益表达意愿、自我认知、基本需求、主动学习、创新精神都有直接关系。乡村“自下而上”信息传播位能提升的策略有:他助式和自助式信息传播位能转化策略。论文基于理论分析和调查实证,提出可通过提高信息位能的方式改进三农信息的“自下而上”的传播,对促进农民增收、城乡和谐发展有重要的理论价值和实用价值。

2)传播与农村现代化研究

传播与现代化一直是发展传播研究的主要议题。勒纳在1958年提出了传播与资本主义社会发展的理论模式,其理论的核心是以城镇化、教育普及、大众传播发展和人的社会参与四个要素的相互作用来解释现代化的过程(张国良,2001)。1993年3月,复旦大学新闻学院裘正义的博士论文《大众传播与中国乡村发展》由群言出版社出版。这是中国国家社会科学“七五”重点项目“传播与中国城乡现代化”的成果的主要内容,论文得到了美国东西方中心专家的指导。可以说这是中国在发展传播学研究方面迄今为止所取得的最重要的成果之一,这是首次在一个完整的传播学理论框架下所进行的大规模综合性实证研究,如大陆传播学者们一直期待的那样,将来自西方的传播学理论应用到了中国的社会实践(这里的传播学理论主要指的是“发展传播学”理论框架)。就其受众调查的规模而言,抽样调查的范围覆盖9个省,包括了发达地区、发展中地区和欠发达地区三类不同综合发展水平的地区,并且首次专门以乡村居民作为研究的对象(徐晖明,2003)。

戴俊潭的博士论文《电视传播与转型期中国农民的意识现代化》结合发展传播理论与中国语境,考察了大众传播与人的现代化对于当代中国的现实意义;进而从乡土重建的历史视角分析了农民意识现代化的重要性与当前中国农民的传播生态;探讨了当前中国电视传播的文化变革;分析了电视传播与大众文化的关系以及农民的传播意识与现代化内涵;围绕现代性问题,对电视传播中的大众文化与中国农民意识现代化的矛盾进行了分析；并从可持续发展的哲学视角对当代中国电视文化进行了宏观的理论审视，指出重新反思当代电视文化的必要性等（戴俊潭，2004）。

3）农村社区传播研究

农村信息传播的社区研究相对较少，郭建斌的博士论文《社会转型期大众传媒与少数民族社区——独龙江个案的民族志阐释》采用“民族志”研究方法对少数民族社区进行深入调查，是对有关传播社会学研究的尝试。他以位于中国云南省西北部的独龙族主要聚居地——独龙江作为研究个案，通过作者为期半年的田野调查，结合相关研究资料，对“中国社会转型期大众传播媒介在少数民族地区所扮演的角色”进行回答（郭建斌，2004）。

刘玉花 2008 年的博士论文《农村社区信息传播网络研究》以“农村社区信息传播网络”为切入点，以吉林省方村为案例，在分析农村社区内外信息传播关系基础上识别社区内部与外部的传播网络，研究内外部传播网络的交互运行，尤其分析了在社区传播中发挥重要作用的意见领袖及其作用，提出完善和利用社区传播网络的建议。该项研究基于发展学、传播学和社会学等多学科视角，创新性地将社会网络分析方法与案例分析方法相结合，通过观察、半结构访谈、参与式农村评估工具、问卷调查等方法进行实地调研，并做相关的数量统计与案例分析，对方村的社区信息传播网络及其运行状况进行初步判断，得出了农村社区内部整体传播网络运行效率较低；社区外部传播网络效率受信任关系影响和社区内外传播网络交互运行不畅三点结论。研究结果发现，意见领袖是外部信息进入社区及社区内部获取外部信息与支持的主要联结点，在农村社区发展中具有重要作用。但目前农村社区缺少有效机制保证内外部传播网络的交互运行，尤其是对意见领袖的作用发挥不够，导致农村信息传播不畅。该项研究基于上述发现，提出以下建议：①通过构建农村新型和谐人际关系与人际传播等提高社区内部的信息传播效率；②通过信息立法、转变传播主体的工作理念等方式增强社会功能性外部联系的信任度与有效性；③创建以意见领袖策略为主导的社区内外部传播网络运行的有效机制。

4）农民的知识转化过程研究

2008 年，旷宗仁等以海南阜乡天堂村与新村为例，采用问卷调查与个案访谈相结合的研究方法，分析了农业知识信息系统中阻碍农民认知行为发展的关键原因。调查分析结果表明：农民的知识结构主要以隐性知识为主，其知识来源主要是个体的经验积累和农民之间的相互模仿，知识技术传播方式以隐性知识传播为主；外部乡村传播者由于对农民认知结构和认知行为学习规律严重缺乏了解，在传播内容和传播方式上均主要强调显性知识的传播而未能重视隐性知识的传播，致使其传播效果影响甚小。研究强调，未来的乡村科技传播应该更多地利用隐性知识传播规律，以便更好地促进农民认知行为的改变。

林夏竹2010年的博士论文《茶山智慧：农民的知识转化过程研究》基于一个西南村庄的实地调查，通过一个西南村庄农民知识转化过程图景的描绘，分析农民知识转化过程的影响因素，有针对性地为外部知识干预行动提供强有力的社区依据和理论参考。研究采用了实地研究方式获得一手材料，通过问卷调查、参与式观察及一系列的半结构访谈获取了社区农民知识转化的具体发生事实。坚持"以问题导向"和"行动导向"相结合的原则，深入剖析农民知识转化过程的存在问题及其影响因素。通过对社区农民茶叶采摘、节能灶及茶叶销售三类知识形成和转化过程的深描，研究得以进一步挖掘农民知识转化过程的规律特征。在研究中主要发现有：①农民知识转化在社区层面上主要表现为观察模仿、日常交流及"干中学"三种形式。②在农民知识转化影响因素方面，主要涉及三种类型因素的影响，包括人际关系、社区环境和激励机制。③从知识转化模式上看，农民知识转化活动常常处于连续性与非连续性的状态。该研究提出以下政策建议：①建立知识化农业的国家政策保障制度，以从国家发展战略层面上推动农村建设；②健全外部知识干预的技术推广体系，以进一步提高农业发展中的科技应用率；③营造浓厚的农村社区学习氛围，以促进农民自我学习、自我发展能力的提高。

（二）传播与沟通在农村发展中的地位和作用

从某种意义上说，农村发展传播学在农村发展中的地位和作用可以在农业推广人员与农民之间的关系上体现出来。

1. 传播与沟通在农村发展中的地位

1）传播与沟通是农业推广和农村发展工作者的职业特征

（1）农业推广的总体目标是促进农村发展

图0-1以农业推广工作者为例，说明传播学对于农业和农村发展工作者的重要性。从农村发展工作者的角度来理解，农村发展与推广和沟通的关系是：农业推广是实现农村发展目标的一种手段，传播学是实现推广目标的一种手段。简单地说，发展意味着一种变化或变革，这种变化或变革的结果是好是坏的评价在于谁是受益者。

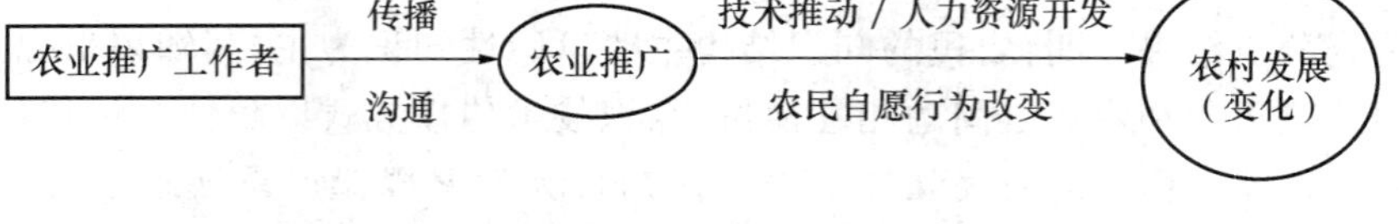

图0-1　传播沟通与农业推广和农村发展的关系

(2)农业推广是要改变农民的自愿行为

农村发展的主体是农民。因此,作为发展特征的变化可以表现在很多方面,但归根结底是要体现在农民行为的改变上。

农民的行为主要包括社会行为和经济行为两方面。农民的社会行为包括交往行为、采纳行为、社会参与行为、生育行为等;农民的经济行为包括投资行为、劳动组织行为、收入分配行为、消费行为、市场行为、借贷行为等。农民的行为改变了,一切都会发生变化。在改变农民的行为方面,有强行改变、欺骗改变和自愿改变三种途径。强行改变包括权力命令、法律法规、规章制度等带有强制或惩罚性质的方式;欺骗改变包括对行为者的一种操纵和诱骗行为;自愿改变包括交换、咨询、教育或培训、物资供应、提供服务和通过改变农村社会环境和经济结构等措施。

农业推广这个职业区别于行政机关和其他相关职业的主要特征是推广人员的工作是让农民自愿改变行为,而行为的自愿改变是不能通过行政或强迫的手段实现的。

(3)传播与沟通是开展农业推广工作的主要工具和手段

为了做好农业推广工作,从而使农民自愿改变行为,农业推广和农村发展工作者的一个必备素质就是要能够与农民一起发现问题、分析问题和解决问题。当你有一些建议或想法的时候能够清楚地将你自己的意图传达给你的工作对象,使他们理解要做什么,为什么要那样做。这就需要沟通。在实际工作中,无论是要进行一次对农户的调查访问,还是要进行一次充满信心的演讲或有说服力的示范,都离不开有效的传播与沟通,它是农业推广工作主要的工具和手段。可见,将传播与沟通作为农业推广工作的主要工具和手段是农业推广的职业特征所决定的。所以,农业推广和农村发展工作者传播与沟通的技能与策略的好坏是做好农业推广工作的关键。

不难理解,农业推广工作者实际上是职业沟通者。农村发展工作者不能强迫农民做农民不愿意做的事情。农业推广的核心是诱导农民自愿改变行为,是为满足农民需求服务的一种形式,这是推广区别于其他行政手段和其他从事实现行为改变职业的一个明显标志。

2)传播与沟通是农村发展工作者的职业技能

(1)农村发展工作者的中间地位

作为农村发展工作者,推广人员需要学会传播与沟通技能,这是由推广人员所处的地位和作用决定的。众所周知,政府往往将农业推广作为实现政策目标的一种政策工具或称干预手段。也就是说,与其他行政式的行为干预手段一样,推广是政府的干预手段之一。这里的干预指某团体或个人为了实现特定目标对他人所施加的一种影响。需要指出的是，作为一种干预手段，农业推广只有在能够引导目标群体的自愿行为改变的前提目标下才能发挥效力或作用。因此，农业推广人员处于中间地位，他们不能强迫农民执行政府的政策，而是要运用传播与沟通技能，在充分了解和分析农民需求的基础上有计划、有策略地落实好政府的政策。

如图 0-2 所示，对于农业推广而言，一方面是政府的政策，另一方面是农民的需求(这里，不是说政府的政策与农民的需求是对立的，而是说，政府的政策有时与农民需求有矛盾。因为政策是基于对宏观形式的一种分析所作出的决策，而在针对具体微观环境中的情况有时是有区别的。例如，过去在我国粮食生产面积，提高粮食产量，这是很正确的。但是，对于个别地区来说，农民最大的愿望是增加收入，是需要质量上的提高，而不是数量上的增长。这种矛盾往往会体现在种植结构的调整上)，两者都要兼顾。农业推广的特点是要在两者间找到结合点。

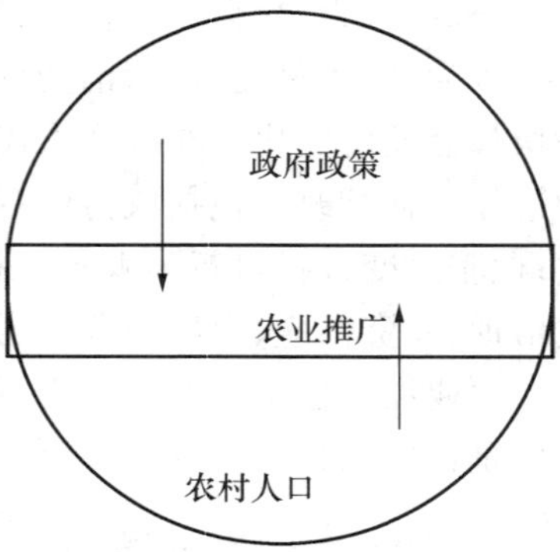

图 0-2　农业推广的中间地位

(2)农业推广的两种职能

职能 1:对社区发展的技术推动。农村发展工作者肩负的一个被大家都认同的任务是通过引进先进技术，促进技术扩散过程，提高技术采纳率，从而起到农村发展的“技术推动”作用。因此，在我国常常将农业推广工作者称为技术员。然而，技术推广工作从来都不能脱离开与农民打交道。一个不会与农民沟通的技术员只能作为行政命令式推广的工具，绝不可能成为一个受农民欢迎的合格的推广工作者。例如，总结我国农业技术推广的经验时我们常常认为可分为三个阶段，即试验、示范和推广。这里的推广指某项技术的广泛地传播扩散。为了推广一项先进技术，首先要考虑农民需求，要进行调查研究，与农民一起讨论问题。在开展试验之前要访问农户，征求农民意见，看是否与本地环境条件相符合，然后进行试验。在示范阶段，农村发展工作者需要选择示范点，组织农民小组开现场会；在推广阶段除去开会以外可能还要写文章，利用广播、报纸等媒体或举办培训班进行宣传动员，通过走访农户了解农户面临的实际问题并通过信息传播帮助农民找到解决问题的方法。这是农业技术推广人员采用的基本工作程序和工作方法。在推广工作过程中，推广工作者需要根据基本需求和社区特征的不同，将农民划分成不同的小组。这样，有利于推广工作者针对不同的小组确定不同的问题和发现解决问题的潜力、机会和方法，从而找到适合于每个小组所应采取的相应措施。推广工作者只有懂得农民在想什么，对问题的态度以及表达方式，才能够做到有效的沟通，使推广工作产生最大的效果。

职能2：农村人力资源开发。除去技术推动作用之外，农业推广很重要的职能是人力资源开发。与技术推广比较起来，这是农业推广工作者更重要的任务。因为任何技术都需要农民去掌握和应用，推广技术的目的是增加农民的知识和技能，提高农民的整体素质。农业推广工作者不能取代农民的作用，而农民可以通过自己本身素质的提高脱离对推广工作者的依赖。一个需要澄清的概念是，农业推广工作者不是只要手中有技术就能进行农业推广工作；在更多的时候人们发现，农业推广工作者光靠技术知识是做不好农业推广工作的。因为在许多情况下，其实不是推什么的问题，而是需要在与农民的沟通过程中发现农民的需求，发现农村人力资源的潜力，进行发动、组织、动员和培训工作。通过这些活动，启动农民的发展意识，提高农民的素质。一个成功的农业推广工作者，不是带着技术去找农民，而是在其启发和帮助下，农民自己寻求包括新技术在内的发展门路，或者说也许农民带着某项技术来找农业推广工作者商量其可行性。因此，重要的不在于农村发展工作者手中要有新技术，而在于农村发展工作者能不能通过与农民有效地沟通，真正了解农民的需求和他们的想法，在相互理解的基础上寻求一条农民自己发现问题、自己分析问题和自己解决问题的持续发展途径。通过农村发展工作者的工作，社区农民的行为发生变化的标志是农民能够从依靠政府和推广人员改变到主动地、自觉地要求相关部门和人员为他们服务上来，农业推广的成果不是仅仅表现在某种技术覆盖面积或范围的扩大，而是农民的知识技能水平和自我发展能力的提高。

如前所述，改革开放以后，农民已不再是为了仅仅达到某种政府目标而劳动的一般劳动者，他们日趋成为主观上为了增加收入，客观上满足市场需求的相对独立的生产者和决策者。国际农村发展的现状和我国农村改革开放的形式要求农村发展工作者有更高的知识水平和传播与沟通能力。这种知识水平和传播与沟通能力要体现在推广人员的日常实际工作中。因此，对于推广人员来说，做好农业推广工作的基础是传播与沟通能力的提高。

目前，在我国社会主义市场经济条件下，根据对许多在职推广工作者的调查，普遍认为一个合格的推广工作者需具备的素质应该是。

(1)过硬的专业技术。

(2)娴熟的沟通技巧。

(3)良好的身体条件。

综上所述，农村发展传播学正是为适应我国改革开放和市场经济的深化而为未来的农业推广和农村发展工作者开设的一门课程。如果工商管理学科中的沟通学称为管理沟通的话，那么，农村发展传播也可以称为推广沟通和发展沟通。因此，农村发展传播学是要在农业推广、农村发展的背景下，分析农业推广工作者如何了解农民需求，设计和选择适当的传播与沟通策略，提高沟通技能，从而有效地与工作对象更好地合作，达到预期的农业推广和农村发展目标。

2. 传播与沟通在农村发展中的作用

1)获取信息，发出信息

信息的获得和发出是沟通的重要作用之一。人们利用沟通手段寻求和接收信息，及时了解社会内部以及外部的状况和变化，以便迅速作出必要和适当的反应。推广人员通过与农民的沟通，了解农民的生产生活状况、技术采纳的效果，然后利用沟通手段与农民进行交流。利用大众传媒来发布消息，传播信息是推广人员普遍采用的一种技术手段，通过观察、采访、座谈来获取信息，通过人际沟通，广播、报纸和电视进行技术推广工作。然而，农民能否真正理解和接受大众传媒的信息，从而产生共同的信念和行动，决不单纯决定于大众传播媒体是否发出单一的指令性信息。这取决于大众传播是否与其所依存的社会环境、社会制度、社会结构和社会关系相协调，是否与受众的普遍心理倾向相一致。

2)分析需求，提供咨询

咨询是人力资源开发，提高人口素质的重要手段。对于农民来说，农业推广机构是农民获取有用信息的一个重要来源。在生产生活中，农民往往需要获取多方面的信息，农民指望推广人员能够利用沟通手段为他们提供这些信息。例如，今年种什么庄稼好？市场行情怎样？饲料和化肥的价格如何？棉铃虫怎样防治更有效？个体农民往往很难把握。这些信息的来源有些可以通过正式渠道，有些则需要农民向邻居和知情者打听，通过主动询问才能获得。推广人员能否通过与农民的联系，为农民打开信息渠道，使农民真正得到切实的帮助？这就成为摆在推广人员面前的一个重要问题。更重要的问题往往是，推广人员知道这些问题吗？

3)讨论协商，计划决策

沟通是农村发展工作者与农民相互交流、开展农业推广工作的工具。在工作中，当农民不理解时，不能发号施令，强制命令。而是要利用人际沟通技巧，做耐心细致的动员工作。在多数情况下，对方被说服的程度往往取决于说服者对沟通技能的掌握程度和运用能力。当然，在交流时，一定要注意倾听对方的意见和观点。一般来说，传播与沟通没有预先确定好的角色定位和结果定式。也就是说，讨论的结果很有可能发展工作者被农民说服，这也是沟通的正常结果。不要认为推广人员与农民的说服劝导一定要以农民被说服为结束。

农业推广工作者利用沟通的工具与工作对象进行讨论协商，这种讨论有利于最终的计划和决策的形成。然而，这种最终计划决策的作出应该是工作对象自己的决定，而不是包办代替。

4)监测评价，修正错误

传播与沟通还有监测评价、修正错误的作用。这里的监测评价一方面指公开的舆论监督。在某项工作开始以后，尤其是对于那些有关农民利益的政策、决策和规章制度的落实过程，实行公开的监测和评价是有好处的，它有助于随时发现问题，及时修正错误。例如，减轻农民负担问题，有些地方不认真执行有关规定和政策，就可以利用传播媒体对此进行揭发和披露。电视栏目中“东方时空”的许多节目便起到了这个作用。另一方面，对农村中创新传播的做法与发展策略的选择进行监督。大众传播媒体以及其他沟通方式的一个重要作用在于开展适当的发展干预。

5)创造气氛，轻松娱乐

农业推广和农村发展工作是与人打交道的工作，娱乐是人的一种需求。在工作过程中，与农民利用各种形式所进行的交流活动本身就是一种工作目标。实践证明，利用文娱节目、放电影、举办歌舞比赛等轻松的娱乐形式能够创造出一种和谐和亲密的气氛，这是沟通的一个重要作用和功能。例如，中央电视台心连心艺术团到云南、西藏等地的慰问演出受到了当地群众包括农牧民的热烈欢迎，从覆盖面和对受众的影响程度和范围来说，要远远大于这方面的报告和学习文件所能起的作用，对于宣传国家政策、维护民族团结的意义也是很深远的。在农业推广工作的实践中，推广人员轻松、幽默的谈吐对于引起农民兴趣无疑会起到很重要的调节作用。

3. 农村发展工作者的两种角色

农村发展工作者这个词不是对某个部门工作者的专门称呼，它所涉及的面很宽，包括所有从事有助于促进农村发展，为社区农民服务的政府部门、非政府部门以及与农业和农村发展有关的职业的人们，例如，在农业和农村发展的政府机关工作的国家公务员、行政管理部门、事业单位的研究人员和农业技术推广人员、市场营销人员、农业物资供应人员、计划生育工作者、农村教师、培训工作者等等。农村发展工作者的两种突出角色是变革代表和信息把关人。

1)变革代表

农村发展领域工作的人们被称为变革代表（change agent）。变革代表是按照某种变革机构可信赖的、合于指导意图需要的那些影响人们创新决策的专业工作者。农村发展工作者在农村社区发展中起着传者的角色。简单地说，他们的工作任务是要带来变化，引起变革。因为只有发生变化，才能有发展。农村可以发生很多变化，但是，最根本的是农民行为的变化，农民的行为变化是一切变化的起点，也是农村社区持续发展的关键。

变革代表的共同特点是他们都是在某一方面为农民、农业和农村服务，都是直接或间接地为改变农民的自愿行为而工作。而且，他们的主要工作手段都是传播，都是沟通，都在自觉或不自觉地扮演着传者的角色。

对同样的社会现象、事件的看法和观点往往因人而异。从传者的角度来说，信息的传播与沟通过程是传者把事物本来面目的客观性准确地传送给受传者的过程。此过程往往要通过许多人或媒体的转换等多个环节，对原始信息进行加工整理后才能到达受传者。受传者接收到的信息究竟反映客观事物的哪个层面，取决于传播与沟通链环中担任传播与沟通角色的那些人、组织或媒体对信息选择的针对性和准确度。

2)信息把关人

在传播学中，将在信息传递途径上工作的新闻记者、编辑、节目制作人员称为把关人(gate keeper)。他们对信息进行选择、决定取舍，决定突出处理及删节哪些信息或其中的某些方面，决定向传送对象提供哪些信息，并试图通过这些信息造成某种印象。

信息把关人是信息的过滤者。在农业和农村工作中，有许多事例说明信息把关人作为信息过滤者这一作用。例如，作为某种农业杂志、报纸和广播节目的采访者要决定哪些人作为采访对象，在采访时提出什么问题；在采访结束后要考虑如何将所获得的信息加以整理后进行报道。同样，报纸的编辑要决定哪些稿件入选，哪些稿件需要进行删改或退回。电视或电影编导要决定拍哪些镜头，教师要决定用哪部教科书等等。这些人的工作充满了选择与决策。在实际工作中，农村发展工作者都在不同程度上在某个方面起着信息把关人的作用。

三、农村发展传播学的界定

(一)有效的农村发展传播框架

2004 年 10 月，联合国粮农组织和德国技术合作公司在意大利联合举办了一个不同发展机构咨询专家研讨会。研讨会的目的是明确研究与推广之间联系的关键问题，探索有效的传播方法和工具，为千年发展目标的实现提供有效的联系机制。这次研讨会共有 15 个国家的 45 位有实践经验的专家代表参加，分享传播与农村发展方面的知识和经验，按照组织者的说法，这是一次知识管理的实际行动范例。作为研讨会的一个重要产出，形成了以农业创新系统为主题的《有效的农村发展传播框架》(图 0-3)。

“框架”指出，过去数十年的发展经验表明，人力资源开发对于保证粮食安全、实现市场一体化十分重要。实现农业可持续发展，更多的不是依靠投入的物质生产资料（如种子、肥料），而是要依靠应用这些投入物的人。对于人力资源的关注，实际上是需要对日益增加的农业生产知识和信息的分享，重视适当的传播沟通方法、途径和工具。

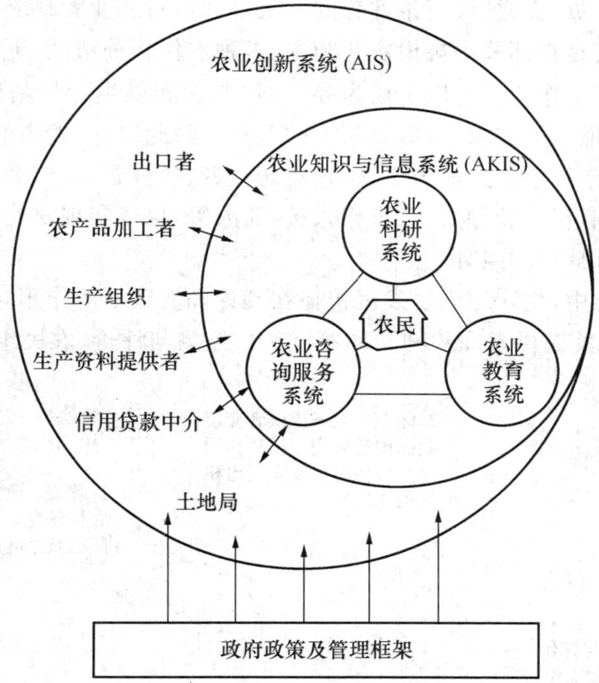

图 0-3　农业创新新系统

（来源 FAO and GTZ：Framework on Effective Rural Communication for Development，2006）

新的农业技术是由研究机构、大学、私有公司和农民自己创造的。农业咨询服务（包括传统的推广、咨询、商业开发以及农业信息服务）要求将新技术传播给客户。研究和咨询服务机构的作用是根据客户的实际需求，提供精确度高、具体和适当的技术、管理信息及建议。然而，由于咨询服务之间的联系薄弱，农民采用新的农业技术的过程通常非常缓慢，且研究没有针对农民的真正需求。在很多国家中，造成农业生力低下的主要原因是农业研究-推广咨询服务-农民之间的联系薄弱，包括不适合的信息组合、不适用的传播体系和比较差的传播沟通方法。

在农业知识与信息系统（AKIS）中，人和机构被联系在一起，以促进和实现彼此间的学习，创造、分享以及利用农业相关技术、知识、技能和信息。这一系统将农民、农业教育者、研究者、推广者和私营部门（生产资料供应服务、商人）等联系在一起，来管理和应用不同来源的知识、信息，以达到农业发展和农民生计改善的目的。

然而，这一人和机构的有机联系，尤其是研究-推广-农民之间的关系方面，在大部分发展中国家（以及那些面临这个问题的发达国家）一直没有取得成功。推广服务常常面临人员、交通、住宿条件等的不足，同时，对从业者缺乏有效传播沟通技能的培训。尤其是在那些小规模农业为主、多种农作物种植区，更需要有着丰富技术和知识的推广工作者。在以市场为导向、过渡性和以生计为基础的农业三者说来，对于信息和推广的需求，也有着基本的差异。除此以外，近来的经验显示，在不同情况下，这个系统中的组成人员，不止有研究者、教育者、推广者和农民。其他主要的参与者，如非正式领导、社区工作人员、商人等，也是实现农业知识与信息系统的可持续性不可缺少的组分。

在这个框架中，规定了农村发展传播在理论和实践上的作用，提出了进行有效农村传播的6个关键要素（图 0-4）：政策、能力、监测与评价、农民组织、参与式方法和媒介策略。

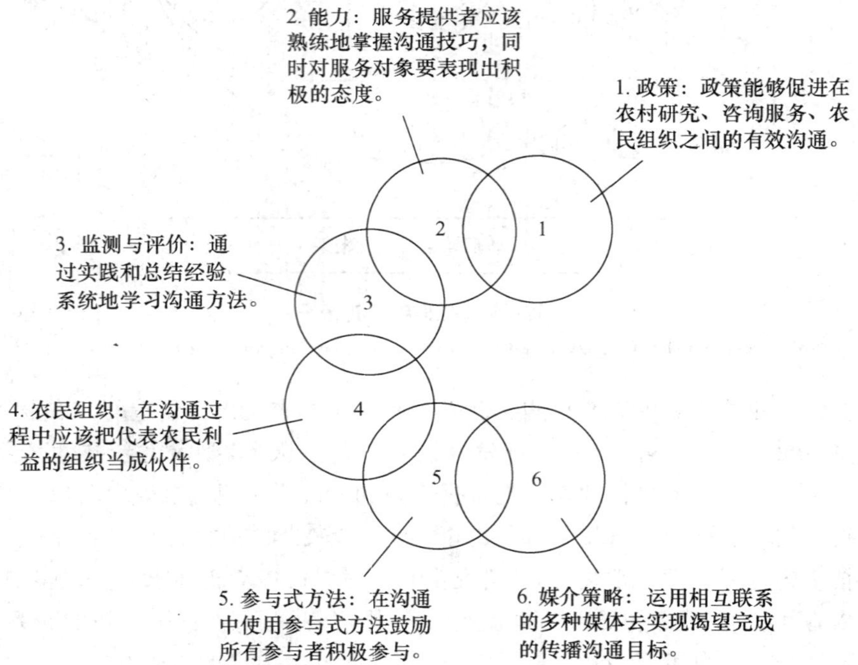

图 0-4　进行有效农村传播的 6 个关键要素

（二）农村发展传播学的定义

20 世纪 60 年代关于传播沟通的早期理论模型，只将传播沟通过程看作信息从传者到受传者的传递，尤其强调传播者以及传送途径的重要性。自从 20 世纪 70 年代以来，这一认识模式发生了很大的转变，变得更强调传播沟通过程本身。传播沟通过程被看作是传者与受传者之间含义（意思）的交流以及在这种交流中产生的社会关系。在农业和农村发展的视角下，传播沟通被视作一种社会过程，在这一过程中，农业技术人员和农民之间处于一种双向互动的关系中，双方既是信息的传者，也是信息的受传者，同时也是知识的合作创造者。因为只有知识和技术能够被高效率地分享，农村人口被充分动员起来参与到发展过程中，发展的潜力才能得以全部实现。

根据联合国粮农组织的研究，发展中国家农村地区的传播沟通特征可描述如下：

（1）缺乏信息（缺乏信息提供者和传播沟通内容本土化）。

（2）相矛盾的信息（难以知道哪些是相互联系的或正确的信息）。

（3）多个体的客户或客户群的、分散的信息市场。

（4）互相有所关联的少量客户散布在很大的区域内。

（5）结构调整导致方法和内容不断改变以及缺乏沟通技能。

（6）缺乏完好的信息与传播技术和低水平的信息与传播技能。

因此，《有效的农村发展传播框架》提出的农村发展传播的定义是：农业推广人员和农村发展工作者通过有计划、有系统地应用人际传播途径、组织传播、大众传播以及相关的信息与沟通技术和传播沟通手段，实现以下目的。

（1）有效地收集和交流信息。为了与利益相关者一起发现面临的问题和在解决方案上达成共识，在共同目标下行动者和行动者间积极收集和交流相关信息。

（2）有能力消除误解和共同行动。动员人们参与发展行动，一起解决发展计划实施中可能出现的问题或误解。

（3）提高传播沟通的质量和效果。提高发展工作者（工作在各个层次的）传播沟通技巧，以使他们能与其工作对象有更高效的对话。

（4）提高发展项目的质量和影响力。将传播沟通技术应用到相关的发展项目中，尤其注意提高基层发展项目的质量和影响。

基于上述定义，得出农村发展传播学的定义是：农村发展传播学是传播学的一个分支，是在特定农村发展背景和目标下的传播学。农村发展传播学是研究处于复杂社会关系中的人，特别是农业推广工作者和农村发展工作者与农民在交往过程中的心理活动、行为表现以及人与人、人与环境之间的信息传递过程，研究如何通过利用传播沟通过程、技术和媒介解决农村发展过程中遇到的问题，帮助人们获取信息与技术，促进农村发展的一门学科。

从农村发展传播学的定义可以发现，农村发展传播学的研究范围很广，它的研究对象可以是传者和受传者的任何人。本书中更多讨论的是那些与农村发展有关的人员，例如农民和通过各种方式与农民有接触或进行信息传递的农村发展工作者。研究这些人之间的关系；研究他们的传播沟通行为的影响以及对农业和农村发展的作用。农村发展传播学研究的一个主要目的便是通过鉴别和选择正确的传播沟通策略，提高从事农业和农村发展工作人员等变革代表们的传播与沟通能力和行为效果。

上述定义说明，农村发展传播是一个利益相关者互动的过程。在此过程中，与发展有关的信息、知识和技能可以通过人际沟通或通过广播、印刷品以及信息与沟通技术（ICT）等大众传播媒介，在农民、推广者/咨询服务者、信息提供者和研究机构之间进行交流。在这个过程中，所有的行动者都可能成为创新者、中间传播者或信息和知识的接受者。农村发展传播的目标是使农村人口获得必要的信息以供决策，获得相关的技能来满足他们的生计。因此，在农村发展目标下的传播实际上是数据或者信息等内容的非线性传播过程。

在农村发展传播中，农村人口位于发展项目的中心位置，计划者、发展工作者、地方权威、农民和其他农村人口都被视为平等的沟通对象，大家互相理解并共同行动。农村发展传播可体现在：农村人口的参与和社区动员、决策和行动、信任建构、意识提高、分享知识以及改变态度、行为和生活方式；提高学习和培训效果以及高效信息传播；帮助项目的计划和形成以及实施和监测评价等方面。成功的农村发展需要潜在的利益相关者自觉、主动的参与发展过程的每一个阶段中。如果没有相关者在态度和行为上的改变，农村的发展就无法实现。

（三）农村发展传播学的内容

农村发展传播学的内容分为理论篇、应用篇和技能篇三部分。

1. 农村发展传播学的理论

1）传播的基本要素、传播类型与传播模式

传播沟通过程是一个由多因子构成的复杂过程，是传者与受传者之间通过多因子相互作用的过程。沟通不是传者将信息传给受传者的简单行为，沟通是一个传者与受传者在特定情景下相互作用的过程。传播沟通过程中主要是编码与译码的过程。简单地说，编码是将思想转化为双方认同的语言的过程；译码（也称解码）是将这种语言还原成为思想内容的过程。

在传播沟通过程中,传者行为可能受到政治、经济、社会和文化等方面的影响,除此之外,传者在进行选择和制作讯息的过程中,同样受到传者本身、讯息和媒体等许多因子的影响。主要因子包括传者的自我形象,传者的个性结构,传者所在的工作群体,传者所在的媒体组织,传者的社会环境以及媒体内容的公开性所产生的压力和约束。受传者在不同程度上隶属于某种政治、宗教或娱乐性质的正式或非正式的团体或组织。因此,受传者受到社会关系的影响很大。除此之外,受传者也同样受到媒体、传者以及受传者本身的影响。

传播模式是指人们在进行沟通过程的研究中,具有代表性的学者在不同时期所描述的,在当时和后来的研究成果中被认为是较有影响的传播或沟通过程的结构形式。传播模式主要有单向传递型、双向对话型和中立表达型模式。

2)知识和信息系统的传播与管理

认知原理是心理学中的一种理论,主要内容包括认知选择性、认知结构和认知一致性。作为传播的心理学基础的内容,在本书中主要讨论了认知结构和认知选性,重点讨论人的主观认知与客观世界之间的关系。

一般来说,知识和信息是以系统化的形式存在的。农业知识和信息系统是指存在着相互联系和相互影响的一组农业机构和/或者个人。农业知识和信息系统的基本流程包括知识和信息的产生、转化、传输、综合、存储、检索、扩散和应用。农业知识和信息系统可以表现为研究、推广和应用三个亚系统之间的联系。农业知识和信息系统也可以表现为农户与研究、推广、教育之间的关系,其理论模型为具有知识的资源群体与使用者群体之间的沟通关系。在较大系统下,农业知识和信息系统表现为与政府部门、外部部门、政策和基础结构之间的关系。

知识管理是知识经济时代的全新管理概念,是指对人或人的知识及知识流程的管理。对于农民的学习过程来说,不同类型的农民通过自己选择性的转化方式来获取知识,并形成自己相对固定的学习模式。

2. 农村发展传播学的应用

应用篇分别从人际传播、组织传播和大众传播三个不同的传播类型介绍传播与农村发展的关系。

人际传播与农村发展重点分析农村人际传播的基本类型、运行特点以及行动导向策略等内容,特别对农村人际传播网络进行分析描述,介绍人际传播对农村社区发展的影响,如市场、改革与农村人际关系等。

农村组织传播重点分析农村组织在社区的存在类型及其组织传播活动是如何开展的,特别对农村组织传播过程(社会化、行为控制、冲突、内部、外部关系)进行分析描述,介绍农村社区自治组织、农民经济合作组织、农民田间学校等不同形式的农村组织传播以及它们对农村社区发展的影响。

农村大众传播重点分析传统媒体和新媒体在农村发展中发挥的正负面功能，分析大众传媒对农业和农村发展传播的现状，以及传统媒体和新媒体对农村社区发展的不同影响，探讨如何利用媒介促进农村发展。

3. 农村发展传播工作者的技能

技能篇介绍农村发展传播工作者应该掌握的具体技能和调查分析工具。

1)农村发展传播学的基本技能

(1)进行个体传播应掌握的技能如倾听、访谈等。要做到积极倾听，需要注意的技巧包括先听后讲、在倾听过程要专注、站在对方立场上思考问题、注意鼓励讲话者并需要常常注意总结。

(2)进行群体传播应掌握的技能包括演讲、主持等。演讲不是仅指正规的作报告或演讲比赛，演讲更多的是指人们需要向听众表达自己的观点或意见的过程，是一个人的表达能力的体现。在平时的工作中，每个人都需要有这方面的技能，例如，在众人面前发言；代表小组向其他人展示本小组的讨论结果等。

一般来说，一个合格的主持人在会议的不同阶段包括开始前、开始、进行中、结束时和结束后都需要做很多工作和使用不同的技巧。主持人在会议开始前需要注意确定会议的必要性、准备提纲、确定时间、地点并通知参与者；开始时说明会议目的、希望达到的结果并明确会议程序以及一些必要的安排和布置；会议进行过程中要求主持人做到保持中立、控制进度、鼓励参与、澄清问题、协调关系以及对会议的掌控能力和领导艺术；会议结束时主持人应该善于判断会议结束的时机、归纳总结会议的内容、明确会议结束后的工作或活动；会议结束以后主持人应该整理会议报告，如有必要，检查跟踪会议决议的落实情况，以决定后续工作安排。

2)农村发展传播学的调查分析工具

参与式传播与沟通方法是以参与式农村发展途径为指导的以参与式农村评估为基础的农村工作方法，包括社区现状分析、社区问题分析以及目标群体分析等。参与式传播与沟通方法承认当地农民和当地乡土知识的价值，尊重当地人的意愿，应用一整套可视化的参与式工具与当地人进行沟通，在农村社区的人们特别是农村中贫困农民和妇女的参与下发现其面临的问题并与社区一起寻求适合的解决方法。使用参与式沟通方法需要农村发展工作者改变传统观念和态度，学习并掌握运用半结构访谈和主持技能，做到赋权、尊重、本土、快乐、包容，善于将所得到的信息交叉核实，认真分析，才能实现参与式发展的目标。

第二节　学习农村发展传播学的意义和方法

一、学习农村发展传播学的意义

没有传播就没有发展。在中国农村发展的现阶段，农村地区的物质建设和精神文明建设日益受到关注，农业信息化项目、“村村通”工程等项目在全国范围内实施，国家和各级政府采取多项措施建设和完善农村信息传播的基础设施，电视媒体也在不断扩大农业节目内容，农业频道与农业类栏目有所增加，同时关于农村信息传播的研究也大量兴起。在我国新农村建设背景下，如何通过提高农村传播的质量和效果促进农村发展越来越成为农村发展工作者思考的重要课题。因此，学习和研究农村发展传播学具有非常重要的意义。

（一）有助于传播学的本土化发展

中国传播学界（包括两岸三地）始终有一个难以释怀的心结，即“传播学本土化”，或叫“有中国特色的传播学”、“传播学中国化”、“中国传播学”、“华夏传播学”等等，不一而足。尽管有不少学者质疑所谓“本土化”的理论合法性，但由于种种复杂的因素，这个问题显然并未得到充分的讨论和澄清……传播学本土化依然是学界念兹在兹的重大课题——从 1982 年开始举办中国大陆最高规格的传播学研讨会（第 1 届），到 2004 年 10 月在清华大学举行的第 8 届传播学研讨会，连续 8 届会议的议题都主要是或围绕着这个问题而设计的，这本身就已经构成了一种相当“有中国特色的”传播学研究。

要使传播学成为对中国社会的发展具有普遍意义的学科，我们必须把传播学研究与中国国情、与中国现实密切结合起来。简言之，我们应该把处于社会主义初级阶段的中国社会信息系统及其运行状况作为主要考察对象，探索中国社会信息传播活动中的各种理论和实践课题，包括如何通过理顺我国政治的、经济的、文化的以及社会的、群体的、组织的、人际的现实传播关系来推动社会主义物质文明和精神文明建设等重大问题。建设有中国特色的社会主义传播学是一项艰巨的任务，只有依靠中国学者自己的不懈努力才能完成，因为外国学者在这些问题上是帮不上多大忙的。

农村发展传播学作为传播学体系中的一个组成部分，其本土化进程也必然被涵盖在整个传播学本土化的进程之中。农村发展传播学对我国传播学界的启发，绝不仅仅是一个现成的“创新-扩散模式”——尽管在不断面临挑战和诘难中，著名传播学家麦奎尔仍然称许说"这个模式很实用"。重要的是，农村发展传播学的新动向已经表明，本土文化传统的巨大作用，完全可以纳入其理论视野之中。

总之，"传播学本土化"的导向只有和中国的现实紧密结合起来，直面中国社会发展与传媒变革中的真问题，才能引进源头活水，才能落到实处，才能屹立于世界传播学之林，才能发出我们的声音，做出我们的贡献和创造（朱晓军，2007）。

（二）有助于推动我国的发展传播实践

一方面，无论从宏观的农村社会层面的现代化转型，还是具体的农民的观念现代化，以及新技术新思想的全面推广等方面，传播沟通如何介入，媒体有何作为——农村发展传播学的既有理论完全可以大显身手。实际上，中国农村社会当前面临的诸多问题，诸如环境、教育、公共卫生、技术推广等等，莫不是农村发展传播学重点关注的课题。

另一方面，具体到农村推广而言，传统技术推广模式效果不彰，由此表明我国农村的信息传播还有许多值得研究和提高的空间，例如自上而下信息流的"最后一公里"的解决和自下而上信息流传播驱动力的形成机制的建立等，这些都对提高我国农村技术转移和成果转化效率来说至关重要，农村发展传播的研究者和实践者在此方面面临着挑战，仍有大量工作要做。

（三）有助于提升农村推广工作者的个人素质

从事农业推广工作，自然免不了与各种各样身份的人尤其是与农民打交道，而怎样与农民打交道，应该了解哪些理论，需要应用哪些方法和技能等，这些都不是天生就有的而是可以经过学习习得的知识与技能。

对于那些已经从事和准备从事农业推广和农村发展工作的人来说，学习农村发展传播学的一个重要意义在于理解农村发展传播学的基本原理，学会农村发展传播学的思想方法和工作方法，这样能够从整体上提高自己的个人素质。这个素质所指的是能够更深刻地理解党和国家的农村发展政策、更清醒、自觉而有效地做好本职工作，从而不断完善自己的思想方法，提高工作能力，实现个人价值。实际上，个人的基本素质的提高是在为将来从事任何重要的农业和农村发展的工作做准备。

一个推广工作者或者说一个农村发展工作者需要具备很多种能力，例如，理论分析能力，信息获取能力；调研发现能力；写作编辑能力；归纳计划能力；汇报总结能力；倾听表达能力；组织协调能力；思考学习能力，实施创新能力等。上述这些能力在很大程度上可以概括为传播沟通能力。

大多数农村推广工作者都具备不同程度的自然科学专业知识，在学校学习期间，很少有机会接触社会科学知识，具体而言，很少人学习过传播学和推广学课程。对于大部分人来说，在学习了自然科学的专业知识之后，就开始从事农业技术推广工作，因此，往往将工作对象瞄准在“物”上，很少能够想到其实自己的工作对象是“人”，是从事种植业和养殖业的农民和与农业和农村发展相关的人。

农村发展传播学作为一门学科体系，包含学理、方法和技能等方面。通过学习农村发展传播学的学理（参见本书第一篇、第二篇），有助于农村推广工作者丰富理论储备，拓展知识视野，强化沟通意识，养成与农民沟通为基础的，自下而上的工作习惯，而不是以教育和灌输式的心态与农民相处；而通过学习农村发展传播学的技能（参见本书第三篇、第四篇），则有助于农村推广工作者习得包括倾听、演讲、主持等在内的多种沟通方式和以参与式沟通方法为基础的一些调查分析方法和工具，培养自己应用参与式沟通方法发现问题、分析问题和解决问题的能力，不断在实践中提高自己的理论水平和驾驭实践的本领。

总之，农村发展传播学的学习与研究有助于推动我国传播学的本土化建设，促进我国传播学的学科建设；也有助于解决当前中国农村发展中的相关问题，推动发展实践；同时也有助于构建全面建设小康社会，以科学的理念指导实践，促进社会的科学发展。

二、学习农村发展传播学的方法

（一）认真学习领会基本理论

学习领会农村发展传播学的基本理论，是进一步运用所习得的理论指导实践活动的基础。要认真学习包括传播过程、传播模式、知识和信息的传播与管理等基本理论知识，努力掌握农村发展传播学的学科体系、在基本知识上下功夫，而不要满足于一知半解。通过学习农村发展传播学的基本理论，使自己思维方式变得更加理性化和逻辑化，让自己变得更具有敏感性、追求理解上的深度和有序化的联想。诚然，农业推广硕士是实践型学位，但不是不要学习理论，而只有在理解基本理论的基础上才能更有目的地做好农业推广和农村发展的工作。

（二）注重理论联系实际

本书的目的是使学生在了解一般传播学的理论和方法的基础上，理解农村中的知识和信息的传播过程与管理模式，学会用农村发展传播学原理的视角去发现农村传播问题，分析农村传播现象，站在更高和更宽的层面上观察人与人的传播沟通行为，分析传播对农村发展的影响。同时，学生通过对传播类型和农村发展传播方法和技能的学习，能够更好地利用媒介和与农民沟通，在所从事的农业推广和农村发展的具体岗位上努力寻求农村知识传播和技术转移中的问题解决途径。由此，学习农村发展传播学最主要的方法便是理论联系实际。

理论联系实际的要点：一是要有理论，学习并掌握农村发展传播学的相关理论知识；二是要运用理论解决实际问题。结合当前我国农村发展的现状与问题，分析探讨如何利用传播的过程和媒介来解决实际问题。

（三）注重方法和技能的训练

本书中提到的参与式传播与沟通方法以及农村发展传播的技能，需要学习者在掌握基本步骤的基础上，有计划地开展方法和技能的训练，但即便如此，仍要注重沟通意识的自我培养。说到底，与人沟通的技能不是靠学来的，而是发自一个人内心的。如果有一个好的心态，就可以产生适合的行为表现和态度。因此，与农民开展传播沟通的行为和质量取决于农业推广工作者和农村发展工作者的心理状态，与人的沟通需要心与心的交流。当然，在一个好的心态的基础上提供一定的技能训练是必要的。

第一篇　农村发展传播学的基本理论

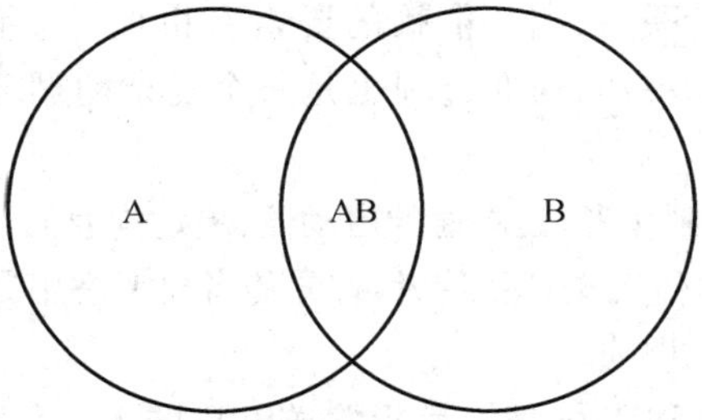

第一章

传播过程

本章包括传播的基本要素和基本特征、传播沟通过程中的人际关系和传者与受传者的影响因素。从介绍传播沟通过程的要素和特征开始，讨论传播沟通过程中的编码和译码，揭示传播沟通过程中人际关系的决定性作用，最后分析了在传播过程中对传者与受传者的行为可能产生影响的一些重要因素。

第一节　传播过程的要素

传播过程是传者与受传者之间进行信息传递和反馈的过程。此过程一般分为单向传播和双向传播两种类型。单向传播指强调信息由传者传送给受传者，受传者作为被动接受的一方而使沟通过程结束。双向传播强调信息发出后对受传者的影响，以受传者的主动反应而结束传播过程。

一、传播过程的基本要素

从一般意义上来说，沟通是一个人与人之间连续不断相互作用的动态过程。这一过程是由许多相互联系、相互依赖的要素有机地配合而完成的。正如我们学习生物体内的各个系统一样，沟通过程也是一个复杂的循环系统。

1. 传者

传者是信息来源的制作者，是沟通的启动器，决定沟通的目的(例如告知、劝服或娱乐)。为了使某种信息由传者送到受传者，首先传者要考虑用哪种形式来进行传送。

2. 受传者

受传者指在沟通过程中注意传者所发送讯息的人。任何沟通行为都不是自动发生的，一个人对另一个人的感染或影响也是一样，只有当受传者能够以他自己所能够接受的方式领悟和理解了传者的意图的时候，沟通才有意义。

3. 讯息

讯息是正在传者与受传者之间以某种相互理解的符号进行传送、沟通的信息。在传播过程中，讯息是一个重要的组成部分，讯息也是信息，只不过与一般信息相比，讯息所强调的是一条信息的传递状态，讯息是正在传者与受传者之间以某种相互理解的符号进行传送、沟通的信息。

4. 渠道

渠道是讯息传递过程中所利用的方法手段或经过的途径。渠道可以理解为讯息借以传送的形式或沟通的表达方式。这里的形式包括沟通的语言文字和非语言文字方式。人们用五官感知他人的意念，接受对方的讯息。例如，人们用耳朵收听广播；用眼睛看电影、电视、读报、看书；用鼻子嗅到香喷喷的饭菜；用舌头品尝美味佳肴；用手与人握手拥抱，以祝贺好友的学业成功以及表达久别重逢的感情等。又如，传者可以与受传者进行面对面交流，也可以用扩音器向广大听众讲话或者借助广播、电视等工具面向更多的听众和观众。这就是不同的表达方式。根据具体条件不同，传者可以确定所需要的不同表达方式以及语言和非语言形式。如果传者通过收音机进行演讲，那么，穿着打扮便无所谓，因为听众所听到的只是声音。但是，如果面对广大听众直接演讲，那么形体容貌便会影响演讲效果。无论怎样，传者应该学会选用与所给条件适合的沟通渠道。

5. 反馈

受传者对传者发出讯息的反应称为反馈。这种反应可以是言语的，也可能是非言语的。通过反馈，传者得知受传者对每个讯息的理解或翻译程度。沟通工作者应该对反馈给予特别重视，并且不断地根据从反馈中所得到的意见和建议及其相关讯息来调整自己的沟通行为。

6. 障碍（阻碍因子）

障碍指影响沟通正常进行的一些因素。由于这些因素的存在，使得传者与受传者之间造成误解。沟通系统可以比作收音机或电话线路。正像收音机那样，在线路的任何部位都可能引起频率失真现象。沟通系统也可能随时发生故障。

还有，受传者可能不会按照传者所希望的那样给予预想的反应（反馈）。就像收音机那样，如果传者和受传者不是在相同的“波段”上，那么障碍便会发生（有时把障碍以噪音来表示）。

事实上，我们不可能要求两个波段完全相同，因为每个人都有自己的生活经历。然而，如果传者和受传者所具有的相似经验和经历越多，沟通成功的可能性越高。相反，如果双方根本没有一点相似之处，那么就不可能进行有效的沟通。

7. 关系

这里的关系指所创造的、所限定的以及最终保持在沟通过程中的传者与受传者间的结合力。每当一种讯息被交换时，这种关系就会加强或削弱（有时，即使讯息不被交换，关系也可能改变）。反过来，此关系的变化也会影响沟通过程所发送的讯息含义。当传者和受传者的关系逐步变得密切起来,便可以看作为沟通的这个关系正在加强,讯息可能以一种方式进行交换或解释。可是,如果此关系处于削弱的状态,讯息可能会被以另一种方式进行交换和解释。

例如,你和你的一个朋友的关系。开始时,当你第一次遇见这个人时,你不知道这个人是谁,这时可以说关系比较疏远。这时,你可能比较拘束、踌躇,仔细地选择所要说的话,谨慎地注意自己的非言语行为。可是,随着这种关系开始发展为一种自然的关系,你可能会觉得轻松得多,说话时所用的正规语句也会减少,非言语行为也会放松而自然得多了。总之,这时候,可以说,你与这个人的关系通过沟通过程真正地建立了起来。因此,你与其他人沟通什么和怎样沟通,取决于当时这种关系的状态。

8. 环境(条件)

这种环境条件是指在沟通时所处的具体情境场合。它可以影响其他要素或者说整个沟通过程。同样的一句话,由于场合不同,会引起人们完全不同的理解。例如,一个技术员在指导农民对奶牛进行科学饲养时要提醒农民不要添加过多的精饲料或粗饲料。当在课堂上向农民讲授时,农民会理解为在饲养过程中需要注意正确的饲料配比。但是,如果在农民喂牛时说同样的话,农民可能会认为他现在喂牛用的饲料中的比例不合适。又如,一个人对另一个人在讲述某种特定环境条件下所发生的事,无意中被另外一个人听见了其中的某句话,然后把它引入自己的思维定式中加以理解,这种时候便常常会造成误会。生活中这样的事例是很多的。所以说,在理解某种含义时不能脱离当时当地的具体环境条件,这是非常重要的一条原则。

传播沟通过程由 8 个要素组成:①传者(或者称作信源、编码器);②讯息;③渠道;④受传者(或者称作信宿,译码器);⑤反馈;⑥阻碍因子;⑦关系;⑧环境。如图 1-1 所示。

以上 8 个基本要素是沟通过程中不可缺少的重要组成部分,无论哪个方面有问题,都会对沟通产生影响。

二、传播过程的基本特征

传播沟通是一个过程,它不应该是单向、线性的活动。可是,在实际传播沟通活动中,人们的传播沟通行为往往表现为单向的和双向的两类,见图 1-2 和图 1-3。

传播过程应该是一个连续的、循环的、不断变化中的、没有开头和结束的、互相依存的、互相联系的过程。传播沟通过程一般具备以下 4 个基本特征。

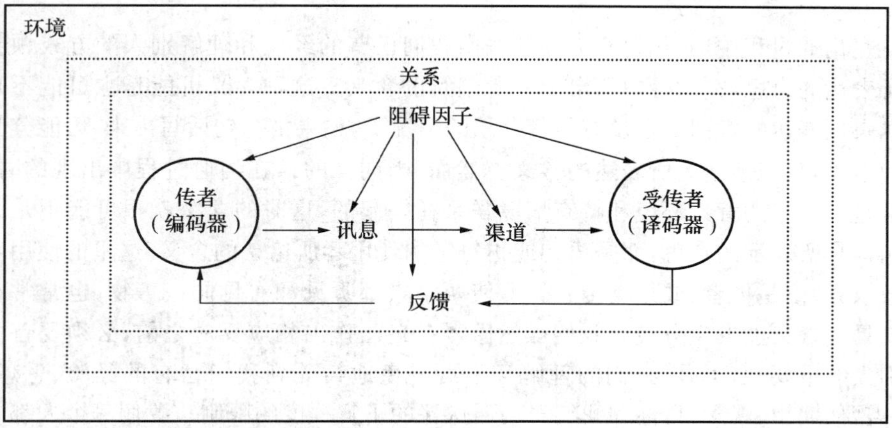

图 1-1 传播沟通过程的基本框架及其要素

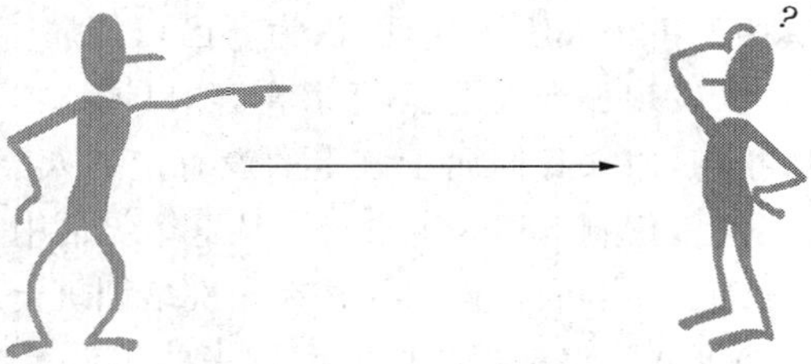

图 1-2 单向的传播沟通过程

图 1-3 传播沟通活动是一个双向的、相互作用的过程

1. 动态性

传播沟通具有不断变化的特征。总是波动起伏，没有固定的，没有明确的开始和结束。

2. 系统性

传播沟通应该被看成是由一组要素构成的一个系统。这些要素相互作用，相互影响，从而形成一个不可分割的整体。

3. 含义是人为的

在沟通过程中，我们每个人往往按照我们已有的经验和理解别人的方式领会对方所表达的意思，在领会中悟出个人所理解的含义。这种含义可能是也可能不是传者本来想表达的意图。在没有任何背景的情况下，如果把一句话写出来，可能分为主语和谓语，具有字面上所表达的含义。然而，当同样的话在沟通过程中出现的时候，常常是和特定的背景环境和特有情境联系在一起的，这时的含义就很可能不是原来语句本身所表示的意思，而是语句或称符号的使用者所给予的含义，这里的使用者指沟通双方，或是传者，或是受传者。即使两个人都听见和看见同一事物，也常常在理解的具体含义上发生分歧。我们虽然懂得在自己作出相应反应之前，必须要首先理解别人的重要性，可是，我们的理解又不可避免地会受到我们已有的经验、思想、感情、需要、期望、观念、目标和我们对沟通伙伴的了解程度的限制。我们每个人都是一个独立的个体，所以我们总是以个体所熟悉的方式来理解别人。有这样一个笑话：一天，一个人请几个人吃饭。别人全到了，就还有一个人没来，这时请客的人说了一句话："该来的不来"。其中的一个人听了这话，认为自己可能属于不该来的人，于是就悄悄地走了。当请客的人发现那个人走了，很着急，随口说道："不该走的反倒走了"。其余的人听到这句话，推想：原来我们属于该走的没有走的人。于是，几个人全都借口上卫生间，溜走了。最后，仅剩下请客者自己。从这个笑话中使我们了解了关于含义是人为构成的这一道理。一名农业推广人员在一次培训班上讲了一个自己亲身经历的故事，是用角色扮演形式汇报最近一段时间以来的工作情况和他们在工作中遇到的问题。在表演访问农户过程中，当农业推广人员坐下向农民讲了几句话之后，农民便站起来说："喝水，喝水"。这时，推广人员马上说，"不喝了，不喝了，我们该走了"，于是农民便把推广人员送了出来。角色表演结束之后，许多人向表演者提问题："为什么不继续与农民座谈下去了？"，表演者回答，在那个地区，当农民请你喝水时，其实是表示对所谈的话题没有兴趣了。因此，在沟通过程中，含义存在于人们的头脑里，而不是在语句本身和字面上。

4. 通过符号表达和理解意思

虽然双方想表达的是含义，但只能通过自己熟悉的符号进行交流。传播沟通的重要性在于传者本身理解的符号含义应该在对方那里得到完整体现。我们选择的语言或符号以及我们组织这些语言或符号的方式将影响对方如何来翻译我们发出的意思。

三、编码与译码过程

在传播过程中某种信息的传送就像发电报一样，电报员首先要将信息根据电报机的要求用特定的符号数码根据一定的顺序编成可以发送的电文。这个过程称为编码。当电报发送过去之后，受传者首先需要将传者所发出的编码进行翻译，使之成为能够理解的电文。这个将编码翻译为可以理解的电文的过程称为译码。

人类用符号来处理信息的方法就是编码和译码的过程。信息的编码与译码是指信息的发送者和接收者为了传递和接收信息的需要，利用相互理解的语言（语言或者机器语言）作为代码，通过选择、组织恰当的语言材料将传者想要传送的意思表达出去，同时受传者用同样的语言接收，解译还原回发送者所传信息含义的过程。在此过程中，信息表达过程称为编码；信息接收过程称为译码。可见，如果在信息的编码和译码之间加上适当的传播渠道（实际上是必需的），在一定的环境条件下，便构成了一个完整的传播过程。简单地说，编码是将思想转化为双方认同的语言的过程；译码（也称解码）是将这种语言还原成为思想内容的过程，见图 1-4。

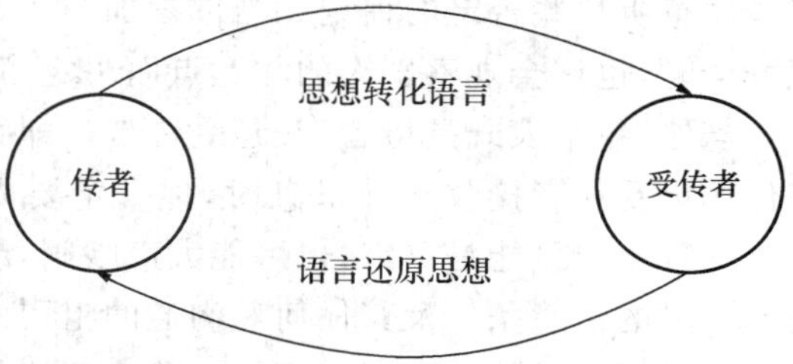

图 1-4　传播沟通过程中的编码与译码

在沟通过程中，传者首先要确定沟通目标。在明确的目标下确定要传送的信息内容。一旦决定了所要传送的信息之后，传者便要选定所要使用的符号（这些符号可能是灯，也可能是旗，但最普遍且最重要的符号是文字，它可以用来表达思想和情感。有了文字这种符号，便可以使我们彼此分享信息。但是，文字只是一种符号，它只是事物的代表而非实际事物本身），然后进行编码。需要加以注意的是，为了提高沟通效率，传者必须要用一种受传者能够理解的方式进行编码。只有这样，受传者才可能恰当地领会所传的信息，进行正确的译码。

此编码过程离不开传者过去已有的经验、认知、思想和感情。任何沟通行为都不是自动发生的，一个人对另一个人的感染或影响也是一样，只有当受传者能够以他自己所能够接受的方式领悟和理解了传者的意图的时候，沟通才有意义。作为沟通的传者，我们需要学会对我们所面向的受传者进行分析来决定哪种沟通信息会更有效的方法。

一般说来，一个人从对某种讯息的注意到理解要经历一个过程，这个过程就是对讯息的翻译，即译码。如前所述，受传者是根据过去已有的经验、环境、思想和感情来进行译码的。虽然人们通过所有感官来接受讯息，但最常用的还是听觉或视觉。例如，对某种刺激而言（一种噪音引起的声波撞击耳鼓或者眼睛突然被某种物体运动所吸引），这时候，我们首先有一种生理反应，然后来注意区分言语和非言语刺激，使冲击我们的刺激减少到我们能够更容易对付的一或两种刺激物上。接着，我们便试图理解这种刺激，将它们翻译成讯息（也许我们辨别出那种噪音是电话铃声，或者物体的运动，如一个朋友的挥手）。最后，在确认这种讯息之后，我们便将其储存起来以便以后使用。当下一次遇上相同情况时我们将对其给予较快的反应。这里重要的是，受传者在限定条件下往往会立即决定所要给予的反应。当听一个没有兴趣的讲座时，你可能会打盹。当你与你的朋友或家人进行争辩时，你可能只注意听那些否定的评论。当你参加一个组织不好、非常拥挤而且环境较差的现场会时，也许会观察别人的注意点而决定溜走的时间。

当然，每个人既是传者，又是受传者。即我们既传送或发出讯息，也接收讯息。当你作为受传者接收某种讯息时，你一定要先对它进行翻译，然后作出相应的反应。这种反应可能是沉默，也可能大声吵闹，或介于两者之间。这种反应的形式取决于当时的情境条件及其任何对沟通的阻碍因子的存在。

传者所传送的讯息可能不够充分或不清楚，讯息可能被不准确地转译，也可能使用错误的沟通渠道（例如，一个人本来不喜欢花，却要送花给他）。于是，在受传者一方，讯息也可能不会按照编码的原意去被解译。受传者只能根据自己过去已有的经验来解译传者所发送过来的讯息。如果二者的经验和经历完全不同，就相当于不在同一个波段上听收音机，那么便不会共享某些信息。这就是为什么来自不同文化的人们往往不能沟通或沟通困难的原因。在沟通过程中传者和受传者需要具有部分相同经验或经历，这是人与人沟通所必须的条件。事实上，我们不可能要求两个人的想法完全相同，因为每个人都有自己的生活经历。在现实社会中，如果传者和受传者所具有的相似经验和经历越多，沟通成功的可能性越高。相反，如果双方的相似之处很少，那么沟通过程就会变得很困难。

在多数情况下，沟通发生在潜在一致的条件下，因为讯息的传入能够增加传者和受传者双方意见的一致与和谐。因此，传播的目的是在参与者之间增加或强化共同性或趋同性。例如许多公共信息或动员活动，主要基于讯息的传送者和接收者的兴趣存在一种潜在的统一。在沟通过程中，双方通过相互交流，相互分享信息，形成一定的交叠面和一致区，如图 1-5 所示。

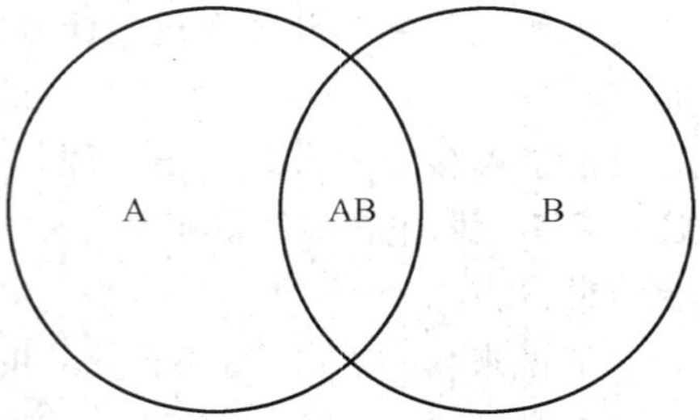

图 1-5　传播沟通过程中的信息分享

图 1-5 表示传播沟通过程中的参与者 A 和 B 在沟通中信息分享的相互作用关系。这是基于信息的传送和接收而趋向于共同理解的一个循环过程。可以看出，要经过多

次信息交换的循环才可达到相互理解。

在传播沟通过程中，A想与B分享信息，B察觉，翻译，作出反应；同样，B想与A分享信息，A察觉，翻译，作出反应；这些阶段不断重复直至在理解上没有进一步增加为止。最终所达到的理解程度便是图中A与B的重合点。

沟通关系中的双方好像各自构成的独立圆圈，沟通就是使这两个圆圈尽量重叠在一起。虽然由于个体差异，这是不可能实现的，但是通过努力，可以使这两个圆圈的重叠面加宽。这个重叠的部分就是两个人的一致点。两个人的相似之处越多，重叠面就会越宽，即相互理解的程度越大。实际上，不同的人有不同的言语含义和内心世界，两个人从来不会对同一言语给出完全相同的含义。

传播过程中的信息分享强调双方的相互理解、追求一致性以及改变人们彼此之间的关系，此关系由不断地提供反馈的信息流将不同个体相互联系起来。因此，在传播沟通过程中人们应该不断地研究人与人相互关系中的不同点、相同点和变化，从而不断扩大这种交叠面和一致区，因为这是达到相互理解的基本途径。人与人之间增加信任是沟通的基础。只有增加沟通机会，才能扩大相互理解的范围。

第二节　传播的符号互动

符号互动论（也称符号相互作用理论，theory of symbolic interaction）是当代西方社会学理论中与功能学派、冲突学派相抗衡的三大理论流派之一。符号互动论的思想对传播学研究影响很大，其思想学术先驱是20世纪早期的实用主义者。美国哲学家和社会心理学家乔治·赫伯特·米德（Geoge Herbert Mead）被认为是符号互动论的开创者。后来米德的学生赫伯特·布鲁默（Blumer Herbert George）阐述并使用了这个概念。本节将主要介绍由米德提出、布鲁默详细阐述的符号互动论的基本概念、基本观点以及对农村发展传播学的影响。

一、符号互动的基本概念

符号互动论是一种通过分析在日常环境中的人们的互动来研究人类群体生活的社会科学理论派别，它主要研究的是人们相互作用发生的方式、机制和规律。符号互动论认为，人的行动是有社会意义的，人们之间的互动是以各种各样的符号为中介进行的，人们通过解释代表行动者行动的符号所包含的意义而做出反应，从而实现他们之间的互动（王思斌，2003）。

1. 符号

在传播学中，符号是人本身或人与人交流的基本材料。没有符号，人与人便不能进行传播。所谓符号，是一种代表人的思想、意愿的通用记号或标志。任何有含义的东西都可以是符号。它可以是文字、图像、声音、记号或某个具有特殊象征意义的具体事物，它是人们借以传递信息的载体和交流思想感情的手段。

在符号互动理论中，符号就是环境中可以用来代表环境中另一个要素的要素。符号被划分为两大类。一种是自然符号，指可以代表自然界中其他东西（如秋天的到来）的自然事物（如叶子颜色的变化）。第二种是人工符号，指可以代表社会中其他东西（如友好的致意）的被建构的要素（如握手）。这些人工符号只有在人们对其意思理解一致的情况下，也就是说他们是在“互动”的情况下，才能起作用（曹书乐，2004）。米德认为，人类具有运用有意义的符号进行交流的能力，这是区别于其他物种的地方。那么，何谓“有意义的符号”呢？例如，狮子或老虎的咆哮对其同类和潜在的猎物而言具有不同的意义，在此种情形下，狮子或老虎的咆哮就是“无意义”符号。而人类则不同，如果一个人在电影院里大喊一声“着火了”，这个动作在发出者和接收动作的人之间，总能引发相同的反应倾向，如逃离等。那么，这样的符号就属于“有意义”的符号。

有意义的符号又可以被分为语言符号和非语言符号。语言符号包括口头语和书面语符号。口头语即人们的有声语言；书面语即指文字、图像等。这两种符号是人们使用最广泛、最普遍、同时也是最重要的符号形式。非语言符号包括体态语言符号、辅助性语言符号和类语言符号三种。体态语言符号指人们通过身体各部位的变化来表示的某种意思，例如手势、面部表情、身体姿势等。另外，人们在传播过程中通过双方体态接触来表达思想感情也是一种常见的符号，如握手、拥抱、亲吻等。此外，人与人之间谈话时的距离也是一种符号，例如，亲密的朋友往往表现为彼此空间距离很近，而彼此陌生的人往往保持较远的距离。有人称此为近体语言符号。辅助性语言符号主要指说话时的音调、音量、节奏、变音转调、停顿、沉默。类语言符号则指那些有声而无固定意义的声音，如呻吟、叫喊等。

2. 符号互动

“互动”就是指一种相互使彼此发生作用或变化的过程。符号互动主要是指互动双方通过符号来交流或交换意义的活动。而意义的交流或交换本质上是一个互动性传播活动，而这在社会生活中起着重要的作用。简言之，符号互动是指人与人通过符号彼此相互作用或变化的过程。

有些学者将传播定义为“导致参与者间不同程度的共享意义和价值的符号行为”，并以此进行了分析。认为传播包括“动作、互相依赖、互相影响、意义、关系以及情境因素"的复杂互动。我们对于世界和我们自身位置的理解是在我们与媒介符号的互动中产生的(曹书乐,2004)。

米德在著作中系统阐述了"姿态对话"(conversation of gesture)的概念,并以此描绘了人际互动的最简单、最基本的形式。一个有机体发出姿态刺激了第二个有机体的回应。反过来,第二个有机体发出姿态刺激第一个有机体作出一个调整后的反应。那么,如果互动继续,第一个有机体调整后的反应就会在发出的姿态中得以体现,结果让第二个有机体的行为发生调整。只要两个有机体的互动持续下去,就会如此往复。

二、符号互动论的主要观点

符号互动论的主要观点是:第一,人们通过给他们的经历赋予意义来理解事物。人类的知觉总是受到一个符号过滤器的调控。第二,意义是在人们之间相互作用的过程中获得的。意义产生于社会团体间符号的交换之中。第三,一切社会结构与机构都是由相互作用中的人们建立的。第四,个人行为不是严格地由前面的事件决定,而是自发产生的。第五,心灵是由一个内部对话构成,它反映了一个人与他人的相互作用。第六,行为是在社会团体中的相互作用过程中实现或建立的。第七,一个人不能通过观察公开的行为来理解人的经历,人们对于事件的理解与他们给予事件的意义是必须查明的(陈德民等,1999)。因此不难看出,意义、自我以及个体与社会之间的关系是符号互动论的三个核心主题。

1. 意义在人类行为中的重要性

根据布鲁默的说明,符号互动理论的核心问题之一便是考察以符号为媒介的人与人之间的互动关系,它有三个基本假设:第一,人们是根据事物对于他们来说所富有的意义而针对这些事物进行活动的;第二,这些事物的意义是从一个人与其同伴进行的社会互动中衍生或者产生出来的;第三,在这个人与他所遇到的事物打交道的过程中,他通过这些事物的解释过程而驾驭并修正这些事物的意义(苏国勋等,2005)。

1)人们是根据自己对事物赋予的意义而进行活动的

客观事物的意义是人主观赋予的。也就是说,我们在互动中根据自身对符号的理解而采取行动[1]。当然,我们赋予这些符号的意义是社会互动的产物。对于

---

〔1〕 例如,在案例"一次药店沟通的经历"中,"我"看见一位妇女"面带愁容"时,便认为她家的猪肯定有病了,至少她家里出事情了。而当"我"发现这位妇女"低着头,难为情地重复数着钱"时,便认为她带的钱肯定不够。在此案例中,正是"我"不断赋予自己看见的非语言符号以不同的意义,指导着"我"随后的行为。

不同社会群体来说，即使是同一件事物，也可能会被赋予不同的意义。例如，我们一般会把结婚戒指与爱情和承诺联系起来，但是，也有一些人认为戒指是压迫和男尊女卑的象征符号。

一般说来，事物对人的意义也可以解释为符号对人的含义。符号不等于含义，含义是人为的。人的传播活动不是在传送符号，而是在传达和交流含义。甲对乙传送某种信息，意图是为了使乙理解甲的意思。因此，传者与受传者在语言上的共通性是理解的前提。对一个语句含义的理解往往也受到环境与角色的影响。例如，对于农村这个字说来，城市居民和农民的理解上可能会有很大的不同。和对其他符号的含义理解一样，人们越是具有共同背景，共同的经历、态度和价值观，越能够对某一词句或概念的含义有相同的认识。

含义不是词语中所固有的，而是人为赋予的，是使用者赋予它们的。语言是人类最重要的符号系统，又是最复杂的符号系统。准确而熟练使用好语言，是农村发展传播工作者必须具备的基本功。需要记住的是，语言只是符号，不是具体事物，就像地图不等于领土那样，语言也不等于客观事物本身。只有人们把词语与特定的对象联系起来的时候，词语才有其特定的意义。例如，有些地方称呼某人为“二爹”或“二爸”，它的意思不是“继父”而是叔叔或伯伯的含义。又如，“洗手间”不是用来洗手的房子而是指厕所。这些许多人可能已经熟悉了，不过，还有许多不被大多数人熟悉，却在一个小范围内使用的特定用语，只有被一小部分人理解。另外，当一个人说另外一个人“你今天喝多了吧?”，在谈话双方一般不会怀疑对方所指的喝过的东西是水，是酒还是粥等等，是真的表示对人的关心还是对他人所说的话或所做的事的一种怀疑，但是，对于局外人来说，光靠这句话是无法了解讲话者的真实含义的。总之，符号是人们用来表达现存事物的形式。用哪种符号来代表哪些现存事物的状态是人们同意或约定俗成的。

2)意义是从一个人与其同伴进行的社会互动中衍生或者产生出来的

符号互动论起源于对语言和意义的关注。意义是相互作用的结果，它不是任何事物本身所固有的，因此，个体通过传播互动过程建构意义。

如前所述，符号互动，主要是一个互动双方通过符号来交流或交换意义的活动。而意义的交流或交换本质上是一个互动性传播活动，这在社会生活中起着重要的作用。意义的交换有一个前提，即交换的双方必须要有共通的意义空间。共通的意义空间有两层含义：一是对传播中所使用的语言、文字等符号含义的共通的理解，二是大体一致或接近的生活经验和文化背景。由于社会生活的多样性，每个社会成员的意义空间是不可能完全相同的，但意义的交换或互动只能通过共通的部分来进行。随着意义交换持续进行，双方的意义空间不断扩大。因此，作为社会互动过程的传播，其重要功能之一就是扩大传播双方共通的意义空间，加深双方的了解和相互理解（郭庆光，1999）。事实上，人们进行符号互动的目标之一便是达成共享的意义。

符号对传播的意义在于符号共享。同样的符号，在不同人看来，可能其含义不同。因为含义是属于个人的。是根据自己的经验得来的，是对某种事物反应的总和。从某种意义上来说，符号是编制符号的人遇到某一特定问题时对某种状态的速记，是发出符号的人自己编制出来的，它所代表的深层含义是隐藏在内心的。为了统一，人们通过学习行为来理解某些符号，以达到沟通的目的。即使这样，每个人的理解也是有区别的。当两个人同用一种符号时，就是两种生活交叉在一起，这种交叉包含了本人所积累的经验，头脑中的构象，对价值的判断和态度。传播是借用某一种符号所进行的经验、构象、价值、态度等的交流。正因为如此，所以，符号的含义对不同的人、不同的背景，甚至是同一个人在不同的时候，都有某种程度的不同。人们善于用相互认同的同样符号表达不同的内心世界中的具体画面并设法使对方领会和理解，这便是传播的意义所在。

3）人们通过解释过程而驾驭并修正这些事物的意义

人们对意义的修正过程可以分为两个阶段：第一个阶段是确定姿态发出者所发出的符号的一种意义，第二个阶段是经过与自我的内在沟通，接受者选择、检查并在他们所处的语境中进行意义的转化、修正。[1]

案例：

一次药店沟通的经历[2]

一天中午，外面气温达至40℃，我的药店进来了一个面带愁容的妇女，她急匆匆走到柜台前，大汗淋漓。我急忙将电风扇摇头转向她，并随手倒了一杯水给她，安慰地对她说："别急，先喝口水，凉一下"，然后试探性地问"是不是猪有病了？"其实她一进门我便从面部表情知道她家肯定有猪且与高热病有关，果然她点点头。我倾身向前，用手轻拍她的手背，轻声说："别着急慢慢告诉我一些情况"。我详细地询问了她家猪的年龄，发病前后的症状，耐心地听她的叙述，每一项说完，我都会边点头边重复她说的重点，告诉她我知道了，并很镇定地告诉她我的想法，耐心地

---

[1] 例如，在案例"一次药店沟通的经历"中，家中有病猪的那位妇女在看到"我"换了一个低价药后，首先赋予这个姿态以一种消极的意义，而后在听过"我"的说明后，重新修正了自己原先对"调换高价药"这一姿态所赋予的意义，最后"满意地笑着走了"。

[2] 根据高广銮同学的课程论文修改整理，参见王德海.传播与沟通教程.北京：中国农业大学出版社，2007：232.

回答她的每一项询问，同时给出了我的处方，并及时地告诉她每种药的用途。得到她的同意后我就给配药，等药钱算好后，我发现她低着头，难为情地重复数着钱，我知道她带的钱肯定不够，为了使交易成功我急忙用类似药效的低价药调换了高价药，并重新解释给她听，她满意地笑着走了。

2. 自我概念

从某种意义上说，符号互动论主要建立在有关自我及其与社会关系的思考之上。自我概念是指人们对自己的相对稳定的一系列感知(刘海龙，2007)。自我概念包括两个方面：个人在与他人的互动中建立自我概念和自我概念为行为提供重要的动机。

1)个人在与他人的互动中建立自我概念

根据米德的观点，人的"自我"意识就是伴随着意义的传播活动而形成的。他认为，自我是"主我"和"客我"的统一，前者是个人的主体意识，后者是从周围观察到的他人对自己的态度、评价和角色期待。"客我"意识只有通过与他人的意义交换(即传播)才能得到，"客我"和"主我"的对话和互动形成统一的社会自我。自我的形成是个人的社会化过程，即个人适应社会的过程，但形成后的自我反过来也会积极地作用于社会(郭庆光，1999)。根据符号互动论，婴儿没有自我的概念，后来，一个人在与父母、老师和同事的接触之中逐渐形成自我的概念。正如米德所言："自我是有一个自身发展的事物；它并非与生俱来，而是在社会经验和社会活动过程中产生的，也就是说，自我发展对于既定个人而言，是其与整个上述过程及与这一过程中的其他人联系的结果。"(刘海龙，2007)

2)自我概念为行为提供重要的动机

米德把自我看作是一个过程，自我迫使人们去建构他们的行动和反应，例如，如果你感觉自己在农村发展传播学的学习方面具有很强的能力，那么很可能这门课你就真的学得不错。这一过程通常被称为自我实现预言，也就是说自我预期导致个人按照该预期已经实现为前提采取行动。

3. 个体与社会的关系

所谓社会，是由具有共同需要和满足需要的客观可能性，而以一定方式结合起来的人类群体。社会是由人类个体构成的。而人类个体首先是一个生物实体。为维持个体的生物存在，必须首先从自然环境中获取满足生命需要的物质资料。同时，人类个体除了有各种物质需要外，还必须有多种精神需求。因而，从某种意义上说，社会就是一个需要驱动体。社会的发展正是社会需要驱动的结果。个体与社会的关系集中体现在人与社会相互作用的社会过程中。社会过程(social process)，又称社会互动过程，是社会学所常用的专门名词，指人类社会的动态(包括突变、改变、冲突、顺从、控制、分化等方式)或变迁。社会过程可分为社会的历史过程和社会的互动两大类。前者指社会文化的演变,亦称社会变迁,后者指社会全体成员的心理和行为互相影响。研究社会过程的动态,可分为两个方面:一方面从历史上观察,可以发现社会组织和文化模式的演理,这是社会过程的纵的动态关系;另一方面从社会行动的当前情形观察,可以了解人与人、团体与团体,彼此发生关系的活动方式,这是社会过程的横的动态关系,亦称为社会互动。因此,社会过程指社会互动的一种循环往复形态及社会的历史变迁。就个体与社会的关系而言,米德和布鲁默既强调社会过程的秩序,同时也强调社会过程的变化。

1)个人和群体受到文化和社会过程的影响

文化过程是指文化的发现、发明、演进和扩散的过程。文化过程是文化发展的基本规律,具有地域和历史阶段两重性。由于世界各地社会的历史发展阶段、社会制度以及人们创造文化的活动中所受地的影响不同,并由于开发资源、利用机会以适应环境所采取的手段和方法不同以及所继承的文化传统不同,使得世界上形成各种特定的文化地域,反映出不同的文化过程。基本的文化过程包括发现、发明、演进和传播。

文化和社会过程对个体的行为是有影响的,这种影响一般是通过社会规范实现的。也就是说,社会规范限制了个人的行为。社会规范(social norm)指人们社会行为的规矩,社会活动的准则。它是人类为了社会共同生活的需要,在社会互动过程中衍生出来,相习成风,约定俗成,或者由人们共同制定并明确施行的。其本质是对社会关系的反映,也是社会关系的具体化。风俗、道德、法律、宗教等是社会规范的各种具体形式。社会规范分为正式和非正式两类。正式规范通常有文字记载,并且对违反者有严格的处罚规定(刘鹤群,2008)。例如,法律便是一种正式的社会规范,当然,除了法律之外,各种游戏比赛的规则等,也都可以被视为正式规范。相对而言,非正式规范则并没有明文记载,但是却为社会大多数人所接受。社会规范反映了一个群体的共同意见,即一种共同的价值体系。个体要在群体中生活,必须掌握这种价值标准,并自觉地用来约束自身的社会行为,调节人际交往活动,才能为群体所接纳。这种适应社会系统的价值需要的过程,也就是个体获得社会标准,完成社会适应的过程。因此,社会规范是个体社会行为选择及定向的工具。

从我们所处的文化和社会中,我们学会了看待生活的特定方式,正是通过这一重要的文化和社会化过程,社会规范影响了个人的行为。例如,在案例《一堵围墙生事端》中,刘某在第一次围墙被张某推倒后,由于对在村落社区中传统势力的畏惧,而选择了息事宁人,由此,我们看到社区文化环境对个体的影响。

2)社会结构通过社会互动发挥作用

也就是说，个体可以通过行动选择，来改变社会情境。社会结构(social structure)是指一个国家或地区占有一定资源、机会的社会成员的组成方式及其关系格局，包含人口结构、家庭结构、社会组织结构、城乡结构、区域结构、就业结构、收入分配结构、消费结构、社会阶层结构等若干重要子结构，其中社会阶层结构是核心。社会结构具有复杂性、整体性、层次性、相对稳定性等重要特点。一个理想的现代社会结构，应具有公正性、合理性、开放性的重要特征。社会互动与社会结构是两个紧密结合的概念，并且也是社会学研究的中心之一。有学者认为，社会结构指的是围绕在我们周围的社会景象，由文化、社会阶级、社会地位、角色、群体和社会制度所构成(林聚仁，2007)。而社会互动一词则表示人与人之间互相响应的方式，不管是面对面，还是通过电话与计算机等(刘鹤群，2008)。符号互动论对社会结构不可改变的观点提出了质疑，同时提出个人通过社会互动可以改变社会情境。也就是说，个体可以通过行动选择，来改变社会情境。[1]

案例：

一堵围墙生事端[2]

安徽省淮南市山王镇的某村，村民刘某和张某均系某村民组的村民，刘某因建新房而修建了一堵围墙，这在农村原本是一件再平常不过的事，但是邻居张某却出人意料地把刘某在建的围墙给推倒了，理由是刘某修的围墙占了自己家的地，更重要的是破坏了自己家原本极好的风水。并扬言，如刘某再建的话，将同本族人一道，狠狠地"治"他。张某无正当职业，平时游手好闲，为人骄横，不讲道理。正因如此，在第一次围墙被张某推倒之后，平日里胆小怕事的刘某一家人敢怒不敢言，为息事宁人，只好自认吃亏。但是当围墙再一次被推倒之后，刘某几日来的屈辱与愤怒彻底地爆发了，这不是明摆着欺负人吗？是可忍孰不可忍，愤怒使刘某失去了理智。当天晚上，刘某秘密召集自己的兄弟、家人开了一个紧急会议，商量着如何对付张某。刘某及其族人被仇恨的怒火冲昏了头脑，决定第二天狠狠地教训张某一下，不打死也要打残，这样才能发泄心中的愤怒，挽回受到的侮辱。

---

[1] 例如，在案例《一堵围墙生事端》中，当自家围墙再次被推倒后，刘某选择了要准备报复。通过这种可谓"负面"的互动，刘某将与张某的矛盾白热化，表明自己也并不完全受到文化或情境的限制。

[2] 安徽省淮南市八公山区山王司法所提供，来源于"中华全国人民调解员协会网"，《一堵围墙生事端　耐心调解普新篇》[EB/OL]，2009-02-17，http://www.rmtj.org.cn/content.php?id=131。

三、符号互动论对农村发展传播学的意义

回溯符号互动论,我们会发现,传播的问题本质上应该是关于社会的问题,“与围绕着我们创造并生活在其中的社会性质有关。对普通人来说,只不过是一系列日常行为:相互交谈、传达知识、享受娱乐、展开讨论、获取信息。”有学者认为,施拉姆(Schramm)缔造的传播研究模式仅仅是对传播“communication”一种狭窄含义的解读,仅仅反映传播与社会关系的一个截面,符号互动论促使我们应该重新追问传播和传播研究的本质所在,为修正混乱的社会现状、重塑共同的文化、重建真实协调的人类关系提供价值(黄旦等,2006)。从农村发展传播学是传播学的一个分支这一认识出发,本节将在此处探讨符号互动论对农村发展传播学的意义。

1. 符号互动论为农村发展传播学提供了基本学理依据

米德在著作中系统阐述了“姿态对话”(conversation of gesture)的概念,并以此描绘了人际互动的最简单、最基本的形式。一个有机体发出姿态刺激了第二个有机体的回应。反过来,第二个有机体发出姿态刺激第一个有机体作出一个调整后的反应。那么,如果互动继续,第一个有机体调整后的反应就会在发出的姿态中得以体现,结果让第二个有机体的行为发生调整。只要两个有机体的互动持续下去,就会如此往复。

米德通常把这种姿态对话称作三维矩阵(triadic matrix),因为它包含三个相互关联的要素:第一,一个有机体在动作适宜发生的情境下,发出该动作;第二,另一个有机体作出反应,该反应以一种姿态刺激的方式作用于发出动作方;第三,发出动作方考虑到反应方的姿态刺激而调整自己的反应。这个三维矩阵构成了有机体之间互动和交往的最简单的形式。

反观农村发展传播学理论和实践,这种“姿态对话”可谓是最基础的互动形式。例如,在案例“一次补办《集体土地使用证》的经历”中,“我”首先依据法规和现实拒绝了补办者的请求,随后,补办者便通过找熟人、大吵大闹等方式作为回应,在经过仔细思考后,“我”调整了自己的态度和做法,通过从补办者的实际情况出发,为其找到了一个两全其美的解决方案。

案例:

一次处理补办《集体土地使用证》的经历

在我镇流传着一句话,“小孩随便生,房屋随便造”,所造成的后果是遍地地乱搭建,与我国“严而又严”的宏观调控方针背道而驰。不久前,有一位农民遗失了《集体土地使用证》,经登报声明作废后前来补办。我到实地踏勘后发现,除原《集

体土地使用证》上所示外，他又在附近搭建了几间小屋出租给打工者。我就明确告诉他不予补办。他就到我的办公室大吵大闹，还到镇领导处说我态度不好，不给他办理《集体土地使用证》，说我故意卡他，托关系找到一位领导，让领导跟我说，也被我以同样的理由回绝，领导至今还对我颇有微词。

在处理上述事情时，我一直觉得自己很正直，别无太多想法。后来，逐渐意识到在人际交往中，应该注意别人的言谈举止，分析其心理活动，把握人的动机，揣摩人的沟通目的。特别是有意识地将自己放入别人的角色去思考问题，这样可以对别人产生更多的理解，理解别人是反馈的基础。对来补办《集体土地使用证》这件事，经过调查后我了解到，他家境不是很好，儿子结婚又使他欠下了不少债，所以他搭建了几间小屋出租，以增加些收入。后来，我主动打电话给他，首先因上次生硬的态度向他道歉，接下来向他详细解释，根据土地登记规则第六十七条规定，“有下列情形之一的，土地管理部门应做出暂缓登记的决定：（一）土地权属争议尚未解决的；（二）土地违法行为尚未处理或者正在处理的；（三）依法限制土地权利或者依法查封地上建筑物、其他附着物而限制土地权利的；（四）法律、法规规定暂缓登记的其他事项。”所以待处理好违章建筑后再予办理。另外，我还帮他出主意，得知他儿子还未建房就告诉他可以叫他儿子先补批那几间小屋，批好后两处房屋一起办理《集体土地使用证》。他听了我的劝告后，表示对上次到办公室吵闹感到非常不好意思，并一定会按我帮他出的主意尽快准备妥当，再前来办理。[1]

2. 符号互动论向媒介传播研究的扩展丰富了农村发展传播学中的重要研究内容

学者福尔斯（Don F. Faules）和亚历山大（Dennis C. Alexander）将符号互动论的研究成果应用于对大众传播媒介的研究上。在此基础上，他们将传播定义为“导致参与者间不同程度的共享意义和价值的符号行为”，并以此进行了分析。他们就符号互动和传播提出了三个基本命题：第一，人们对环境的理解和认知依赖于传播。正如福尔斯和亚历山大所言，“传播有利于在非直接感官经验下不确定因素的减少。媒介是非直接经验的主要来源，并且因此影响了对社会现实的建构”。第二，我们在不同情况下对传播的使用和我们在那些情况下对自己和他人的理解是相互关联的。第三，传播包括“动作、互相依赖、互相影响、意义、关系以及情境因素”的复杂互动。我们对于世界和我们自身位置的理解是在我们与媒介符号的互动中产生的（曹书乐，2004）。

---

[1] 根据高国连同学的课程论文修改整理。参见王德海．传播与沟通教程．北京：中国农业大学出版社，2007：241.

这种以符号互动论视角进行媒介传播研究的尝试，对于农村发展传播学而言，无疑具有借鉴价值，并且进一步丰富了其学科想象力。例如，在如下《安第斯山索斯亚村农业创新的扩散》案例中，就那些创新者而言，他们在认知阶段充分利用大众媒体的信息，从大众媒体等各种渠道学习新事物，接受新观点。也正是在与媒介符号的互动中，他们进一步明确了对新事物、农业新环境的认识，加深了对新技术的理解，也促动了其尝试采纳应用新的农业技术。

案例：

安第斯山索斯亚村农业创新的扩散

索斯亚是一个很小的村庄，位于安第斯山脉火山灰堆积成的陡峭山坡上两英里多高的地方。在研究的 6 项创新中，有两项，即化学肥料以及杀虫剂、除菌剂的喷枪，在过去的 30 年里得到了广泛的扩散，采纳率几乎达到 100%。研究表明，在索斯亚最具有创新性的农民拥有的农场的面积是最不具创新性的农民拥有的农场面积的 100 倍。和其他扩散研究的情况一样，索斯亚的创新者相对于落后者而言，更见多识广，他们走出村庄，到集镇和都市旅行，从大众媒体等各种渠道学习新事物，接受新观点。

在索斯亚地区，尽管大众媒体非常有限，但创新者比落后者拥有更多的机会接触媒体（主要指广播、报纸和各类书籍等）。创新者相对于落后者而言，也更倾向于在认知阶段充分利用大众媒体信息，这个比例是 11% 对 2%。另外，创新者更见多识广，有 33% 的人利用来自村庄外部的一些信息来源，而落后者只有 17%。一旦大众媒体引进了某种创新，其扩散过程借助村子里的人际传播渠道得以自我延续。[1]

3. 符号互动论强化了农村发展传播学中的质性研究方法

符号互动论的芝加哥学派主要由赫伯特·布鲁默领导。他保持了由乔治·赫伯特·米德开创的人文主义传统。他们认为，人的行动包括内部活动和外部活动两个部分。符号互动论由于强调人的主观意义，强调社会互动中的解释过程，因此在方法上便寻求一种能够了解主观意义的方法。符号互动论认为对互动过程的详细描述就是社会科学的目的。而实证主义传统的社会学则强调社会现象和自然现象的一致性，主张用自然科学的方法研究社会。即从事物中找出两个或更多的变量，而后对其关系进行验证。结果，人被当作了物，人的内在思维活动被排除于科

〔1〕【美】埃弗雷特·M·罗杰斯．创新的扩散．辛欣，译．北京：中央编译出版社，2002:239.

学研究的范围之外。

布鲁默认为对人的研究方法不能等同于对物的研究方法，研究者应在真实的背景中研究人，而不是在实验室里或用问卷来研究。研究者的目标必须与被研究者产生共鸣，进入被研究者的经历的领域，并试图理解该个人的价值观。布鲁默和他的追随者避免使用定量和科学的方法对人的行为进行研究。他们强调运用生活史、自传、案例研究、日记、书信和无指导性面谈（陈德民等，1999）。布鲁默说："它（符号互动论）相信必须通过真实的经验世界的直接研究，而不是对世界的模仿研究、对预先设置的模型的研究、对分散的观察中获得的图景的研究……来确定问题、概念、研究方法和理论计划。……对符号互动论来说，通过直接的、详细的和探索的研究就可以发现和了解经验的社会世界的本质。"（胡荣，1989）

正如米德与布鲁默所指出的，对行为进行分析不能总是通过将可疑的变量加以系统的分割而完成。相反，互动行为的社会语境必须同各种情景下变量的相互依赖一并加以强调。因此，对典型的、日常的、发生在真实生活情景中的经历或场景进行"生态学"研究就得到青睐（李斌，2004）。正如布鲁默所言："符号互动论是以脚踏实地的路数进行的对于人类群体生活和人的行为的科学考察。它的经验世界就是发生这类群体生活和行为的自然世界。它把自己的问题定位在这个自然世界当中，在这个自然世界里展开自己的研究，并从这种自然主义的研究中推出自己的解释。如果它希望考察宗教崇拜的行为，就会深入实际发生的宗教崇拜，仔细观察它们发生发展的过程。如果它希望考察社会运动，就会悉心追踪实际运动的历程、历史和经验。如果它希望考察青少年当中使用毒品的情况，就会下到这些青少年的实际生活当中，对这类使用情况进行观察和分析。至于其他引起它关注的事情也大致如此。因此，它的方法论立场就是对经验世界进行直接的观察。"

总之，符号互动论对人的认识决定了与其联系的研究方法。互动学派把人的行为看作是"客我"和"主我"相互作用的结果，因此人的行为是无法预测的、非决定的，人具有创造性，因而研究者要研究人，就要理解人，就要弄清人在行动中的意义，而这就必须使用参与观察、深度访谈等质性研究方法。

案例：

作为理解实践的深度访谈

深度访谈最为重要的目标，是要从访谈中找到可以打破调查者想象的知识。打破调查者想象的知识来自被调查者的讲述。因此，深度访谈就需要激励被访谈者自由讲述，直至讲述出调查者根本就未想到过更不用说提出来了的问题。注意，这个问题并非调查者来之前即已预料的问题，而是一种意外的收获。正是这种意外，构成了深度访谈的根本收获，这是深度访谈的实质，这也是为什么要叫做深度访谈的原因，深度访谈就是要让被调查者建构自己生活及其社会生活逻辑的过程中启发调查者。

仅仅是被调查者相对自由讲述，并不构成深度访谈，因为这样的访谈不会有所发现。因此，深度访谈的另一个根本是调查者可以从被访谈者的讲述中找到新材料、新问题和新视角，因此有了“顿悟”，并以此来重新组织访谈获得的材料，重新建构过去对农村认识的想象。新的视野进来了，或新的解释出来了，深度访谈的成果也就有了。

深度访谈的根本就在于调查者与被访谈者之间的良性互动，并因此产生了调查者知识的意外，而调整对农村社会的认识，重建一个较为正确的真实农村。意外或顿悟的关键就在于调查者的良好素养，被访谈者不经意讲述出自己体验时与调查者已有知识的契合，以及这种契合对调查者的启迪。只有那些有着真实调查经验、有着足够农村想象、有着敏锐思维及有着丰富理论储备的调查者，才容易在深度访谈中发现意外、产生顿悟、具有收获。这些意外、顿悟或在已有知识想象以外的收获，可以构成理解农村真实状况的系列可供进一步讨论、检验和发展的中层理论（及微观视角）（贺雪峰，2008）。

第三节　传者与受传者分析

一、对传者与受传者的影响因素

1. 对传者的影响因素

传者指信息的发出者，是沟通过程的要素之一。也可以说，传者是指在沟通过程中，利用生理或机械手段向预定对象发出信息的一方。传者可以是个人，也可以是组织。

根据与受传者的关系，传者可分为直接传者和间接传者。直接传者是指个体之间面对面沟通的任何一方。特点是语言、体态、姿势、动作、表情都同时与对方交流，并且及时得到所传信息的反馈，进行传者与受传者间的角色互换。间接传者指传者与受传者之间不直接进行面对面交流的人。一般在两者之间以某种传播工具作为桥梁。自从人类会结绳记事、刻画记号以及利用火传信号时起，人类实际上已进入了使传播工具与传者分离的阶段。一般来说，人际间沟通中的角色称作直接传者，大众传播中的传者称为间接传者。

我们可以在此意义上说，每一个人都是传者。但一些人以沟通作为自己的职业的人，一般称作职业传者。例如教师、编辑、记者、播音员等。传者的任务是信息的收集、加工、传递和对反馈的反应。

世界是一个矛盾的统一体。许多事物的存在或者发生发展过程都是受很多相关因素影响和制约的。如果对传者做进一步的分析，我们会发现，传者既有作为把关人对信息进行选择和决策权的一面，又有受某种规范制约控制和影响的一面。传者行为的影响因素如下。

1)传者在开展传播活动时可能受到政治因素的影响

传者在开展传播活动时可能受到的政治因素的影响表现在两个方面。一方面表现在政治信念、人生观、价值观等方面对传者的约束。因为传者的行为离不开传者所处的政治环境背景。例如传者要受到法律和组织约束，受到权力舆论的压力及其他相关因素控制。另一方面，由于计划经济体制中对农村工作干部的工作方式的影响，农村发展工作者也常常会用一种行政命令的工作方式去处理农业、农村和农民问题，在他们利用沟通这一手段时，往往带有那种政治意义的谈论色彩。

有人认为，在日常生活中具有政治意义的谈论有三种：即权力谈论、影响谈论和权威谈论。所谓权力谈论，指使用威胁或承诺来支配他人行为的谈论；影响谈论指以声望和名誉来影响他人行为的谈论，权威谈论指以命令语气支配他人行为的谈论。这三种谈论意味着传者的行为带有支配或影响别人的共性。

2)传者在开展传播活动时受到的社会因素的影响

社会因素包括传者所处的社会地位以及所扮演的社会角色对传者开展传播活动的影响。在我国二元经济结构的社会体制中，存在着农村与城市经济发展水平的差别，由此造成了城市人与农村人的差别，形成了吃商品粮和吃农业粮的人在历史传统以及许多生活待遇、居住与工作条件、生活方式方面的差别。这些差别很自然地反映到人们的观念和传播行为中。农村发展工作者属于国家干部，与农民比起来社会地位和生活方式不同，在传播活动中往往会带有一种优越感，与农民讲话时像作报告，常常不能摆脱“干部腔”。在穿着打扮上也可能与农民不一样。农民愿意席地而坐，推广人员可能愿意在落座之前在地上铺一张纸或者一块手绢。也就是说，传者的行为不能摆脱特定个人和社会环境的约束力。一不注意，就可能会使农民觉得你看不起他们，于是农民更多地将推广人员作为干部来看待，而不认为是自己的朋友。

除此之外，当传者遇到上级、亲戚等关系时，很有可能将他们作为传播中优先考虑的对象，不能像对待其他人一样对待他们。

3)传者在开展传播活动时受到的经济因素的影响

经济因素指传者与受传者在经济收入上的差别以及受传者中贫富差别对传者开展传播活动的影响。作为农村发展工作者的传者有固定的工资收入，而农民要靠自家的种植业和养殖业等维持生计，这种区别会使得农村发展工作者表现出对农民的理解和同情。如果农村发展工作者不做任何努力，很可能与农民缺乏共同语言。另外，农村中存在着农民之间的贫富差别，这种差别是由于很多原因造成的。在一般情况下，由于相对富裕的农民往往各方面条件较好，文化程度也可能会相对较高一些，因为传播中比较省力，因此农村发展工作者往往愿意在传播活动中与这些相对富裕农户接触，而不愿意费力去和相对贫困农民接触，从而造成所谓"肥牛添膘"的效果。

4)传者在开展传播活动时受到的文化因素的影响

这表现在人们受教育程度和使用的语言文字以及经济发展水平等方面的影响。这种文化差异对传者的影响力是不可忽视的。推广人员可能习惯于用文言讲话，过多地应用专业术语，不懂得农民的方言和尊重本地文化和乡土知识。如果农民听不懂或没有按照推广人员的吩咐去做，往往不是检查自己的行为方式，却过多地责怪农民没文化、落后、保守以及文化素质差等。这些都直接影响着推广人员的传播活动效果和工作质量。如前所述，农村发展工作者更愿意与那些文化水平较高的农民接触，因为比较省力，于是便人为造成了信息传播中的两极分化。

5)传者在选择和制作讯息时所受到的影响因素

对传者的影响因素有很多，许多因素会直接影响传者的传播行为。传者的传播行为主要指传者对传递讯息的选择和制作讯息的方法两个方面。

传者决定讯息内容。选择什么样的讯息，如何将已有资料进行组织，取决于传者本身。如何加工和组织所要传递的讯息是传者的基本功。

一般来说，传者占有很多潜在讯息(即可传递的讯息)。大众传播过程中的传者在开始时所占有的材料或潜在讯息要超过将要传递的材料或讯息。在这种情况下，传者只能根据某些标准从大量的材料中抽取一部分。

传者如何进行选择和制作，同样受到传者本身、讯息和媒体等许多因子的影响。主要因子如图 1-6 所示。

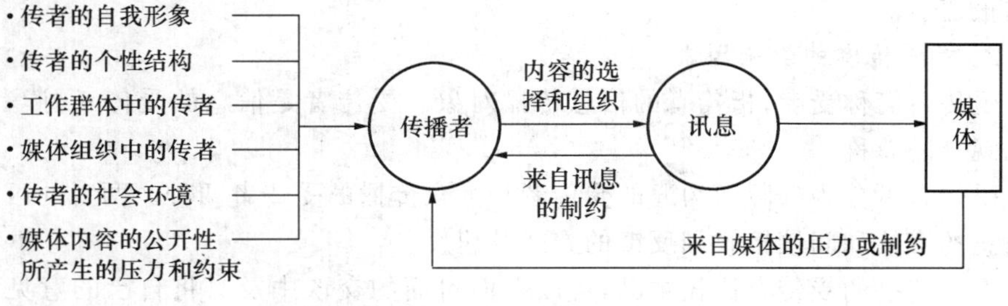

图 1-6　影响传者行为的因素

(1)传者的自我形象。这包括传者不仅把自身的作用看作为一个个人,而且包括如何理解自己作为一个传者的作用(包括是把自己视为事件的解释者、某些特殊思想的捍卫者呢,还是把自己看作只是客观事件的一面镜子,或者是否认为自己的职业角色允许他提出自己的价值准则等)。

(2)传者的个性结构。传者的个性影响传者的行为。

(3)工作群体中的传者。大众传者往往离不开周围的同事与专家。由于大众传者总是在一个群体中工作,因此他的自由在某种程度上受到工作群体的规范与价值观的限制。

(4)媒体组织中的传者。各种大众传播媒体组织的规模、宗旨、所有制形式和政策各不相同,而所有这些对传者个人来说都是重要的环境因素。传者个人持有的信念和态度可能与其组织持有的不同,媒体组织可以强制传者服从明确的或不言明的规则。

(5)传者的社会环境。几乎与受传者的社会环境影响受传者对媒体内容的选择方式与感受方式的情形完全一样,传者对媒体内容的把关方式与制作方式,不仅仅取决于工作群体和媒体机构的其他方面所构成的环境,也取决于传者本身的社会环境。

(6)媒体内容的公开性所产生的压力和约束。大众媒体传者的生产受到公众的审查。这一事实从心理和法律两个方面构成对传者工作的某种约束力。

传者必须根据讯息内容的种类来制作讯息。一条单一的讯息也可以被看作是某一整体的一个组成部分。在讯息的加工和组织过程中,传者也受到一定的约束。例如,在对讯息的加工组织过程中,撰写一则葬礼报道与一个闲话专栏不一样。这是讯息本身对加工和组织的要求。因此,要求传者在一定范围内,根据讯息对内容进行认真的选择和组织。

对于传者来说,每一种媒体都有着一种特殊的约束。例如报刊和电视的表现手法不同,因此要求报刊记者与电视台的编导在报道同一事件时有着不同的观察条件与视角。由于使用的媒体本身的条件,限制了讯息内容的某些方面或部分情节的报道。

2. 对受传者的影响因素

受传者简称受者,指传者的信息传播对象。受传者是信息的受传者、读者、听众和观众的总称。

受传者可分为人际间沟通的受传者和大众传播的受传者两种。两者的区别在于信息的直接和间接接收和反馈的方式及速度。

人际传播的受传者比较主动,可以在面对面的交谈中及时将自己的意见和主张反馈给对方。大众传播的受传者便不能做到这一点。

大众传播的受传者有以下一些特点。

(1)数量多。报纸、广播和电视拥有人数众多的受传者,有些节目可以拥有全世界的受众。

(2)兴趣广泛而分散。受传者包括各行各业的人们。根据个人所处的环境、工作性质、业余爱好等不同而分成许多类群。这种类群的划分不仅是工、农、兵、学、商所能包容,在同一行业中仍然有许多不同的群体和亚群体。这种群体并没有绝对稳定性。

(3)自愿行为。受传者接收讯息的行为是自愿的,一般不受传者的控制。对大众传播媒体及讯息的接收带有随机性。

(4)动机的多样性。受传者寻求和接收信息的动机多种多样。有人为了消遣和娱乐;有人是满足于某种好奇心;也有人是为了满足自己在信仰、哲学、政治、经济、文化知识方面的欲望或需求。这包括为了自己的生存与发展,为了文化认同和心理平衡,为了某种疑难问题的解决而寻求指导和帮助。

虽然受传者是由社会上具有鲜明个性和主见的独立个体组成的,但是如果加以观察和分析,除去彼此不同的差异性之外,人们在性别、年龄、种族、社会地位、文化程度、收入水平、职业特点、居住地域及兴趣爱好、风俗习惯等方面仍然存在着某种共性的个体群。这些相同方面汇总起来便形成了社会群体范畴。这种具有相同经历或人生观和价值观等伦理思想的人,或由于某种共性而存在着相同意见和类似背景的人彼此容易相互影响。作为受传者,他们对信息的选择,理解和反应代表着一定社会类别或者“社会群体”的倾向。受传者行为的影响因素如下。

1)社会关系的影响

受传者在不同程度上隶属于某种政治、宗教或娱乐性质的正式或非正式的团体或组织。不能否认,任何人都有自己特定的生活圈,而且其态度和行为都在受着这个生活圈或某种团体或组织的影响和制约。这种社会关系对受传者接收信息的态度和行为有着重要的影响。一个人既然属于某个组织或团体,那么他就会维护他所在组织的利益。当一种沟通工具的信息攻击或反对这一组织的时候,作为此组织的成员就会起来抵制或排斥。即使有少数立场不坚定者,其行为也受到所在团体或组织内大多数人态度的影响。因此,受传者的态度和行为受到所在组织、团体或社会生活圈的影响。虽然每个人都有自己的主见,然而又不能脱离一定的社会关系范畴。

另外,社会关系还包括生活在农村社区中的人们之间的相互影响。例如,农民祖祖辈辈居住在一个村子里,邻居、乡亲的关系非常亲密。平时,邻里乡亲之间喜欢串门、聊天。在田间地头拉家常式的气氛中,实现了相互交流和相互模仿。

2)受传者与媒体

大众传播的媒体有着固有的特性。不同的媒体要求受传者作出不同的适应。媒体本身以及媒体所传播的内容影响着受传者的感受。受传者与媒体可以用图1-7表述如下。

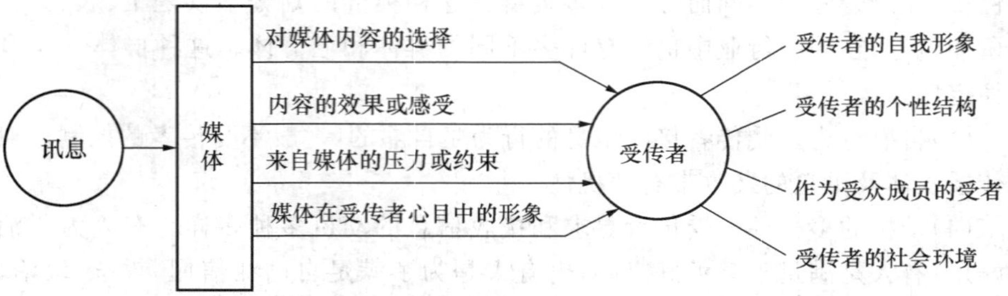

图1-7　影响受传者行为的因素

(1)媒体内容的选择。受传者对媒体讯息的选择取决于受传者本身的需求和偏好。

(2)内容的效果与感受。对于受传者来说,媒体传播的讯息内容的效果与感受因人而异。

(3)来自媒体的压力或约束。指媒体本身的特性对受传者的影响。与传者传播讯息相同,受传者接收讯息也同样受到媒体本身特点的限制。

(4)媒体在受传者心目中的形象。所谓媒体在受传者心目中的形象主要指媒体的知名度和可信任性。它对于受传者选择媒体内容以及对内容的感受和反应方式都是有影响的。如果媒体在受传者心目中的形象较好,就会增加信任度,受传者就会容易接受这种媒体传播的信息。

3)受传者本身的影响

(1)受传者的自我形象。个体对自身的角色、态度和价值观的认知,决定了他在接收讯息时的态度。一般来说,人们往往拒绝那些有悖于自己价值观的信息。

(2)受传者的个性结构。有的人比其他一些人更容易受影响。人们常常认为自卑的人比别人更容易被劝服。这一点也应该适用于大众传播中。

(3)作为受众成员的受传者。这是指受传者为公众的一员。大众传播与面对面传播中的接收情况不同。作为普通公众的一员,不需要必须以某种方式作出反应或行动。据研究,儿童与伙伴们收看戏剧性的大众媒体内容或者与家长一起去收看,他们的感受是不同的。这也可以理解为,当一个人在接收某种讯息时,处于个体或集体不同情况下其感受和反应是有区别的。

(4)受传者的社会环境。社会环境指社会、受传者生活于其中的社区、所属的群体以及与之相互影响的许多个人。研究表明,个人越是承认自己是一个群体的成员,用与该群体价值观相悖的讯息去影响他的态度的可能性就越小。

4)受传者与传者

(1)受传者在传者心目中的形象。传者心目中对受传者形象的认识直接影响传者对传播内容的选择和组织。如果推广人员看不起农民,那就绝不会制作出平等交流对话的节目出来。

(2)传者在受传者心目中的形象。受传者对传者的可信度的认识往往影响着受传者心目中的媒体形象。这种形象影响受传者对媒体讯息的选择与感受。例如,如果某电视台总作一些虚假广告,使得观众上当受骗,观众一定会很反感。受传者对传者及其价值如何认识对于传播的有效性也是至关重要的。

(3)来自受传者的自发性反馈。大众传播被认为是单向过程,基本上不存在面对面传播中所表现的那样自发性反馈。除非传者作出一些使受传者参与的努力,包括及时征求受传者的意见和建议。

二、约哈里之窗

在传播沟通的研究中,有一个比较著名的关于自我信息的概念,称为"约哈里之窗 The Johari Window",这是由名叫约瑟夫 Joseph Luft 和哈里 Harrington Ingham 的两个人设计的一个分析模型,表示自我和公众沟通关系的动态变化,见图 1-8。

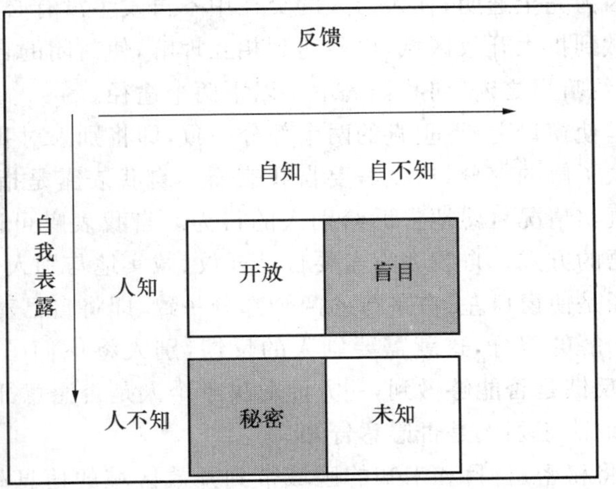

图 1-8　"约哈里之窗":表示自我(封闭)和公众(开放)沟通关系的动态变化

"约哈里之窗"好像一扇大的窗,看上去它是一个整体的自我世界,里面包容了全部的自我信息,例如欲望、需求、喜欢、厌恶、目标、恐惧等等。如果进一步剖析,就会发现,这个窗可以分为四等份:即开放区、秘密区、盲目区和未知区。

开放区表示所有自己了解,别人也了解的关于自我的信息。

秘密区表示只有自己了解的关于自我的信息,它仅仅属于自己,别人不知道。

盲目区表示别人知道,而自己却不知道的有关自我的信息。这些信息虽然是关于自己的,自己却看不见,就像盲人一样。

未知区表示无论自己还是别人都不了解的关于自我的信息。

这四个区域是对关于自我信息世界的解剖,每个人的自我信息世界都存在这四个部分。如果把它看成一个整体,将这四个区域上、下垂直分为两部分,那么,上面的部分就表示别人对我们自己了解的部分,下面就表示别人对我们自己不了解的部分。任何人,自认为了解对方的人,也不会把另一个人"看透"。

如果将这四个区域左、右水平分为两部分,左面的部分就表示自己对我们自己了解的部分,右面表示自己对我们自己不了解的部分。同样,任何人,自认为了解自己的人,也不能做到百分之百的了解自己。

每个人在交往过程中各个区域的大小是不同的,每个人在不同时间、与不同对象的交往过程中各区域也是发生变化的。在沟通过程中,正向的变化即理想的变化趋势是使开放的区域扩大,其他三个区域变小,直至其他三个窗口彻底消失。这样,一方面可以更深入了解自己,发扬自己的长处,克服自己的缺点,挖掘自己的潜力;另一方面,因为完全透明,在人与人的交往中不再发生没有必要的误解和烦恼。

如何才能做到扩大开放区域,以便达到相互理解,使封闭的自我向公众开放的方向发展呢?"约哈里之窗"向我们揭示了以下两个途径。

一个途径是使窗口上、下垂直的两个部分一致,即将别人对我们自己不了解的部分也变为别人了解的部分,这就需要自我表露。自我表露是指在人与人沟通过程中把自己的真实情况自愿地告诉给别人的行为。自我表露可以是言语的方式,也可以是非言语的方式。自我表露需要自己开放、诚实地与别人分享信息。

另一个途径是使窗口左、右平行的两个部分一致,即将自己对我们自己不了解的部分也变为了解的部分,这就需要别人的反馈,别人将他们了解的部分告诉自己。当然,这种反馈是否能够做到,一方面取决于个人是否愿意征求和倾听别人的意见,另一方面取决于别人是否愿意告知。

显然,自己将秘密、盲目和未知的区域带到开放区域的信息越多,人际间的沟通越容易有效地开展。在这里,自我表露与反馈比起来,作为自我的个人自己更容易做到自我表露,因为反馈的主动权更多的是在别人手里。反馈的获得需要自己与别人的积极合作，而自我表露则需要自我的主动性。理想的情况是，在自己向别人敞开心扉的同时，别人也会同样坦诚地对待我们自己。这样，既达到了深入了解自己的目的，也对别人有了进一步的了解。从而增强人际间的交流互动，促进人际关系的发展。

与反馈比起来，这里更多地应该强调自我表露。自我表露来源于自我认识。如果一个人对自己的认识很低，具自卑感，觉得自己比别人差得很多，这种具自卑感的人一般不愿意对别人讲自己的故事；另外一种人自我感觉良好，也往往不愿意对一般人讲自己的故事。前者是觉得自己比不上别人；后者是看不起别人。这两种自我认识都是沟通的障碍，妨碍了与人建立正常的沟通关系。

其实，自我认识本来是通过自己的经验以及和别人的交往形成的。一个人从小就通过言语和非言语符号了解到别人对自己的看法，在此基础上才形成了自我印象。有趣的是，一旦形成这种自我认识，却不愿意自我表露。

通过研究发现，人的自我认识随着成长环境的变化是在发展变化的。在不同的情况下，不同的时间里，面对不同的人，人的自我认识不同。由于自我认识不同，自我表露的程度也不同。

一般来说，如果没有自我表露，别人就无法了解自己，就不可能导致更有效地沟通，也就不可能与别人建立起一种亲密的关系。除此之外，自我表露还有利于加深对自我的认识。例如，当有一个自己难以解决的问题去请教别人时，有时候会发现一个有趣的现象，在自己认真地向别人解释问题的过程中，忽然在自己的脑海里出现了解决问题的办法。其实，有些时候，很多问题困扰我们，并不是问题有多么复杂，而是我们自己的思路不清楚。当我们向别人解释问题的时候，必须把自己的思想整理成别人能够理解的语言，在这个整理思路的过程中，我们就有机会重新审视我们的动机、需要和目标，有机会使自己理清事件之间的联系。于是，问题就自然找到了答案。这种自醒的办法也常常被咨询工作者用于帮助别人解决问题的实践中。有时候，你会发现，一个优秀的咨询工作者在帮助农民解决问题时，这个人其实没有什么高招儿，而是这个人具有帮助工作对象理清思路，叙述清楚事件的逻辑关系的本领。这方面有的技术有时被划归于调查研究，有时被划归为分析问题当中。其实，就是一种自我表露的引导技术。

总之，自我表露有助于自我认识。向别人表达成功时的胜利喜悦心情，可以增强自己的乐观情绪；诉说失败时的失望和沮丧，可以通过反思难免的缺点错误，既可以宣泄内心的郁闷，也可以得到别人的同情与理解。

但是，因为自我表露是向别人提供自己的信息，所以有时会等于把自己放到一个容易受到攻击和伤害的位置上。自己通过实话实说，把自己的心里话毫无保留地告诉给别人，对于促进良好的交往关系来说，它是一种投资。既然是一种投资，也会有风险。对方假如没有诚意，你就会被别人耻笑为“傻子”或“傻实在”，不仅达不到应有的效果，反而会被别人利用，上当受骗。因此，为了保证安全起见，人们往往选择两种人作为自我表露的对象：一种是完全陌生的人，一种是特别亲密的人。完全陌生的人是因为自己认为将来不会再见面，或再见面也不会记得；而亲密的人是因为关系密切，不会出卖自己。然而，这两种沟通对象都无助于改善自己的人际关系环境，扩大人与人之间相互了解的界面。

从对自我表露对象的揭示中使我们认识到，人们自我表露的前提条件是一种安全感。因此，为了使别人对自己有安全的感觉，做到完全陌生是不可能的，唯一的途径是要培养与沟通对象的一种亲密关系，使工作对象对自己信任，这样才能使别人对自己无话不谈。反过来，为了使工作对象信任自己，首先自己要去“冒风险”，去向工作对象自我表露，这是有效沟通的起源。

“约哈里之窗”说明：

(1)人与人或人与公众的沟通关系是一个动态的变化过程。在沟通过程中，每个人的内心世界都处在封闭和开放之间的变化中。因此，人与人的沟通关系需要通过自己的努力去改善。

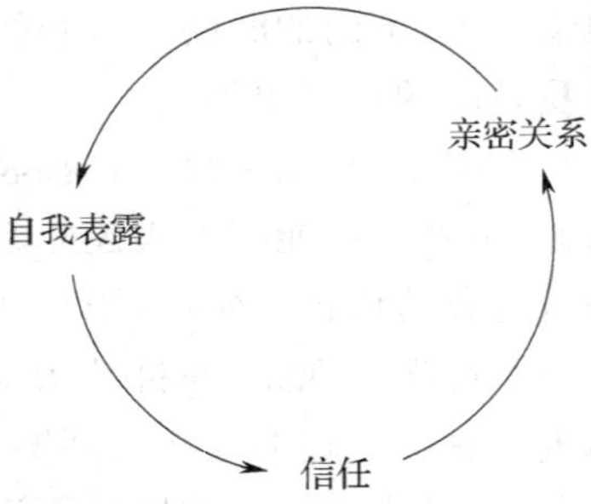

图 1-9　通过自我表露促进沟通效果的途径

(2)适当的自我表露。自我表露要求待人诚恳，有啥说啥，这样别人往往愿意与你沟通。当一个人经过深思熟虑后将自己的一些属于自己个人的事情告诉别人的时候，别人会感觉亲近，它是与别人通过某种途径得出对你的认识是不同的。

(3)及时反馈。在与别人交往中，要力求做到及时反馈，开诚布公地向对方谈出自己的看法和意见，这样可以使自己与别人的沟通容易，沟通关系透明化是提高沟通效果的前提。

三、传播沟通障碍与克服障碍的途径

由于传播沟通过程的复杂性，人们在平时的传播沟通中出现许多问题，使得传播沟通的质量受到影响。在传播沟通过程中常见的障碍如下。

1. 传者的沟通障碍

1)缺乏知识

(1)缺乏自信。在传播沟通过程中缺乏自信，总觉得自己没有经验，或从心里害怕出错，包括声音、姿势、语气、语调等等都很拘谨，因此不能发挥自己的正常水平。

(2)用词不当。平时不注意修辞的训练，说话和组织语句啰嗦，往往使得自己不能完整地表达自己的意思。另一方面，只会对别人讲书面语，不熟悉口语表达方式，尤其是不熟悉沟通对象的口语表达方式，因此会影响与别人的沟通效果。

(3)时间地点不宜。沟通与客观情境有很大关系。人与人的沟通往往需要在适宜的环境下进行，这种环境不一定是指安静的地方，更重要的是要有助于交流内容的理解。如果不注意选择适宜的地点，有多少人在场这些基本情况，就不能准确地传达信息。

(4)缺乏反馈。在沟通过程中自以为对方听懂了自己的意思，不注意对方的表情和反应，一味地根据自己的意愿不断地连续阐述自己的想法。

2)故意装扮

故意做作，装扮是传者的一个弊病。努力掩盖自己的弱点和不足，把自己装扮成另外一种人。不把自己真实的一面暴露给对方，让别人感觉缺乏诚意。但是，一般来说装扮是较困难的事情，不能避免有时会露马脚。有时即使受传者可以容忍或明知道不说，但这种行为会影响别人对你的信任程度。

3)自以为是

(1)高高在上。领导与下属谈话没有诚意，往往习惯于坐在大办公桌后面听下属坐在下面汇报。有时候，当与下属碰面时下属很恭敬地打招呼，作为领导者却从鼻子里出声作为回答。

(2)轻视别人。自己感觉良好，认为自己比别人强。对于一个问题一旦自己已经有了一定的想法和见解，便听不进别人的意见。有时候在别人讲话时给予蔑视和不屑一顾的眼神或带以轻蔑的笑声。

(3)操纵别人。喜欢用自己过去的经验和固有的思维定式去看待周围变化的事物，相信自己胜于别人，不尊重别人的意见，没有耐心与别人讨论问题，认为别人迟早会明白自己的意思。因此，往往习惯于在别人不知情的情况下让别人去做自己想做的事情。

(4)先入为主。先入为主是偏见思维模式造成的。对于别人习惯于用自己对这个人过去的印象来理解对方的行为，不善于注意别人的变化和有益的意见和建议。

(5)主观推断。主观想象，推己及人。偏见固执，形而上学。用自己的思维定式去推测和揣摩别人的想法和动机。不注意从别人的具体情况出发做具体分析。

2. 受传者的沟通障碍

1)对传者的迷信

对传者盲目崇拜,不认真分析讲话者的意思。例如,在听报告的时候,报告人讲得内容自己越不懂,越佩服报告人有学问。

2)不善于倾听

(1)开小差。在别人讲话的时候或听广播看电视的时候常常走神,不能集中精力。因此,形式上在看在听,实际上没有注意到。

(2)不会倾听。人们往往注意怎样讲话的多,而注意怎样倾听的少。所以善于演讲的人要大大多于善于听讲的人。因为培养听的能力要比培养说的能力难得多,花得时间也长。但是没有良好的倾听能力是不能与对方进行互动交流的。

(3)无心倾听。这种人往往觉得自己比别人高明,不注意听别人在说什么,而是习惯于用自己的经验去对别人作出判断;努力想控制别人,而不去真正地替别人着想。在听别人讲话时居高临下,好为人师;自以为是;左顾右盼,心不在焉;无心倾听;打断对方,虚情假意,施舍恩赐。

3)多疑

多疑的行为表现为对对方的一种不信任。对方说的任何话做的任何事都认为不是真的,或者说是在与自己过不去。这种心态常常影响人与人之间正常的传播沟通过程。

4)偏见固执

在与别人沟通过程中,固执己见,只想说服别人,没有丝毫向别人学习的准备。这样,与别人沟通的结果往往很不愉快。

5)文化间距

文化间距是另一种沟通障碍。这种文化间距一般表现为这样一种情况。例如,由于人们的种族、信仰、生活环境、风俗习惯及生活方式不同造成思维方式或思想方法的不同,从而沟通理解上的差别。这一点比较容易被人理解。因为它是文化间的区别所致。但是,在同种文化内也常常由于文化水平的差异造成沟通障碍的现象。

3. 克服传播沟通障碍的途径

(1)自信。通过增加练习的机会总结过去所发生的沟通现象的正、反两方面的经验教训,培养自己有效沟通的自觉性,增强自信心。

(2)坦诚。与别人交流要坦诚,当然没有必要把自己的所有故事全部告诉对方,但是对于那些需要告诉别人的部分一定要真诚。要努力建立起一种支持和信任的气氛。不要装腔作势,沟通中不要演戏。这样做只能给对方理解上增加怀疑,失去对自己的信任度。

(3)尊重别人。在与别人交流时不要轻易打断别人的话,当然这并不意味着要同意对方的观点。培养自己对对方的兴趣感。要做到热心、耐心、专心,给人一种乐于帮助别人的感觉。注意沟通的时间感。

(4)注意倾听。努力从多方面理解别人所说的话的意思。注意别人对事物的看法和意见,锻炼换位思考能力。要避免盲目下结论和形而上学式的偏见固执的思维方式。

(5)选择适当的沟通方式。针对沟通对象和目的的不同选择不同的发送方式,例如会议、电话、亲笔信件、电子邮件、面谈,这些不同方式的选择要根据具体情况而定。如果是一般的说明情况的信息沟通,通过会议、信件、电话、邮件就可以解决;如果是为了交流感情和增加信任,则应该在合适的时间、地点面谈为好。

(6)清晰简明的语言。说话时尽量应用清楚、简练的语言,在自己与对方之间找到共同点。尽量学会使用对方熟悉的语言。

(7)适当的非言语技能。利用非言语行为强化语言表达效果。记住沟通时不仅用准备好的语言,而且同时也在通过表情和动作在传送给对方非语言信息。

(8)不要强加于人。在注意倾听对方的陈述基础上耐心地去谈对方所关心的事情。在别人可以接受的程度上提出自己的建议。

(9)谦虚待人。不要以领导的姿态讲话,以批评的态度对人,给人自己比对方聪明的印象。

(10)向别人学习。注意观察别人是如何进行有效沟通的对提高自己的沟通能力很重要,要善于在实践中努力培养自己通过沟通向别人学习的能力。

案例:

父女两代人的沟通

一个由于恨铁不成钢的父亲和一个对父亲误解的女儿,由于相互缺乏沟通,使得父女俩同住在一起但彼此相互无话可说。父亲想,是我的女儿就一定做得要比别人优秀,但是女儿受不了父亲对自己那种超出寻常的过分严厉。父亲内心深处则充满了对似乎任性的女儿束手无策,一筹莫展的焦虑。直到有一天,父亲和女儿一同被邀请在电视机前的亿万观众面前讲述彼此对对方的看法后,父亲发现女儿原来是那么可爱,女儿也突然认识到父亲原来是用另一种方式来表达对自己深深的爱时,父女俩真心地、泪流满面地拥抱在一起了。

本章小结

传播沟通过程是一个由多因子构成的复杂过程，是传者与受传者之间通过多因子相互作用的过程。沟通不是传者将信息传给受传者的简单行为，沟通是一个传者与受传者在特定情景下相互作用的过程。在这个过程中，受到许多因素影响。传播沟通过程由 8 个要素组成，其中传者与受传者是构成沟通过程的两个基本要素。传播沟通过程一般具备 4 个基本特征：动态性，系统性，人为含义和通过符号表达和理解意思。

传播沟通过程中主要是编码与译码的过程。简单地说，编码是将思想转化为双方认同的语言的过程；译码（也称解码）是将这种语言还原成为思想内容的过程。需要加以注意的是，为了提高沟通效率，传者必须要用一种受传者能够理解的方式进行编码。只有这样，受传者才可能恰当地领会所传的信息，进行正确的译码。而要做到这一点，必须从了解受传者的需求开始。

传播过程的发生来源于两个独立个体，是两个独立个体间的信息交流。传播过程中的信息分享强调双方的相互理解、追求一致性以及改变人们彼此之间的关系，此关系由不断地提供反馈的信息流将不同个体相互联系起来。因此，在传播沟通过程中人们应该不断地研究人与人相互关系中的不同点、相同点和变化，从而不断扩大这种交叠面和一致区，因为这是达到相互理解的基本途径。

符号互动论是一种通过分析在日常环境中的人们的互动来研究人类群体生活的社会科学理论派别，它主要研究的是人们相互作用发生的方式、机制和规律。符号互动论认为，人的行动是有社会意义的，人们之间的互动是以各种各样的符号为中介进行的，人们通过解释代表行动者行动的符号所包含的意义而做出反应，从而实现他们之间的互动。

符号互动论的主要观点是：①人们通过给他们的经历赋予意义来理解事物。人类的知觉总是受到一个符号过滤器的调控。②意义是在人们之间相互作用的过程中获得的。意义产生于社会团体间符号的交换之中。③一切社会结构与机构都是由相互作用中的人们建立的。④个人行为不是严格地由前面的事件决定，而是自发产生的。⑤心灵是由一个内部对话构成，它反映了一个人与他人的相互作用。⑥行为是在社会团体中的相互作用过程中实现或建立的。⑦一个人不能通过观察公开的行为来理解人的经历，人们对于事件的理解与他们给予事件的意义是必须查明的。意义、自我以及个体与社会之间的关系是符号互动论的三个核心主题。符号互动论对农村发展传播学的意义表现在以下三个方面:①符号互动论为农村发展传播学提供了基本学理依据;②符号互动论向媒介传播研究的扩展丰富了农村发展传播学中的重要研究内容;③符号互动论强化了农村发展传播学中的质性研究方法。

在传播沟通过程中,传者行为可能受到政治、经济、社会和文化等方面的影响,除此之外,传者在进行选择和制作讯息的过程中,同样受到传者本身、讯息和媒体等许多因子的影响。主要因子包括传者的自我形象,传者的个性结构,传者所在的工作群体,传者所在的媒体组织,传者的社会环境以及媒体内容的公开性所产生的压力和约束。受传者在不同程度上隶属于某种政治、宗教或娱乐性质的正式或非正式的团体或组织。因此,受传者受到社会关系的影响很大。除此之外,受传者也同样受到媒体、传者以及受传者本身的影响。

“约哈里之窗”告诉我们,人与人或人与公众的沟通关系是一个动态的变化过程。在这个过程中,需要传者和受传者做到适当的自我表露和及时的反馈,这样才能提高沟通效果。

人与人沟通的障碍表现在传者与受传者两个方面。传者的沟通障碍主要表现为缺乏基本传播沟通知识、故意装扮和自以为是三个问题上,而受传者的沟通障碍则主要表现在对传者的迷信、不善于倾听、多疑、偏见固执等问题上。文化间距是另一种沟通障碍,它对传者和受传者的传播沟通行为都有影响。克服传播沟通障碍的途径包括自信、坦诚、尊重别人、注意倾听、选择适当的沟通方式、使用清晰简明的语言、适当的非言语技能、不要强加于人、谦虚待人和向别人学习。

思 考 题

1. 传播的 8 个要素是什么?
2. 传播的 4 个特征是什么?
3. 什么是编码和译码?
4. 影响编码的四个因素是什么?
5. 如何理解传播过程中的人际关系?
6. 你认为怎样才能使自己在传播沟通过程中对别人做到平视?
7. 你认为在传播过程中影响传者的最主要因素是什么?
8. 你认为在传播过程中影响受传者的最主要因素是什么?
9. 约哈里之窗对我们有什么启示?
10. 结合自己的实际,思考如何才能克服沟通障碍提高沟通效果?

第二章

传播模式 >>>

本章内容包括单向传递型模式、双向对话型模式和中立表达型模式。单向传递型模式突出传播的传递型，强调传者与受传者的线性单方向信息传递过程；双向对话型模式讨论传播的双向性，强调传者与受传者的角色交替以及两者之间的互动关系；中立表达型模式讨论传播的中立性，强调传者的表达和受传者的注意的自愿行为。

一般认为，模式指某种事物的标准形式或使人可以照着做的标准样式。传播模式是指人们在进行沟通过程的研究中，具有代表性的学者在不同时期所描述的，在当时和后来的研究成果中被认为是较有影响的传播或沟通过程的结构形式。这种结构形式从不同侧面揭示了沟通所具备的内在因素及其相互关系，以及内在因素与外部环境的相互作用。

一个模式可以用以表明任何传播过程的主要组成部分以及这些部分之间的相互关系。它具有构造功能，能揭示各系统之间的次序及其相互关系，能使我们对事物有一个很难从其他方法中获得的整体形象；它具有解释功能，能用简洁的方式表达复杂的问题。

为了便于理解，我们将单向的信息传递形式称为传播，把双向的信息传递过程称为沟通。模式的作用在于阐述传播或沟通过程，展示这一过程的特点、规律和制约因素。通过对传播或沟通的几种基本模式从历史到后来发展的考察，人们对传播或沟通的基本原理、过程及其各因素之间的相互影响会有更深刻的理解。

第一节　单向传递型模式

一、直线模式

1. 直线模式的含义

传播学家拉斯韦尔将所有的人类传播活动分解为五大要素，或者说均由五大要素所构成。这五大要素是：①传播主体。即信息传送者，例如教师、艺术家、外交官、各类媒体的从业人员等。大家知道，如果没有传播主体，那么舞台上就没有演出；②传播内容。如记者的报道、私人的闲谈、部门的文件通知等。传播活动如果离开了传播内容，那就跟一个演员傻乎乎地站在舞台上，却一句话都不说，一首歌也不唱差不多；③传播媒介。如语言、文字、印刷、广播、电视、网络等等。媒介就像是运货的工具，又像是流水的河床，还像是跑车的道路，没有媒介，再好的传播内容也只能趴在原地，动弹不得；④传播对象。如书刊的读者、广播的听众、影视的观众、上网的"网虫"等。任何传播活动都必须关注自己的传播对象，否则就是无的放矢；任何传播活动都必须重视自己的传播对象，否则就是对牛弹琴；⑤传播效果。传播效果是一切传播活动的根本，不管有意还是无意，一切传播活动都是为了特定的目的，也就是说为了特定的传播效果。不为效果而开展传播，就如同不为盈利而经营企业，不为胜利而拼死战斗，不为人才而教书育人似的不可思议（李彬，2002）。

这就是拉斯韦尔所解剖的传播活动的五大要素，概括起来就是传播主体、传播内容、传播媒介、传播对象、传播效果。因此，最初，人们要想说明传播行为的一个简便的方式就是回答下列问题。

谁？

说什么？

通过哪种渠道？

对谁？

产生什么效果？

这就是人们熟悉的传统的传播模式。由于直线传播模式中五个问题中的第一个英文字母都是 W，因此也被人称作五个 W 的模式，如图 2-1。

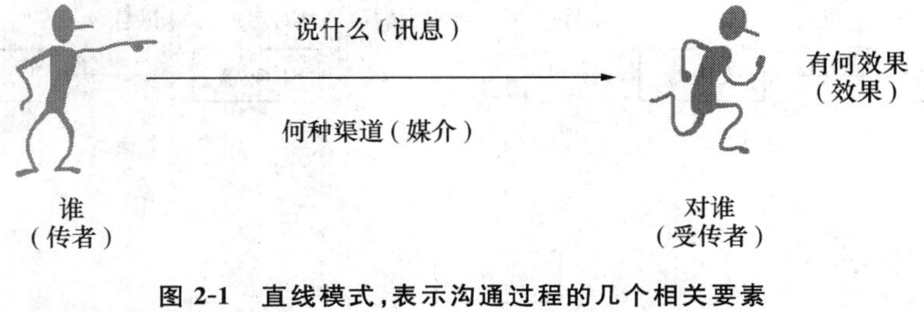

图 2-1　直线模式，表示沟通过程的几个相关要素

20 世纪初叶，特别是第一次世界大战期间和战后，当时由于在战争中，交战者利用报刊、传单和小册子等传播媒介向对方进行的宣传攻心战，许多政治宣传分析家们认为战败者在战场上的失败是受协约国的宣传欺骗而投降的。传播信息就像枪弹一样，传者是持枪者，受传者是靶子，只要枪口对准靶子射击，那么受传者就会被击中，产生强大的威力和神奇的效果。在这种情况下，受众被视为被动的和毫无反抗力的目标，他们受强大的传播媒介的力量摆布和控制。

在18世纪中期至19世纪初，西方社会从封建、农业和前工业化社会向军事工业化社会转化，这种转化趋势被广义地称为工业化、城市化和现代化。在这种社会转型过程中，社会关系、伦理道德、价值观念、物质文化等方面都发生着很大的变化。在这种社会中，个人的行为不受社会规范的制约。大众媒介被认为具有非常强大的力量，因为它对个人的影响不会受到来自社会和心理上影响的干扰。这时大众传媒对个人的影响力被认为是直接的、有力的和一致的。枪弹论是对这种强有力大众传媒概念的形象比喻。枪弹论认为，大众传媒是枪，所传的信息是子弹射向处于被动地位的、无抵抗力的受众。

2. 对直线模式的扩充

虽然直线模式揭示了传播过程中几个基本要素，但有人认为此公式过于简单。以上这五个问题不能说明沟通过程的全部内容，必须要补充另外两方面的内容：即传播所处的环境背景和传者传播的目的，如图2-2所示。

谁？
说什么？
通过哪种渠道？
对谁？
在什么环境背景下？
为了什么目的？
取得什么效果？

图2-2　对直线模式的扩充

二、直线模式的演化

人们在研究沟通过程时曾提出了两个问题，即哪种传播渠道能够使信号传送到最大化？当某种信号从传送者到接收者的过程中，有多少传送信号将被噪音所破坏？于是，形成以下一个传播的简图（图2-3）。

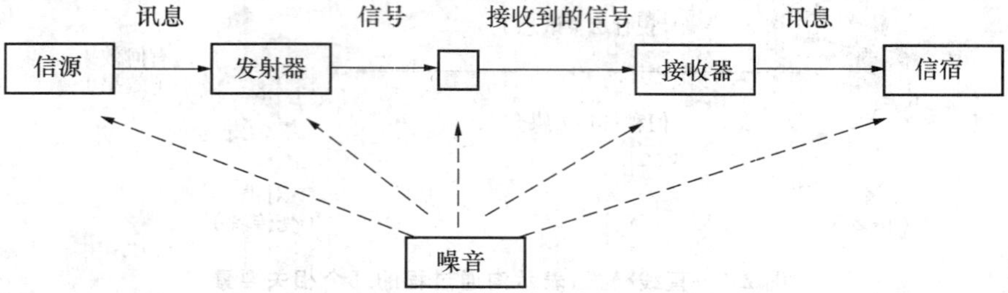

图2-3　线性、单向的沟通过程中的噪音

此模式从信息论角度，对传播的结构性因素进行研究，是人类传播模式及许多其他传播过程模式的基础。

在此模式中，传播被描述为一种由五个因素构成的线性、单向的过程。在开始加了一个信源，在传送者与接收者之间加了一个机能阻碍因子——噪音。发射器和接收器主要是考虑大众传播媒介的作用。

首先，在此沟通过程的开始是信源，它产生用以传播的一个讯息或一组讯息。接着，此讯息由发射器加工成信号。信号通过适当的渠道被传送给接收器，接收器将所收到的信号还原成讯息。这种由接收器还原后的讯息最后到达信宿即目的地。

在这里需要加以注意的是噪音的引入。噪音表示信息在传播过程中所受到的干扰。在沟通过程中，当用同一渠道同时传送许多信号时，就会发生由噪音所导致的干扰。于是便可造成传送与接收的信号的不同。因此，由信源所产生的讯息与通过接收器的加工还原，最后到达信宿的讯息并不一定是同样的意思。这是传播之所以失败的普遍原因。“噪音说”是对传播学发展的杰出贡献，它提示给人们对关于传播的准确性问题的思考。传者对讯息的理解和解释，受传者对讯息的反应都是影响传播效果的重要因素。

后来人们就讯息产生和接收的一致性方面进一步发展了以上的模式。人们注意到在沟通过程中，“意思”被转化为“讯息”，发射器将“讯息”转化成“信号”，然后通过某种渠道（大众传播）传送出去。接收器将“信号”还原成“讯息”，进而在信宿转化成“意思”。如果这两种“意思”是一致的，那么便是成功的传播。但是，这种极准确的一致性是很难达到的。

沟通过程中可能产生噪音的表现和环节：①冗余信息。②信源的选择。③传者对信息的理解。④符号和语言的选用与编码。⑤受传者对符号和语言的翻译。⑥受传者对信息的理解。

三、对直线模式的评价

直线模式是早期沟通模式的典型代表，除去说明了构成沟通过程的几个要素之外，也还说明作为传者，其目标是想通过所传达的讯息来影响受传者的倾向，即沟通过程属于劝服过程。另外，从几个要素的排列上看，说明任何讯息都会产生一定的效果。总之，直线模式作为线性传播的最早模式，虽然比较简单，但揭示了沟通过程的主要方面。

单向传递型模式的最大缺陷是没有办法弥补由于噪音所产生的干扰和障碍因素对传播过程的影响。它所缺乏的一个很重要的步骤是反馈。由于没有反馈，使得传播过程没有修正由于噪音所造成的影响的机会。

第二节　双向对话型模式

一、环型模式

两个试图沟通的个人必须得积累相当的经验，在此基础上发展为两个个体之间的交互作用。这里由接收者、传送者和讯息构成了基本的传播单位。在这个传播单位中，讯息将接收者和传送者连接起来。当两人谈话时，对方所表现出的态度、姿势、面部表情以及表现出来的动作等，都可以构成讯息的一部分。但一个人对对方的感应，以及从周围环境所得的暗示这些并不是来自于对方的行为，不属于讯息的组成部分。

从信源的输出到向信宿的输入构成了沟通过程中讯息的流向循环。输出靠编码，而输入则靠译码，以此完成讯息的输送转译过程。编码的意思是为了适于传送，为了接收者接收的需要，讯息被编译成一种语言或代码。译码指为了获得真实意思，将语言或代码重新翻译还原成为讯息（见图 2-4）。

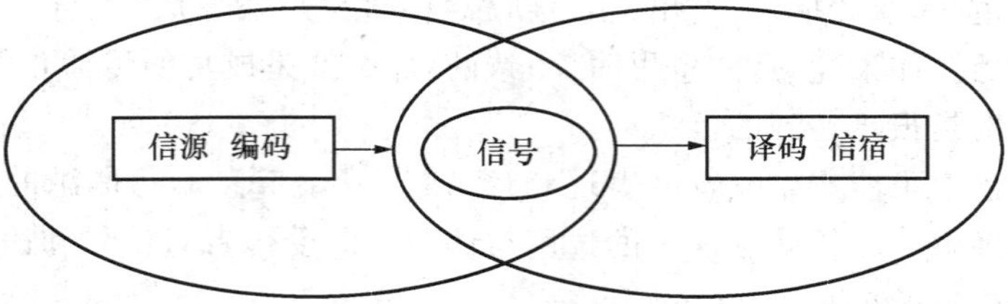

图 2-4　环型模式 1：表示讯息的输送转译过程

上述环型模式强调一个观点，即在信源与信宿之间，只有在共同经验范围之内才可真正发生所谓沟通，因为只有这个范围内的信号才能为信源的发出者与信宿的接收者所共享。可见，这与直线模式完全不同，直线模式的兴趣点放在传送者和接收者之间的渠道上面，而环形模式则注重于沟通过程中主要参与者的经验与行为方面。

人与机械不同。作为人类传播来说，一个人同时具有发送者与接收者的功能。一个人通过一系列反馈机能既可同时作为信源与信宿，又可同时用于传送与接收（见图 2-5）。

在两个人的谈话中，编码的功能通过语言和动作表现出来。在这种情况下，听和看的感官机能起到译码的作用。传统的线性沟通模式将传送者和接收者的作用

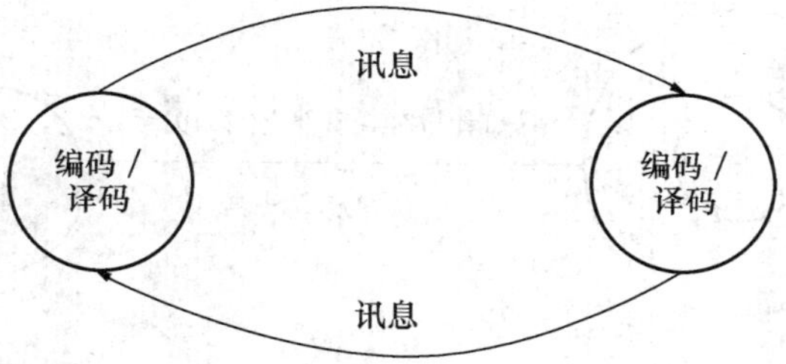

图 2-5 环型模式 2:表示参与谈话的双方履行相同的职能

严格加以区分。实际上,沟通过程并不是一定要在什么地方发起而在什么地方结束的简单程式。沟通过程是连续性的,是没有终结点的。显然,上面的模式是对传统线性、单向传播的否定。它的出现宣告了线性模式占统治地位的结束。此模式对解释人际传播是非常有用的。在讯息编码、译码相互影响中,表达了传者与受传者间反馈与分享信息的持续循环。

二、感知模式

沟通过程不是静止的,它是一个动态的过程。其中也包含不断变化的要素、关系和环境。例如在谈话中,参与双方或多方由于相互交流,不断扩大着认识领域(认知场)。参与者不断地在交流中获得越来越多的关于谈话的话题以及别人的观点和知识等信息。这使人们注意到沟通过程是不断向前发展的,现在的沟通将影响以后沟通的结构和内容。

感知沟通模式首先是一个文字模式,这个模式提出了认知与讯息产品之间相互作用的性质。

某人
感知某事
并做出反应
在某种场合下
借助某些工具
制作可用的材料
于某种形式中和背景中
传递某种内容
获得某种效果

根据此文字模式描绘出的一个图解(图 2-6)如下。

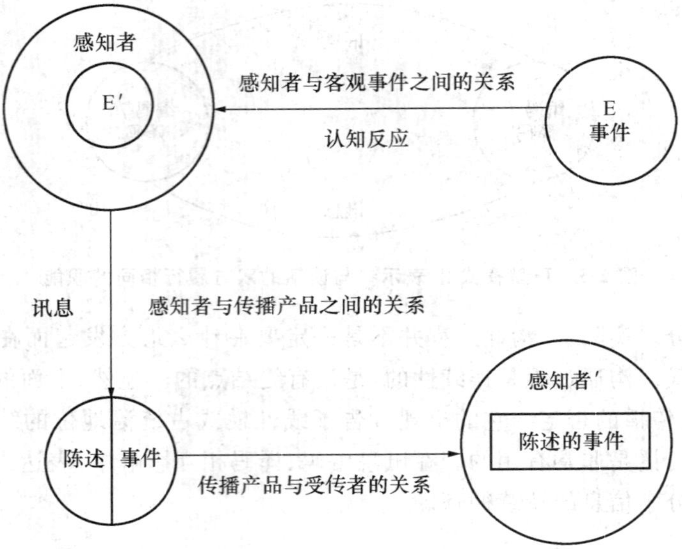

图 2-6 感知沟通模式

1. 感知者与客观事件之间的关系

在此模式中，E 代表所被感知的事件，也就是客观存在的事件。E′代表感知者觉察到的事件。这里由于认知反应，感知者所觉察到的 E′和 E 有可能不一样。

事件 E、感知者和事件 E′之间的关系是一种认知程序。这里称为“认知反应”。E′被认为是感知者的认识、观点、经验背景和其他有关因素的反应。因此，客观事件 E′在感知者看来将是什么样子取决于感知者本身的各种内在因素或与感知者相关的因素；事件被感知者所感知到的程度取决于感知者的选择方式。

2. 感知者与传播产品之间的关系

模式的下一步是感知者想将他对事件的反应或认知（E′）传给其他人。于是，感知者便制作了一种讯息（包括形式和内容），即对事件的描述或表达。感知者要将 E′按照自己的表述方式，制作成可以传播的讯息。这里由于制作的技术影响，所制作出的讯息有可能和感知者想要表达的意图有差异。

3. 传播产品与受传者的关系

然后，这种讯息可能又被另外一个传者（感知者′）所感知。同样，如同事件（E）被感知者感知后成为人对事件的反应或认知（E′）一样，感知者′（受传者）所察觉的讯息有可能与传播产品不同。这样，这个认知过程如上所述继续下去。

这个模式说明人类沟通过程可以被看作是主观的、有选择性的、多变的和不可预测的。人类传播系统是一个开放系统。

由于此模式的动态特征,它可被用于几个不同层次的分析。在个体水平上,它可以被用来阐述心理学中的传达和认知问题。在社会水平上,它可以被用来分析传播媒介所传送的有关事实的报道与事实本身之间的一致性以及传播媒介的受众对传播媒介所传送的内容的理解程度。

三、中介模式

中介模式来源与对 ABX 模式的修改。ABX 模式是从社会心理学角度研究两个个体之间沟通关系的一个非常简单的代表模式。它虽然简单,但它涉及了关于态度改变、舆论形成以及宣传范围等方面的问题。

ABX 模式来源于心理学家关于两个人之间的关系受第三个人或物体影响问题。其主要理论是:当两个人面对同一种外部事物时,由于个人互相喜欢,而同时又喜欢第三者或客体时,在某些关系方面呈现一种平衡。当两个人互相喜欢,但只有其中一个人喜欢第三者或客体时,某些关系将会呈现不平衡状态。此外,如果两个人之间的关系是平衡的,那么双方都会抵制变革;当关系处于不平衡状态时,就会趋向于恢复"认知"平衡。

在 ABX 模式关于传播行为的最为简单的模式中,由两个人 A 和 B 与客体 X 构成一个三角形(图 2-7)。

根据此模式,这两个人相互有意向,并对 X 也各有意向。沟通被设想为就是支撑这个意向结构的过程。就是说,沟通被认为是通过传递有关变革的信息,使三者对变革做出相应调整,从而维持或改进三者之间的这种对称关系的过程。

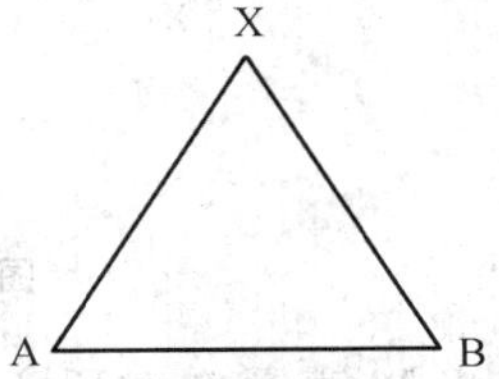

图 2-7　表示两个个体(A 和 B)之间相互影响以及与另一环境客体(X)之间的关系

此模式主要说明沟通过程中参与双方各自内部的认知过程,我们可能发现沟通活动(如信息的提供、寻求和交换)在不确定与不平衡的情况下将更加频繁。这是比较早的一个关于认知一致性的明确表述。按此推理,为了达到认识上的一致,我们可以在许多不确定性和不均衡条件下开展更多的沟通活动。

此模式的基本观点是人们态度倾向于一致性,人们之间的关系的变化通过沟通而趋于平衡。从此模式可以看出,A 和 B 对 X 的认识差异会刺激传播的发生。传播的效果倾向于恢复原有的平衡。而这种平衡的关系是维持系统的正常状态的重要因素。可以在以上模式的基础上进一步分析。如果明确三者之间的线性关系,强调信源的传递过程。见图 2-8。

图 2-8 表示传者 A 对讯息的获得，然后将此讯息传给受传者 B。另外受传者 B 也可以直接从环境客体获取讯息。

如果将环境客体 X 分解为单项事件或人等等，并在 A 与 B 之间明确反馈关系。见图 2-9。

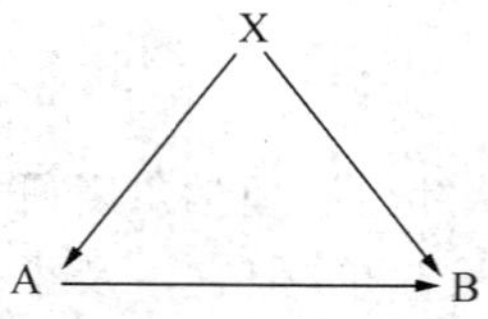

图 2-8　明确三者间的关系

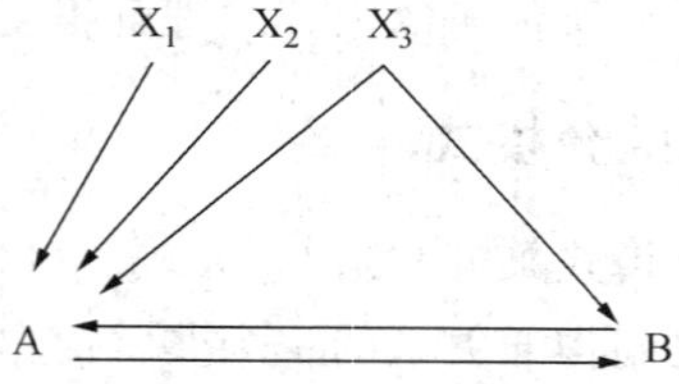

图 2-9　将 X 分解，在 A 与 B 之间明确反馈关系

将图 2-9 模式改写，即对 ABX 模式进行初步修改为图 2-10。

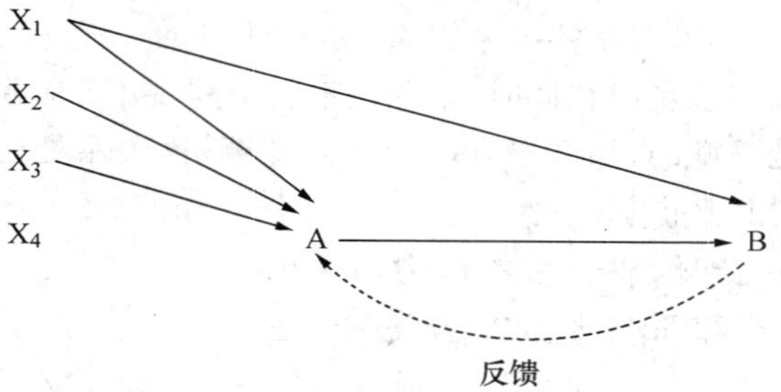

图 2-10　对 ABX 模式的第一步修改

图 2-10 表示 A 对环境客体的选择，然后将讯息传给 B；同时，受传者 B 也可以进行选择。在此基础上，在 A 与 B 之间加上渠道 C，强调作为大众传播者的作用。见图 2-11。

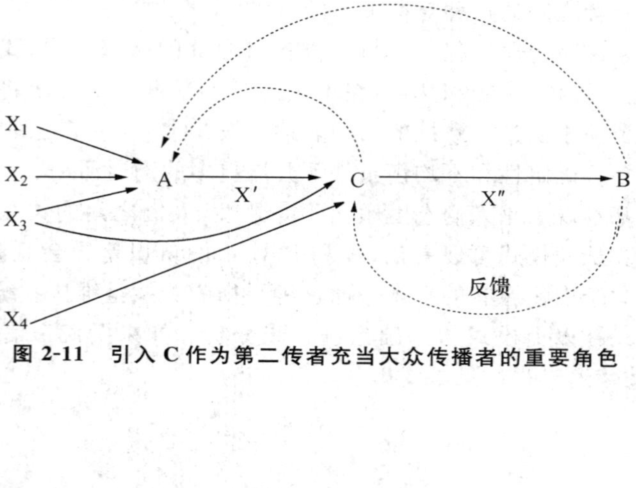

图 2-11　引入 C 作为第二传者充当大众传播者的重要角色

在此模式中，A 代表社会中的信息源，B 代表此社会中的成员。传者 C 的加入等于扮演了“把关人”的角色，控制 A 与 B 之间的信息传递。

此模式的主要组分关系反应了一般大众传播的基本情况。其中。

X 表示社会环境中所发生并借助大众媒介进行传播的任何事件或客体现象。

A 表示某个人或某个组织机构，其作用相当于宣传倡导者的角色，决定哪种事件需要传送给全体公众，因此也可以说是有目的的传者。

C 表示传播媒介组织机构或组织内的个人。他们根据自己理解的受众 B 的需要和兴趣的标准，在 A 中进行选择，确定选择所传讯息。讯息来源除去 A 之外，还可以从 X 处直接获得，向受众 B 进行传播。因此是 A 和 B 之间的主动性中介。

B 表示受传者，可以是个人、团体、组织、以至一个社会系统。

X'表示从 A 传来的讯息。

X''表示 C 传递给 B 的讯息。这是 C 从 X_1，X_2 和 X_3 的综合讯息中经过筛选抽绎出来的。

在此模式中，编码和译码体现在沟通过程中。编码是 A 和 C 从 X 和 X'中抽绎出来并借渠道传递出去的信息 X'和 X''的过程。C 和 B 接收到所发来的讯息而去理解分析时，即是在进行译码。

中介模式说明沟通过程中有以下几个重要方面。

1. 讯息的被选择性质

选择可以发生在沟通过程的各个阶段。这些选择可以被不同的角色做出，如宣传倡导者、大众传播工作者以及受众自己。讯息到达目的地的环节越多，说明被选择的机会越多。

2. 信源多样化的存在

受众所收到的讯息除去受众本身的选择性认知影响以外，所接触到的讯息种类还受到各种媒介机构倾向性的影响。这种多样化的媒介将保证受传者对有关讯息的需求得到满足。就是说，各种媒介间的竞争有利于受众的需求得到满足。

3. 中介角色的重要性

此模式的一个重要贡献在于作为 A 与 B 之间中介 C 角色的揭示。此中介是信息传递过程中的中间环节，是游离在传者与受传者之外的中间角色。它的作用是：①根据受传者的需要去收集相关信息并进行适合受传者理解的加工处理；②在传者与受传者之间充当把关人的作用，干预传者和受传者之间的信息传递；③在信息传递中的组织协调。

此模式说明单独一个 C 角色不可能对一方面的 X(或 A)与另一方面的 B 之间的联结实行垄断。B 可能与 A 有其他直接的联系(例如通过某一组织的成员)，也可能直接经历X(例如价格的变化、天气的变化等)。

4. 反馈的性质

反馈在沟通过程中起着重要的作用,有助于保证各组分之间的关系的系统性。

第三节 中立表达型模式

一、表现仪式型模式

上面所介绍的传播模式是通过某种渠道将讯息从一方传递到另一方的过程,这种传递方式被称为"传递型"或"工具型"模式,其主要特征是传者为了达到对一定距离以外的控制目标所实施的符号传递。这种传递说明传播只是一种工具,是表示因果关系和单向信息流的一种信息传递。对这一过程积极研究的成果使人们加深了对人类传播中相互作用、反馈和解译的特征,认识到社会环境背景对传播的重要性。

中立表达型模式包括表现仪式型和展示型模式。

与传递型或工具型不同,表现型仪式想说明传播仅是一种"表达",这种传播常常需要以某种"表现形式"来实现,就像生活中人们举办的某种仪式。这种仪式是一种传播方式,它是与共享、参与、交际、伙伴关系以及具有共同信念等术语相联系的。例如,在社会生活中,人们常常举办某种仪式,例如过生日要举办生日宴会,朋友要送生日礼物,要吃蛋糕或打卤面;结婚要照结婚照片,举办各种不同的结婚庆典;人死了常常要戴孝,烧纸钱;这种仪式的意图不仅是倾向于使讯息在空间上的扩大,而更是力求所表达的讯息在时间上的保持;不仅是传递信息的行为而更是共享信仰的表示。

表现仪式型也可以被称为表达型传播或仪式型传播。这种传播方式靠的是人对某事件的理解和对人的情感的分享。它是庆祝、歌颂、完善和装饰性的而不是以功利为目标的。表达型传播的讯息通常是潜伏性的、不明确表达的,所依赖的交际方式和符号不是由参与者选择的,而是由文化决定的。媒介和讯息通常很难分离。表达型或仪式型传播也是相对永恒和不变的。

仪式型和工具型之间的区别是,如果说工具型更适合于传送,仪式型则既适用于传送,也适用于接收。既适用于受众,同时也可以用来达到传者的目的。

仪式型传播模式强调文化的分享。例如,至少在一种文化氛围当中,以某些大家都理解的符号来表示交际、欢乐、庆典和友谊的观念和价值,尽管不像传递型模式那样明确表达和多样化，但是大家都能理解和分享其中的含义。这种理解和分享没有任何强迫的意思，而完全是接收者一种自愿的行为。可见，这种传播显然没有作为工具的目的。

图 2-12 圣诞树仪式的传播模式

图 2-12 的图形表示的是一棵圣诞树。就像中国人过春节要放鞭炮、贴对联一样，圣诞树是圣诞节的一个特有符号。在每年的 12 月份，西方国家的人们便在自家的客厅内和商店等公共场所摆放上圣诞树，表示圣诞节的来临。一般在圣诞树上还挂满了圣诞礼物。随着东西方文化的融合，在这个时候，现在中国也有很多相似的装饰。特别是年轻人，似乎又为自己找到了一个可以值得庆祝的节日。在这个仪式中，没有明确的传者和受传者，没有言语表达，但同样起到了传播的作用。因为树的偶像形象本身表达的是传播的媒介和符号讯息，这种媒介和符号信息的表现形式体现在某种装饰和陈列中，体现在例如交换礼物的有关仪式里。

又如，2008 年中国奥林匹克运动会的火炬传递仪式，由杰出运动员手举火炬，排着长长的队伍护送，传遍全国所有省、市、自治区；一些宗教事务的仪式属于这个范畴。在隆重的国家庆典仪式中，那整齐的方队迈着有力的步伐，飞机、坦克和各种彩车通过天安门广场那一瞬间；还有在体育比赛结束后五星红旗升起的时刻，有谁不为伟大的祖国感到无比骄傲和自豪呢？由此也可以理解为什么许多人从很远的外地赶到北京，甚至排了一夜的队等着，就是为了在第二天早晨亲眼看着五星红旗冉冉升起的情景。所有这些都说明这种仪式型传播的存在和它的意义及所发挥的作用。虽然在自然条件下，仪式型传播不是工具，但不可否认，它无论对社会还是对某些关系的建立和保持都有很大的影响。在传播的属性方面，它不要求有直白的言语，但也要求应用有说服力的符号，因为这种符号对于唤起某种文化价值观、传统观念或抒发人们的某种情感等方面都具有潜在的和不可替代的号召力。因此，这种表现型仪式理所当然地应该属于一种传播模式。

二、展示型模式

除去传递型和仪式型两种之外，第三种类型为展示型传播模式。展示型模式也称展示与注意型模式，这种模式指传者有意识地展示某些表达某种信息的物品或产品，期望引起大家的注意。

有一种观点认为，大众传播媒介的基本目的往往既不是对特定信息的传递，也不是用某种文化、信仰或价值观的表达来对人们施加影响，而是很简单，就是引起人们视觉和听觉上的注意。这样，媒介达到了获得受众注意效益这一直接的经济目标（因为作为实践的目标，注意=消费），而间接的目标是一种商业行为，将受众的注意卖给广告商，例如电视节目中插播的广告。人们将这种仅是为了引起受众注意的传播方式称为展示型模式。

展示型模式想告诉人们：从有秩序的含义传递意义上说，大众传播根本不是传播，而是一种公开展示关系。媒介受众常常作为观众而不是参与者或信息接收者。只要受众能够“注意”就可以了，因为注意的程度很难能够进行充分测定。然而，那些为了自己的目的应用大众传播媒介的人除去引起受众的注意力之外，确实希望取得一些效果（如劝服或卖出）。展示型模式表明，媒介生产的理想目标是引起和保持人们的视觉注意，唤起情感，激励兴趣。

寻求注意的目标与受众对媒介的重要性的认识是一致的。这些受众利用大众媒介进行娱乐和消遣，他们愿意在大众媒介上花时间。根据展示与注意型模式，传者和受传者之间的关系不一定是被动的或不投入的，而在道义上是中性的。媒介的吸引力是暂时的，有时是相反的，并不是对每个人都有效，而且极少能达到长期的效果。

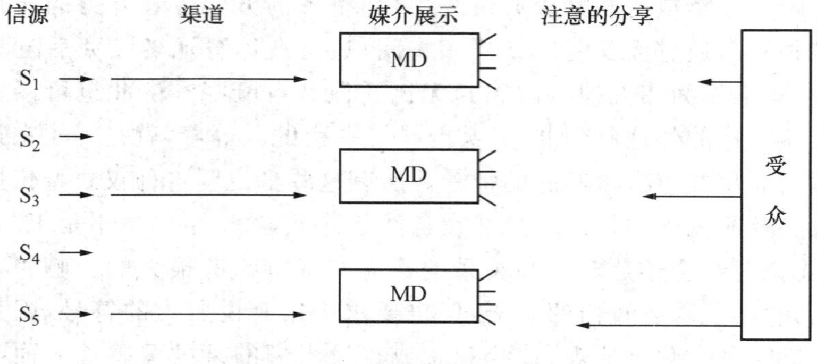

图 2-13　展示/注意型模式

图 2-13 表示为了获得相同受众“市场”的注意，几种不同的信源（S）利用不同的和竞争性的媒介渠道（MD）展示它们的讯息（以图或声音形式）。在这种情况下，常常出现一方得益而引起另一方损失的情景。就此而言，无论任何时候，现有受众的注意潜力都是有限的。如一个媒介渠道展示赢了，另一个一定会输。衡量展示型传播成功的标准就是看获得的注意总量的相对分享程度。那么对于传播媒介组织来说就是

深受欢迎的、较高广告收视率的或较高收入的机构。

日常生活中，人们常常可以见到的有关展示型事例也不少。例如，许多为促销目的所举办的商品展览会；为使人民了解国家在一段时期内所取得的辉煌成果的“辉煌成就展”；一些商店精心设计的橱窗布置；矗立于街道边、广场中的各种各样的雕塑作品，人民英雄纪念碑以及许多象征性的建筑，如长城、埃及金字塔、艾菲尔铁塔、悉尼歌剧院等等，都在无声地向人们诉说着一段很有趣的历史故事，给人以某种启示。所有这些都说明展示型传播模式的存在和重要性。

三、传播沟通模式分类

至此，本章已经介绍了传播学有代表性的基本传播沟通模式。作为基本模式，它代表和反映了历史上传播学研究者们通过对传播过程研究所形成的基本学说、观点及其所记录的发展情况。

1. 单向传播模式类

最初的直线模式阐述为一种单向、线性的传播沟通过程，是早期传播模式的典型代表。它集中反映了有意图的影响这一主题。在传播过程的构成要素的揭示上，此模式可以被认为是基础模式中的基础。

演化后的直线模式仍是一种直线、单向过程的描述，但所不同的是，它从信息传递的角度来讨论传播沟通过程。一个重要的贡献是它揭示了“噪音”的概念，即任何非属信息来源原意而加之于其信号中的附加物。这一概念的提出在某种程度上解释了为什么信宿所收到的讯息与信源所发出的原始讯息不一致的原因。

反馈概念的引入是对线性模式的一个重要补充，使人们对传播过程的认识有了根本的变化。

2. 双向沟通模式类

环型模式通过对沟通过程的分析，提出了沟通过程的循环性质，从而结束了关于传者和受传者角色固定的传统单向、线性的观念。

感知沟通模式揭示了人类沟通过程的主观意向、选择性以及开放系统，为我们提供了用认知心理学研究沟通过程的范例。

中介模式从社会心理学角度出发，说明人们往往寻求那些能够支持和证实他们实际行为的信息，而拒绝那些有悖于他们实际行为的信息。人们更多的是倾向于支持自己而不是相反的讯息，从而说明了应用认知一致性的原理有助于增强传播效果，同时也说明了反馈多元化的特征。另外，它的一个重要的贡献是揭示了在传者与受传者之间中介的作用职能的存在。这种中间中介既不代表传者，也不代表受传者，它处于中立地位，有很大的自由度，在未来的传播中会扮演越来越重要的角色。

3. 中立表达型模式

与过去的模式不同，中立表达型模式的最突出特点是模糊了传者与受传者沟通过程的机械公式，脱开了早期传播研究由信源到信宿的线性、单向过程，强调了人类传播中相互作用、反馈和解译特征以及与其相适应的社会环境背景。按照仪式型模式的提法，传播表现为在特定文化氛围中人们对信息的分享；展示注意型模式认为传播只是为了引起人们的注意。从经济学角度上分析，注意实际也是一种消费。传者与受传者的关系不一定是主动、被动的，而在道义上是中性的。

本章小结

传播模式是指人们在进行沟通过程的研究中，具有代表性的学者在不同时期所描述的，在当时和后来的研究成果中被认为是较有影响的传播或沟通过程的结构形式。这种结构形式从不同侧面揭示了沟通所具备的内在因素及其相互关系，以及内在因素与外部环境的相互作用。学习传播或沟通模式应该注重对传播从历史到现在发展的考察，人们对传播或沟通的基本原理、过程及其各因素之间的相互影响的认识上。

单向传递型模式主要介绍的是线性单向的传播模式及其演化过程，也称直线模式，是早期沟通模式的典型代表，在讨论传播过程的几个要素的同时，主要说明沟通过程属于以传者为主导的劝服过程。

双向对话型模式主要介绍了环型模式、感知模式和中介模式。环型模式通过对沟通过程的分析，提出了沟通过程的循环性质，从而结束了关于传者和受传者角色固定的传统单向、线性的观念。感知沟通模式揭示了人类沟通过程的主观意向、选择性以及开放系统。感知沟通模式为我们提供了用认知心理学研究沟通过程的范例。中介模式说明了应用认知一致性的原理有助于增强传播效果，同时也说明了反馈多元化的特征，除此之外，还揭示了在传者与受传者之间中介的作用以及职能的存在，对于理解大众传播媒介和相关组织有很大帮助。

中立表达型模式包括表现仪式型和展示与注意型模式。特点是模糊了传者与受传者沟通过程的机械公式，脱开了早期传播研究由信源到信宿的线性、单向过程，强调了人类传播中相互作用、反馈和解译特征以及与其相适应的社会环境背景。

思　考　题

1. 简述单向传播模式的特点。
2. 简述单向沟通与双向沟通的区别以及与现实思维方式与工作方法的联系。
3. 简述认知选择性在传播过程中的作用。
4. 简述中介角色在传播中的重要作用。
5. 简述中立表达型模式的特点及其意义。

第三章 知识和信息的传播与管理

本章主要介绍认知原理、知识管理和农业知识和信息系统这三个构成农村发展传播学原理的主要理论。本章从心理学、信息学、发展学和管理学的视角出发，讨论了知识和信息传播的基本概念、知识和信息传播的内在机制，在知识和信息传播管理方面总结出的经验和规律。

第一节 认知原理

人在传播与沟通过程中的一个有趣的现象是：同样的信息对两个人或者在两种不同的状态下的同一个人来说，所得到的反应往往不一致。研究表明，由于不同的人或一个人的不同的认知导致了对同一刺激的不同反应。

一、认知的基本概念

1. 认知

认知(cognition)指通过心理活动(如形成概念、知觉、判断或想象)获取知识，是个体认识客观世界的信息加工活动。它包括感觉、知觉、记忆、想象、思维和语言等。

2. 认知过程

认知过程是指人脑接受外界输入的信息，经过头脑的加工处理，转换成内在的心理活动，再进而支配人的行为，这个过程就是信息加工的过程，即个体对感觉信号接收、检测、转换、简约、合成、编码、储存、提取、重建、概念形成、判断和问题解决的信息加工处理过程。

3. 认知科学

认知科学是20世纪世界科学标志性的新兴研究门类，它作为探究人脑或心智工作机制的前沿性尖端学科，已经引起了全世界科学家们的广泛关注。认知科学的基本观点最初散见40年代到50年代中的一些各自分离的特殊学科之中，60年代以后得到了较大的发展。根据奥尔登大学认知科学研究所所长席尔(E. Sheener)的意见,“认知科学”(cognitive science)一词于1973年由朗盖特·系金斯开始使用,20世纪70年代后期才逐渐流行。1978年10月1日,“认知科学现状委员会”递交斯隆基金会的报告,把认知科学定义为“关于智能实体与它们的环境相互作用的原理的研究”(席勒尔,仕琦译,1989)。对认知科学的界定集中体现了“符号处理”或“信息处理”范式。到目前为止认知科学所涉及的主要内容,有感知觉(包括模式识别)、注意、记忆、语言、思维与表象、意识等。我国学者李伯约指出,人工智能、认知心理学和心理语言学是认知科学的核心学科,神经科学、人类学和哲学是认知科学的外围学科。

认知科学是研究人类感知和思维信息处理过程的科学,包括从感觉的输入到复杂问题求解,从人类个体到人类社会的智能活动,以及人类智能和机器智能的性质。认知科学是现代心理学、信息科学、神经科学、数学、科学语言学、人类学乃至自然哲学等学科交叉发展的结果。

认知科学的兴起和发展标志着对以人类为中心的认知和智能活动的研究已进入到新的阶段。认知科学的研究将使人类自我了解和自我控制,把人的知识和智能提高到空前未有的高度。生命现象错综复杂,许多问题还没有得到很好的说明,而能从中学习的内容也是大量的、多方面的。如何从中提炼出最重要的、关键性的问题和相应的技术,这是许多科学家长期以来追求的目标。

4. 认知特性

研究表明,人的认知有很多特性。由于这些特性的存在,表现为人与人之间在理解同一事物上的差异。认知具体有以下主要特性。

(1)选择性。人对周围环境的接受和反应是有选择的。否则,面对大千世界千奇百怪事物的各种刺激,人们是没有办法应付的。在碰到问题时,人们往往是不自觉地根据自己眼前的需要、兴趣和心态很快地做出判断和决策。如上所述,这个选择过程是由于一系列的生理心理因素和所积累的经验决定的。这种选择性表现为选择性注意、选择性记忆、选择性接受等等。

(2)相对性。人们对客观事物的认识是通过比较而得出的,人只能根据所看到或听到的那部分信息来做出判断。但是,没有听到和没有看到的那部分事物不是不存在,而是限于人的生理和心理因素不能接触到。因此,认知是相对的,它具有主观性。

(3)结构性。人们的认知是有结构的。人们总不自觉地将新接触的东西与已经了解的或熟悉的事物靠自己已有的经验人为地在其间勾画出某种联系,使其纳入原有的框框中。这样,人们往往会把本来开放的世界看成是一个闭合的体系。例如,人们往往将某些自然景观或岩石或其他自然物体看成我们所认识的某种动物形象或人物造型。本来是同样一件东西或相同的人物，一旦配上某种背景，便给我们以新的视觉。而这种视觉一旦形成，就比较难以改变。

(4)指定性。人们一般容易接受那种所期望的事实，据此，大脑指定着如何对事物和现象进行选择、组织和解释的方向。人们倾向于通过习惯来对刺激作出反应。由于过去积累的正、反两方面的经验，人们往往不自觉地去迎合某种正向经验。例如，我们从很远的地方看见有人在开房门，第一个想到的可能是自己家的人而不是小偷。

(5)防卫性。这种防卫性是指人们由于过去的成见，对某事或某人形成一种心理上的排斥性，由此反映出来的行为便是有意回避或言行上给予提防。

(6)平衡性。当发现自己与别人意见不同时，出于背景衬托的反应，使自己产生某种内心紧张而倾向于从众心理，希望自己对客体的认知与众人一致，从而达到一种心理平衡。

二、认知结构和认知选择性

1. 认知结构

认知是大脑神经活动的意识层面，而这种意识层面是有结构的。这种结构决定着人们对客观事物的反应。我们将能够决定人们对客观事物反映的意识结构称为认知结构。认知结构是存贮在人脑中的一种程序，决定着一个人如何去处理外来信息，决定着人们对客观事物的反应。在大脑的信息收集、整理、加工、存贮的过程中，认知结构起着指导作用。见图 3-1。

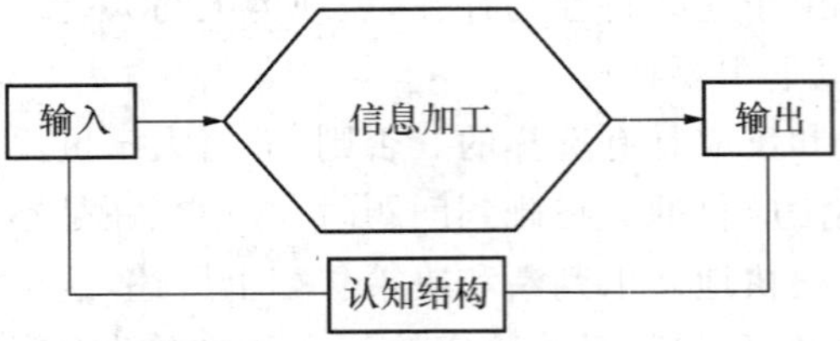

图 3-1　认知结构的"指导"作用

信息的输入和输出过程是一个系统，称为人的信息加工系统。人的信息加工系统的结构包括输入、记忆、输出装置和控制装置。此控制装置就是控制信息进入记忆和再从记忆中输出信息的认知结构。如前所述，认知是大脑神经活动的意识层面。认知的过程实际上就是人参照已有的记忆所进行的信息处理过程。

人的意识实际上是一种认知结构，这种认知结构是某个人所具有的经验和知识的反映。它通过感觉、知觉、记忆、想象、思维等过程完成信息的加工。因为有了这种认知结构，外界事物作用于人而产生的感觉、知觉等信息，都将与它发生联系，引起联想、理解，并对这些信息作出意义的估价和取舍、趋避等选择。另外，人在与客观世界的相互作用过程中不仅认识着自然界、社会及其与自己的关系，而且也会通过这些关系逐渐认识自己，认识主我与客我的关系。人运用无声言语去标示、回顾或确认自己内部心理活动状态和对“我”的认识的这种自我意识，是人区别于其他生物的特征之一。有了这种通过语言发展的自我意识，人们便可以通过对行为的自己检验，肯定自我或否定自我。人的认知结构可以被分为先天认知结构和后天认知结构。

1)先天认知结构

人的大脑中的认知结构是“先天”存在的，是人脑中所固有的，它构成了认知发生的基础或起点。但这种“先天”性的认知结构不是由上帝所赋予，而是人类作为自然界的一部分长期演化的结果。这种先天结构从个体上分析应该与遗传有关系，在生理上表现为神经细胞的联络方式。[1] 因此，先天认知结构在人与人之间是有区别的。

2)后天认知结构

后天认知结构是“先天”认知结构与个人经历相结合的衍生物，是认知实践的结果。后天认知结构因人所处的具体环境(文化传统、社会经济状况、地理环境等)和人生经历的不同而存在差异，所以人们的感觉、经验、价值观和知识结构都会有所不同。后天认知结构可以在实践中不断得到调整和改进。

3)认知结构的启示

将认知结构分为先天认知结构和后天认知结构的假说说明，先天认知结构是父母给的，是遗传的结果。也就是说，人从降生的那一天起，在认知结构上就存在差别。这种差别可以用来解释那些在数学、音乐、绘画、语言等方面有着超人的天赋，被人们称为“神童”的现象。他们在大脑联络机制上天生地发达，导致其认识结构提前建构成功，因此表现为与他人在智力方面的差异。将“先天”认知模式与“后天”认知模式区别开来，可以帮助我们理解人类认识的群体差异和个体差异。

认知结构是先天和后天认知相互作用即不断进行同化和协调的结果，是造成人类认识的群体差异和个体差异的根本原因。对同一外来信息，不同的人可能有不同的认知结果，这也就是所谓的“仁者见仁，智者见智”。例如，当要求一个班的学生画一个三角形或写出所想到的三角形物体时，即使是对画图需要的各个基本步骤的语言描述完全相同，不同的人画出的图形也往往不一样。

---

〔1〕 在人的大脑中“先天”存在着某种“结构”，它构成了认知发生的基础和起点；在生理上，这种“先天结构”表现为与生俱来的某一分区内或分区之间的神经细胞的联络方式。(沙莲香，1990)。

2. 认知选择性

沟通的心理学基础的一个重要方面是认知选择性。认知选择性也有人译为选择性理解，它表示人们在沟通过程中从对某事物开始注意到记忆保持的全过程。在这个过程中，充满了人的主观选择性。研究认为，认知选择性是由认知结构决定的。面对纷繁多样的客观世界，人不可能对客观事物全都清楚地感知到，也不可能对所有的事物都作出反应；人总是根据自己已有的认知结构，有选择地以少数事物作为知觉的对象，对它们了解得比较清晰，而对其余的事物则反应得比较模糊。对有些信息易于吸收，对有些信息予以排斥。认知的这种特性称为认知选择性。例如，室内打开一扇窗，大家都从这扇窗往外看，但是，每个人所看到的风景不一样。这是为什么呢？当外来信息众多而在信息加工时相互竞争时，认知结构可以充当“把关人”的作用，负责筛选。无论传者还是受传者，对所接触的信息，总是先做出选择，这种选择的标准是以自己已有的知识和经验为参照系的。对那些自己熟悉的，或者观点和立场一致的内容易于接受，而对那些不一致的或生疏的内容加以排斥。

这种选择性的过程好像一个相对稳定的由化学键组成的化学结构式，因为原有的结构一定会对相同性质的“基团”有吸引力，而很容易地结合；反之对不同性质的“基团”则自动加以排斥。

一般将选择性分为三个方面，即选择性注意、选择性理解和选择性记忆。下面分别逐一作一简述。

1）选择性注意

注意是一个心理学概念。在心理学中，注意是指心理活动对一定对象的指向和集中。所谓指向，是指每一瞬间，心理活动有选择地朝向一定事物，而离开其余事物。这里的集中，是指心理活动反映事物达到一定清晰和完善的程度。

人们往往要接触许多信息，但不一定都能引起注意。在知识爆炸的信息社会的今天，人们不可能，也没有必要对所有信息刺激作出反应，而只能是有选择地接受。

选择性注意的现象说明，受传者对信息的选择是一种自然的普遍现象和心理活动。因此，传者不必期望所发出的所有信息都能引起受传者的注意。只有那些符合受传者认识范围，满足受传者某种需要的信息才能使受传者感兴趣。所以传者要了解受传者的心理和需求，使传播的信息在手段、内容和方法方面足以吸引受传者的注意才行。

2）选择性理解

选择性理解是指不同的人对于同一信息作出的不同解释和结论。现代心理学的研究表明，理解是一个非常复杂的过程，是人对客观事物的理解不是一种物理性或机械性的反应过程，人的眼睛和感官并不等于一架照相机或录音机，将所有外部事物都能如实准确地加以反应。当一个人对某一事物加以理解时，除去客观事物的本来要素之外，一定要加入自己原有的某些因素，这些因素包括经验、文化背景、动机、情绪和态度。正因为在理解上的这一选择性原理，使得所受信息常常并不等于所传信息，反之也是一样。

3)选择性记忆

记忆是人所经历过的事物在人脑中的反映。一个人无论多么聪明，都不可能将学过的所有知识都记在脑子里，对所经历过的事件都不忘却。有人说，只有忘却，才能学习新的知识。然而如果同时给不同的人讲 10 个故事，最后问这些听众记住几个或其中的什么情节，那么不同的人回答一般是有差别的。这种差别说明对记什么或不记什么，人脑是有取舍和区别的。这种记忆上的区别或者取舍就叫做选择性记忆。人的这种选择性记忆是由人的主观印象、态度和观点倾向性决定的。人们所能记住的是那些自己熟悉的，与自己原有观点或经验一致的信息，而往往将与自己观点相悖的信息忘掉。人对于外界环境的反应有一个过程是，起初对于与自己头脑中原有的东西不符的外界事物是排斥的，人们对于保护已形成的观念的立场是很顽固的。

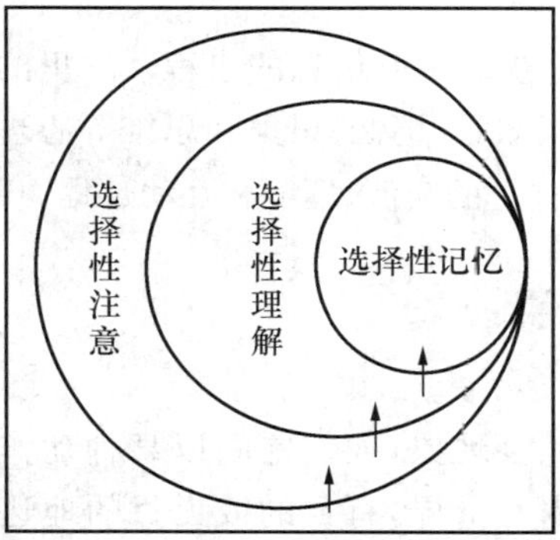

图 3-2 选择性的三个防卫圈

以上这三个选择程序可以看作三个防卫圈。选择性注意(接触)是最外的那个圈。选择性理解是中间的圈，选择性记忆是最里圈。对于人的认知过程而言，这三个防卫圈犹如三道防线。见图 3-2。

对于许多自己不熟悉或与自己观点不相符合的信息，人们往往不接触，不注意，这是第一步。如果第一道防线不能阻止，那么在解释这些信息时实行选择性理解。如果这道防线也被攻破，那么最后实行选择性记忆。最后人们所记住的东西往往是人们感兴趣的东西。需要说明的是，人们往往不意识到这种反应。

3. 认知结构和认知选择性说明的问题

1)人类的认知过程往往是由于主观感知的心理环境决定的，因此便造成了自然环境和主观环境之间的差别。

认知原理告诉我们，人与人是不同的。人与人的不同表现在对同样事物的看法、意见或观点不同。人与人对同样事物的看法、意见或观点不同的主要原因是认知选择性不同，认知选择性的不同是由于人与人的认知结构不同，认知结构的不同除去先天因素之外，主要是人的经历、经验、知识结构等不同所造成的。

2)认知是主观的，得出的结论是相对的

已有的经历和经验影响着对新事物的看法，这种看法往往会表现为先入为主，人们常常将最先看到或认识到的或熟悉的事物作为背景或参照框架去用以比对和认识新的事物，从而得出自己的结论。同样，以不同视角观察同样的事物会产生不同的结论。

3)提高认知水平需要加强人与人之间的沟通

人对客观事物的认识从注意开始到记忆是一个递减过程。这个递减过程表现在从客观存在到人的主观注意之间；从注意到理解之间和从理解到记忆之间。然而，这些环节上的递减值可以在某种程度上减小，减少这些递减值或者说提高认知水平的途径就是人与人之间的沟通。

人与人之间的沟通是一个通过认知活动而彼此获取对方信息的过程。这里的认知活动表现为个体对外界刺激或获取信息时的感觉、知觉、记忆、想象和思维等心理活动内容。沟通的本质可以理解为人们在一定环境条件下的交流、理解和互动过程。

三、认知原理对农村发展传播学的意义

1. 心态是决定传播沟通质量的关键要素

沟通是一种人与人相互交流的行为，是一种社会现象，人们之间以某种动作姿态或语言符号表达自己的思想感情，抒发自己的内心世界，有目的或无目的地达到了“含义分享”的客观效果。人们通过这种交流，建立起组织、构成了群体意识和社会规范，于是人们便在此结构的框架下约束自己的行为，在扩大对别人及客观世界的理解过程中不断修正着自己的认知。

心态就是指对事物发展的反应和理解表现出不同的思想状态和观点。与传播沟通的渠道相比，心态是决定传播沟通质量的关键要素。这里的渠道，是指传播学中的方式方法；这里的心态，更多的是指一个人在心里是否看得起对方。心态是关于如何看待自己和怎样看待别人的问题，是与别人关系的度量标准。心态决定着一个人对别人是平视、仰视还是俯视。而要使自己有一个良好的心态，就需要认真地学习和体会认知原理，认知原理可以有助于自己正确看待自己和看待别人。

2. 每个人都会有别人没有的知识

人与人在出生的时候就存在某种差异，但这种差异比较小。由于人们所处的生活和工作环境和机会不同，使得人与人之间在很多方面的区别拉大。一般来说，每个人都有属于自己的知识，但同时每个人也都缺乏属于别人的知识。世界上没

有人什么都知道，也没有人什么都不知道。而别人知道而自己不知道的部分往往是自己应该了解的部分，因为对于了解客观事物的全面性和真实性而言，每个人一生的机会总是有限的，有限的机会往往会使人无法了解客观事物的全貌。对于一个人说来，骄傲自大，妄自菲薄，目中无人，恰恰说明一个人的无知。

3. 每个人对于客观世界的认识都应有同样的话语权

由于认知结构和认知选择性的存在，人们根据自己的认知对工作对象的判断以及对信息的判断和准确程度是值得怀疑的。与长期从事农业生产的农民相比，农村发展工作者缺乏农民的实践经验和乡土知识，因此，没有理由代替农民或为农民作出判断和决策。从某种程度上说，受教育程度的差异并不能完全代表个人知识和能力的差异，农村发展工作者并不一定比农民高明。在对社区问题的认识、分析和解决途径上，农民应该与农村发展工作者一样具有同样的话语权。农村发展工作者只有认识到除去自己之外的另外个体——他人的价值，认识到作为工作对象的农民的价值，才会自觉地去发现别人特别是农民身上的闪光点，扩大双方的经验共享部分，增强对对方的理解，为实现发展目标做出努力。

4. 农村发展工作者有向农民学习的必要性

农业和农村发展工作者要具有向农民学习的态度和观念。向农民学习不是一种口号，而是农村发展工作者的一种知识的体现和自觉认识的表达。向农民学习的行为不是由于自己有多么高的思想境界，而是一个农村发展工作者应该具有的基本常识。对于农村发展工作者而言，除去农民具有自己所没有或缺乏的乡土知识和实践经验之外，向农民学习的必要性更多的体现在将农民视为与其他人一样，是有别于自己的独立个体。在对待同一客观事物或讨论主题时，应当理解农民特有的“参照框架”、独立视角、思维方式和思想方法。在实际工作中，虚心、认真地听取农民的意见，对农民所关心的问题与农民平等的讨论和交流，会有助于全面理解客观事实，有助于决策的公正性与准确性和具体活动实施的可操作性。因此，农民的意见对于农村发展的决策而言具有不可替代的价值。

第二节　农业知识和信息系统

知识和信息是两个不同又相互联系的概念。知识和信息之间的联系和转换可以形成一个系统，利用这个系统可以解释传播沟通编码和译码过程在知识和信息传播中的作用和技术转移过程。知识在人类生存中起着基础性作用，但知识的研究和应用却经历了相当长的时间后才出现。研究结果表明，对知识的研究特别是对知识流程的研究起源于20世纪60年代之前,此后对知识扩散过程和知识应用过程等知识流程的关注越来越多。农业的研究为知识的研究提供了一个能够在行动上说明知识流程的生动案例(Lionberger, 1986)。本节主要介绍农业知识和信息系统的基本概念、基本流程、理论模型以及对农村发展传播学的意义。

一、农业知识和信息系统的基本概念

1. 知识和信息的概念

1)知识的概念

"知识"指学术、文化或学问。现代汉语词典中将知识定义为:知识是人们在改造世界的实践中获得的认识和经验的总和。其中认识和经验应该包括概念、模式、观点、理论、认识、思想等。《博弈圣经》中知识的定义是:人们把识别万物实体与性质的是与不是,定义为知识。知识是人类的认识成果,来自社会实践。其初级形态是经验知识,高级形态是系统科学理论。知识就是概念之间的联结。知识可以被分为三个层次:科学、判断和经验。从某种意义上说,科学是已接受的知识,包括定律、定理和程序等;判断是可行的知识,包括政策、规则、可能性参数等;经验是潜在的知识,包括变量、历史与观察结果等。一般来说,从经验可以上升为判断,进而上升为科学。

心理学的定义是:知识是个体通过与环境相互作用后获得的信息以及组织。按现代认知心理学的理解,知识有广义与狭义之分。广义的知识可以分为两类,即陈述性知识和程序性知识。陈述性知识是描述客观事物的特点及关系的知识,也称为描述性知识。程序性知识是一套关于办事的操作步骤和过程的知识。这类知识主要用来解决"做什么"和"如何做"的问题,可用来进行操作和实践。

认知心理学是从知识的来源、个体知识的产生过程及表征形式等角度对知识进行研究的,认为经验(即知识)来源于个体与环境的交互作用,是个体作用于客体而获得的关于客观事物及其联系的认识;或者个体理解动作与动作之间相互协调的结果。人类社会的知识是客观存在的,但个体头脑中的知识并不是客观现实本身,而是个体的一种主观表征,即人脑中的知识结构,它既包括感觉、知觉、表象等,又包括概念、命题、图式,它们分别标志着个体对客观事物反应的不同广度和深度,这是通过个体的认知活动而形成的。一般来说,个体的知识以从具体到抽象的层次网络结构(认知结构)的形式存储于大脑之中。哲学主要对人类社会共同知识的性质进行研究,心理学则主要对个体知识的性质进行研究。

另外,知识与技术也往往容易混淆。技术是知识在转化过程中的一种形式。一般来说,技术是一种为实现人们的某些目的而用来控制环境的软件和硬件,也称物化技术和非物化技术。其中，软件（非物化技术）包括方法和技巧，硬件（物化技术）包括实物，如工具、设备和遗传物质。技术的发展的源泉有很多。它不仅基于科学的进步，也包括其他来源，例如在农场、在厨房、在自家后院或者商店，由农民、厨师、修补匠、裁缝等人不断发展的。无论如何，技术是投入转化成产出的一种手段（Fresco，1986）。

2）信息的概念

在对什么是信息的诸多观点和认识中，发展传播学介绍的一种定义是：信息是人们对事物了解的不确定性的减少或消除。或者说，信息是一个人应该知道而不知道的内容。

上述定义可以理解为：一个人应该知道的信息中的“应该”是一种主观的意识，是个体在某种特定环境条件下的“需要”或“需求”的识别。如果无助于人们对相关事物的进一步了解的内容，它可能是消息，但绝不是信息。根据人们对信息的一般理解，信息就是具有新内容和新知识的消息。因此，可以将信息理解为人类感官所能直接感知和体会的一切有意义的东西。

信息可以被分为三类，即自然信息、生物信息和社会信息。从传播与沟通的意义上更加注重社会信息的讨论。社会信息是指人对外界客观事物的反应以及人与人之间的思想和情感的联系及交际活动。社会信息被认为是社会成员彼此沟通、保证社会有一定的同质程度的手段。

信息最主要的特点包括：①差异性，这是信息的意义所在。这种差异性是一事物区别于另一事物的特征。②传递性，信息是依赖于信源、信道、信宿而加以传递的。通过这种传递，信息才得以交流，对方才能获得新知。③相关性，相关性是客观世界中各种事物在一定条件下相互作用、相互联系的表征。④时效性，这是和信息的新颖属性相联系的。任何信息都是在一定的时间内才发挥效用，过了一定的期限就会失效。⑤可转换性，信息可从一种物质形态转换为另一种形态。例如物质信息可以转换为语言、文字、图像、记号、代码、电信号等，各信息载体形式又可相互转换。上述信息特点中两个最主要的特点是差异性和传递性。

差异性表明一事物区别于它事物的特征和状态。通过对客观事物特征的描述来再现事物的特征即是信息所反映出的不同事物的不同规定性，从这个意义上理解，“信息是指对消息接受者来说预先不知道的报道”（辞海）。传递是指信号或符号的传送或传输。任何信息只有经过传递，人们理解后，才能被人们接受和利用，只有经过传递，才能再现客观事物的状态。

信息是人们进行传播沟通过程的重要内容。传播沟通可以简单地说是信息的传递，或者说是社会信息在人与人之间、人与团体之间、团体与团体之间的传递或交流。无论它通过何种媒体或手段来传递，都反映着一定社会环境条件下的人们相互之间的一种影响、反应和相互作用的过程。

2. 知识与信息的关系

信息是知识的组成部分，或者说知识是信息的结合体。知识是"与经验、上下文(Context)、解释和思考(reflection)结合在一起的信息。它是一种可以随时帮助人们决策与行动的高价值信息"(T. Davenport et al.,1998)。

知识和信息不同，知识不可以传递，只有信息才可以传递。换句话说，人与人之间传递的是信息，不是知识，知识是通过信息加以传递的或者说知识只有转化为信息才可以传递(见图 3-3)。明确这个概念，对于如何更好地学习农村发展传播学有着很重要的意义。

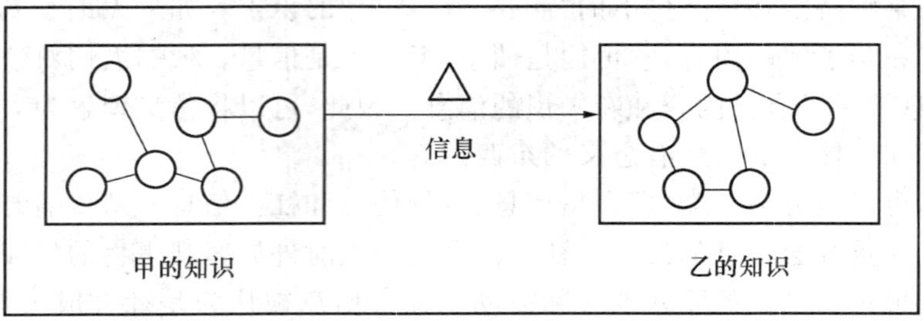

图 3-3　甲将知识通过信息传递给乙的知识传递过程

从某种意义上说，知识被看作为一个大脑中有结构的整体，而信息是构成这一整体知识的组分。知识结构是指人的头脑中由不同的知识组分构成的系统框架。一个人的知识是以某种结构的形式存在于人的脑海里，它不能够也不可能完整地移入另外一个人的大脑中。所以，人们通过沟通相互传递的是信息，而不可能将自己的整体知识传递给别人。对于农民说来，从推广人员那里获取的某些信息，只是用来在自己原有知识结构的基础上构建新的知识体的一些材料。因此，其结果不一定与推广人员预先所期望的状况相吻合，这是很自然的事情。从这一认识出发，更容易理解在同一环境下人与人之间的差异性，而这种差异性是人们彼此沟通和相互学习的基础。

一般来说，对于信息可以传递的属性，人们没有怀疑。但对知识不能传递，可能觉得有些难以接受。因为长期以来，习惯上一直是说孩子到学校好好听讲，向老师学到更多的知识，将来才可能做一个对社会有用的人。假如说知识不可以传递，那怎么才能够学到呢？

在学校上的课程，无疑是知识。需要澄清的概念是，教师是通过信息的形式将知识传授给学生的。信息是个性化的，也就是说，对一个人是信息的内容对另外一个人也许就不是信息，因为对那个人来说，所传达的内容已经知道了，对这个人而言，并没有消除什么不确定性。所以同样的内容，对有的学生来说是信息，于是增长了知识；对有些学生来说，由于那些内容不是信息，因此也就没有增长知识。从这个意义上理解，我们说，信息是知识的组分，而将不同的组分组装起来成为知识的工作是要靠学生自己的头脑这个加工厂来进行加工。这个过程就是个体根据已有的知识结构和经验来进行信息加工处理的过程。

另外一点需要明确的是，知识不是零乱的，彼此独立的部分，人的知识是一个完整的结构，是一个知识体。知识结构或知识体是知识的一种存在方式。也就是说，人的知识是以一种知识体的形式存在的，它是靠内部的结构连接在一起的，是不可分的。

如果比较系统化的讨论知识的产生和发展链，就会发现信息产生的基础是信号，而知识产生的基础是信息，知识的进一步丰富和发展产生智慧。如果从这个意义上说，数据是抽象的内容，而且单独看起来，它根本没什么意义；信息是经过组合和处理的数据；知识是经过人的解读和人的经验充实之后的信息，是有效的信息；而智慧是人的智力发展的最高境界，它是以直觉和深邃的洞察力为先决条件的。从信号(signal)到信息再到知识，进而还有可能到智慧(wisdom)，乍看起来这一过程是完全连续的链条；然而，如果仔细分析一下这些概念的性质以及它们的产生过程，我们就会发现它们之间的非连续性，而正是这种非连续性使“信息”与“知识”产生了根本的区别。

一个人新接收的信息向新知识的转化过程是：新的信息要转化为知识，必须在与原有知识建立某种联系的基础上再经历一个内化过程。原有知识首先对新接收的信息进行识别，如果它能包容并接受这些信息，它就会进一步根据它们之间的特定联系将其内化。因而，新知识产生是由原有知识和新输入信息共同作用的结果。新产生的知识或认识是诸多信息和已有知识以及它们彼此之间的联系的有机结合。正是这种特殊的构成方式使得我们能够去感知、推理、计划、判断和行动。

人与人之间的交流不是一方给一方灌输知识的过程，因此传播沟通过程应该是平等的。甲方认为是信息，在乙方看来也许什么都不是。这不说明乙方看不起甲方，或愚昧无知，而是一种很自然的合理的反应。这个道理可以用于任何正在沟通的双方，当然也适合于分析推广人员和农民的关系。因此在沟通过程中，需要提倡心与心的交流，平等和相互尊重基础上的对话。

知识存在于人的头脑中，它在转换和编码之前不会传播给他人。传播符号的意义存在于人的心里。意义或者含义由信源(传者)编码为讯息，但这些讯息必须再反过来被受传者解码。可见，在这个过程中发生两次转化，使信源(传者)的思想实现直接转移给受传者变得不可能。因此，信息是人与人进行传播活动的载体，是传播的内容。人类的传播质量的提高取决于人类认识过程的进步，人类的认识过程离不开对社会信息的开发与利用。有效的传播沟通要求传者对受传者所传递的是适度信息量的必需信息。传播的信息只有符合受传者的需求，才能使受传者增加知识。

3. 技术推动发展的讨论

20 世纪，世界各国的农业发展越来越多地倾向于靠技术驱动，这样一个事实和农业信息技术的发展使得研究者越来越对农业知识和信息系统的研究增加兴趣。农业发展需要各方面的综合条件的满足，这些条件的组合也被称为农业发展混合体。虽然具体混合体的组分取决于具体的情况，这些条件或混合体通常都包括好的基础设施，可获得的贷款、水、土地、市场、投入品的供应、社会组织、相关技术和有利的价格等几个组成部分。随着农业的发展，对各方面条件的需求正在越来越多地被满足，同时也使得农民更加能够控制所生存的环境。然而，农民对环境控制的可能性越大，作为对发展起主要决定性作用之一的知识和技术变得越重要。换句话说，在能够有效提供其他必要条件的前提下，技术发展越来越多地推动着农业的发展。

1)技术推动发展带来的好处

一些研究结果发现，技术推动发展有三个好处：淘汰低效率的农民；提高竞争力；技术转移比较容易。

(1)技术的引进可以淘汰低效率的农民

假设，能够有选择性地就业，那么由技术推动的发展会有一个好处，就是挤出低效率的农民。当一个国家的劳动力数量有一大部分从事于自给农业，那就很少有工业发展所需要的剩余劳动力和资本。但是，当引进了新的技术，就会发生技术推动农业发展的变化。技术推动农业发展的结果，就会导致部分农民被挤出农业。即使在那些其他必要条件不能够充分提供的地区，通过市场竞争的压力，也能够使人感觉到技术对发展的推动作用。新的技术在开始总是采纳得很慢。早期创新者(Rogers，1983)能够获得大量的利润是因为他们的数量太少，不足以影响市场价格。但是，很快其他人模仿他们的样子，然后整体的农业产量就开始上升，价格就会受到压力而下降。接着，采用新技术的农民为了留在这个行业里而不得不适应价格的下降，但是这样他们的投入就只能获得很低的回报了。最后，农民只能眼看自己收入的下降而无能为力。而那些因为农场太小而不适合采用新技术的农民，并不能够适应价格的下降，最后他们就不得不放弃了农业。据统计，在 20 世纪 70～80 年代的 20 年里，欧洲经济共同体在这个过程中就失去了 60％的农民(Niels Roling，1989)。因此，由于一个连续不断的新技术流所增加的农业产出和提高的效率，导致了农产品产地价格的降低，并因此对其他的生产者来说，形成了一个概念，即如果想继续保留在这个领域里就需要采纳创新的市场压力。不能够跟上的农民最终会被挤出市场。在很多发展中国家，大部分农民的收入在近些年都有显著的下降，尤其是那些资源贫乏的农民们。

(2)提高农业发展竞争力

由技术推动的发展的另一个好处是它提高了竞争能力。由技术推动的发展意味着，为了留在行业中间，一方必须在这场比赛中领先。这对于国家和地区以及个体的农民来说都是事实。一个农业落后的国家，必须接受相对低的进口价格将本地农产品挤出市场的事实，除非它提高贸易保护壁垒。一个想保持持续出口农产品的国家必须保持它有竞争力的边际效益。很多政府在决定要花钱在农业研究和推广上面时，提出的一个主要的理由是出于竞争的需要。研究的任务是为农业提供一个稳定的新技术流，尤其是那些生产为出口的部门。技术流的比喻暗含了“单向”的意味，被认为是由复杂的知识与信息系统对技术推动发展所给予的产品。当然，如果研究和推广之间的联系机制不能发挥作用，会阻碍这个新技术流的流动，使其出现断层，更坏的则是从根本上阻止了它的流动。

(3)技术转移比较容易

第三个好处是，由技术推动的发展发生的地方，推动新技术只需要相对少的注意力。在农业中，由于价格机制的强制性作用，使得一个很小的努力就能够使新技术迅速扩散。因为早期的创新者赚到了最大的利润，所以这些“进步”农民非常渴望寻求新的技术，他们向农业知识信息系统施加压力，希望系统能给他们提供更多的技术。一个政府需要做的全部就是提供一个高效率的农业知识和信息系统，给少数进步农民(大约占总数的20%)提供新的技术，并持续地满足农业发展混合体的需求。再剩下的工作就交给市场来完成了。

一旦由技术推动的发展开始起步，农业知识和信息系统的管理者就可以依赖市场力量来加速创新的扩散，如果有需要，市场还能将那些效率低下、资源贫乏的农民排挤出去。这些都是技术推动的发展带来的好处，但是国家政策制定者在选择这种发展路径时，一定要意识到这种发展也有一些问题。

2)技术推动发展造成的问题

(1)贫富两极分化

随着技术推动发展的发生，许多发展中国家发现创造其他就业机会的速度远远赶不上那些离开土地的农民的需求。更有甚者，农业人口的快速增加向土地施加了越来越多的压力。根据20世纪80年代末到90年代初的统计，在发展中国家，大约三分之一的城市发展归功于农村向城市的劳动力转移(Bronsema and Van Nimwegen, 1987),当然并不完全是由于剩余的粮食生产所引起的。事实上,食品的相对便宜并不能解决那些购买力下降的民生问题。由此看来,农业发展绝不仅仅是在粮食短缺的情况下的一种结束饥饿和食物匮乏的手段,也包括在粮食过剩的条件下,重新分配资源给那些能够最有效生产的那些地区和人们。在缺乏制衡力的情况下,农业发展对一些人来说有很高的成本,对他们的生计会产生不利的影响。

事实上,如果小农不愿意采纳某种技术,往往并不是因为这些农民不想用新技术增加产量,而是他们缺乏采纳所必需的条件。这些条件包括土地、劳动力、资金等其他必需的投入资源的缺乏。农民的决策是具有理性的,传统的农事活动是祖祖辈辈传下来的,是在现有条件下最有效的资源配置组合形式。如果在现有条件下采纳新的技术,这意味着他们要承担太大的风险。同样,缺乏对新技术应用的知识和方法也是他们对采纳犹豫的原因。有时候,不是技术的先进与否影响采纳率,而是农民或者说潜在的采纳者对这种技术的适应性、复杂性、可分性、可传播性的认识影响着采纳率。

由于传统的创新扩散理论认为沟通本身可以带来发展,因此忽略了社会经济和政治结构等条件的影响;认为只有粮食产量和服务的增加是发展的标志,而忽略了收入与机会的公正合理分配;认为提高产量的解决方法是技术创新,而忽略了对受益者群体分析。这种对社会结构和政治因素的忽略,使得创新扩散造成了一些消极后果。一些研究者证明,这种后果的具体反应是,在创新采纳者中的社会经济间距不是缩小而是扩大了。

许多研究表明,第三世界国家的农村中,由于扩散作用使农民在社会经济利益和沟通间距拉大。原因在于,研究人员和推广人员在沟通过程中,为那些社会经济地位较高、主动寻求信息的少数农民提供了太多的帮助,试图使他们成为创新扩散的先驱者或最早采纳者,然后希望这些农民能够最终将某种新技术信息传递给其他较不进步的及落后的农民,正是由于这种策略,造成了人为不平衡发展。

实际上,这种进步农民策略并不像所想象的那样,不能保证先驱者或最先采纳者所得到的信息就能自动地传给其他农民。至少这种信息不能传给他们所处的人际传播网络外的那些人,而这些人往往是不能与他们门当户对的较贫困群体。可见,通过进步农民策略的传播与沟通实践结果,农村中的那部分贫困农民就会自然地被放置在被遗忘的角落。这主要是因为扩散研究模式认为新技术本身就是讯息,没有试图去努力建构促进这种创新得以扩散的沟通讯息。

创新和沟通讯息是两个不同的概念。创新是指某种新技术、新观念本身;沟通讯息则是如何使这种新技术、新观念被不同的目标群体了解和采纳的信息。将这两者混淆，推广人员轻松，但却造成了事与愿违的后果。扩散的结果之所以能够使得农村中进步农民受益，主要是因为：①早期采纳者（通常较富裕的农民）获得了"意外的利润"；②这些人由于比其他人富裕，较早投资，从而使其可能在外部资源相对便宜时获得，由此降低了投入成本；③创新的采纳通常需要所必需的宽松的资源；④将服务对象定位在进步农民身上便于推广人员长期地定向服务；⑤这些农民贷款容易。因此，那些需要一定成本投入才能有利可图的新技术更容易被相对富裕的农民采纳。由于资源的不平等分配使得扩散过程成了不均衡发展的诱因。扩散的本意是使所有农民从中受益，而结果却加剧了农村中的两极分化现象。

进步农民策略偏见加上已经描述过的技术偏见，即富裕农民所需要或适用的技术往往并不适应贫困农民，使得农村中的贫困农民处于一种无援的境地。这样，在农村中扩散过程使进步农民和"落后"农民便各自形成了恶性循环。进步农民较早地获得了信息而导致成功和利润，从而使得这些农民越发产生获得更多信息和取得更大成功、获得更多利润的欲望。相反，落后农民由于缺乏信息，会处于相对劣势和失败的处境中。进而，由于缺乏激励，这些农民会越来越不想获得更多的信息，如此一来又会变得更保守。所以，人们寻求信息的行为，与其说是某种行为的起因，更不如说是某种行为的结果。

因此，除了需要促进技术推动发展之外，还有必要创建一个农业知识和信息系统的执行角色。迄今为止在许多国家，农业知识和信息系统的管理都强调要为进步农民提供不断创新的机会。这使得农业发生转变并且带给我们奢侈的剩余，但这仅仅会在低市场购买力的情况下才能发生。未来，技术的发展和传播需要更强有力的控制以及针对小规模生产者的更多的设计，也就是说，需要更加强调低成本、中等规模的技术。这样的工作方式将会对研究与技术转移之间的界面产生很大的需求。小规模生产者的极端异质性将大幅度增加对技术适应性资源的投入。需要更加仔细的定位就意味着要向研究者提供大量的关于农民的信息，并且要更加强调对加强技术开发过程的应用者控制机制的建立。

(2)环境污染

众所周知，农业技术的推动的结果造成了严重环境污染问题。由于各种各样的原因，包括淤塞、土壤盐分问题的增多、施用化学药品的结果使得病虫害抗性加大，以及水资源被硝酸盐污染等。此外，即使是想要进一步提升那些现今被视为高潜力旱作地区的生产潜力，也同样可能因为环境因素而受到限制。这就意味着，接下来的全球粮食生产的重大突破可能会来自那些目前被认为是潜力较低的中等旱作农业地区。农业知识和信息系统对异质性农业系统可以产生更大的影响。

综上所述，一方面是效率与竞争，另一方面是可持续农业和生计，在这两者之间并不好兼顾。如果针对前者，强化技术推动的发展，就会导致通过高技术解决问题方案的优势，其后果会使得低效率的生产者被淘汰出局，追求短期的经济利益而失去长期的生态效益。持久的生计和环境是完全不同的过程。在某种程度上，那些仍可以控制他们自己国家农业的发展的国家，除去依靠市场力量之外，可持续农业的政策需要更多发展手段和工具。

4. 农业知识和信息系统(AKIS)的概念

1)农业知识和信息系统的定义

农业知识和信息系统是指存在着相互联系和相互影响的一组农业机构和(或者)个人。他们在知识和信息的产生、转化、传输、综合、存储、检索、扩散和应用的过程中发挥作用，他们协同合作的工作目标是支持所在国家的农业或农业的某个领域的决策制定、问题解决和创新(Niels Roling, 1989)。

基于上述定义，农业知识和信息系统有三种不同的解释：①一组从事与知识和信息流程有关的组织机构和个人；②一组由组织、社区或社会成员体会到的相联系的认知；③一套计算机“智能”软件(例如，专家系统、人工智能)。这里简要讨论前两个定义。

组织机构和个人与认知这两个定义并不是相互独立的。认知过程发生在人的心里，而传播过程发生在人与人之间和人本身或者发生在组织机构之间或组织机构内部。这两点对于理解一个农业知识和信息系统很重要。当农业知识和信息系统被视为一种认知系统，系统的组成部分是认知，也就是说，与“真实(reality)”有关的概念、理论和信仰指导着我们的行为(Roling, 1986c)。基于知识社会学和认知人类学的思想，认知的观点或学说已经被发展社会学系的诸多学者进一步发展。组织机构学说不是研究认知，而是将视角放在相互联系的多组行动者身上。每组行动者从事着不同的活动，每组行动者扮演着不同但又相互补充的角色。

组织机构学说会导致一种理论建设，这种理论涉及关于对人或组织机构接受、转化和传递信息的方式，关于他们之间的界面以及组织机构在其相互关系中扮演的角色等问题。这种认识方法的目的是为了改善农业知识和信息系统的管理或构想，以便使其以一种被政策制定者、农民和系统中的其他参与者认为满意的方式运行。需要指出的是，农业知识和信息系统中的行动者如果能够开始将他们自己以及其他行动者视为在扮演着互补的角色，许多农业知识和信息系统就会“自动改善”了。

20世纪90年代以后的研究强调在一个农业知识和信息系统中的行动者不一定需要协同工作，但一定要有协同的潜力。在后来，根据研究的发展，罗林将农业知识和信息系统定义为：相互链接的一组行动者、网络或组织机构期望或努力通过做到协同工作，提高知识与环境之间的一致性或通过技术应用所提供的控制力来支持人类活动的某个领域的知识流程。(Roling, 1992)。这个定义的含义,按照Cess Leeuwis的解释是,一个农业知识和信息系统或其他的人类活动系统不能按字面理解为有着很清晰目的的"系统",而更应该将其看作是从系统理论出发来对多个行动者的一种系统化的分析,通过这种分析,通过加强共同学习和协商来实现行动者间的更好的合作以及对环境的更有效的适应化。因此,一个系统是当人们讨论复杂现象强调其完整性的时候任意划定边界的一种构想。

2)农村发展中的农业知识和信息系统

作为一种理论视角,农业知识和信息系统(AKIS)起源于20世纪70年代。自此以后,学术界对农业知识和信息系统这一概念曾经使用不同的名字和定义开展过广泛的讨论。20世纪70年代以后,这个系统概念的研究从集中在农业研究和推广之间的联系上扩大为研究、推广和教育及政府治理、产品与物资供应和市场等的相互联系上(Axinn and Thorat, 1972)。值得指出的是,2000年,联合国粮农组织和世界银行将农业知识和信息系统的概念发展为"农村发展中的农业知识和信息系统(AKIS/RD)",更加明确地将农业知识和信息系统定位在实现农村发展的目标上。

农村发展中的农业知识和信息系统的范围包括了所有相关的机构和个人,例如,与农业和农村发展相关的组织机构、供给者和应用者,其中更加强调农业生产者在农业和农村发展的系统中的重要性。农村发展中的农业知识和信息系统强调农业生产者不仅是知识和信息的接收者,而且也是知识和信息的创造者。在此以前,对利益相关者或生产者参与的讨论仅局限在农业研究和推广中,后来形成的农村发展中的农业知识和信息系统的概念强调所有与农业和农村学习型社会相关的促进实践知识发展的组织机构都应该共同制定农村发展的行动计划。

在世界农业发生较大变化和改革的时期,2000年联合国粮农组织和世界银行共同出版了《战略愿景和指导原则》,指出政府的作用需要重新定位。处在一个研究和推广向民营化或私有化发展的时期,一些新的资助机制,例如合同推广服务,多元化资助组织等逐步建立起来的时候,政府在行政和财政管理上需要更加仔细、认真和一致地实施分权化才能实现农业和农村发展的目标。在这一时期,政府需要赋权,鼓励利益相关者参与决策。

2005年,联合国粮农组织和世界银行在《战略愿景和指导原则》的基础上开展了对10个发展中国家农业知识和信息系统的案例研究,发表了《加强农村发展中的农业知识和信息系统中行动者之间的协调》的调查报告,对10个国家的农村发展中的农业知识和信息系统的发展状况进行了总结分析,提出了进一步发展的建议。

二、农业知识和信息系统的基本流程和理论模型

1. 农业知识和信息系统的基本流程

农业知识和信息系统的基本流程包括农业知识的产生、转化、综合比较与评价、存储和检索、扩散和应用。农业知识和信息系统中所有的行动者都参与了这一基本过程中的行动。

1)产生

传统观念认为,知识产生于被称为研究者的专家和学者。其实,这种认识并不准确。

公共性的农业研究的历史在大多数国家还没有超过100年。但是,农民们为发展他们的农业,已经经营了上千年。许多现今已有的对农业知识的认识是基于农民的实践活动。事实上,农民是实际意义上的研究者。从这一点上说,将农民视为研究成果的应用者其实不是太合适。

许多农事活动至今也没有完全在公共研究中体现,包括有机农业和世界上三分之二的农民所依赖的雨养农业生产系统。另外,对于知识的产生而言,群体比个体显得更加有效。实证研究发现研究者的工作效率与他们参与研究网络的程度有关。

2)转化

知识转化是农业知识和信息系统中最重要的环节。农业知识和信息系统的本质在于将系统中产生的一部分知识转化为信息用于系统中另一部分。一个农业知识和信息系统的知识转化步骤如下(图3-4)(Niels Roling, 1989)。

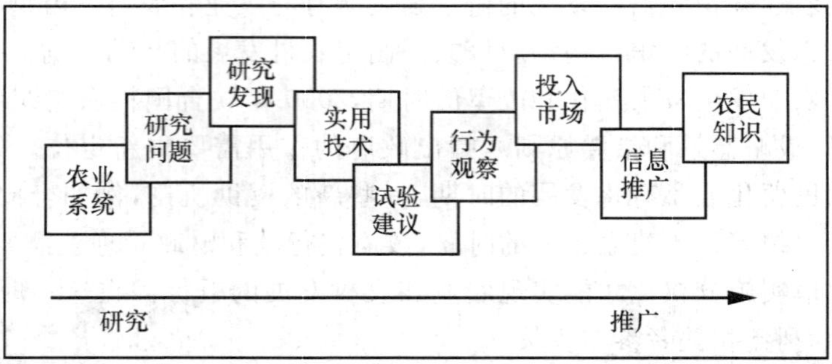

图3-4　一个农业知识和信息系统的知识转化步骤

(1)从当地的农业系统得来的信息转化为研究问题。

(2)从研究的问题转化到研究发现。

(3)从研究发现转化到对于所研究的问题的试验性的解决方法(技术)。

(4)从技术转化到对开展农民田间试验的建议。

(5)从建议转化到对农民行为的观察(男性、女性、儿童)。

(6)从行为观察转化到影响行为(生产投入和市场)的因素分析和适应性技术建议。

(7)从适应性建议转化到要推广的信息。

(8)从推广信息转化到农民知识。

培训人们在农业知识和信息系统的特定角色中如何完成知识转化是建立一个有效的农业知识和信息系统的先决条件。通常农民们随意地使用科学技术却不知道为什么它会起作用,因此,这些技术就不能够在实践中得到改善。很少有推广人员能够被训练成有能力把要推广的技术转化成农民可以明白的指南,或者有能力根据农民的资源禀赋对农民需求和技术建议进行评价。

3)综合

综合是将各种相关的研究成果分析、比较和评价,形成农民可应用的技术知识的过程。

像其他基本的流程一样,在农业知识和信息系统中"综合"是由所有参与者一起完成的,学者将各种研究成果放到一起写成评论文章就是这种综合典型的实例。多学科研究团队的队长们常常付出不懈的努力去综合不同学科专业产生的研究结果。然而,对于农民是如何将知识和信息进行综合的问题仍是知之甚少。

将研究成果转化成农民应用的技术说起来是很简单的一件事情。然而,实际上却十分复杂。通常,在一段时间内散落在不同领域的一些信息都能组合形成一些新的有用的想法。农民必须在他们自己的知识范围内,将许多来自不同方面(例如:其他农民、专家文献、科学家、技术转移服务机构)的外部信息进行综合。

在实践中,进行综合往往不太顺利,原因要么是缺乏地区试验站,要么是缺乏能够综合学科知识并进而形成系统需求的能力的农业系统研究团队,要么是缺乏能够提供推广服务的技术专家。当然,在实践中一些成功的案例也不少。

4)存储和检索

扩散和检索似乎应该是典型的专业图书馆的任务,但是大多数的科学家都能够收集自己所接触到的或多或少觉得满意的材料。推广工作者和农民也存储和检索信息。

5)扩散和应用

扩散和应用应该是农业知识和信息系统基本流程中最后的两个阶段,也是农业推广的核心工作内容。

2. 系统分析的理论模型

虽然说没有任何一个农业知识和信息系统模型可以适合于不同水平的农业生

产系统，同样也没有任何一个农业知识和信息系统模型能同时适用于高度专业化的种植业和养殖业。但是，下面两个基本的模型可以有助于我们对实用性模型的理解和建构。

1)系统分析的单向模式

一个最常见、最有影响力的农业知识和信息系统模型应该是技术转移模型(TOT)(Chambers，1983)。在这个模型当中，研究者扮演了一个创造“突破性创新”的荣誉角色。然后，这些突破性的创新被“转移”到推广机构那里“传递”给“应用者”。科学家们研发了产品，推广人员就要将这种产品销售出去。如果研究者在农业知识和信息系统中总是充当最有权力的成员，试图成为农业知识和信息管理者，那么，技术转移模型(TOT)就很难在多数的国内和国际环境下被替代。

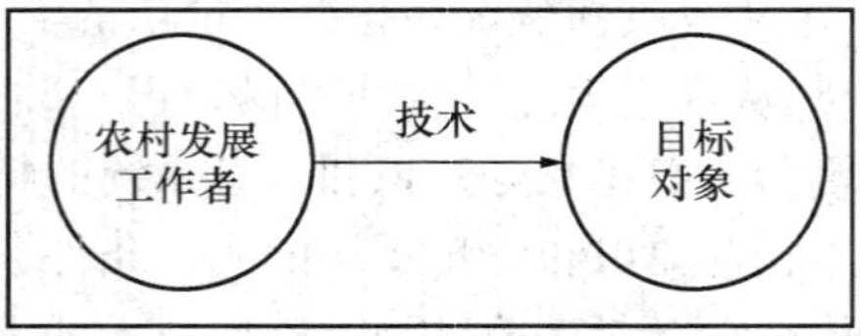

模式(一)

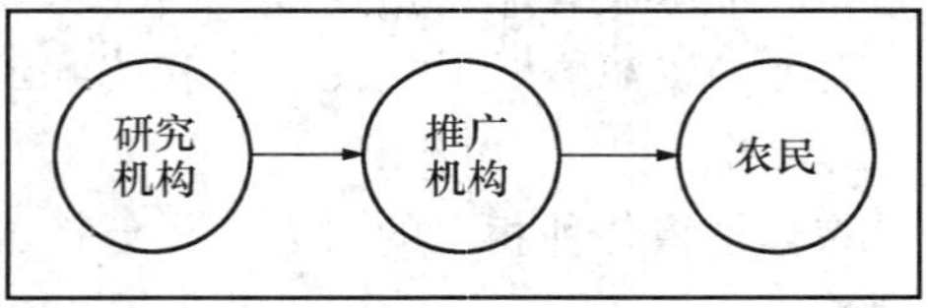

模式(二)

图 3-5 单向信息传播流

技术转移模型(TOT)是一个线性的、单向的过程，它开始于国际水平上的突破技术，而结束于农场水平的适应性创新。在只为进步农民传递技术方面，这个模型常常能够成功(Roling，1988b)。见图 3-5。

2)系统分析的双向模式

与 TOT 单向技术转移模式相比，农业知识和信息系统的双向模式使用的范围并不广泛，但仍然被很多学者进一步发展。海佛洛克(Ronalod Havelock，1969)和他的同事整理了一份包括大约4 000份知识传播与应用的文献，得出三种基本模式：①传播(dissemination)模式(自上而下)；②解决问题模式(自下而上)；③社会互动模式(创新扩散)。结合上述三种模式，他设计出了自上而下和自下而上相结合的“联系模型(linkage model)”，见图 3-6。

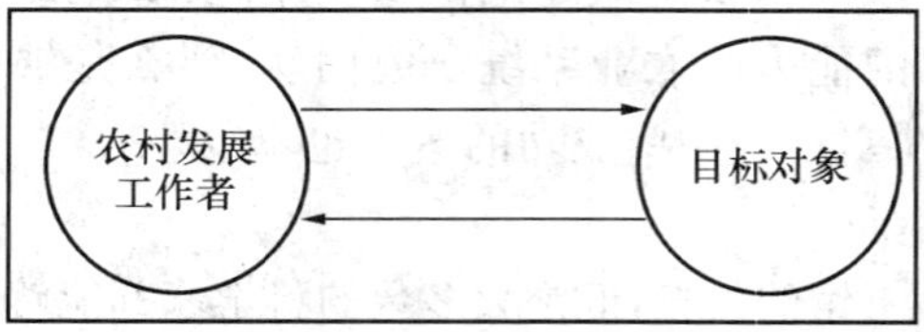

图 3-6 双向信息流(Havelock 的联系模型)

后来在此基础上发展为农业知识和信息系统的双向模型，见图 3-7。

在图 3-7 里，仍然将技术生产者(资源群体)和技术应用者(使用者群体)之间

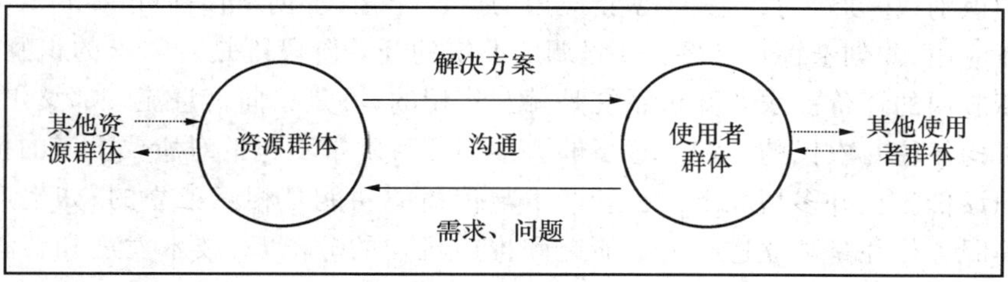

图 3-7 农业知识和信息系统双向模型

区分开，但实现了两者之间的信息交流，这一点被认为对于成功的技术生产及技术转移是至关重要的。此外，对于使用者群体来说，资源群体不再被视为有用信息的唯一来源。也就是说，不仅局限于科学家，农民也能产生信息和技术。

同样，资源群体也称为信息和技术(产生于农民和其他资源群体)的使用者。换句话说，两者(资源群体和使用者群体)之间的作用已不再墨守以前那种单向的模式，而是更具有交换性。虽然此模型的双向特征开始没有得到应有的重视，然而所有后来将使用者控制看作为重要部分的农业知识和信息系统模型都是建立在这个双向联系基础上的。

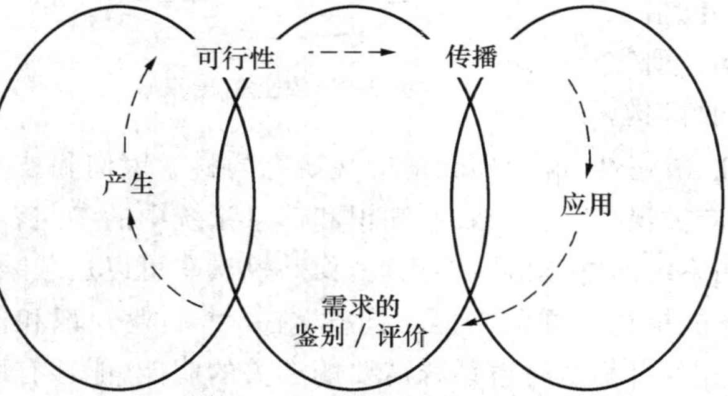

图 3-8 农业知识系统的基本要素

(引自 Roling，1989：来源于 U. J. Nagel，1980，p. 34)

如果不在早期进行很好的沟通，在资源群体和使用者群体之间就无法建立有效的联系。这个早期的沟通涉及建立两者同意的工作计划、基本规则、确定适当的媒介以及形成关于对内部流程和相关影响因素的理解。

那戈尔(U. J. Nagel)根据海佛洛克(Havelock，1969)的联系模型绘制出来了农业知识系统的基本要素的“联系模型”，见图 3-8。

据考证，柏林技术大学的那戈尔(Uwe Jens Nagel)是第一个结合印度的情况在推广科学方面介绍并详细阐述农业信息系统的人。他在 1980 年认为，农业信息系统应该由包括研究、推广和用户三个亚系统组成(Nagel，1980，p. 18)。他认为，为了确保信息流过程的产生和永续性，这个系统有六个基本功能：①对生产者知识需求的识别；②创新的产生；③创新应用的可操作化；④创新传播(dissemination)；⑤创新应用；⑥创新评价。图 3-8 强调的系统的开始阶段既是对需求的识别，也是对创新应用的评价。农业知识系统是相互作用的，不是单向信息流。那戈尔指出：政府机构往往对农民的反馈注意不够。推广项目常常不包括对所要推广的技术的严格的评价。在许多情况下。创新产生与传播的功能是相互独立的(如生产资料投入等服务往往是独立进行的。研究和推广机构的分离，对技术发展和转移过程中的各个阶段缺乏统一的认识)(Nagel, 1980)。[1]

根据农业知识和信息系统理论后来的发展发现，当时那戈尔(农业知识系统的基本要素)以海佛洛克理论为依据提出的关于解决办法来自研究，而问题来自农民的观点是有问题的。按照这种观点，好像农民自己不开展自己的研究，自己不解决自己的任何问题似的。后来美国赠地学院将农业研究、教育和推广综合在一个体系内。荷兰瓦赫尼根大学的罗林和安格将其理论化(见前面的定义)。为此，罗林(Niels Roling)设计出来一个农业信息系统的简单模式，见图 3-9。

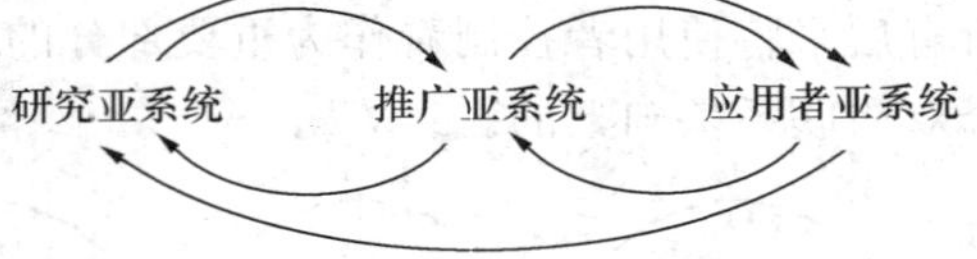

图 3-9　农业信息系统

图 3-9 说明，研究、推广和应用三个亚系统是一个相互联系的整体。他们之间相互联系、相互作用、共同完成系统的功能。当然，这种联系包括三者的知识和信息的交流与共享。研究与推广并非是两个相互独立的机构，而是相互联系的。从事基础性、战略性、应用性和适应性研究的科学家们和技术专家们，村级推广工作者和农民应被视作是一个农业知识和信息系统中的参与者。

农业知识和信息系统强调系统的整体协同作用，就像一辆汽车可以运载乘客，但组成汽车的各独立部分却不能执行一样的功能。同样，在一个农业知识和信息系统中，由于参与系统的各组分各自都执行着系统需要的相关的职能，能够有助于社会问题的解决。

在较早的知识系统研究阶段，农业知识和信息系统被看作具有知识的组织机构和他们之间的有效的沟通联系。联合国粮农组织和世界银行在 2000 年共同出版的《战略愿景和指导原则》中提出了农村发展中的农业知识和信息系统。农村发展中的农业知识和信息系统将人和机构联系起来，促进互相学习，促进与农业相关

[1] Roling 在这里指出：一个精心设计的，经过检验和共享的信息系统模式是发展的必要工具。这个题目在农业高等院校中应该是一个基本教学内容。引自王德海译，农业推广学，1991, p. 222.

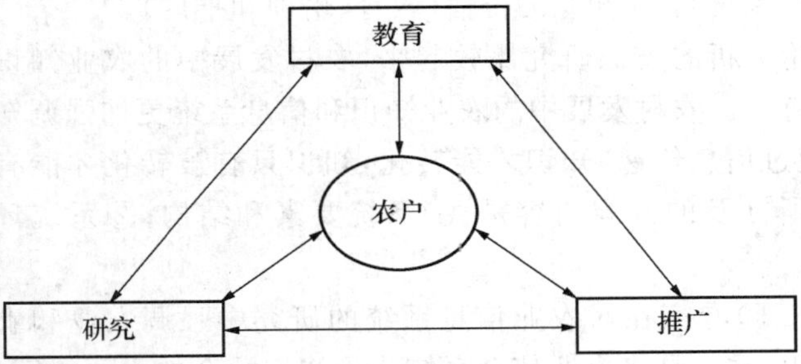

图 3-10 知识三角图

的技术、知识和信息的产生，共享和利用。这个系统将来自农民、农业教育工作者、研究者和推广者等不同来源的知识和信息联系在一起，以便实现农业管理水平和农户生计的改善，见图 3-10。

农村人口，尤其是农民，位于知识三角的中心位置。公共和民营的教育、研究和推广包括公共和民营的机构，根据农民的知识需求提供服务，以达到提高产量和收入的目标，并用可持续的方式上管理他们赖以生存的自然资源。

通过以农村人口的需求为导向，以共同承担对农民的服务为目标，保证了农业教育工作者、研究工作者和推广工作者行为的协同性。在知识系统中，农民和其他组分是合作关系，而不仅仅是知识和信息受传者。可见，FAO 和 World Bank 的这个模型同 Röling 的 AKIS 模型基本上是一致的。

然而，这个模型没有能够包含进去所有参与农业知识和信息系统的实体，比如政府、民营部门、公民社会、支持系统和市场等。在这个简单的模型架构图中也没有指出除了农户以外的其他 AKIS/RD 的用户和受益者的重要性。所以，后来的研究者们又进行了发展和完善。

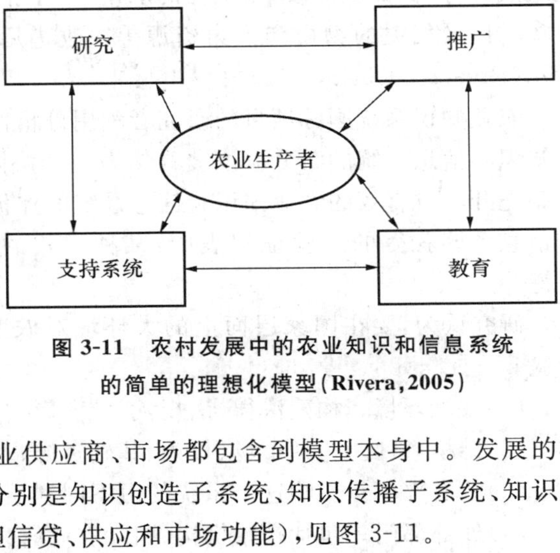

图 3-11 农村发展中的农业知识和信息系统的简单的理想化模型(Rivera,2005)

后来的专家根据在巴基斯坦的案例研究，对早期的 AKIS 模型进行了发展，把信贷机构、农业供应商、市场都包含到模型本身中。发展的模型将 AKIS 分割成四个子系统，分别是知识创造子系统、知识传播子系统、知识使用子系统和农业支持子系统（承担信贷、供应和市场功能），见图 3-11。

农村发展中的农业知识和信息系统的概念认为，农业知识和信息系统有五个重要组成部分：①知识库（也就是知识的存储器）；②增加知识的手段（例如经验分享、调查、研究）；③试验和开发知识的手段（研究和开发）；④知识的实际应用（增加产出、减少生产成本，调整生产系统)；⑤知识的传播(教育、培训和推广)。

与其他开展有关系统理论分析的类似研究比较起来，农村发展中的农业知识和信息系统的概念有其突出特点。农村发展中的农业知识和信息系统更加强调知识产生后的转化，因为只有通过信息传递，知识才能转化，知识只有被转化才能有创新。这些有关系统的研究所涉及的共同内容是：①系统要素和结构；②系统环境；③系统联系；④系统绩效。

同时，信息与传播技术(ICT)专家在对农业信息系统的研究中强调农业和农村发展中信息传播技术的应用，重点是将农业信息系统作为知识社会的主要特征。虽然有些区别，但殊途同归，一个共同的目的是追求一个更高效的互相联系的知识社会。

三、较大系统下的农业知识和信息系统

后来的农业知识和信息系统的研究者认为，当建构农民知识和信息系统模型时，头脑中一定要将这个系统放在一个大的背景下，而不是孤立的、分离的。从AKIS/RD较宽的视角出发进行分析，上述简单化模型提供了一个更为综合和全面的对AKIS的描述。对上述简单模型进一步改进的结果，包含进来相关的非系统组成部分，例如政府政策、机构的承诺、除了推广机构以外的其他起到沟通作用的机构以及相关的物质和人力资源等。改进后的AKIS/RD复杂模型如图3-12所示(Rivera,2005)。

农业知识系统国际项目的研究者利用分析框架试图说明，研究、推广和其他农业知识和信息系统的组分应该被看作为一个协同的整体的某个部分。同时，他们还率先开始对有效的农业知识和信息系统的评价指标的研究。从有效的农业知识和信息系统获得的经验证据表明：某种形式的应用者控制，是系统良好运行的关键。

研究认为，要在国家层面上的大环境对农业知识和信息过程(图3-13)进行检验。

(1)政策环境。构建法律、法规，引导和影响农业行为。

(2)结构条件。包括市场、投入、基础资源、基础设施以及农业结构。

(3)政府部门。影响这个系统的由不同利益集团构成的政治和官僚结构。

(4)外部部门。包括捐赠机构、国际农业研究中心以及商业公司等。

政策环境被认为是农业知识和信息系统的一个重要组成部分，发挥着至关重要的作用。除去政策作为农业知识和信息系统的外部动力外，还有管理和使用者控制这两个驱动力。在没有压力阻碍的情况下，政策是使系统克服缺陷而得以恢

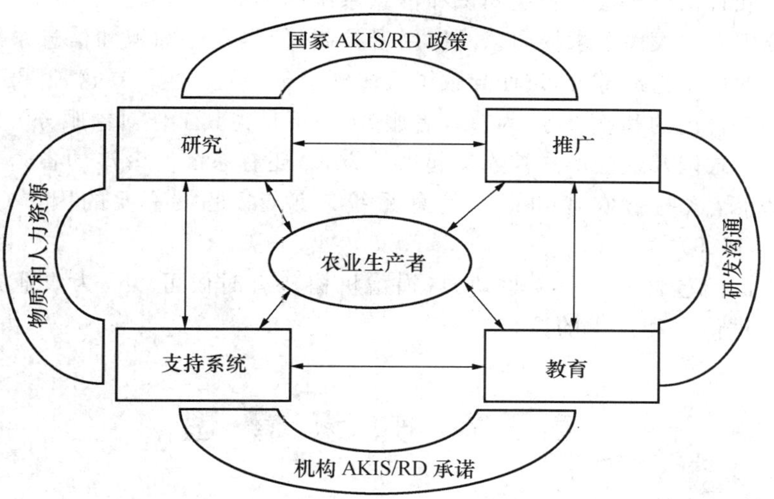

图 3-12 农村发展中的农业知识和信息系统的复杂的理想化模型

	政策环境（法律、激励）	
政府部门	←→ AKIS ←→（↕）	外部部门（国际农业研究中心、商业企业、捐赠机构）
	结构条件（市场、投入／产出、资源、基础设施）	

图 3-13 作为更大的系统的一部分的农业知识和信息系统

复的推动力(Sims and Leonard,1989)。政策目标和政策支持很重要,例如,政策可以避免仅为进步农民服务的那些条件的形成。

同样,结构化的条件也起到了很重要的作用。生产环境的变化和农民作为使用者的变化对农业知识和信息系统的设计和管理有着巨大的意义。技术发展和信息转移必须与农业发展的其他必要综合条件(混合体)相协调,例如,种子和生产投入的分配、基础设施的提供等。相应的,这就要求构成农业知识和信息系统的不同组织机构之间的横向联系,以及与其他外部组织机构的联系。

政治和官僚机构也对农业知识和信息系统的实施有影响。通常,事实往往是由于系统固有的农民需求导向以及使用者控制,使得农业知识和信息系统成为官僚系统下的一个组成部分,进而导致了很多既定条件的产生。在这种既定条件下,官僚体制为自己的利益服务,为执政者服务,而不是为其工作对象服务。官僚体制所采用的形式以及这些形式被连接起来的方式,还有系统所牵涉的各个不同组织的演化状态,这些对农业知识和信息系统来说,都是很重要的因素(Martinez Nogueira,1989)。

外部部门包含另外一个驱动力(捐赠机构),有时候可以成为农业知识和信息系统提供信息和技术的源泉。

第三节 知 识 管 理

人与人之间知识的传递是通过传播与沟通的行为来实现的,而这种知识的传递过程存在着通过信息与知识的转化而表现出解构和建构的过程。研究表明,这个人与人之间知识传递的过程是可以在某种程度上进行管理的。

一、知识管理的概念

1. 知识管理产生的背景

1)社会形态与经济形态的变化

在人类向自然界获取生存必需品的斗争中,人类社会经历了游牧经济、农业经济、工业经济这些经济形态。在以往的这些经济形态中,经济形态越发展,所需要的知识就越多,知识所起的作用就越大。从 18 世纪到 20 世纪期间,发生了三次技术革命,见表 3-1。

表 3-1 显示,农业经济时代,土地、自然资源、劳动是农业经济的基本生产要素。工业经济时代,资本与劳动、土地、自然资源成为生产要素,然而,土地、自然资源又可归结为资本。因此,工业经济的生产要素可归结为劳动与资本。劳动与资本的可替代性决定了经济形态出现劳动密集的经济形态(如农业经济)和资本密集的经济形态(如工业经济)。然而当由密集劳动和密集资本生产出来的物质产品出现过剩状态时,历史要求有一种新的生产要素呈现出来,这个生产要素就是科学技术,就是知识。西方发达国家在 20 世纪 70 年代已进入信息社会,物质产品相当丰富,物质需求得到极大满足,知识需求成为压倒一切的因素。而知识需求是无限的,这就为经济的无限增长提供了可能。

表 3-1　三次技术革命的时间和相关变化

时间	技术革命	内容	社会形态特征	生产要素	文化知识体系	农业、工业和第三产业在国民经济中所占的比重	管理模式
18 世纪以前			农业经济（农业社会）	土地	农业文化（农牧业、商业、渔业知识）	农业产值占国民生产总值的50%以上	经验管理（命令链）
18 世纪中叶至19世纪以后	第一次和第二次技术革命（工业革命）	蒸汽机、电力	工业经济（工业社会）	资本	大众传播媒介，使知识快速而大规模产生、聚集、组织、传播和应用	工业产值占国民生产总值的50%以上	生产管理
20 世纪 40 年代以后	第三次技术革命（知识革命）	原子能、电子计算机、高分子合成和航天技术	知识经济（信息社会）	知识	知识的形态逐渐由以书报为主转变为以符号体系和符号工具为主	第三产业特别是知识产业的比重超过了工业	知识管理（网络化）

农业经济是一种短缺经济，工业经济也是一种短缺经济。而只有到了工业经济后期或进入信息经济、知识经济时代，物质经济才真正发生过剩。只有在物质经济过剩状态下，知识产品才成为人类需求的重要成分。此时，知识作为两种功能出现：①以知识的丰富弥补土地、劳动、资本等生产要素的稀缺性，弥补这些生产要素的边际收益递减，知识渗透在这些生产要素中促进物质经济增长；②知识本身作为生产的目的用于分配与使用。用知识作为要素投入，直接生产知识产品，以知识创新开始知识产品新空间，由此带动经济增长。与此同时，就业结构日益知识化。

从农业社会到信息社会的社会形态变化意味着生产要素与经营管理重心要发生变化，贯穿于管理模式中表现为从命令链向网络化的转变。农业经济社会的生产要素是土地，与其相对应的是经验管理；工业经济社会的生产要素是资本，与其相对应的是生产环节管理；知识经济社会的生产要素是知识，与其相对应的是知识管理。知识管理往往与知识的生产、传播、应用的流程以及对人的能力建设、人力资源开发、建立学习型组织等有关。

因此,科技进步(或知识)已成为一个国家富强的源泉,成为人类文明的主要动力。现在,世界正大踏步地由工业时代迈向知识经济时代,推动这一伟大潮流的是迅速兴起的知识革命。20 世纪后期,人们对知识的集中关注和知识管理概念的出现都绝非偶然。知识管理所取得的进展是其他众多领域发展的结果。

2)知识经济的界定

虽然说知识经济起始于 20 世纪 50 年代,但关于知识经济的提出却是 20 世纪 90 年代的事。1990 年,联合国某研究机构最早提出了"知识经济"的说法,明确了这种新型经济的性质。1996 年经合组织明确定义了"以知识为基础的经济"(knowledge-based economy)的概念。1997 年 2 月,美国时任总统克林顿在一次演讲中又采用了联合国研究机构之前提出的知识经济(knowledge economy)的说法。自此,知识经济成为和农业经济、工业经济相对应的一个概念。

知识经济是指不同于农业经济和工业经济的一种新型经济形态,它主要依靠智力资源的投入以创造社会财富,依靠知识的积累推动经济的增长。在知识经济社会稀缺的自然资源不再构成经济发展的主要障碍,这就改变了传统经济社会中可获得资源和资本积累决定经济发展状况的经济增长方式。

知识经济具有以下特征:①知识成为最主要的生产要素;②人力资本成为重要的资源;③生产方式发生变化(非标准的"柔性生产"取代了标准化的"刚性生产",分散化生产取代了集中化生产);④以知识产业为基石,以无形资产投入为主流,以"知识流"作为管理基础,以知识创新为根基。

2. 知识经济与知识管理的关系

不论人们是否意识到,不论知识管理的水平曾经如何低下,知识管理是自古以来就存在的。而随着人类文明的不断进步、知识作用的不断增大和知识价值的不断提高,人类对知识的管理水平也在不断发展。这种发展积累到今天,知识终于在全世界得到前所未有的极大重视,知识管理也终于摆脱了自己默默无闻的地位,隆重而正式地登上历史舞台。知识经济与知识管理的关系表现在以下两个方面。

(1)知识经济的到来促进着知识管理理论与实践的发展。知识经济催生了知识管理的一系列理论与方法并促进了其进一步的发育。

(2)知识管理成为各类组织的力量源泉。知识管理的目的是使知识更好地在经济生活中发挥作用并能够创造价值。

综上所述,知识管理是每个人、每个企业、每个国家都能从中获益的具体操作。知识管理水平的提高,必然会为知识经济的到来打下坚实的基础。

3. 知识管理研究的起源

知识的传承与交流本是人类生活中的一种自然行为。在20世纪六七十年代，一些西方学者开始意识到知识对于现代经济的重要价值，并专注于知识运行规律的研究。可以说，知识管理(Knowledge Management，简称KM)，是人类社会信息化和知识化发展到一定程度的必然产物，是知识经济时代的一种全新管理模式。

从20世纪70年代开始，罗杰斯(Everett Rogers)在斯坦福关于创新扩散的研究、托马斯·艾伦(Thomas John Allen)在麻省理工学院关于信息和技术转移的研究对揭示组织内知识如何产生、利用和扩散作出了贡献。德鲁克(Peter F. Drucker)等学者强调了信息和隐含知识作为组织资源的不断增长的重要性。正是在这些前人研究工作的基础上，知识管理学孕育而生。

1989年，麻省理工学院出版的著名管理学刊物《斯隆管理评论(Sloan Management Review)》发表了一篇署名斯塔特(Stata)的论文"组织学习——管理创新的关键(Organizational Learning—The key to Managing Innovation)"中提到了对《财富(Fortune)》50家大公司的总裁进行的一项调查，这是全球范围内第一篇以知识管理为主题的学术论文。1993年，美国学者威金(Wiig Karl M.)发表了全球范围内第一部有"知识管理"字样的专著《知识管理基础(Knowledge Management Foundations)》。此后，有关知识管理的研究论文开始陆续在《斯隆管理评论》、《组织科学》、《哈佛商业评论》以及其他刊物上出现，关于组织学习和知识管理方面的专著也开始出版，如彼得·圣吉(Peter M. Senge)的《第五项修炼》。1994年，法国国立贡比涅(Compigne)工业大学主办了第一届知识管理年会；1996年，欧洲知识管理协会(EKMA)成立。伴随着知识管理研究从无到有、从浅到深的进程以及信息技术和知识经济的迅速发展，知识管理率先企业和经济管理领域得到蓬勃发展，并波及教育、媒体等行业。

20世纪90年代末，知识管理理论开始被译介到中国。著名经济学家乌家培对知识管理做了定义，王方华教授等编著了《知识管理论》，诸多学者积极投入到该领域的研究并发表了一系列学术论文。2000年，国家自然科学基金管理科学部重点支持了"企业知识管理问题研究"，从而掀起了我国知识管理研究的高潮，对企业界的管理实践产生了重要影响。

4. 知识管理定义

知识管理是知识经济时代一种全新的管理，它是人类管理史上自19世纪末20世纪初泰罗制科学管理以来的一次最伟大而深刻的革命，是管理的新里程碑，是信息化和知识化浪潮的产物。人们对知识管理的理解可以归纳为两个方面：①知识管理是对知识及知识流程的管理；②知识管理是对知识工作者的管理。

知识＝过程，知识管理＝对人的管理。这个领域的研究者和专家们一般都有着哲学、心理学、社会学或商业管理的教育背景，他们对知识的理解上倾向于使用哲学、心理学或社会学中的概念。他们解释知识管理强调对人类个体的技能或行为的评估、改变或是改进过程当中。对他们来说，知识＝过程，是一个对不断改变着的技能与 know-how 等的一系列复杂的、动态的安排。这些人在传统上，要么是像一个心理学家那样热衷于对个体能力的学习和管理方面进行研究，要么就像一个哲学家、社会学家或组织理论家那样在组织的水平上开展研究。知识管理概念涉及对有关知识的清点、评估、监督、规划、取得、学习、流通、整合、保护、创新活动，并将知识视同资产进行管理，凡是能有效增进知识资产价值的活动，均属于知识管理的内容。例如，知识管理的过程表现为个体与团体的关系和组织内部和组织外部的关系，包括将个体知识团体化，将内隐知识外显化；将外部知识内部化，将组织知识产品化。知识管理的内容是通过知识共享、运用集体的智慧提高应变和创新能力。知识管理的实施在于建立激励员工参与知识共享的机制，培养组织创新和集体创造力。

知识＝对象，知识管理＝对信息的管理。这个领域的研究者和专家们一般都有着计算机科学和信息科学的教育背景。他们解释知识管理强调对信息管理系统、人工智能、重组和群件等的设计、构建过程。对他们来讲，知识＝对象，并可以在信息系统当中被标识和处理。他们对知识的理解上倾向于依赖从信息理论中得出的概念。

对于知识管理的概念，有的学者强调知识的交流与共享，强调通过共享可以达到知识效益增倍的作用。有的学者强调知识管理实际上是对知识流程的管理。我国学者张润彤、朱晓敏等(2002)在此基础上进行了必要的补充。他们认为，人在获取知识的过程中与信息的这种相互作用和内在联系决定了“知识管理”是一种对人与信息资源的动态管理过程。理解“知识管理”应该是以“人”为中心，以信息为基础，以知识创新为目标，将知识看作是一种可开发资源的管理思想。“知识管理”就是人在企业管理中对其集体的知识与技能(不管它是写在纸上，还是存在人脑中)的捕获与运用的过程(张润彤等，2002)。知识管理是基于对“知识具有价值、知识能够创造价值”的认识而产生的，其目的是通过知识的更有效利用来提高个人或组织创造价值的能力。综合多种观点，将知识管理的定义总结归纳如下。

1)狭义的知识管理

知识管理指对知识本身的管理，包括对知识的创造、获取、存储、加工、传播、应用的管理，是对知识和知识流程的管理。知识管理促进人们创造性地利用知识，促进显性知识和隐性知识的融合，促进隐性知识转化为显性知识，实现知识的创新，从而推动社会的进步。

组织机构的知识管理是组织的管理者通过对组织所拥有的内部知识和外部知识的管理和利用，以达到提高组织创造价值的能力的手段和过程。

2)广义的知识管理

特定主体(个人、企业、国家等)为了实现一定的目标，不仅对知识和知识流程进行管理，而且包括对知识的有形资源和无形资源的管理，它涉及知识组织、知识资产、知识人员的全方位和全过程的管理。简言之，知识管理实际上就是对知识的转化或知识系统运行过程的管理。

5. 知识管理的分类与基本特征

1)知识管理的分类

(1)个人的知识管理

从知识学习角度来说，知识管理的主要目的在于能够利用现有知识来扩充自身的知识量。这种知识的增加不仅可以依靠学习别人的知识，还可以通过自身知识的再生产方式。简言之，知识管理是将别人的知识转化为自己的知识的过程。

(2)组织的知识管理

从知识再生产方式来说，知识管理是将隐性知识显性化过的过程。在这一转化过程中，必须保障“个人、技术、机制”的有效协调，才能推动知识管理系统的正常运转。

2)知识管理的基本特征

上述定义概括性地说明了知识管理的如下三个基本特征。

(1)动态性

在知识管理活动中，知识主体可以把自身的隐性知识转化为显性知识，也可以把别人的知识转化为自身的知识，而这一过程就是不断发生变化的动态性行为。在转化过程中，实际上也涉及系统中各个环节的相互配合，由各因素共同保证知识系统的正常运转。

(2)共享性

知识的转化要求一方为另一方提供知识，而这种提供是双方互相合作的结果，它要求双方遵循共享的原则，开放自身的知识仓库，为他人提供需要的知识原料，从而有效地发挥 1＋1＞2 的知识共享效果。

(3)系统性

知识管理并不是单靠某个元素就可以完成的，而是必须有个人、信息技术及相关运作机制的互相作用。不管是个人的知识管理还是组织的知识管理，都必须有其特定的运作系统，为知识的良性运动和生产提供有利的空间，从而促进知识转化的顺利完成。

二、知识转化理论

1. 知识的分类

1)物化与非物化知识

根据知识的外在表现形式，知识管理被划分为物化知识和非物化知识。物化的知识包括发表的论文、出版的专著等，体现在研究与开发成果、设计方案、新发明、新产品、新工艺和新设备的制造方面上的知识，表现为组织形式和结构的设计、管理创新成果的战略、战术、方针、政策、策略、预测、决策、规划、计划、新思想、新观点；以文艺作品、影视产品和戏剧表演、绘画、摄影作品所表现的文学艺术与其他各种艺术表现与创造。非物化知识指蕴藏于人脑内没有被物化与表现出来的各种思想、认识、观点、技能和诀窍等。

2)知事、知理、知窍、知人的知识

世界经济与合作发展组织(OECD)主要成员国国内生产总值的50%以上来自于以知识和信息为基础的产业。1997年，世界经济与合作发展组织将知识分为四类：

(1)知道是什么的知识(Know-what)：(事实知识)。

(2)知道为什么的知识 (Know-why)：(原理性知识)。

(3)知道怎么做的知识 (Know-how)：(技能知识)。

(4)知道是谁的知识 (Know-who)：(何人有何知识)。

前两种知事、知理的知识可以表示为编码化的知识，后两种知窍、知人的知识是难以表达的非编码知识。

3)显性和隐性知识

如果按知识表述方法(存在方式)划分，知识可以被划分为显性知识(explicit knowledge)和隐性知识(tacit knowledge)。

显性知识，也称为形式知识、外显知识或编码知识，是指可用正式的、系统的语言来表述，如用数据、公式、说明书和手册等形式来共享，容易被“传递和储存”的知识。它们存在于书本、计算机数据库、CD-ROM等媒介中。描述的是关于“彼时彼处”的过去事件或客观事实，而且趋向于与情境没有关联性。在OECD对知识的四类划分中，显性知识包括关于知道是什么(Know-what)和知道为什么(Know-why)的知识。

而隐性知识又称暗默知识、意会知识或内隐知识，它是指我们懂得运用但是不知道怎样表达的知识。早在20世纪四五十年代，匈牙利哲学家迈克尔·波兰尼(Michael Polanyi)陆续在他的一系列著作中如《个人知识》提出了知识的“隐秘性”(tacitness)。他强调了个人头脑中像经验、窍门、灵感等知识的重要性。这是最早关于“隐性知识”提出的思考，也是当代关于知识分类中“隐含类知识”的来源和基础。

隐性知识是与人结合在一起的经验性的知识，很难编码化并将其文字化，它们在本质上以人为载体，因此难于通过常规的方法收集，也难于通过常规的信息工具进行传播。隐性知识往往是个人或组织经过长期积累而拥有的知识，通常不易用言语表达，也不可能传播给别人或传播起来非常困难。这类知识属于怎样做和是谁的知识。隐性知识包含认知、情感、信仰、经验、技能5个要素。也可以分为个人隐性知识和集体隐性知识。隐性知识是创新的源泉，影响工作质量和服务水平，对于解决现实问题和突发性问题以及决策有着重要的意义。

波兰尼首先采用锤子打钉子的例子来说明这种“隐性知识”。在日常生活中，我们左手持着钉子，右手拿着锤子，那么我们的注意力会集中在左手上边还是右手呢？可想而知，如果注意力集中在锤子上，那么很可能就会锤打在钉子之外的地方甚至打到手上。从行为心理学角度看，我们的注意力关注左手的钉子，但仍然有意识地关注右手的动作的方向和施加的力度等，以保证能打到钉子的最佳位置。对于一个工匠师傅来说，这只是一个简单的程序，他们完全可以轻松自如地操作。而对于一个初次接触锤子的人来说，他往往容易分散注意力于锤子和钉子之间，从而不能如意地完成任务。如何分配在锤子和钉子上的注意力，需要他不断地练习和协调。而这种“协调”知识，实际上就是关于锤子和钉子的一种“条件反射”，或者说是养成的一种“经验习惯”。用波兰尼的话说，实际上就是一种“支援意识”(subsidiary knowledge)。

从这个意义上看，隐性知识是与特定情境相关的高度个人化的知识，是具体实际时空背景下“此时此地”的知识。它一般难以用具体形式来表示也难以交流。因而常常处于“只可意会，不可言传”的尴尬状态。从技能和认识角度可以将隐性知识分为两类：一类是技能方面的隐性知识，包括那些非正式的、难以表达的技能、技巧、经验和诀窍等；另一类是认识方面的隐性知识，如洞察力、直觉、感悟、价值观、心智模式、团队的默契和组织文化等。在OECD对知识的四类划分中，隐性知识包括关于知道怎样做(Know-how)和知道是谁(Know-who)的知识。

在农村社区，农民的个体知识一般以隐性状态存在，这种隐性表现为含蓄和内敛。为了保证实地研究的可操作化，研究将农民已经用言语、文字等形式表达出来的生产生活类知识称为农民的显性知识；而将隐含在农民个体中、并未用言语和文字等形式表达出来的知识称为农民的隐性知识。

2. 知识转化

1995年，“知识管理的拓荒者”野中郁次郎(Ikujiro Nonaka)博士与其同事竹内弘高(Hirotaka Takeuchi)共同出版《知识创造公司》(The Knowledge-Creating Company)一书，率先提出了“知识转化”的知识创造螺旋模式。书中从柏拉图(Crater Plato)、笛卡尔(Rene Descartes)、波兰尼(Michael Polanyi)的知识哲学谈起，融入日本企业的实务经验，企图建构一套系统性的知识管理理论。他认为，知识创造主要来自个人的内隐知识，可以透过建立分享的平台，将员工累积的知识不断互动、扩大，从个人、单位、部门，转化为整个组织层次的智能。知识转化是一种个体之间的社会过程。知识是通过具有不同类型和内容的知识的个人间的相互作用而创造出来的。通过这种转化过程，显性知识与隐性知识的质与量得到发展。

在具体的知识管理过程中，他认为主要表现在四种转化形态中(图 3-14，图 3-15)，社会化(socialization)是通过分享经验把隐性知识汇聚在一起的过程(传统学徒)；外在化(externalization)是将隐性知识清晰地表述为显性知识的过程；组合化(combination)是将显性知识的孤立成分组合成显性知识系统的过程；内在化(internalization)是个人吸收显性知识并使其化为隐性知识的过程。

对 SECI 模型的进一步解释如下。

(1)从隐性知识向隐性知识转化称为社会化(socialization)。它是从别人那里分享经验，直接获得并转化为自己的隐性知识的过程。一般可以通过观察、模仿和亲身实践等形式来实现。比如师傅带徒弟的传统，就是典型的分享隐性知识的形式。学徒可凭借自己的模仿，从师傅那里学到手艺。知识社会化的关键是经验，没有个体之间经验的共享，一个人就很难从另一个人那里获得隐性知识。

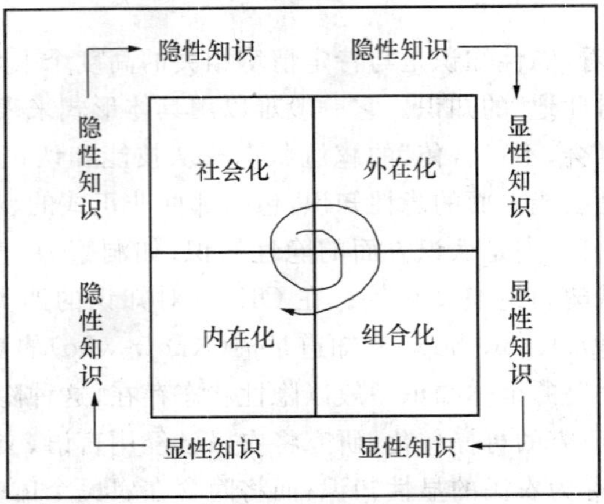

图 3-14　知识转换的四种模式

在现代教育培训活动中，一些新的教学手段如虚拟实验室、探索性学习、建构主义学习、参与式学习等已经开始付诸实践。强调学习者通过观察、模仿和实践共享他人的诀窍和经验，将他人所具有的隐性知识转化为学习者所拥有的隐性知识。

(2)从隐性知识向显性知识转化称为外化(externalization)，它是对隐性知识显性化的过程。要求知识主体能用明晰的或别人容易理解的方式表达所要表达的含义，一般通过类比、隐喻、假设、倾听和深度访谈(dialogue)的方式来推动隐性知识向显性知识的转化。比如一个人学到了裁缝师的高超技术，可是其他人还不知晓。这个人必须将其学习的要点用他人看得懂的方案形成文字稿，他人才能容易共享。从隐性知识向显性知识的转化，这是知识利用和知识创新的关键，而能否用清晰的表达来阐释要说明的意图对于知识提供方来说又是一个不简单的考验。特别是对于一些“只可意会，不可言传”的事物，常常不能仅借助文字来表示。当然，一般隐性知识都需要附在一定的载体上面，具有“情景化”特征，可以通过建构场景等方式来帮助理解。

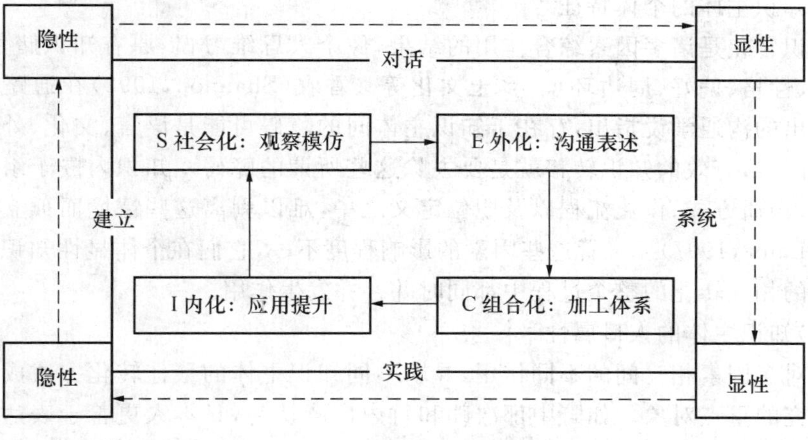

图 3-15　SECI 过程模型

注：根据野中郁次郎的 SECI 过程模型整理。

(3)从显性知识向显性知识转化称为组合化(combination)，它是对知识的加工、整理和重组的综合化过程。经过社会化和外在化的过程，知识主体的知识分布一般比较零散，也没有转变成统一的语言。而知识组合化的过程，实际也就是知识吸收和系统化的过程。它对知识进行重新筛选、补充、分析、排列，并按照自身逻辑体系进行组织，从而勾勒出一个全新的、系统的知识画貌。

(4)从显性知识向隐性知识转化称为内化(internalization)，它是一个将显性知识隐性化的过程。经过社会化、外化和组合化的知识程序，个人可以通过思维模式和技术诀窍共享等形式将显性知识内化为个人的隐性知识。例如，个人学习以书本、文件、手册、图像等视听媒体记载为主的显性知识，可以通过亲身实践来体会和检验这些显性知识，在这一过程中实际上是逐渐地吸收并接收内化。内化的过程，也就是吸收的过程。只有通过内化，个人的经验才能更加丰富，从而又能促进与他人的分享，放大知识价值。

对于农民的学习过程来说，实际上就是各种知识形式相互转化的过程，包括社会化、外化、组合化及内化。在农村社区中，不同类型的农民通过自己选择性的转化方式来获取知识，并形成自己相对固定的学习模式。

3. 知识转化过程的分析

知识如何转化的问题是知识管理在应用层面的核心问题，并最终关系到知识管理的成效。它要分析的是两种不同知识形态如何过渡和转化，如隐性知识在什么样条件下向显性知识转化，如何学习别人的知识？研究知识转化过程的目的之一是如何激发知识主体潜力和丰富知识主体内涵。

1)知识主体的个体特征

知识转化是诸多因素综合作用的结果，像个人思维习惯、原有知识储备量、交往方式、性格、偏好、周边环境、乡土文化等。香农(Shannon，1992)在通路模型基础上提出的沟通学说指出，存在于知识主体间的障碍可能是语言、文化、外部干扰或其他因素，有效的知识转移就是要去除这些所谓的障碍。知识内嵌于组织的社会文化、沟通方式、作业流程以及职位定义之中，难以剥离这些情境而孤立地转移(Alice Lame，1997)。尽管这些因素的影响程度不一，它们在个体显性知识与隐性知识间的相互转化的整个过程中都同时并存并发生作用。

(1)知识主体的人口属性

面对多因素相互间的不同作用，寻求不同知识主体的最佳转化方式成为知识管理研究的重点对象。如野中郁次郎和竹内广隆认为，日本人更善于表达不易表达的知识。东方人的表情和手势更丰富，更注重建立长期的相互信任关系，更自然地进行非工作状态的相互交流，这使他们在组织知识传播过程中具有明显的优势。从我们的经验来看，他们更善于在日常生活中动用含义模糊的口号、暗喻和比喻来鼓励新知识的产生并很快地将隐性知识转换为显性知识(张润彤，2002)。不同地区的人具有明显的人口属性差异，不仅东西方不一样、国与国不一样，而且同一个地区的不同县市也存在不少差异。

(2)知识主体的共享意愿

知识转化的一个重要前提就是知识共享。知识主体双方只有愿意分享各自的知识，才能有将一方知识转化为另一方知识的行为发生。同时，知识共享存在于知识转化的整个过程，它直接刺激了知识转化行为的持续进展，为其提供源动力保障。研究表明，共享知识可以有效地提高学习绩效。知识只有在相互交流中才能得到发展，也只有通过交流使用，才能从知识中派生出新的知识。知识的交流越广，效果越好；共享知识的人越多，知识的拥有者获得的收益就越大(陈长虎等，2007)。当然，这里所指的知识共享是相对的、部分的个体或群体间的知识共享。它只是在双方共同的意义空间范围内的共享，不是也不可能做到全部知识的分享。

2)知识转化的途径与影响因素

有研究者认为，隐性知识向显性知识的转换是四种方式中产生知识的最有效途径(张润彤、朱晓敏，2002)。个人拥有的隐性知识是新知识产生过程的核心，新知识的产生很大程度上决定于四种方式的动态作用。这种动态性作用，也就是各种相关因素综合力作用的结果。如果各因素“碰撞”的机会越多，那么个人或组织知识就越容易“放大”。在某种优化的、适宜的条件下，知识主体可以迅速地、便捷地将隐性知识转化为显性知识。

为了能够有效地促进个体的知识转化，知识主体必须充分考虑整个过程中涉及的转化组织情境、激励机制等，通过一系列要素的综合有效作用，最终促进知识转化的顺利进行并达到预期转化效果。

(1)组织环境

从某种程度上来说，像组织文化、时空因素、组织创新方式等环境因素，对知识转化特别是与隐性知识相关的转化关系更为密切。环境因素是指除个体自身以外的其他可能影响个体转移知识行为的因素，主要包括接受者的特征和组织环境。研究发现，人们在数据库中共享可随意使用的知识是出于组织承诺、组织手段(instrumentality)和相关效能(connective efficacy)。

研究发现，有效的知识创造对公司内人际关系提出了特别的要求，组织内不信任行为、持续竞争、给予与获得信息的不平衡及“事不关己”的态度威胁着隐性知识的有效共享；内部的建设性和互助的关系将加速交流过程。组织文化是知识管理成功的关键，亦是最大的障碍，当组织文化助力时，知识管理的推动当可顺势而为，反之则当以渐进改变的方式为之。为留住个人知识及鼓励分享知识，企业界有许多做法可供参考，包括奖励创意、提案建议管理系统、强调文件化作业、月报制度、竞业禁止等，其目的都希望使个人知识尽量外化，长期形成分享与学习型的组织文化，进而提升组织竞争力(周治朴，2007)。在学习共同体中，知识的循环流动给学习者进行交互学习提供了便利。但是，知识的产生、形成和流动不是凭空进行的，而是多种因素相互作用的结果。建立一种开放性和柔性文化环境、成员间建立相互平等信任的交互学习机制、成员的反思与合作学习意识等都有利于知识的流动和转移(姚远峰,2007)。

(2)组织激励方式

根据新行为主义理论,激励手段的内容应从社会心理观点出发,深入分析人们的物质需要和精神需要,并使个体需要的满足与组织目标的实现一致化。知识转化同样需要通过激励的方式来促进这种行为的发生。通过知识共享、运用集体的智慧提高应变和创新能力,创造一种有效地促进工作人员之间知识交流的激励机制是关键。在知识管理中可以通过精神和物质两种不同的、互为补充的激励方式来实现组织对人的内在能力即隐性知识的开发(吕青等,2002)。通过组织认同感和共同愿望的号召,在相应报酬机制的刺激下,人们愿意投入到知识交流中,在贡献自身的体会经验的同时,也分享和学习他人的隐性知识,在不断进行自我超越的过程中转化为自身的隐性知识。这一过程周而复始,隐性知识也不断变化、替代、更新,从而促进知识共享行为的良性循环。隐性知识传播的激励模型见图 3-16。

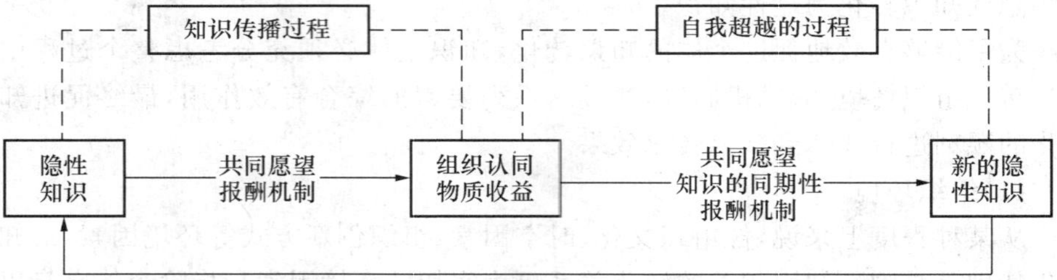

图 3-16　隐性知识传播的激励模型(吕青,2002)

研究发现,现在的创新机制大多是重点控制和影响内部“知识存量”的内容和所处的累积机制,而新时代的创新机制则应主要控制和影响内部知识源和外部知识源之间平衡的界面机制(高卫平,2007)。对于农民的知识转化和技术创新策略来说,不仅仅从宏观上来把握,更重要的是针对动态过程的综合考量,权衡各种因素在转化过程中的比重,才能采取措施实行有效外部干预。

(3)个人与组织的知识管理

在知识管理中,个人层面上的知识与实践和集体或系统层面上的知识与实践是相互影响和相互作用的两个要素。个人知识管理是指个人意识、有目的地通过对知识的不断学习、积累、创新、交流和分享,从而开拓个人的视野、提高自身的能力,并最终提高个人的核心竞争力。个人知识管理既是整理个人知识的过程,也是触摸“有知”与“无知”边界的过程。持续学习的能力是提高个人核心竞争力的关键。个人知识管理的技巧和方法包括很多信息收集和加工处理技巧,例如检索信息、评估信息、组织信息、分析信息和表达信息的技巧。个人知识管理的内容包括确立学习目标、建造自己的学习网、建立个人的知识系统架构(博专相继、相辅相成的知识结构)和学习计划以及强调知识的利用等。

有研究者认为,对于组织来说,将隐性知识显性化是知识管理的核心(刘庆林,2004)。一旦知识被识别、计价和核算,管理者就能够把组织当成一种知识资产组合来管理了,因而也能够更切实地关注那些能确保组织在正确的时间和正确的地点使用正确的知识的结构性问题,以及优化组织沟通和知识传播过程等有关组织效率的问题。

3)农民知识与知识转化过程

(1)农民有知识。农民祖祖辈辈生活在同一个社区内,在长期的生产实践中积累了很多经验。农民的知识被称为"乡土知识",是科学知识的源泉和重要补充。

(2)大多数农民的知识结构主要以隐性知识为主。他们的知识可能没有被写成文章,但却在生产实践中发挥着不可替代的作用。

(3)农民知识转化在社区层面上主要表现为观察模仿、日常交流及"干中学"三种形式。不同性别、文化、年龄、性格、婚姻及经济水平的农民对于三种知识转化类型的偏好表现了极大差异性。正是这种差异,一方面体现了不同类型农民选择学习行为的自由度;另一方面,也表明在资源禀赋贫乏的条件下,农民总能依靠自身智慧进行知识创新活动。

(4)在农民知识转化主要涉及三种类型因素的影响,包括人际关系、社区环境和激励机制。其中,人际关系包括了社区农民的知识需求、信任关系、心理安全等;而社区环境则包括了社区组织结构、乡土文化气息、本土思维方式;在激励机制方面,物质性的外部激励是影响知识主体知识转化的主要因素,但是内在的精神成就激励也是重要的、必要的补充因素。

(5)从知识转化模式上看,农民知识转化常常处于连续性与非连续性的状态。对于不同的知识转化活动,农民呈现出来的特征也大相径庭。在人际传播为主的他助式模式中,农民的知识转化活动容易出现非连续性的断裂现象,比如中断、结束。而在人内传播为主的自助式模式中,知识转化活动则比较容易正常的良性运转,能够有效地促进个体隐性知识的吸纳、应用及创新。

三、农业知识和信息系统的管理

与一般性知识管理概念不同,农业知识和信息系统的管理更强调知识流程的管理。虽然一个农业知识和信息系统由很多自主、半自主的组织机构组成,如果想要实现协同运作的目的仍然需要对他们进行管理。有效的农业知识和信息系统系统管理关注农业的可持续发展问题、性别和平等问题等与农村发展相关的问题。

近年来信息技术的发展提高了创造知识和共享信息的效率，同时也已经引起了更多人对于农业知识和信息系统系统管理的兴趣。

一个农业知识和信息系统的影响远比其各个组成部分的影响总和大：农业知识和信息系统的分析、设计和管理的一个重要目标是增加其各组分的协同效率。

在改善农业技术体系的方法上，培训与访问体系（T & V）、农业系统研究（FSR）和农地研究（on farm research）都是提高农业知识和信息系统协同效率的尝试。培训与访问体系试图创造一种使常规信息在研究人员、技术专家、推广工作人员、示范农户以及其他农户之间畅通无阻流动的方法。这一方法可以被视作是提供农业知识和信息系统组成部分之间联系的管理工具。农业系统研究是一种开发技术的参与式方法，这种方法通过强调在设计和检验某一技术之前从农民那里收集与农民有关的信息的重要性从而确定所要推广的技术与其使用者的适合度。农业系统研究提倡应用者控制，这是成功的技术发展的重要组成部分。有些人将农地研究视为农业系统研究的一个阶段，也有人将其视作整个农业研究和发展（R & D）的必要组分。不管怎样，农地研究使农民和研究人员发生了直接联系。事实证明，农地研究是对应用研究有重要影响的研究方式。此外，农地研究是一种提高农业知识和信息系统的内在联系的方法，也是朝向使用者拥有控制权所迈出的关键一步。然而，无论培训和访问体系还是农业系统研究，农地研究都不能完全解决技术转移面临的问题。

后来出现的对食品安全问题、农业可持续发展问题和其他挑战性的重要问题的知识管理的快速出现，使得研究者开始尝试通过农业知识和信息系统模式化来寻求一种可用于知识和信息管理的新的工具，探索通过加强农业知识和信息系统的管理来提高研究和技术转移间的联系。

1. 基本概念

1）界面

界面（interface）指物体和物体之间的接触面，也指两个不同的事物相遇和有相互影响作用的地点或领域。从某种意义上说，农业知识和信息系统的管理是对界面的管理。

（1）认知原理中的界面

罗林（Niels Roling）在讨论知识和环境的关系时说到，界面是一个人的知识与环境相互作用的区域。他认为，讨论知识与环境的关系，需要从环境、数据、信息和知识这四个层面说起。诚然，人的知识是与其生活的环境紧密联系在一起的。如果说清楚这个问题，那就要理清环境、数据、信息和知识的层级递进关系。一个人的知识是来自对所吸收的信息进行处理和加工的结果，而信息来自于人们的感觉器官注意到的数据，这类数据是人根据对所理解的环境的记录。他说，我们并不了解环境，我们只知道作用于我们感觉器官的投入(数据)及主观意识加在数据上而得出的模式(信息)。

只有当环境可以被人们的感觉器官注意并记录下来时才可成为数据。也就是说，只有人们感知到的环境才可能是数据。只有当人们将某种模式(pattern)强加到数据上，这种数据才能够变成信息。“信息是指我们赋予数据的意义。信息是与人们所收到的信息和数据的具体内容以及信息接收者有关。告诉我们已经知道的东西的一组数据不是信息！”(Hurtubise, 1984)。信息通常被定义为“在存在多种方案选择条件下影响事物不确定性的物质或能量差异的表述”(Rogers & Kincaid, 1981:p. 48)。数据和信息在知识与环境之间可以导致不同界面现象。知识与环境以及他们之间的界面见图 3-17。

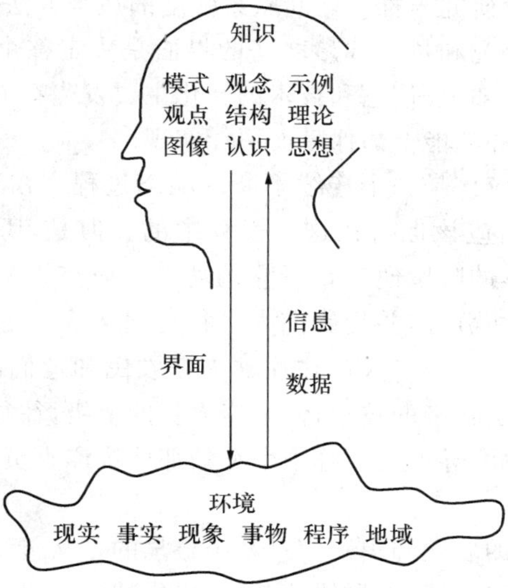

图 3-17　知识与环境以及它们之间的界面

(引自罗林著，王德海等译，推广学，农业知识和信息系统，1991，p. 204)

(2)农业知识和信息系统中的界面

在农业知识和信息系统中的界面更多的含义是指保持在两个机构之间的“力场”(force field)。如前所述，农业知识和信息系统的要素包括研究、推广和应用三个亚系统，构成每个亚系统的主要组分是人和机构，而人往往是包含在机构中的。因此，在农业知识和信息系统中的界面往往表现为不同机构之间的力场，即在系统组合和系统目标下，研究、推广和应用者所处的机构(社区)间相互联系和相互作用的场域。由于这个界面的存在,使得研究和技术转移成为可能。

从某种意义上说,农业知识和信息系统的管理是对界面的管理,或者说是对研究与技术转移的界面的管理。在每个系统主要的组分之间的界面是特别脆弱的。大多数农业知识和信息系统的失调问题例如领域或部门冲突、异质性间距、无效的联系机制等都往往发生在界面上,结果导致知识和信息不能很好传输,最后导致一个系统不能协同运行。因此,对农业知识和信息系统界面的管理是一个至关重要的任务,界面分析可以利用一个矩阵分析表对系统中每一个组分(研究、技术转移和使用者的组分)进行分析,可以用发生频率,或者对系统的重要程度等这些管理指标来考量。这种分析有助于对每个界面在时间、注意力和财政资源分配方面做出合理决策。

在农业知识信息和系统中,研究与技术转移之间的界面是一个核心问题,然而,目前仍然缺乏客观评价研究与推广之间联系强度的适当方法仍然是一个问题。在农业知识信息系统中,研究和技术转移之间的界面是决定整个系统运行状况的一个至关重要的部分,因为知识、信息和技术的转化主要发生在界面上。研究向技术转移常常由于缺乏制度和功能上的保障而不能实现。

新技术的开发和扩散应该是一个连续不断的动态过程。在这个过程中,作为一个重要组分,研究本来是应该保持在这个过程中的。但是,历史的经验告诉我们,研究在这个过程的很早的阶段便停止了它的功能。研究人员无论在实际工作中还是在思想上都与农民相分离,并且研究人员往往将未完成的或未经检测的研究成果过早地交给推广人员。推广人员往往被夹在农民和他们的上级领导之间。那些农民常常嘲讽推广人员带来的技术,而推广人员的上级,往往又要求达到与政策指令相一致的成果。因此,导致在夹缝中生存的那些推广人员工作困难。

2)系统

农业推广学家所关注的农业知识和信息系统最早的是从传统的创新扩散理论开始的,该理论强调如何通过对采纳群体的分析,应用特定的媒介技术和传播方法使要推广的技术包的信息让农民采纳。较早的研究发现的一个比较典型的问题是:他们为什么不做我要他们做的事情呢?后来出现了一些相关的理论模式,例如目标群体理论,用户导向以及有效的沟通干预实践。所有这些努力有一个共同的问题,那就是“创新优先偏好(pro-innoation bias)”和个体瞄准,使得将焦点集中在推广人员与个体农民之间的界面上(Cees Leeuwis,2004)。除此之外,技术转移过程还有很多来自其他方面的影响因素,例如不同学科的专家、应用研究人员、政治家、政策制定者、农业企业家等等也同样对技术提供有着很大的影响。实际上,技术转移涉及包括农民在内的多个行动者,他们都在影响着知识和技术的提供,相互合作来改善集体行动效果。

3)技术应用者对系统的控制权力

技术应用者对系统的控制权力通常也称为使用者控制或使用者控制力。研究发现,研究、推广和应用者是在一定的社会系统中具有相互控制和相互适应的关系。对于某项技术的是否应用,作为应用者是有权力的。因此,加强研究与推广的影响不是强化推广的干预权力(intervention power)或者研究的信息产生权力(information generating power),而更多的是设计出一套系统,在这套系统中,推广和研究中的那些潜在目标客户能够对推广和研究行使"制衡权力(countervailing power)"。这种制衡力是指技术使用者在农业知识和信息系统中应该有其相应的位置,在研究和推广人员具有传播新技术的权力的同时,农民也有拒绝使用新技术的权力。通过这种制衡权力,目标群体积极主动地而有效地要求推广和研究机构为他们服务。在很多国家,在科技发展的过程中有关农民需求的信息太少了,结果会影响农业的发展。

通过对农业知识和信息系统的分析发现,在技术转移过程中,技术固然很重要,但比技术更重要的是组织与权力。对有效的知识和信息系统的研究表明,应用者控制整个系统的手段对其效力有着极为重要的作用。一般认为,农业知识和信息系统是研究创造知识,推广将研究创造的知识传播给农民,农民应用这些从推广传播来的知识,这是传统的技术转移模式。其实,有效的农业知识和信息系统应该是,农民会积极主动地开发信息、接受信息,寻找他们认为有用的各种信息。也就是说,农民变成一批积极的应用者群体,对整个系统起到支撑控制作用,使应用者真正成为商业意义上的"客户",而不是被动地接受他人的输出。事实证明,真正能够解决技术传播问题应该从两个方面入手,即技术的适应性和建立积极的技术应用者群体。

重视使用者需求不仅事关农民而且关乎所有在农业知识和信息系统中扮演使用者角色的参与者。科技研发人员需要提前了解推广机构会接受和需要什么;基础性研究人员需要提前了解应用性和适应性研究人员的需求。一个有效的农业知识和信息系统的参与者在每一个信息或技术转化或适应性研究和实践的关键节点上都应该考虑使用者的需求。

保证各种组织机构实施的干预力与不同类别的使用者对这种干预力的抵消力或制衡力之间的平衡是农业知识和信息系统管理的一个重要任务。一个成功农业知识和信息系统的特点是使用者对技术开发和技术转移有客观的控制力。研究表明,在发展中国家的许多农业知识和信息系统中,这些使用者控制力还不足够强大。在大多数发展中国家的农业知识和信息系统中,通过增强使用者的制衡力很有可能会比增强对研究和推广的干预力受益更多。

2. 应用者控制力的培养与农村人力资源开发

对于一个农业知识和信息系统来说，有两个方向的信息流：一个方向是从研究亚系统到推广亚系统到应用亚系统的技术转移信息流；另一个方向是从应用亚系统到推广亚系统到研究亚系统的信息流。从研究到应用亚系统被称为自上而下的信息流；从应用者到研究亚系统被称为自下而上的信息流。从信息传播链的视角出发，农业科技成果转化与推广中的问题更集中地表现为自上而下的信息流不畅和自下而上的信息流的驱动力弱化这两个问题上。自上而下的信息流不畅的问题在于农民需求得不到满足；自下而上的信息流的驱动力弱化表现在农民有效需求的表达不能完全实现。因此，完善农业知识和信息系统的关键是培养应用者控制力，实现农民有效需求的表达是人力资源开发的一个最基本任务。

一个完整的农业知识和信息系统的组成角色不仅包括研究工作者、教育工作者、推广工作者和农民，也还应该包括消费者、农业企业、政策制定者等。政府官员可以对农业知识和信息系统运行的政策环境施加影响是必不可少的，但与此同时，农业知识和信息系统的完善在很大程度上取决于政府对农业知识和信息系统中的其他群体尤其是对应用者赋予权力的能力和意愿。在农业知识和信息系统的管理中不仅需要加强干预力（自上而下或从外到内），而应该在干预能力和制衡能力（自下而上或从内到外）之间求得平衡。许多国家的基本教训表明，有效的干预要求具备的条件是发展变革机构的有效的干预力和目标群体的有效制衡力。农村发展是在干预力和制衡力的动态平衡中发展的，这是迄今为止农村发展实践得出的最根本经验之一。自上而下策略的顺利实施必须先要有自下而上能力的建树作为前提。干预影响的效果需要以干预力和制衡力之间的平衡为前提。在许多发展中国家，通过赋权让农户来控制部分农业知识和信息系统的预算来培养使用者控制力比加强研究或推广服务本身可能更具有成本效益。实践证明，培养使用者控制力是最根本的改善农业知识和信息系统的有效措施。

使用者控制的实践也存在一定的局限性。使用者控制本身并不能保证公平。如果农业知识信息系统是对不同类型的农户服务而不仅仅是针对富裕农户，那么从管理的意义上必须对不同类型的农户都要赋予使用者控制的权力才行。此外，如果使用者的经济利益与政府政策在诸如环境保护等方面相冲突，增加使用者控制力将只会使存在的问题恶化。

在面对不能增加更多非农就业机会的社会系统情况下，农业知识和信息系统管理应该集中于将技术发展瞄准在那些资源贫乏的农民身上。在农业向工业化过渡转型期，那些离开农业的人通常会被工业或者服务业吸收。但是，如果在那些被技术驱动的发展影响的地区，非农业就业机会也没有增加，在这样的情况下，农业知识和信息系统管理应该集中于将技术发展瞄准在那些资源贫乏的农民身上，以支持他们的生计，集中在人力资源开发项目中，帮助这些农民抓住更多的技术机遇(Roling，1986b)。增加农业知识和信息系统的效率会提高技术推动农业发展的程度。将发展转到有需求的方向上，而不只是任其受市场的支配，是一个具有较高要求的挑战。为了迎接这种挑战，发展中国家可能不得不用更少的资源，做一些发达国家也没有做成功过的事情。

3. 系统中的联系机制

1)研究与技术转移的连续链

农业知识和信息系统的运行过程是一个连续的过程。这个过程分为“研究—推广—应用”显得不够细：因为这样没有办法通过按比例缩小来消除机构间存在的间距。这种规模的缩小可以比作汽车的传递功能。为了能够在路上行驶，汽车必须设有很多档位来代表不同的速度，这些档位应该按照顺序使用。档位齿轮的安装是为了把档位可以从一个速度平滑地换到下一个速度上。连接机制(同步化和两次离合)在协调齿轮之间的速度差时显得重要。

人们经常用“功能”这个词(或者说“步骤”或“阶段”)来描述必须要实施的从科学到实践的转化过程的这种连续性的联系机制。一般情况下，下行顺序的表达分为基础研究或战略研究、应用性研究(技术产生)、技术试验、技术适应(technology adaptation)、技术综合(technology integration)、技术传播(technology dissemination)、技术扩散(technology diffusion)和技术采纳(technology adoption)。见表 3-2。

表 3-2　农业知识和信息系统的功能

研究			?		推广	?	应用
基础研究	应用研究	技术试验	技术适应	技术综合	技术传播	技术扩散	技术采纳

注：根据 McDermott(1987)整理。

上述箭头表示信息流方向。实线箭头表示自上而下信息流，虚线箭头表示自下而上的信息流。研究通常在试验过程的中途停止。试验应该一直要到使技术进入实施阶段才结束。在连续过程的另外一端，推广要到执行传播阶段的功能的时候才能开始。因此，在实践中技术试验与技术传播之间、技术传播与技术采纳之间常常会发现存在着间距。表 3-2 中的问号表示间距。

研究部门的主要产出是出版物，也是研究的目的或被奖励的资本。然而，出版出版物与推动技术转移之间没有太多的联系。推广被认为是为农民提供服务和传播创新。很多时候，推广人员不得不自己独立开展农村发展工作，但是并没有预算和必要的设备支持，也没有相应的待遇跟上。研究发现，农业系统的研究(farming system research)提供了一个有效的途径，通过进行农业系统研究，使研究能够从流程的一端向这个间距靠近，开始与农民互动。可是，到目前为止，人们常常发现，推广还没有从流程的一端向间距迈出靠近步伐。

一些推广机构中的学科专家或技术联络员和从事支持性工作的人员的主要功能是：与研究保持联系以便保持与新技术的发展同步，有助于将田间生产问题转化为可研究的问题；与投入供应商建立联系以便增加必要投入适时供应的机会；为基层推广工作者提供技术支持，同时从他们那里发现田间生产问题。技术联络员的重要职能体现在适应性研究、培训、编写参考资料和培训材料，推广人员解答问题等方面的活动中。

显然，重大的间距可能发生在两个方向的信息流和各个环节上，不过，自下而上的间距可能大于自上而下的间距。根据学者的研究，实际上很少能够争取到哪怕很少的资金和时间来分配给向农民学习的流程中，但它却很有可能影响到在试验站所开展的项目计划的优先序。

在改善自上而下和自下而上信息流的结合度上存在的较大的问题是推广人员的双重忠诚或责任。有研究发现，有时候，村级推广人员所实施的用户导向的推广服务比较强，就往往会与向其上级负责的政策导向发生冲突。在这两者冲突的界面下，有的推广人员虽然没有按上级的意图办事，但还需要应付，利用某种仪式性或形式化的活动给上级造成仍然在按照指示执行的状况。在这种情况下，推广人员处于一种“人格分裂”状态，一半几乎意识不到另一半的存在。在这种情况下，要评价推广的产出和政策的产出都不太可能。

2)建立双向信息流的传播机制

通过建立双向信息流模型来加强研究与技术转移间的联系。如果要推动农业发展，需要扩大处于不同机构之间的联系，包括政府部门和私人机构，使其成为能够兼容的角色。要完成这些任务，需要引进一些当地农业知识和信息系统的共享模型，从而加深对这个系统的每一个机构的角色和作用的理解。共享模型是一个加强研究和技术转移之间有效联系的先决条件。共享模型应该使系统内的功能兼容化。早些时候的农业知识和信息系统模型(Nagel，1980)将特定的功能固定化，某个机构被指派某个具体功能(例如，研究负责知识的产生)，到目前的研究结果证明，事实上参与系统中的主要组分都执行着系统的全部主要的功能。农业知识和信息系统管理者必须完全了解系统中的各部分功能才能够对机构的结构和方向进行评估。通常,战略性、应用性和适应性研究以及技术集成、转移和使用都被确定为农业知识和信息系统的适当的功能。最重要的一点是要区分“自上而下”和“自下而上”的功能的区别。

3)领域或部门间协作

有些情况下,技术转移往往以产业为单位进行,例如养殖业和种植业,其中又可以分为肉牛产业、园艺产业、大田作物产业、设施蔬菜产业以及植保、兽医等服务领域。每个产业或领域部门的主管享有强有力的指挥权,同时每个部门有自己的一套研究,推广和监督检查人员,这种权力从上级主管机关一直延伸至基层。在这种情况下,跨部门间的沟通往往并非易事。在一个区域中,不同部门的工作人员通常在一个大楼内办公,彼此可以发生很多合作的机会。然而,真正的问题发生在农场。一位肉牛生产者为了实现盈利,需要得到来自肉牛饲养部门、兽医服务部门、草场开发部门和经济服务部门的综合信息。对于农民来说,信息的整合是一个大问题。经验表明,对这一沟通问题的解决方式是任命直接向上级负责的跨部门、跨地区负责推广的领导,构建一支能够为农民提供综合服务的团队。

4)重视系统中的不同层级的技术开发

有效的信息管理要求对参与知识和信息的产生、交换、转化、综合、传播和应用功能的组织机构的组成进行设计、研究其分化和发展趋向,使农业知识和信息系统保持协同运作的状态。在这个系统中技术开发是一项很重要的任务。众所周知,技术创新对于实现粮食安全或者粮食自给自足的目标是非常重要的。可是,由技术推动的发展也会造成生态系统的破坏,使小农户边缘化。因此,农业知识和信息系统应该能够保证为需要服务的那些目标群体服务。在大多数的农业知识和信息系统里,少数进步的农民拥有过高的影响力。如果要确保系统满足那些资源贫乏的目标群体的需求,需要努力使技术开发的目标瞄准资源贫乏的农户,使他们有表达需求的权力和能力。

5)改善联系机制的活动

联系机制是指弥合一个系统组分之间间距的专门的具体程序、定期的活动、安排、策略设计或渠道等。联系机制是一种使界面开始运转的程序或策略设计。

在一些国家,研究和技术转移之间唯一的纵向垂直的正式联系机制表现为研究所的年度报告(常常很晚出版或根本不出版)。一般来说,联系机制的活动数量越多,涉及管理层级跨度范围越大,发展有效联系的机会越好。例如在一个发展项目中可以具有多种联系机制的活动,其中包括以下几种。

(1)需求调查。研究与推广人员共同开展需求调查。在每个农作物生长期开始时,养殖户、经济学家、农学家和推广人员会结成一队,对农场进行非正式访问,发现农民存在的问题。根据访问结果,制定这一年的研究项目。

(2)季度会议。由农民、经济专家和推广人员参加的季度会议。会议的中心议题是目前开展的农地试验和推广情况,讨论下一季度的计划。

(3)年度报告。定期出版,年度报告主要内容是发表各种研究活动和研究成果。

(4)年度研讨会。在这个研讨会里将全年的研究和推广活动向与会者报告。参加大会的有全国农业知识和信息系统的成员和外国研究机构的代表。

(5)预备会。在年度研讨会之前召开,所有项目管理者参加,以便使研究成果转化为技术建议。有一个委员会专门负责将研究成果转化成推广人员和有文化农民可理解的语言,供推广人员和有文化农民使用。将预备会的产出汇编成一个技术指南(小册子)。

(6)培训班。该项目的研究人员向基层推广人员详细解释根据农业气候区域变化对农作物所提出的最新技术建议。推广工作者提出在田间遇到的问题。

(7)农民日。规定某一天为研究所或推广站向农民开放的日子,介绍现有的技术和研究成果,一个生长季举办三次活动。研究管理者通常参与这类活动,从农民和推广人员那里获取第一手材料。

正规联系机制的活动可以是会议,书面沟通或组织机构间的联合行动等,除此之外,还有一些非正式的有关联系机制的活动,例如大家一起喝咖啡,一起打球,一起开展歌舞晚会等。有些单位应用"部门人员交换"的方法,研究人员在一个部门工作过后,可能被换到另一个部门。部门交换可以创造沟通的桥梁,使各子系统之间进行非正式接触成为可能。在一些发展中国家农业部门设立研究与推广联络员的职位。这些人从推广机构抽调出来被派到农地适应性研究小组中去工作;这些人负责将研究完的技术传递给推广机构进行更广泛的试验和传播的任务。

研究发现,有一些界面是没有联系机制可以将断层弥合的。这些界面包括两个机构之间的地位或文化差异可能太大,他们的目标可能太不一样,他们对同一资源的竞争可能过于激烈,或科研实践的连续跨度或链条间距可能太长(发动机中没有足够的变速箱齿轮)。这些问题往往是沟通问题,沟通的问题是一定要通过为两个机构建立起新的联系机制才能得到解决。经验表明,除非界面允许,否则,人工引入的联系机制是不能发挥作用的。

根据罗杰斯的研究,如果两个机构进行有效沟通,一定要在文化、语言、社会经济地位等方面有一定的相似性。在这个问题上表现为两个方面:一方面,人们往往和自己相似的人能够进行频繁和有效的沟通；另一方面，人们的工作如果太相近，交流的信息反而会很少。对于那些共享相同观点的人来说，良好沟通的最佳条件往往是他们从事的工作领域有些相关，但联系又不是那么紧密。这些条件被认为是“最佳异染性”。

在研究和推广之间比较顺畅的沟通常常发生在研究者与资深推广工作者之间。如果地位差距太大，例如让一个普通学科专家承担有明确任务的联络职能，可能就不会扮演好这个角色。

4. 农业知识和信息系统存在的问题

根据 FAO 在 21 世纪初对农业知识信息系统的分析，发现一些实际发生并值得进一步研究的问题。对这些实际问题的研究是寻求解决方案的第一步。这些问题如下。

(1)不同部门的协调与合作不理想，系统组分之间很难找到结合点或界面，研究和推广的目标不能体现农民的需求，研究、推广与应用之间的信息传播链存在断层。

(2)对系统内的组分的工作绩效奖励和激励与总体协同目标偏离(例如研究和推广人员晋职需要出版物，而不是与农民的沟通与创新)。

(3)缺乏能够使信息流有效联系的途径(例如推广人员是农户导向，而领导者是政策导向，两者不能有效沟通)。进步农民策略使信息分配不平等，有利于富裕农户的发展政策而忽略小农生计与发展的偏向。

(4)无效混合体。缺乏必要的技术应用所需的条件保证(例如虽然有明确的以研究为基础的技术应用建议给了农民，但农民不能得到所需的农资)。

(5)知识与信息的提供与农户的实际状况不符。通过强制性政策措施将知识和信息进行传播而无视农民和推广的具体现状。

(6)许多农业培训机构的课程设置中仍然缺少社会学和经济学的内容。很少有推广和研究机构积极主动地开发利用传播和信息技术，例如通过他们建立彼此间的、与外部和农民组织的联系。在管理中，在教学中以及与工作对象交流中仍然保存太多的自上而下的方式，在把握项目计划的方向上，农民进行有意义参与的余地不大。“用粉笔讲座”仍然是农业教育教学机构的一般模式，课程往往狭隘地聚焦在农业技术上，而不是针对农村社会的广泛需求。运用参与式的理念开展学习和解决问题的内容不多。

5. 农业知识和信息系统管理未来的发展

1)现状分析

近年来，社会科学和自然科学的进步表现在人力资本，社会资本和制度创新上的积累使人们应对面临挑战的能力得到了加强。这些进步体现在三个方面的发展趋势:政府和民众关系的转变、信息和传播技术的革命、学习和解决问题中的参与式方法的应用。

(1)政府和民众之间的关系正在转变

在世界范围内,政治和体制的发展从根本上改变了政府和民众间关系。随着经济的日益自由化,政府开始让那些私营部门或公民社会组织来提供服务,而公共部门转为专注于制定政策和监管环境的工作。这样做的结果,除了激发私营部门的积极性外,也提高了政府服务的质量。通过民主和分权,政府将对人民更加负责,基层干部和社区农民对于政府政策的制定和公共决策有了更多的发言权。这些发展有助于农民(特别是穷人)获得更可靠的投入以及选择更好的途径来营销他们的产品。同时也为农民及其社区提供了更多向公共部门要求提供服务以满足本身需求的机会。

(2)传播和信息技术正飞速发展

通信和信息技术的新发展使得信息广泛、快速、经济的共享成为可能。除了极其偏远的地区以外,大多数农村民众不但可以收听国家级的广播,而且也可以收听到当地社区的无线电台。特别是在非常贫穷的国家,电话的普及率已增至引人注目的程度。因此,视听形式的传播变得更加普遍化。在这个意义上来说,农村民众间相互孤立的情况越来越少,越来越多的农村民众共享获得咨询和信息的渠道。教育、研究和推广机构的迅速增加,传真和上网的渠道的增加减少了专业人员的孤立性,增加了知识共享的机会。信息技术革命已开始使农村民众获得包括远程教育系统在内的书面和电子形式的信息和传播渠道。这些发展提供给农业知识和信息系统中每个人一种收集、共享和开发信息的能力,这些人既包括农村民众,也包括那些试图提供帮助的人。凭借这些沟通与信息技术,他们所得到信息超出了他们所在机构、社区和毗邻环境所能提供的范围。然而,随着这些发展而来的是一个机会不平等的危险——农村地区比城市地区获得较少的服务,特别是农村妇女获得较少接触新的信息和传播技术的机会。

(3)参与式方法正在发展和普及

一系列的参与式方法和工具已得到发展,在帮助农村民众诊断问题、收集信息、探讨各种解决方案以及采取集体行动方面起到了很好的作用。教育和培训已不再被简单地视为转移知识或信息的过程,而是通过向人们赋权,使农民变成批判性思考者和问题解决者的一种手段。使得农民不仅能更好地帮助自己,而且能够更好地与其他人接触,以便能够向他人学习、共享信息、提出问题和寻求解决问题的方法。农民应对未知事情的能力往往是他们生存的关键,因此这对农民非常重要。

2)支持重点

农业知识和信息系统可以帮助农村民众改善生计,同时对于如何将系统设计得更好也变得日益清晰起来。如今,农业知识和信息系统可以通过农业技术的进步、在重新划分公共和私人部门的职责方面、在使用信息和传播技术方面、在应用参与式学习方法方面帮助农村贫困人口比以往从农业研究、推广和教育计划中受益更多。根据FAO的研究,农业知识和信息系统会在以下几个方面支持农业和农村发展。

(1)问题分析和决策。准确的找出男性和女性农民、牧民以及他们所生存的社区所面临的制约发展的因素和机遇,并使用科学的方法,制定适当的、可持续的经济、社会和技术对策。

(2)社会参与和沟通。帮助农村居民,尤其是农民,提高他们的社交技巧和技术,提高生产力,可持续的自然资源管理能力,提高他们的收入,帮助他们有效地合作,解决彼此共同面对的问题,并使得所有主要利益相关者在决定技术的产生和采纳过程中的参与更加有意义。

(3)公益活动和联系。有助于社会公益活动的开展,例如,确保粮食安全,保护环境,减少贫困和促进教育,研究以及推广活动(包括政府和民营)的联系。

(4)能力建设和合作。为研究人员、教育工作者、推广人员和农民提供同等的教育、持续培训和互相学习机会,使他们能够有效地协同工作。

在这样的一个农业知识和信息系统里,公共部门、私营商业部门和公民社会都能参与到每一个教育、研究和推广项目的设计、实施、资助及监测评估的决策中去。特别是农民,将会被赋权,使其在系统中获得占有突出和具有影响力的地位。通过对农民赋权,特别是对那些边缘化的人群和弱势群体的赋权,使得农业知识和信息系统有更明显的需求驱动特征,以便使这些群体能更有意义地参与农业知识和信息系统的决策和确定行动优先序的过程中,使农业知识和信息系统的项目更加适应他们的需要。

3)知识流程管理的一种参与式方法:知识系统快速评估方法

农业知识和信息系统项目遵循以目标和结果为导向的监评原则,对要实现的目标具有严格的进度监测体系和评估体系。监测和评估不仅仅基于计算成本效益的经济标准,同时也基于确保有广泛影响的人力资源、制度和环境标准。实践表明,外部评估往往很难为内部系统带来什么变化。参与式方法为农业知识和信息系统提供了一个系统内部分析的方法,系统内部的行动者能够通过分析自己所在的系统,最后达到行动上的一致性。因此,安格(Engle)和其他研究者发明了一种称为农业知识系统快速评估的方法(RAAKS)。这种方法的目的是:①分析系统的绩效、问题和发展潜力;②明确提高系统创新能力的机会;③在相关行动者之间实现对现存问题和机会的共识；④发现能够有效地排除障碍和利用机会的人。

知识系统快速评估方法包括三个阶段：①明确问题和系统识别；②问题和机会分析；③政策导向和干预计划。

知识系统快速评估的三个阶段

阶段 A：明确问题和系统识别

1)目标评估：是什么问题？是谁的问题？

2)行动者识别：谁应该参与？实际有谁参与了？他们怎么看这些问题？

3)角色差异：谁做了什么？为什么？谁发现什么问题？

4)环境诊断：自然环境、经济环境和社会文化因素。

5)初步结论：明确问题发生的情境；关系到谁？为什么？怎样一种情形。

阶段 B：问题和机会分析

1)影响分析：实践产出是什么？所设计的行动或产出有什么影响？

2)行动者分析：不同行动者对单个创新的关系或兴趣是什么？

3)知识网络分析：某项创新的交互式沟通模式。

4)综合分析：联系点分析与资源整合。

5)任务分析：对于具体创新来说谁应该做什么？谁来做？

6)协调分析：领导关系和组编方式。

7)传播分析：创新的有效传播方式中的文化障碍。

8)与创新有关的社会组织分析：它们是如何工作的？

阶段 C：政策导向或干预计划

1)知识管理：怎样才能提高创新绩效水平？

2)行动者潜力分析：谁愿意并能够做什么？

3)战略承诺：谁将做什么？谁将参与开展某项活动？

应用知识系统快速评估方法开展知识管理可以通过深度访谈的方法进行，也可以通过研讨会的方式开展。在这种研讨会中，邀请项目相关方代表参加。在研讨会中开展知识管理的活动可以采用一些可视化的工具。见表 3-3。

表 3-3 是一种可用的工具，有助于对系统的深入分析，激发系统流程参与者之间直率而认真的对话。需要说明的是，知识系统快速评估方法只是众多知识流程管理的参与式方法中的一种，对系统分析的适应性很大程度上取决于系统的类别。

表 3-3 用于知识系统快速评估方法的可视化工具选择

类型或矩阵	对不同群体的认识	目的
发动者标记	首先确定一个知识和信息系统，然后发现在系统运行中关键行动者的影响或领导关系（例如资助者、农民、消费者等）；将这些具有很强领导关系的行动者标记为"发动者"	明确问题发生的情境；关系到谁？为什么？怎样一种情形。（A5/B6）
信息源使用表1	利用不同信息源（杂志编辑、推广人员、同事等）获取不同信息（例如战略的、运行的、技术的、市场的和相关政策的）的相对重要性	知识网络分析：某项创新的交互式沟通模式。（B3）
信息源使用表2	利用不同信息源（杂志编辑、推广人员、同事等）确定不同决策功能的重要性（形象形成、决定需求、比较备选方案、实施解决方法）	
传播网络图（个人或机构联系图）	一个行动者（写在中心）与另一个行动者或信息源（写成同心圈，用外围圈表达相互的联系）的联系强度	
联系表	分析在系统中两个行动者之间的联系强度，不同种类的联系用不同的矩阵表示（例如，传播关系、资助关系、正式或非正式联系等）	综合分析：联系点分析与资源整合。（B4）
任务分析表	对系统中不同行动者与创新有关的主要任务进行分析（例如，政策形成、研究、项目管理、辅导、评价等）	任务分析：对于具体创新来说谁应该做什么？谁来做？（B5）
联系基本构成图	表示不同行动者之间的关系：支配关系、重要或不重要关系（在图上画连线，在行动者之间分别用画粗线条、一般线条或无线条连接）。这种联系图可以表示一个系统是"使用者推动"，"资助者推动"，"产业推动"，还是"政策推动"等	协调分析：领导关系和组编方式。（B6）

4）农业知识系统的分析方法

为农业知识和信息系统设计研究方案是很困难的。尽管传统的社会科学定量研究的可以被用于市场研究来评估新信息或技术的潜在应用程度，但并不适用于对农业知识和信息系统的分析。下面介绍几种对农业知识和信息系统进行实证分析的方法。

(1)比较分析。研究农业知识和信息系统的特征和过程,比较不同的农业知识和信息系统的主要组成部分、联动机制、管理决策等;将理想的和实际的农业知识和信息系统进行比较分析:通过比较正规的系统和实际的系统,并观察导致产生差异的原因,可以发现关于实际系统中发挥作用的因素;理论模型与实际模型的比较:农业知识和信息系统的理论模型可以同实际存在的模型进行比较,以找出结构和功能上的差距。

(2)矩阵分析。为主要的系统组成部分设计一个矩阵并填入内容(联系):矩阵会帮助我们发现所有可能的联系并系统地去研究它们。

(3)案例分析。通过追踪一个特定的创新案例,通过追溯一项成功的创新,我们可以尝试来追踪它发生的轨迹。

(4)影响分析。观察当研究结果转化为政策建议或者农民的问题转化为系统中可研究的课题时发生的变化。

(5)事件参与分析。参加重要的会议并观察那里发生的事情可以发现农业知识和信息系统的运作和联系机制。例如,可以通过参加会议了解与会的推广人员代表是否提及农民问题,如果提了的话,了解科学家们是如何反应的。

(6)行动者自我评估分析。调查系统中的行动者在多大程度上认为自己在系统中发挥了相关作用,还是发挥了与系统运行无关的作用。

案例:

两种现实模式的对比

根据农业知识和信息系统的研究专家对韩国和中国20世纪80年代以前的研究结果,韩国和中国的系统模式实施情况对比显示:在不同的地域、不同的时间,需要实施不同的模式,而且每一种模式都会呈现不同的优势和劣势。一个具体的农业知识和信息系统的优势不能被简单地转移到另一个部门或国家。

韩国有一套自上而下的高效管理系统,这使得政府可以很快地向农民推广技术。20世纪70年代,改良品种使得韩国的稻米产量迅速达到自足状态,但这些改良品种却不具有抵御韩国寒冷天气的能力,结果导致1979年和1980年两年粮食产量大受打击。具有讽刺意味的是,对比大部分发展中国家来说,韩国这两年的失败要归因于国家将科研转化成生产力的指导性服务上。由于单一的追求政治目标,在1979年和1980年这两年,韩国政府忽视了一些可能会避免问题出现的基本的预防措施。(Steinberg et al. ,1982)。

在20世纪六七十年代的中国，又是另一种情况，Wuyts(1988)对四级农科网为特征的技术转移体系进行研究后写到：可能这种系统最重要的方面是使用者积极参与到试验的过程中。Sheridan(1980)把这个实践称为“农民创新”。给人的印象是：农民的创新性不是由整个综合的系统创造的，而是因为系统承认这种创新并采取政策推动和鼓励这种创新，更重要的是，系统使得科学家承认这种创新。这种共同的努力催生了讲科学的农民积极而热情地尝试着各种试验，包括不同的耕作方式，检验新的技术，调整和加强自己对新鲜事物的接纳能力，与科学家交换能够改进实践的信息以及如何能够更快地将技术加以普及(就像中草药的开发一样)，等等。但是实施这个系统也是有代价的，一个主要的问题就是它忽视了专家的意见和基础的科学研究，使得许多观察家认为出现了工作完成的质量低以及推广工作者能力低的问题。

本章小结

认知原理是心理学中的一种理论，主要内容包括认知选择性、认知结构和认知一致性。作为传播的心理学基础的内容，在本章中主要讨论了认知结构和认知选择性，重点讨论人的主观认知与客观世界之间的关系。认知指通过心理活动(如形成概念、知觉、判断或想象)获取知识，是个体认识客观世界的信息加工活动。它包括感觉、知觉、记忆、想象、思维和语言等。认知是在大脑神经活动的意识层面发生的，而这种意识层面是有结构的。我们将能够决定人们对客观事物反映的意识结构称为认知结构。认知结构是存贮在人脑中的一种程序，决定着一个人如何去处理外来信息，决定着人们对客观事物的反应。在大脑的信息收集、整理、加工、存贮的过程中，认知结构起着指导作用。人的认知结构可以被分为先天认知结构和后天认知结构。先天认知结构是人脑中所固有的，它构成了认知发生的基础或起点。后天认知结构是“先天”认知结构与个人经历相结合的衍生物，是认知实践的结果。后天认知结构可以在实践中不断得到调整和改进。因此，认知结构是先天和后天认知相互作用即不断进行同化和协调的结果，是造成人类认识的群体差异和个体差异的根本原因。认知结构决定人们的认知选择性。认知选择性表示人们在沟通过程中对客观事物的全貌不是完全接收的，而是有选择地接收的。研究表明，认知选择性表现为三个层面或称为三个防卫圈，即选择性注意、选择性理解和选择性记忆。认知结构和认知选择性说明：①人类的认知过程往往是由于主观感知的心理环境决定的，因此便造成了自然环境和主观环境之间的差别；②认知是主观的，得出的结论是相对的；③加强人与人之间的沟通是提高认知水平的重要途径。农村发展传播学认为，心态是决定传播沟通质量的关键要素，每个人都会有别人没有的知识，每个人对于客观世界的认识都应有同样的话语权，每个人都应该向别人学习，农村发展工作者也应该向农民学习。

从某种意义上说，人的认知结构也可以被理解为一个人的知识结构。知识是人们在改造世界的实践中获得的认识和经验的总和。知识是个人新吸收的部分和个人已有的部分结合在一起形成一个整体的状态存在于人的大脑中的。信息是人们对事物了解的不确定性的减少或消除。或者说，信息是一个人应该知道而不知道的内容。知识和信息不同，知识不可以传递，只有信息才可以传递。换句话说，知识只有转化为信息才可以传递。技术是知识的一种表现形式。因此，技术转移问题应该与知识转移有关系。一些研究结果发现，一旦由技术推动的发展开始起步，农业知识和信息系统的管理者就可以依赖市场力量来加速创新的扩散，如果有需要，市场还能将那些效率低下、资源贫乏的农民排挤出去。但是，技术推动发展的问题往往会表现在社会的两极分化和环境污染方面。

一般来说，在一个社会中，知识和信息是以系统化的形式存在的。农业知识和信息系统是指存在着相互联系和相互影响的一组农业机构和(或者)个人。他们在知识和信息的产生、转化、传输、综合、存储、检索、扩散和应用的过程中发挥作用，他们协同合作的工作目标是支持所在国家的农业或农业的某个领域的决策制定、问题解决和创新。农业知识和信息系统的基本流程包括知识和信息的产生、转化、传输、综合、存储、检索、扩散和应用。2000年，联合国粮农组织和世界银行将农业知识和信息系统的概念发展为“农村发展中的农业知识和信息系统(AKIS/RD)”，更加明确地将农业知识和信息系统定位在实现农村发展的目标上。研究者认为，农业知识和信息系统可以表现为研究、推广和应用三个亚系统之间的联系。农业知识和信息系统也可以表现为农户与研究、推广、教育之间的关系，其理论模型为具有知识的资源群体与使用者群体之间的沟通关系。在较大系统下，农业知识和信息系统表现为与政府部门、外部部门、政策和基础结构之间的关系。

研究知识和信息系统的意义在于知识管理。知识管理是知识经济时代的全新管理概念，是指对人或人的知识及知识流程的管理。知识管理中的一个比较著名的理论是野中郁次郎的SECI过程模型，也被称为“知识创造螺旋模型”，是一个知识转化理论，包括显性知识和隐性知识的转化关系以及社会化、外在化、组合化和内在化的具体转化形式。对于农民的学习过程来说，不同类型的农民通过自己选择性的转化方式来获取知识，并形成自己相对固定的学习模式。

从某种意义上说，农业知识和信息系统的管理是对界面的管理。界面指物体和物体之间的接触面，也指两个不同的事物相遇和有相互影响作用的地点或领域。认知原理中的界面是一个人的知识与环境相互作用的区域。农业知识和信息系统中的界面更多的含义是指保持在两个机构之间的“力场”，即在系统组合和系统目标下，研究机构、推广机构和应用者之间相互联系和相互作用的场域。农业知识和信息系统的管理重点集中在系统联系机制的改善和技术应用者对系统的控制权力（制衡力）的培养上。

思　考　题

1. 认知结构和认知选择性的基本概念及其意义是什么？
2. 为什么说农村发展工作者要向农民学习？
3. 知识与信息的关系及其意义是什么？
4. 农业知识和信息系统的定义是什么？
5. 知识管理中的知识转化的知识创造螺旋模型包括哪些内容？
6. 什么是界面？
7. 为什么说农业知识和信息系统的管理是对界面的管理？
8. 农业知识和信息系统的功能间距或断层常常出现在哪个环节上？
9. 农业知识和信息系统的管理重点集中在哪些方面？

[illegible]

思 考 题

[illegible]

第二篇　农村发展传播学的应用类型

第四章

农村人际传播

本章第一节为人际传播概述，包括人际传播、人内传播和非言语传播的基本概念；第二节讨论人际传播过程，包括人际传播讯息、人际传播环境和人际传播关系；第三节讨论农村人际传播，包括农村人际传播对知识创新的影响、农村人际传播的外部联系和农村人际传播网络。

传播是人类社会的基本现象之一。从古至今，人类时时刻刻在发生着某种特定的传播行为。对于社区农民的日常生产生活而言，人际传播是非常重要的，它决定着社会系统中人与人的传播关系和生计发展。

第一节　人际传播概述

一、人际传播的基本概念

(一)人际传播的含义

人际传播(interpersonal communication)是指人与人之间的信息交流。与大众传播相比，它更多地表现出传播沟通的本质含义。它不仅表现为人们之间各种活动、经验、能力的交流，还表现为人们的情感、意向、意见、思想、价值和理想的相互传播与理解。人际传播是我们生活中最常见，也是最重要的传播方式。人际传播包括面对面的交流，也包括运用各种中介通道(也可以称为媒体/媒介，但是这种媒体与大众传播中的媒体有很大区别)如电话、电报、便条、书信甚至电子邮件等进行的信息交流形式。人际传播包括言语传播，也包括非言语传播。

人际传播过程的核心是讯息的编码和译码过程。认知过程是个体在认识客观事物时产生的心理活动过程，它包括对外界环境的感觉、知觉、记忆、想象和思维等心理活动内容，是人际传播行为的前提和基础。在人际传播中起支配作用的有社会认知、人际认知和角色认知。

社会认知是指主体在社会环境作用下对个人或团体特性反映的感知。通过相互交流，对对方的动机、感情、意向、性格等形成一个综合的印象。人际认知是指主体对他人相互关系的认知，即对对方与其他社会成员的关系的了解。角色认知是指主体对自己和对他人在社会上所扮演角色的认知与判断。

虽然信息是通过沟通进行传递的，但是经过这一过程，信息并不一定能够完整地准确地得到传送。以人与人面对面讲话为例，人与人之间传递的并不是信息，而是声波。准确地说，声波从讲话者的嘴里被传送到倾听者的耳朵里。这有什么不同呢？如果对两个人的讲话过程进行分析，我们会发现，当一个人想传达自己的意图给对方时，首先传者要选择自己认为适当的词，然后将选定的词按照自己认为合适的方式组合起来，通过自己的声音传送给受传者。受传者将听到的声音转换成文字，然后将自己认为的含义赋予其中。至此，这一传递过程便完成了。可见，这一过程并不能保证受传者能够准确无误地将传者真正想传送的意图接收到。即受传者收到的信息与传送者想传达的信息可能不一样。

如图 4-1 所示，沟通关系中的双方好像各自构成的独立圆圈，沟通就是使这两个圆圈尽量重叠在一起。虽然由于个体差异，这是不可能实现的，但是通过努力，可以使这两个圆圈的重叠面加宽。这个重叠的部分就是两个人的一致点。两个人的相似之处越多，重叠面就会越宽，即相互理解的程度越大。人际传播的过程可以非常简单地描述为：在一定的环境背景下，人与人之间所进行的信息编码和译码过程。然而，这并非易事。首先编码者要决定传递什么信息，如何进行传递才能更有效，对方才能透彻地理解。这不仅表现在一系列的心理活动上，而且还展现出一个人的语言知识水平。译码同样需要语言知识、生活经验、社会经验、思维推理能力、文化素养等。

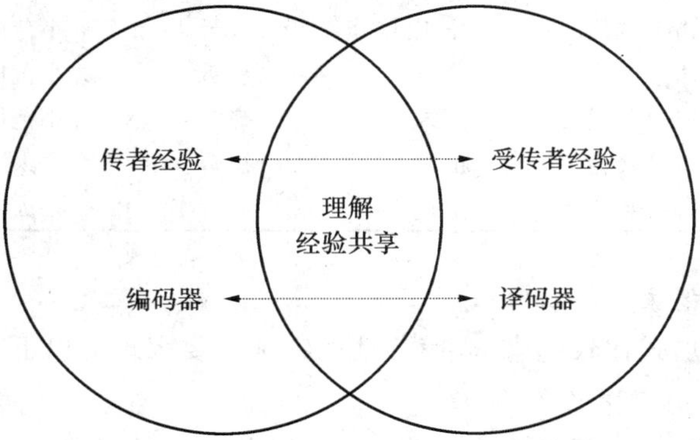

图 4-1　人际传播原理

如果传者和受传者的经验相似，将思想转化成文字的编码和将文字翻译回思想的译码的内容就比较接近，反之就相距较远。无论怎样，传者的意图在传送过程中很容易流失，几乎不可能百分之百地传送给受传者。因此，比起信息的传送和接收来，我们有理由将沟通过程看作是一个通过传者和受传者给出含义和重新赋予含义的过程。实际上，不同的人有不同的言语含义和内心世界，两个人从来不会对同一言语给出完全相同的含义。因此，从认知到理解的过程之间存在着一定的断层，这个断层的弥合是要靠传者与受传者双方的彼此沟通完成的。双方通过沟通之后所引起的进一步的感情共鸣和行为上的相互作用，便产生了所谓的互动。由传者发出信息到受传者接收信息并给予正确的反馈，这一过程便完成了人际传播的互动过程。

沟通过程是一个讯息的传送和接收的过程，是一个传者与受传者对讯息的表达和理解的过程，是一个沟通双方编码和译码的过程。

(二)人际传播的形式

过去对人际传播的理解往往局限于人与人面对面的信息交流，随着信息传播技术的发展，这个局限也被打破，在指面对面的交流的同时，更注重个人之间的信息交流。也就是说，人际传播也可以通过媒介进行交流。

农村人际传播形式可以分为通过媒介渠道的人际传播和非媒介的人际传播两类。通过媒介渠道的人际传播包括通过手机、电话等媒介；非媒介的人际传播表现为如路上偶遇、一起干活、节日聚会、休息串门、会议等几种常见的形式(见表 4-1)。

表 4-1　几种常见的农民人际传播形式

类别	形式	性质	传播特征	人数	目的性强弱
媒介	手机	非正式	听	一对一	弱
	电话	非正式	听	一对一	弱
非媒介	路上偶遇	非正式	视听	小范围	弱
	休息串门	非正式	视听	小范围	强
	一起干活	正式	视听	小范围	弱
	节日聚会	正式	视听	多人	弱
	村里会议	正式	视听	多人	强

(三)人际传播主要特征

与其他传播形式比较起来，人际传播的特征主要表现为以下几方面。

1. 传播双方的双重角色

传播双方的每一方既是讯息的发出者(传者)，又是讯息的接受者(受传者)。在试图影响他人的同时，也受到他人的影响。

2. 反馈容易而及时

无论是面对面谈话，还是通电话，都很容易得到对方的反馈。当一方发出讯息后，马上可以感知对方的反应，从而有机会据此给予进一步的解释，答复对方并作出相应的调整。

3. *传者与受传者双方易于相互理解*

传者与受传者双方都可以借助言语和非言语传播来表露自己的情感和意见以助于相互理解。在语言方面，双方可以及时核对并澄清对方所用的词句，消除不确定性的疑虑。在非言语符号方面，如表情、眼神、姿势、语气、谈话节奏、声调、气质、服饰等等这些都可以表露双方内心的喜欢、厌烦、急躁、从容、窘迫的倾向，以及对对方内心世界的理解。

人际传播与大众传播的区别见表4-2。

表4-2　人际传播与大众传播的主要区别

指　　标	大众传播	人际传播
1. 一次感官的调动	限于1到2个	所有感官
2. 反馈机会	最少，推迟	最多，立即
3. 谈话速度的控制	不能控制	可控制
4. 讯息代码	高度言语性	高度非言语和言语性
5. 增殖力	高	低
6. 讯息流向	单向	双向
7. 讯息准确率	高	低
8. 保存讯息力	高	低
9. 选择受众能力	低	高
10. 克服选择性和噪音的能力	低	高
11. 满足特殊需要的能力	为共性需要服务	为特殊需要服务
12. 对广大受众的传播速度	快	慢
13. 可能的效果	获得知识	改变态度和行为

一般认为，大众传播和人际传播相比，有两点主要不同：①反馈的难易程度；②对受众选择的难易程度。

二、人内传播

人际传播的来源和基础是人内传播，即人必须具备内向传播的特性，才能进行人际传播。人内传播(intra-personal communication)，又称自我传播或内向传播，指的是个人接受外部信息并在人体内部进行信息处理的活动(郭庆光，1999)。人内传播是个人内部意识、思维、心理的某种综合活动过程，主要包括感觉、知觉、表象、概念、判断、推理等环节。

人们有自己的语言，在思考问题的时候有时会自言自语，当有传播对象存在的情况下，这种自言自语发展成为人与人之间的面对面交流，即由人内传播发展为人际传播。

（一）人内传播理论

人内传播理论主要有米德的“主我与客我”论和布鲁诺的“自我互动论”。

1.“主我与客我”论

最早从传播的角度研究人的自我意识的是美国社会心理学家 G·H·米德（George Herbert Mead）。他认为，自我可以分解成相互作用的两个方面。一方面是作为意愿和行为主体的“主我”（I），另一方面是作为他人的社会评价和社会期待的“客我”（Me）。他认为，完整的自我，既是“主我”又是“客我”，两者都包括在“自我”中，并在特定情景中互相支持。人的意识就是在“主我”与“客我”的互动中不断形成和发展的。

米德对“主我”与“客我”的概念解释为：“‘主我’是有机体对其他人的态度做出的反应；‘客我’则是一个人自己采取的一组有组织的其他人的态度。其他人的态度构成了有组织的‘客我’，然后，一个人就作为‘主我’对这种‘客我’做出反应。”（G·H·米德，1999）

人内传播是一个“主我”、“客我”之间双向互动的社会过程，而互动的介质就是所谓的“有意义的象征符号”（significant symbol）。在这里，“有意义的象征符号”可以是声音的，也可以是形象的。米德认为，“有意义的象征符号”不但能够引起他人的反应，而且能够引起使用者自己的反应，人内传播的思考活动，就是通过“有意义的象征符号”来进行的。

2.“自我互动”论

现代符号互动理论的集大成者布鲁默提出了“自我互动”理论。他把对自身的认识也纳到认识体系当中，也就是说人不仅能了解别人，也能认识自己。布鲁默是现代符号互动理论的集大成者，在 1969 年出版的《符号互动论》一书中，他提出了“自我互动”理论。“自我互动”理论认为，人能够和自己本身进行互动，这就是人的自我互动。人是拥有自我的社会存在，人认识的对象中不但包括外界和他人，也包括自身。在这个过程中，人能够对自己进行审视和认识并拥有自己的观念，也可以与自己进行传播并对自己采取行动。

布鲁默指出，从本质上来说，“自我互动”是个人与他人间社会互动行为的内在化，也就是与他人的社会联系或社会关系在自己头脑中的反映。不过，这种反映并不是与他人的社会互动在头脑中的简单再现，而是具有独自的特点。即个人会在自己的立场上以自己的方式对他人期待的意义进行能动地理解、选择、修改、加工，并在此基础上予以重组。比如人们日常中的“吾日三省吾身”，就是典型的“自我互动”现象，通过对自身一天发生事件的反思，从而进一步总结得与失、经验与教训。

布鲁默的“自我互动”理论对我们理解社会传播与个人自我的关系有一定的帮助。从这一理论角度我们可以看出，人的传播不仅在个人与社会他人之间进行，而且在个人与自己本身之间进行，这就是人的自我传播。自我传播与其他类型传播一样，具有很强的社会性。

（二）农村人内传播特征

1. 个体封闭性

人内传播是个体农民一边实践一边反思的过程。虽然个体在实践之前或之后仍接受外界知识，但是在实际操作阶段，主要是以个体封闭为主。面对操作问题时，个体根据自身拥有的知识和经验，剖析和尝试解决问题。这种封闭性虽然暂时割裂了个体与外界的联系，但同时锻炼了个体独立的反思和尝试能力，成为农民乡土知识积累的主要途径之一。

2. 对象针对性

农民在农业生产中碰到的问题大多是直接与生产密切相关的，每一次遇到的技术性困难都具有明确的劳动对象。由于面对的生产对象类型十分明确，农民在反思或尝试时往往也显踏实，可以更有针对性地选择储备知识。他们可以根据以往的生产经验，选择相似类型的处理方法来尝试解决，从而提高解决问题的速度。

3. 时间有限性

某一时段的人类传播过程往往都有一定的时间限制。农民必须在某一时间期限或季节内完成，才不会影响到下一阶段的农业生产。因此，农民在生产中碰到的问题，要求他们能够在最短的时间内完成，否则可能又无法完成当日的生产任务或某个阶段的生产目标。在这种时间压力下，农民往往也更能另辟蹊径，想出自身独特的生产技术来促进问题的尽快解决。

（三）知识管理与人内传播

从知识管理角度看，人内传播实际上是知识转化中的内化学习，是知识主体从显性知识到隐性知识的内化过程，主要表现为“干中学(learning by doing)”的典型形式。早在1967年，罗伯(Rrthur Reber)在“人工语法概念学习”的实验中首次提出“内隐学习”的概念，并界定为“无意识地获得关于刺激情境复杂知识的过程”。知识主体在经过知识接触、选择、吸收和实践后，根据自身理解和提炼而积累下来的经验性知识体系便是隐性知识。

知识主体在人内传播过程中，需要把新问题与原有知识产生的差异不断进行对比分析，尝试新方法，直到最后解决问题。在个体内化中，行动者首先在行动过程中要把显性知识运用到解决问题当中，通过反复试探和摸索，获得一定的技术诀窍。这些知识具有较强的针对性和操作性，必须通过实践才能获得。在此基础上，个体经历实践后会逐渐有意识地进行反思性归纳，将在上一阶段发现的问题条理化和清晰化，渐渐内化为个体隐性知识的一部分。人们常说的“熟能生巧”也从侧面反映了个体隐性知识产生的实践性特征。

作为农民知识内化的主要表现形式，在人内传播过程中，农民主要采取个体内省式的学习方式，他们将掌握的显性技术知识运用到实际生产中，并通过生产实践过程继续检验和改良，从而形成相应的生产经验，实现显性知识隐性化。针对生产中碰到的问题和困难，他们会结合具体实际反复实验。不管是失败的或成功的解决方法，都是他们日常生产中的宝贵财富。这一日积月累的生产习惯，奠定了小农经济背景下的“自给自足”的生产特征。

案例：

李梅：自学成才的茶叶采摘能人

李梅是西双版纳的一个采茶妇女。她家里现在采用的是两叶一芽的采摘方式，两叶一芽方式采出来的茶叶质量比较好，价格也会高点儿。当然，其中也可能夹杂着一小部分的一叶一芽或着无芽的。对于别人来说，他们好多人还是采用三叶一芽或四叶一芽的，片面地追求茶叶数量，不顾质量上的提高。

在十年前，李梅自己采的比较随意，那时候不管是两叶一芽的还是三叶一芽的，价格都一样，一公斤也才十块钱，所以大伙采的也没有固定标准，只是争取多采一点。

到 2006 年，遵照茶叶老板收购的要求，自己也开始采用两叶一芽的方法来采摘。因为两叶一芽中的叶子一般比较嫩，可以从第二片叶子的下面折起。而像一部分三叶、四叶一芽的，则要从叶子顶部折起以保证茶叶的质量。在同棵树上，不能全部采取三、四叶一芽的方式，否则茶叶采摘过度，下一季茶叶的生长就会有困难，甚至出现茶枝枯死的情况。

对于高点儿的茶树，只能爬上树采摘。实在采不到的，只能用刀砍下来放到地上采。像大点的树，一般一年都会砍伐一小部分。还有像下雨天，即使只是小雨也得穿着雨衣采摘，这样会比较麻烦，但也只能采回来，否则雨天茶叶容易发老，明年就长得不好。

朵沙是从 2006 年才学采摘的，一开始他总是习惯三叶一芽、四叶一芽这样采。后来李梅和他说了两叶一芽的炒出来的茶叶质量更好。慢慢地，他就试着改变，现在也基本上能按照两叶一芽的标准来采摘了。不过他的速度仍不快，一天只能采 3 包左右，而李梅一天可以采 6 包。李梅说，从 8 岁开始学采茶叶到现在，她都采 31 年了。在村里，她的速度是比较快的。而村里采茶最快的当属妇女主任家后面的龙梅珍。

关于采摘标准,她和别人聊过。不少人现在使用的仍是三叶一芽甚至是两叶一芽的标准,不过自己还是坚定两叶一芽的标准,她相信只有保证茶叶质量,才能卖得好价格。

三、非言语传播

非言语传播是人们经常应用却不被注意的沟通表达方式,它比言语交流更常见,也更富有表达力。

(一)非言语传播的概念

非言语传播是指通过非语言文字符号进行信息交流的一种沟通方式。非语言文字符号包括身体动作、面部表情、空间距离、触摸行为、声音暗示、穿着打扮、实物标志、符号标志、色彩、绘画、音乐、舞蹈、图像和装饰等,人们在沟通过程中用上述这些非语言文字符号来表达思想、情感、态度和意向。关于非言语传播在人际传播中的重要性,有这样一个公式,说明传播沟通双方相互理解或能给人留下第一印象时言语和非言语所占的比例。见图4-2。

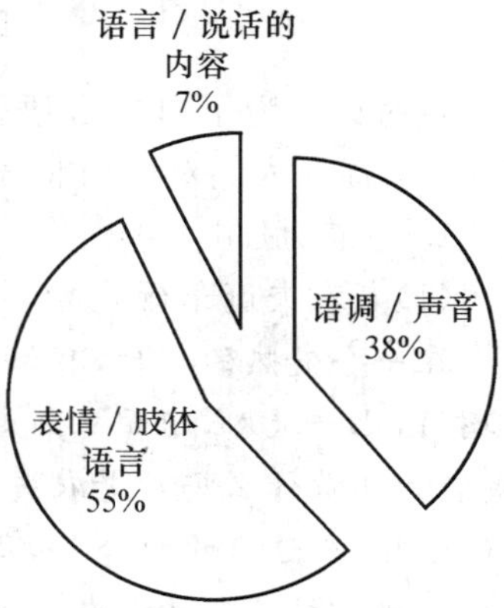

图 4-2 非言语传播在人际传播中的作用

非言语传播的特点表现在普遍性、民族性、社会性、审美性、规范性和情境性六个方面。非言语传播的作用体现在4个方面:①重复或加深印象;②替代言语;③辅助言语;④调整或控制言语。

(二)非言语传播的类别

根据有无声音,非言语传播可以分为无声非言语传播和有声非言语传播两种。无声非言语传播是指人们在沟通过程中,身体各部位的动作姿势和表情以及其他一些环境因素的非言语传播方式。无声非言语传播包括目光语、体态语、装饰语和时空环境。有声非言语传播是指人们在沟通过程中,通过发声器官或身体的某部分所发出的非言语性声音而进行的沟通方式。有声非言语传播包括辅助性言语沟通、类语言沟通两种类型。见图4-3。

作为言语沟通的辅助手段,非言语传播的应用范围非常广泛。一个人非言语传播的运用不仅表现在自己对非言语符号的应用效果上,还表现在一定理念和价值观的指导下对别人的观察能力以及在特定情境下对一些问题的处理方式上。

(三)非言语传播的应用

在前面的章节中,在介绍非言语传播的同时,其实已经对非言语传播的应用做

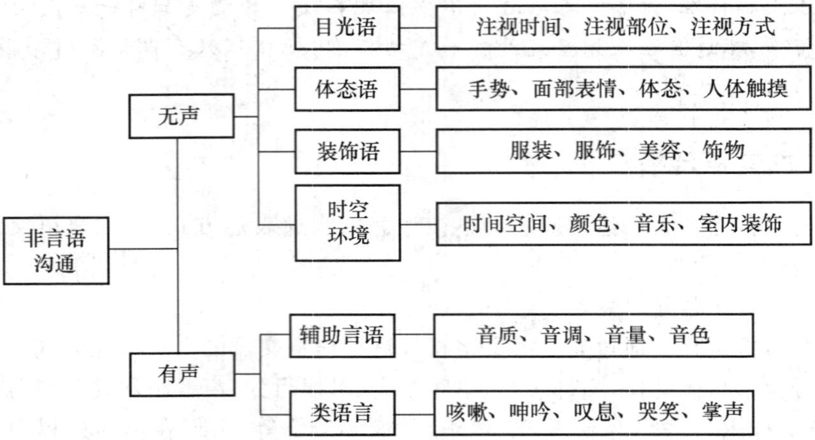

图 4-3 非言语传播的类别

了一些讨论。为了对非言语传播的应用有更深的印象，在本节中介绍几则小故事[1]，以提高人们对应用非言语传播的自觉性。

1. 穿着、服饰与商机

(1)老农夫逛车行

在一个炎热的午后，有位满身汗味的老农夫伸手推开厚重的汽车展示中心的玻璃门，他一进入，迎面立刻走来一位笑容可掬的柜台小姐，很客气地询问老农夫："我能为您做什么吗？"老农夫有点腼腆地说："不用不用，只是外面天气热，我刚好路过这里，想过来吹吹冷气，马上就走。"小姐亲切地说："你一定热坏了，让我帮你倒杯水吧。"接着便请老农夫坐在柔软豪华的沙发上休息。"可是，我们种田人衣服不太干净，怕会弄脏你们的沙发。"小姐笑着说："有什么关系，沙发就是给客人坐的，否则公司买它干什么？"喝完茶水，老农夫闲着没事便走向展示中心内的新货车东瞧瞧、西看看。

这时，小姐跟着走了过来："这款车很好，要不要我给您介绍一下？"

老农夫连忙说："你不要误会了，我可没有钱买，种田人还用不上这种车。""不买也没关系，以后有机会您还可以向需要的人介绍啊。"小姐将货车的性能逐一解说给老农夫听。

听完后，老农夫突然从口袋中拿出一张皱皱的白纸，交给这位柜台小姐，并说："这些是我要订的车型和数量，请你帮我处理一下。"小姐有点儿诧异地接过来一

[1] 摘自《管理故事与哲理》，中外管理杂志增刊，2003 年 9 月.

看，这位老农夫一次要订8台货车，连忙紧张地说："你一下订这么多车，我们经理不在，我必须找他回来和你谈，同时也要安排您先试车……"

老农夫这时语气平稳地说："小姐，你不用找你们经理了，我本来是种田的，由于和人投资了货运生意，需要买一批货车，但我对车子外行，买车简单，最担心的是车子的售后服务及维修，因此我儿子教我用这个笨方法来试探每一家汽车公司。这几天我走了好几家，每当我穿着同样的旧汗衫，进到汽车销售厂，同时表明我没有钱买车时，常常会受到冷落，让我有点难过……而你们公司知道我不是你们的客户，还那么热心地接待我，为我服务，对于一个不是你们客户的人都如此，更何况成为你们的客户……"

(2)哈佛的憾事

好些年前，哈佛的校长为一次错误的判断，付出了很大的代价。

一对老夫妇，女的穿着一套褪色的条纹棉布衣服，而她的丈夫则穿着布制的便宜西装，也没有事先约好，就直接去拜访哈佛的校长。

校长的秘书在片刻间就断定这两个乡下人土老帽根本不可能与哈佛有业务来往。

先生轻声地说，"我们要见校长。"

秘书很礼貌地说："他整天都很忙！"

女士回答说："没关系，我们可以等。"

过了几个钟头，秘书一直不理他们，希望他们知难而退，然而他们却一直等在那里。

秘书终于决定通知校长："也许他们跟您讲几句话就走开。"

校长不耐烦地同意了。

校长很有尊严而且心不甘情不愿地面对这对夫妇。

女士告诉他："我们有一个儿子曾经在哈佛读过一年，他很喜欢哈佛，他在哈佛的生活很快乐。但是去年，他出了意外而死亡。我丈夫和我想在校园里为他留一个纪念物。"

校长并没有被感动，反而觉得很可笑，粗声地说："夫人，我们不能为每一位曾读过哈佛而后死亡的人建立雕像的。如果我们这样做，我们的校园就会成为墓园了。"

女士说："不是。我们不是要建立一座雕像，我们想要捐一栋大楼给哈佛。"

校长仔细看了一下条纹棉布衣服及粗布便宜西装，然后吐一口气说："你们知不知道建一栋大楼要花多少钱？我们学校的建筑物超过750万美元。"

这时，这位女士沉默不讲话了。校长很高兴，总算可以把他们打发了。

这位女士转向她丈夫说："只要750万就可以建一座大楼？那我们为什么不建一座大学来纪念我们的儿子？"

就这样，斯坦福夫妇离开了哈佛，到了加州，成立了斯坦福大学纪念他们的儿子。

2. 颜色、装饰与营销

(1)冷门鞋和热门鞋

20世纪80年代初期，山东荣成布鞋厂为滨州一家大商店赶制了一种海蓝色涤纶坡跟鞋，不料，这家商场很快要求退货。原来，滨州有这么一种风俗，只有谁家办丧事，妇女们才穿海蓝色布鞋，以示悼念。结果，布鞋的款式虽新，却由于颜色为当地所忌，成了“冷门货”。

吃了这个苦头儿后，该厂懂得了采风的重要性。一次厂方了解到即墨地区每逢寒食节，所有头年结婚的新媳妇都要给七大姑八大姨每人送一双鞋，就马上组织力量生产了4 000双各种规格的布鞋，抢在寒食节前几天发到即墨，结果不到一天的时间就销售一空。

(2)挂在商店里的轮胎

美国的家居仓储是世界最大的家居建材零售企业，该公司一直实行无障碍退货制度。一天，一个顾客推着一套轮胎走进了家居仓储的一家卖场，要求退货。店中的工作人员感到很诧异，因为家居仓储的店铺里从来没有卖过轮胎，自然也就拒绝了退货的要求。但这个顾客态度强硬，不依不饶，为此双方僵持不下。

这时，公司的一位地区总裁恰好在这家店里。他看到发生的事情，就走了过来，了解了情况后，他一句话也没有说，只是默默地走到收款机旁，将顾客所声称的价钱一分不少地给了他。随后，这位总裁把这套轮胎挂在了收银台上方，好让每个工作人员都记住：顾客永远是对的。

这件事在家居仓储被传为美谈。家居仓储的创始人之一伯尼·马斯库甚至说：“那些不诚实的顾客也会信心十足地来买东西，即使他回去告诉每个人我们有多傻，这也很好，因为现在每个人都来我们这儿买东西了。”

3. 环境、实物的说服力

珍珠与沙子

有一个自以为是全才的年轻人，毕业以后屡次碰壁，一直找不到理想的工作。他觉得自己怀才不遇，对社会感到非常失望。多次的碰壁经历，让他伤心而绝望，感到没有伯乐来赏识他这匹“千里马”。

痛苦绝望之下，有一天，他来到大海边，打算就此结束自己的生命。

在他正要自杀的时候，正好有一位老人从附近走过，看见了他，并且救了他。老人问他为什么要走绝路，他说自己得不到别人和社会的承认，没有人欣赏并且重用他……

老人从脚下的沙滩上捡起一粒沙子，让年轻人看了看，然后就随便地扔在了地上，对年轻人说："请你把我刚才扔在地上的那粒沙子捡起来。"

"这根本不可能！"年轻人说。

老人没有说话，从自己的口袋里掏出一颗晶莹剔透的珍珠，也是随便地扔在了地上，然后对年轻人说："你能不能把这颗珍珠捡起来呢？"

"当然可以！"

"那你就应该明白是为了什么了吧？你应该知道，现在你自己还不是一颗珍珠，所以你不能苛求别人立即承认你。如果要别人承认，那你就要想办法使自己成为一颗珍珠才行。"年轻人蹙眉低首，一时无语。

第二节　农村人际传播过程

虽然人际传播多属于沟通双方直接的交流，但是其过程仍是很复杂的。人际传播学者从不同学科的各个角度进行研究，发现和揭示了值得人们思考的一些颇有兴趣的现象。人际传播过程的分析说明，沟通过程是一个人与人说和听的过程，是一个传者与受传者对讯息的表达和理解的过程，是一个沟通双方编码和译码的过程。

影响人际传播过程的因素主要有三种，即①讯息；②环境；③关系。讯息的传送和接收、表达和理解以及编码和译码可以分层次地揭示人际传播的全过程。而在这个过程中起作用的是人际传播环境和人际传播关系。人际传播环境是指在沟通活动中所涉及的一些语言的和非语言的因素，这些因素对沟通起着相当大的制约和补充作用。人际传播环境包括自然环境、社会环境和语言环境。人与人（例如甲和乙）的沟通行为形成人际传播关系。沟通效果受到人际传播关系的影响，而人际传播关系受到人际关系的影响。人际关系指人与人之间在社会生活中产生和建立的关系。人际关系可以分为三种，即控制关系、信任关系和亲密关系。人与人的沟通关系不等于人际关系，但人际关系决定着人与人的沟通关系。同时，人与人的沟通关系对人际关系有影响。

一、人际传播讯息

（一）讯息的传送和接收

有一个故事说，从前有一个秀才去买柴，他对卖柴的人说："荷薪者过来！"卖柴的人听不懂"荷薪者"（担柴的人）三个字，但是听得懂"过来"两个字，于是把柴担到秀才面前。秀才问他："其价如何？"卖柴的人听不太懂这句话，但是听得懂"价"这个字，于是就告诉秀才价钱。秀才接着说："外实而内虚，烟多而焰少，请损之。（你的木材外表是干的，里头却是湿的，燃烧起来，会浓烟多而火焰小，请减些价钱吧。）"卖柴的人因为听不懂秀才的话，于是担着柴就走了。

上述故事说明：传者在沟通过程中最好用简单的语言、易懂的言词来传达讯息，而且对于说话的对象、时机要有所掌握，有时过分的修饰反而达不到想要完成的目标。在沟通过程中，每个人都有义务表达清楚自己的意图，使别人理解。对于自己来说，可以达到目标；对于别人来说，也是一种礼貌和尊重。

（二）讯息的表达和理解

人际传播过程是一个沟通双方对讯息的表达和理解的过程。在人际传播过程中人们往往有这种经验，当对方没有按照讲话者的意图给予回答的时候，人们说："他没有听懂我说的话"。其实，即使对方听懂了讲话者的话，也很有可能不按讲话者的意图去回答，所谓答非所问。这是因为人际传播过程是一个复杂的过程。

1. 讯息传播过程的要点

人际传播一般被理解为这样一个过程，即信息从信息发出者（传者）那里传递给信息接收者（受传者）。这就是说，信息被从一个人传递给另外一个人。人际传播在现实生活中表面上看是一个从一方向另一方传递信息的简单过程，而实际上，它是一个受多种因素影响的复杂过程。见图 4-4。

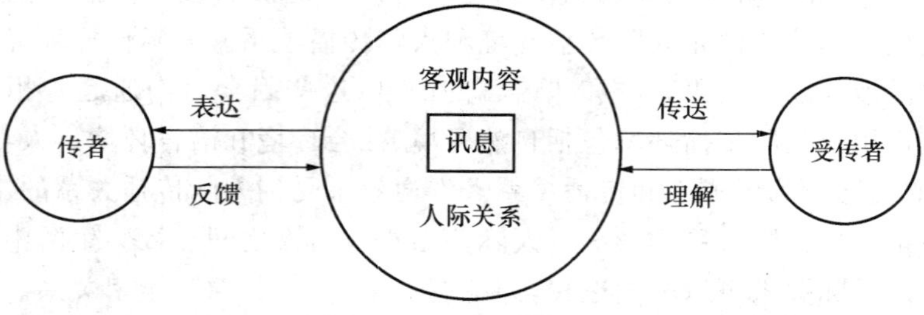

图 4-4　人与人的信息沟通过程

图 4-4 说明，一个简单的信息沟通过程包括以下几个要点：①自我表达；②向对方传送的含义；③讯息本身表达的客观内容（环境）；④沟通双方的人际关系；⑤对方的理解和反馈。

对某一客观内容来说，沟通的效果既取决于信息的发出者对信息的表达和受传者对信息含义的理解，同时更大程度上也受人际关系（社会、心理、文化、地位等）

的影响。

沟通并不是简单的自我表达以传送主观信息含义的过程，它受更复杂的人际关系、双方的心理情绪和当时的客观环境的影响，是一个沟通双方互动的过程。只有双方对这些因素有相似的认识，达成了共识性理解，沟通才会富有成效。

2. 两类沟通者的特征

在实际生活和工作中，我们会发现有两类沟通者：一类是控制型的沟通者，另一类是理解型的沟通者，两类沟通者的区别见表 4-3。积极的、互动式的沟通只有理解型的沟通者才能发生。

表 4-3 两类沟通者的特征

控制型的沟通者	理解型的沟通者
·统治、命令、支配人们的沟通条件	·理解自己，理解别人；知道对方真正喜欢什么
·根据自己个人的计划来建立沟通环境条件、规则、性别等	·结合每个人的意见、计划、寻求综合性，鼓励团体成员的广泛参与，为个人成长提供机会
·使别人屈从于自己的主张，自己的问题等，打断(发起或终止)沟通情境	·让步：不是因为害怕而是因为重视别人的需求。但如果个人感觉情况紧急，也会当机立断
·墨守成规，心胸狭隘和自私或不体谅别人	·心胸开阔，宽宏大量。想发现别人的真实想法
·自我第一，相信或试图相信自己比其他人好	·团体第一，别人第一

3. 讯息传播效果

人的感官对讯息接收有密切的关系。研究表明，看和听一起感官接收讯息的效果比单独看和听的效果要好。见表 4-4。

表 4-4 人的感官效果比较

感官	3 小时后的记忆	3 天后的记忆
看	70%	10%
听	72%	20%
看+听	85%	65%

同样，听、看和动手练习结合起来接收讯息或学习的效果最好。见图 4-5。

在教学方法中，仅按照书本读给受众的学习效果最差，而实际操作的学习效果最好。见图 4-6。

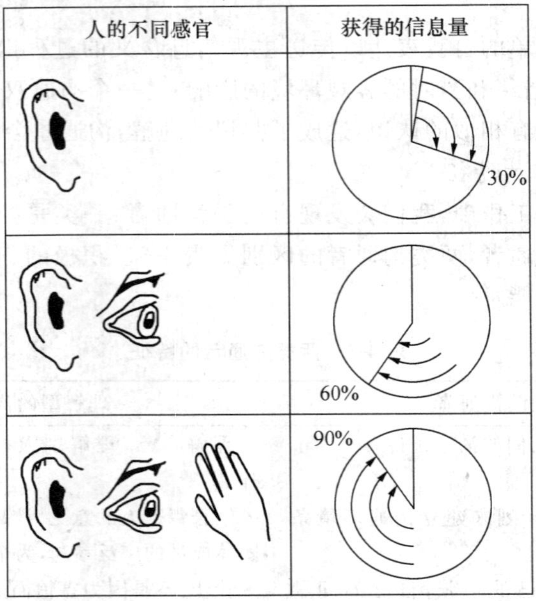

图 4-5　不同方法的学习效果

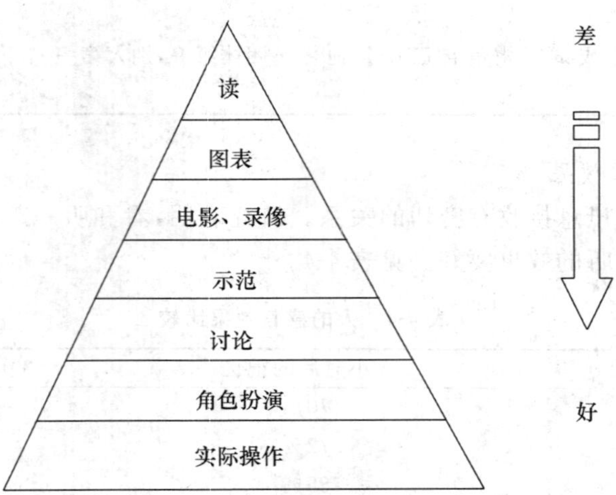

图 4-6　各种教学方式的学习效果差异

(三)反馈

人际沟通过程本身是一个循环过程。信息从传者发出去,再由受传者返回来。

因此，传者与受传者之间是信息往返的空间。一般说来，信息从传者发给受传者的过程是一种传递，信息从受传者传递给传者的过程就是反馈。或者说，受传者对传者发出讯息的反应称为反馈。当然，这种反应可以是言语的，也可能是非言语的。反馈的含义主要是站在传者或信源的立场上而确定的，因此，也可以这样说，反馈指信息接受者通过言语和非言语形式对传递者所传给的言语或非言语信息的反应。

1. 反馈的意义

正如讲话和倾听那么平常一样，反馈也是很自然的现象。当我们与别人讲话时，对方总是有些表示的。如前所述，即使一言不发，也表明了对方的态度。反馈常常是人们一种自发性的反应，人们往往在无意中就表达了某种思想或情绪。因此，可以说，只要人际传播发生，便不可能没有反馈。

一方面，讲话者之所以需要反馈，是为了核实对方对自己所发信息的理解程度和态度。例如对方对某件事知道还是不知道，对自己所说的话是感兴趣还是厌烦，对自己所表达的观点是同意还是反对等等。有时候讲话者是预先报有某种预想达到的目标而开始他的谈话的，谈话当中或之后讲话者对对方的表情和反应会很敏感，或者时刻注意对方的态度而不断调整自己的讲话方式、题目、语言、语调、表情和动作等。因此，受传者真诚的反馈是传者调整沟通行为的重要依据。

另外一方面，反馈也是信息接受者的一种自我表现，同样是一种沟通的需要和满足。一个人大概不愿总关在屋子里不出去，这样会觉得寂寞难耐，如果有人来找你聊聊天，那当然是求之不得的事情。一旦当你听到某种信息之后必然会作出一定的反应。平时，人们对讲话艺术的重视更多的是集中于讲话者的修辞、逻辑、表达和风度等上面，而往往不太注重受传者的沟通行为。其实，沟通过程中，一个人既是传者，也是受传者。如果没有开始时信源发出者的背景的话，是很难分清两个人之间的角色区别的。因此，可以说，反馈本身是一种重要的沟通技能。可见，反馈的作用有两重性：一方面是接受者对所理解的信息的确认或检验，另一方面也是帮助对方准确地传递信息。因此，反馈不应该是一种被动的反应，同时也是一种对沟通过程的主动参与。

在沟通学的学习中，老师常常要求学生做一种画图的练习，来说明反馈的重要性。例如，上课时，老师让几个学生到教室前面，在黑板上画图。要求这个学生不准回头，不准提问，只是根据教师的几句“提示”去做，结果画出的图形各种各样。主要原因是，在没有反馈的情况下，人们只能根据自己对有限“提示”的理解用线条表示出来，而这种理解是根据自己的知识和经验得来的，人与人之间对同一种描述的理解存在着一定的差异性。但如果教师允许学生在做这种练习时提问，教师分别给予回答，那么，所画出的图形就要准确一致得多。

2. 反馈的类型

反馈可以发生在任何沟通形式中，无论是大众传播，还是人际传播，都需要反馈。但是，大众传播与人际传播比较起来，从反馈的及时、连续性和具体化等方面来看，人际传播过程显得更加容易和突出。

从传者得知受传者对所发出讯息的理解或翻译程度的角度分类，反馈可以分为正反馈、负反馈、不明确反馈、直接反馈和间接反馈。如果受传者的反应表明理解了传者所发出的讯息的含义，这种反馈称为正反馈。如果受传者的反应表明误解了传者所发出的讯息的含义，这种反馈称为负反馈。这并不是说正反馈一定是受传者完全同意传者的观点或意见，而是指受传者准确理解了传者所发出的讯息的真正含义是什么。介于正负反馈之间的是模棱两可的不明确反馈，表示受传者以言语或非言语方式给人以某种似是而非的反应。直接反馈指受传者对传者所发出的信息直接给予反应，一般表现在人际传播中。例如，受传者可以通过自己的表情、姿态和语言及时、直接而明显地对传者作出反应，传者根据受传者的反应来检验自己的传播效果，决定双方将谈话继续下去或终止交流。间接反馈是指传者或传播机构发出信息后不能直接收到受传者的直接反应，它们往往通过第三者(一些特定的人、组织、专门机构)取得反馈信息。这种情况一般发生在大众传播中。这种通过专门机构进行的反馈往往是以抽样调查方法所收集到的具有一定代表性的意见。在沟通过程中传者应该对反馈给予特别重视，并且不断地根据从反馈中所得到的意见和建议及其相关讯息来调整自己的沟通行为，做到尽可能准确地表达所要解释的含义，以使受传者不致于误解。

根据反馈的主客观来源，反馈也可以被分为倾听者反馈和自我反馈。一般反馈往往从别人那里得到，这种反馈称为倾听者反馈，包括言语反馈和非言语反馈。但是，反馈不一定要总是从受传者那里得来。我们也可以收集我们自己所发出的讯息。传者通过收集自己发出的讯息的反馈称为自我反馈。例如，我们能够听到我们读书时所发出的声音，看到我们自己写出的句子。如果我们留意的话，就可以自己纠正自己的发音和改正我们的笔误。

如果我们认真对人际传播的反馈行为进行观察、归纳，我们便可以将反馈类型分得更具体。这种具体化的分类主要是根据受传者在特定情况下的态度、与传者的关系、对内容的理解程度等来划分的，它有助于提高人们对自己反馈行为的认识水平和增强反馈技巧的主动性。

(1)提问性反馈。当受传者没有听懂讲话者的意思时，往往会提出某些问题，这样可以给信息沟通者澄清问题的机会。提问的方式一般多用某种引导式的语气。沟通双方往往以提问性反馈作铺垫，以便对问题展开进一步讨论。

(2)理解性反馈。理解性反馈是沟通双方都特别加以注意的一种反馈，它可以表现为言语或非言语形式，或两者的结合。这种反馈有多种表现形式，有时是对某人的同情和安抚，有时是诚恳的面部表情、目光接触、抚摸、音调等来表达对另一方鼓舞性的暗示或回答。

(3)讨论性反馈。有时沟通双方表现为对一些问题所进行的意见交换，包括对问题的判断和分析，是一种平等的讨论。这种讨论可能更有助于沟通的进行。

(4)回避性反馈。如果遇到某种不感兴趣的话题或触动某些忌讳的方面，人们一般会想法绕开。这种回避性往往以某种不感兴趣的表情、姿态或者故意将话题拉开的形式表达出来。

(5)肯定性反馈。肯定性反馈就是对对方做得好的事情予以表扬，希望好的行为再次出现。

(6)批评性反馈。批评性反馈指一方不同意对方所讲的或所做的事情的时候，不加遮掩地明确提出批评性意见。

(7)建设性的反馈。建设性反馈是针对对方做得不足的地方，提出改进的意见。建设性反馈是一种如何在现有基础上加以改进的建议，而不是批评。

3. 反馈的途径

有一位表演大师在上场表演之前，他的弟子告诉他鞋带松了。大师点头致谢，蹲下来仔细系好。等到弟子转身后，又蹲下来将鞋带解松。有个旁观者看到了这一切，不解地问："大师，您为什么又要将鞋带解松呢？"大师回答道："因为我饰演的是一位劳累的旅者，长途跋涉让他的鞋带松开，可以通过这个细节表现他的劳累憔悴。""那你为什么不直接告诉你的弟子呢？""他能细心地发现我的鞋带松了，并且热心地告诉我，我一定要保护他这种热情的积极性，及时地给他鼓励，至于为什么要将鞋带解开，将来会有更多的机会教他表演，可以下一次再说啊。"上述故事给我们提出一个问题，那就是如何给予反馈和如何对待反馈。

1)如何给予反馈

(1)富有换位思考的反馈。在平时人际交往中，应该注意别人的言谈举止，分析其心理活动，把握人的动机，揣摸人的沟通目的。当发生一件与人矛盾的事情时，或看到周围人的摩擦冲突时，自己抓住案例进行解剖分析，多问几个为什么。特别是有意识地将自己放入对方的角色中去思考问题，这样可以对别人产生更多的理解，理解别人的程度是有效反馈的基础。

(2)针对对方的需求的反馈。反馈要站在对方的立场和角度上，针对对方最为需要的方面给予反馈。例如，在年度述职或绩效考核中，下属渴望知道部门领导对他工作和能力的评价，并期待领导能为自己指明下一步努力的方向。如果作为部门领导人，在年度述职或绩效考核之后不反馈，或者轻描淡写地说一下，则会挫伤员工的积极性。

(3)具体而明确的反馈。例如，新同学刚走进校门，对所学的专业一无所知，特别想了解这个专业背景，因此，老师对一位刚入学的新同学说，“同学，你所学的专业很重要啊!”这种表述方式很空洞，这位同学虽然得到了反馈，但并不知道为什么自己所学的专业就重要了。这种反馈不能真正给人留下深刻的印象。如果变为这样的反馈，“同学，你所学的专业在我们国家才刚开始两年，国家部委对这个专业的支持力度很大，希望在近几年，我们在这个领域培养出来的人才要能够担当起赶超世界发展水平的重任。同学，你所学的专业很重要啊。”这种反馈具体而明确，可以起到很好的效果。

(4)富有建设性的反馈。在反馈时，避免纯粹批评性的反馈，提倡建设性的反馈。有人容易武断地对别人的意见或想法下结论，甚至往往带着批评或藐视的语气说“你说的完全是废话，你的想法根本就行不通!”等，使对方很没趣，结果会挫伤对方主动沟通的积极性。如果我们换一种态度，以建设性的、鼓励的口气给对方以反馈，效果就会不同，比如“小王，你的意见很好，尽管有些想法目前还不能实现，但是，你很动脑筋，很善于思考问题。不过，你想想看，如果再现实一点儿考虑问题，将限定的时间和条件一起加以分析，不是会更好些吗?”

(5)富有自信的反馈。有时候，老师提出问题后，本来自己知道答案，但就是怕回答错了，因此很容易失去回答问题的机会。这种犹豫和迟疑往往不是由于技巧或知识问题，而是由于自信心不强。在人际传播中真诚和自信是必不可少的前提条件。

(6)对事不对人的反馈。积极的反馈就事论事，忌讳涉及别人的面子和人格尊严，带有侮辱别人的话语千万不要说，比如“你怎么就这么笨呢?你长脑袋是做什么的?”之类的言语，只能加深双方的敌对和对抗情绪，与最初的沟通愿望适得其反。另外，反馈要准确，回答时措词温和，少带个人色彩。

(7)谨慎而富有分析的反馈。在反馈时，要尽量避免那些与具体情景无关的、打断别人谈话和思路的、不着边际的反馈，否则会搅乱沟通气氛，使人产生对别人不尊重的感觉，不能促进有效沟通的进行。

(8)及时而富有理解的反馈。在与人谈话时，作为倾听者的反应，有时并不需要说得很多。有时候理解性的反馈也不应该总是关心，连续发出“嗯嗯”的声音，也应该有所变换，如加之以笑声或重复性地评论。当听到需要给予回答或需要澄清的问题时，应马上作出反应，应尽量避免别人已讲到第三个题目时你却对第一个题目作出某种反应的反馈行为。一旦我们没有能给予对方及时而准确的反馈，在某种场合下便会产生误解。

2）如何接受反馈

（1）耐心倾听，不打断别人。接受反馈时，一定要抱着谦虚的态度，以真诚的姿态倾听他人反馈意见。无论这些意见在你看来是否正确和是否中听，在对方反馈时都要暂时友好地接纳，不能打断别人的反馈或拒绝接受反馈。打断反馈包括语言直接打断，比如："不要说了，我知道了！"；也包括肢体语言打断，比如不耐烦的表情、姿势等。如果你粗鲁地打断别人对你的反馈，其实就表示着沟通的中断和失败，你了解不到对方更多甚至更重要的信息。有时候，打断别人表现为自己的一种不耐心和不冷静行为，往往在别人还在表达意见的时候自己就开始陈述或反驳，甚至有时候使别人很难辨别两种声音究竟是谁的。如果你真的这样做了，其实你所向别人表明的是你不尊重别人的态度，除此之外，什么也不能说明。

（2）避免盲目自卫。自卫心理是每一个人本能的反应，但沟通中更需要理智、冷静和宽容。不能向有些人那样，一旦听到对自己不利、不好或不想听的东西，听到别人对自己的观点提出一点儿疑问，不考虑别人提的是否有道理，就急忙去加以"解释"或反驳，是一种不成熟、缺涵养的表现。

（3）表明态度。得到别人反馈之后，自己要有一个明确的态度，比如理解、同意、赞成、支持、不同意、保留意见、怎么行动等。不明确表示自己对反馈的态度与意见，对方会误解你没有听懂或内心对抗，这样就会增加沟通成本，影响沟通质量。

二、人际传播环境

人际传播环境是指在沟通活动中所涉及的一些语言的和非语言的因素，这些因素对沟通起着相当大的制约和补充作用。人际传播环境包括自然环境、社会环境和语言环境。

（一）自然环境

沟通的自然环境指沟通所处的特定时间、地点以及周围的环境、气候等有关因素，这些因素对沟通有着相当大的制约和影响。谈话与时间的配合是有一定规律性的，例如英语中有上午好、下午好、晚上好等的区别，问候语的变化往往是随时间的变化而变化的，不能混用。当人们已经在教室里坐了半天的时间，到了近中午时肚子都很饿了，老师却还在拖时间不下课，显然这时候的效果是不会很好的。在课堂上要求严肃，家庭中可以活泼，学术报告应讲术语，而晚会上便可以诙谐和幽默。两个人谈心，一般不适于在嘈杂的大街上，一般多见于在茶馆里或比较僻静的场所。

一般人们觉得，熟悉的环境往往使人感到随便、轻快，有时还可以引起某种回忆。而布置严肃的房间往往不适合开展娱乐活动。谈业务做生意的生意人一般愿意选择在宾馆、饭店进行业务洽谈。另外，有意识地利用时空因素作为话题和素材，可以使语言表达形象生动、含蓄幽默、意味深长。

（二）社会环境

社会环境包括政治活动、文化观念、历史传统、规章制度、风俗民情等，涉及社会生活的各个方面。社会环境对于沟通的影响也是显而易见的，例如过去中国的文人喜欢讲话用文词，由于白话文的推行，现在一般讲话很少用之、乎、者、也了。在日常生活中，像香港和台湾一样，所引进的外语音译以及外文单词也有许多被纳入了正常的语言交流中。像音乐和歌曲一样，一个时期、一个社会阶段都有适应这个时代的流行创作。随着社会的变迁，旧语言逐渐被新语言所取代，而旧语言所产生的社会背景、政治气候却同语言一起作为时代历史的象征保存在人们的记忆中。“文化大革命”中的习惯用语现在已经很少有人用了，在人们写文章时也见不到诸如“毛主席教导我们说”这样的词句了。在许多地方，过去习惯用的“茅房”、“厕所”也被“洗手间”所代替。当然，这也许被认为是很自然的事。

社会语言有着很强的角色特点，反映着不同阶层和职业特点。曾经有一段时期，“师傅”这个称谓变得很时髦，即使在大学的校园里，也时有听见用这一词称呼大学教授的。现在，虽然诸如“社员们”这样的反映人民公社时代对农民的称呼用语在有些地方还在用，但更多的人往往觉得用“老乡们”更好一些。不过，当称呼“老乡们”的时候，是否有人会与抗日战争时期通知老乡们快躲起来，“鬼子进村了”的电影场面相联系就不得而知了。在一些公共场合及社交场所，“同志”一词更多地被先生或小姐所代替。还有如“面的”、“小巴”来作为出租车和小公共汽车的称呼，“雄起”用作足球比赛时加油的代名词等等，这都是社会发展带给语言的影响。由于迷信、礼貌或表达某种情感的需要而用其他词语代替来表达一些不好直说或不愿直说的事物或现象（称禁忌）也是一种语言沟通中的普遍现象，例如在寺庙里，买一张有关宗教的纪念品往往要说“请”而不说“买”。

另外，社会环境和文化对人们的影响也体现于很多不同文化间的沟通之中。例如，西方人与中国人不同，与老人开玩笑，将人比作狗，这在西方人看来是很正常的。英语中说：“我是一条幸运的狗”是形容自己很走运的意思。而这些对中国人听起来便会很不舒服。这些都是沟通中一些比较常见的现象，它与一定的社会背景紧密相连。

在什么时候说什么话，什么场合说什么，这是应该注意的。鲁迅的散文中曾讲过这样的情况：一家生了一个男孩，全家人很高兴，抱出来让客人看，许多客人都说一些关于发财、升官的恭维语，可是其中一个人却说，这孩子将来是要死的，结果遭到一顿痛打。此人虽然说了一句实话，但却忽略了环境。

因此，我们要发挥主观能动性，主动地掌握沟通时机，创造有利于沟通的环境和气氛，才可能达到预想的目的。同样一句话，当一个人心情愉快时和心情烦闷时理解其中的含义就会不同。两个人吵架，正在气头上，这时候不适合长篇大套讲道理，而是要等双方火气渐消后再谈才容易接受。

（三）语言环境

语言环境作为沟通环境的一种，是指话语结构内部自身的环境或称上下文，是针对包括自然环境、社会环境在内的言语环境。这往往表现在前言后语的搭配上，这种搭配包括语词、句式及会话风格等。人们的阅读理解只有在一定的语言环境中才能领会真正含义。在这方面对沟通的意义在于，巧妙地组织话语的顺序和前文对后文的铺垫以及后文对前文语意的补充和映衬。这种语言环境对沟通的影响无论是在谈话和写文章中都是值得重视的。

不同民族间沟通中的文化敏感性问题

在同一民族、同一文化、同一种语言内进行沟通，除个体的性别、性格、气质的差别外，沟通过程不存在文化差异的影响。但与少数民族的农牧民沟通，文化差异则制约沟通效果。有时甚至使沟通双方产生“敌意”。请见下面的例子。

青藏高原的藏族牧民中间，特别是在交通不甚发达的地区仍保留着“走婚”的习俗。一位不了解这一婚姻形式的汉族采访者在采访过程中突然问被采访者（女性）：“您的丈夫怎么没见，是不是去外面放牧去了？”女主人不置可否，无法回答，使沟通陷入尴尬的局面。

在走婚家庭中，亲属关系也与汉族不同，如果用自身文化伦理的标准去考察被采访者的亲缘关系也会引起误解。诸如：“这个小女孩是您的孙女吧，她长得真可爱，她的爸爸怎么没见？”这两种文化、习俗间的冲突不仅可能给沟通带来直接影响，甚至可以导致文化冲突。因此，初到民族地区工作的人员一定要在开展工作之前对民族、文化等特点有系统的了解。

三、人际传播关系

人际传播是一种活动，这种活动就像大家一起做游戏，或一起进行一场体育运动，或者让我们比喻为下棋，一方的棋子的布局和移动会影响对方的布局和移动。沟通如一场足球比赛，每队的队员可能都预先从教练那里得到了关于战略部署的指导,但其他队的一些队员可能没有按照原来的计划去打,这便使得原有计划落空了。同样,在沟通过程中,传者可能对如何进行表达自己的意见做了预先计划,但对方的行为也可能会使得原有计划失去作用。因此,沟通是参与者一起进行的活动,而不仅是一方对另一方发动的攻势,是参与者为了实现一个共同的目标一起工作而不是一个人对另一个人做工作。人际传播是一种每个参与者都对结果的取得有影响的活动,沟通的结果可能是预期的,也可能是预料之外或不期望达到的。即使不期望的结果发生也是正常的,也应该使这个活动继续下去。

(一)人际关系与社会规则

1. 人际关系

人际传播过程是一种活动,影响人际传播效果的是附加在人际传播过程中的人际关系。人际关系指人与人之间在社会生活中所产生和建立的关系。在沟通行为发生之前,沟通双方特定的人际关系已经存在。人际关系可以分为三种,即控制关系、信任关系和亲密关系。控制关系是指在人与人关系中的权力分配形式,特别是这种权力对互动的驱使,或者说对人际关系相互作用的影响力。这种控制一般表现为一方的主动意见和另一方的被动顺从,这种关系是一种服从关系或互补关系。需要指出的是,这种控制关系很难带来真正意义上的沟通。信任关系表示一方对另一方的相信程度,表现为对另一方的一种义务的承担关系。亲密关系指双方可以独立地满足对方的需求,而被满足者认为是情理中的必然。

在人际传播过程中,双方需要注意不要与对方形成一种控制和服从的关系,它是行政命令式的工作方法的一种表现形式,基于这种形式的沟通不会带来可持续性的效果。在沟通过程中,人与人之间应该建立起一种相互信任和好朋友式的亲密关系。这种关系是沟通的基础。控制越少,双方关系越能得以发展,沟通的目标越容易实现。相反,如果永远保持一方对一方的控制与顺从关系,那么很难得到对方的理解、同情与合作。沟通双方如果没有良好的人际关系,即一个人对另一个人如果没有好感甚至厌恶,不可能有一个良好的沟通关系。没有良好的沟通关系,不可能产生良好的沟通效果。

从沟通的本来意义上说,人与人的沟通是人类社会存在和发展的特征。没有人与人的沟通,一切事业和成功都不可能。人与人(例如甲和乙)的沟通行为形成人际传播关系;人际传播关系之间的联系形成人际传播网络;人际传播网络之间的联系形成社会信息网络;社会信息网络的有序化形成社会信息系统。

在一般意义上,传播过程中的关系比较简单。例如,两个或两个以上的人为了一组双方都感兴趣的信息符号聚在一起,就产生了一种关系。靠着这种关系,就可以开始和继续我们的沟通行为。

沟通起始于意识到对方的存在。人与人的沟通之所以发生是因为人与人之间本身存在着一种自然的关系，这种关系表现为同类的吸引力。只要在有人的地方，就会有传播发生。那么，传播是怎么开始的呢？有人认为，传播开始于甲、乙双方彼此对对方存在的意识。一个人只要意识到了（直接或间接地意识到了）对方在自己的面前或在什么别的地方，就会开始产生彼此沟通的愿望，这种愿望甚至彼此都不能抑制。

如果不将人内沟通包括进来的话，只谈人与人之间的交流的沟通形式，只要意识到对方的存在，就会发生信息交流，就会出现沟通行为。

例如，如果一个人在浴室内洗澡的时候唱歌，如果这个人觉得这室内只有自己一个人，我们说没有发生人与人之间的沟通。但是，只要他知道在他唱歌的时候会有人在什么地方听见，即使他看不见这个人，也是在进行沟通活动。也许他想表达他的嗓子不错，有唱歌的天赋或者表达“我不管你怎么看待我，我只要想唱我就唱”。

路上的行人与路边的里程碑、在路边树立的广告牌或什么饭店的名称、或者邀请行者止步去就餐的标语之间，不存在什么沟通关系，但假如某人需要并注意到了这些符号，他们之间便开始了沟通。

人们一旦从意识到对方的存在进而开始沟通以后，个人间就会通过沟通而相互影响着。在甲向乙说话时，他所说的不仅是他自己的想法，也还受到乙对甲回答所表达的思想反应的影响，不仅受到乙说什么的影响，也还受到乙的表情和动作等的影响。也就是说，乙会对甲说什么产生影响，这种影响有时并不需要乙一定要说什么，有时甚至乙根本就什么也没说。

沟通关系是指所创造的、所限定的以及最终保持在沟通过程中的传者与受传者间的结合力。每当一种讯息被交换时，这种关系就会加强或削弱（有时，即使讯息不被交换，关系也可能改变）。反过来，此关系的变化也会影响沟通过程所发送的讯息含义。传者和受传者的关系逐步变得密切起来，便可以看作为沟通的这个关系正在加强，讯息可能以一种方式进行交换或解释。可是，如果此关系处于削弱的状态，讯息可能会被以另一种方式进行交换和解释。

沟通关系表现在对对方的了解程度上。从本能上说，我们对别人的了解往往基于我们自己的思想基础。也就是说，在沟通中，我们很在乎别人的反应。有时候，我们可以预测别人的反应，通过这种预测来改进我们的沟通方式和内容。对于两个人之间是这样，对于媒体间的沟通也是这样。编制广播节目的人或者报刊杂志的编辑往往要预先知道谁是他们的听众或读者，根据对他们的了解来进行内容的取舍和组织。可是，我们不可能对别人了解得特别透，这是因为我们的观察力有限，很多是来源于我们的想象和推测。对对方了解得越多，我们的内容越有针对性，对别人越适合，或者说别人越欢迎我们的作品；反之，我们了解别人的东西越少，或者说了解的真实性材料越少，越容易将我们自己的东西，我们主观上认为的东西填进去，可想而知不会收到什么好的效果。

这种关系有时也受到人与人距离的影响。因为甲对乙了解的直接可靠的信息源是乙对甲的行为的反应，距离越近，越容易察言观色，不仅可以听见对方说什么，还可以根据形体语言进行判断。相隔距离越远，反馈越困难，得到对方真实的信息的机会越少，了解对方的知识、期望和兴趣越有限。因此所生产的传播产品越容易出现误差。

此外，有效的沟通是两个人兴趣点的结合。沟通不仅需要一方具有某方面想交流的动机，另一方也要有需求，这样才能使沟通成为可能。重新回到我们开始时的讨论，沟通起始于意识到对方的存在只是强调一方沟通动机的开始。如果另一方没有兴趣，也不会使沟通有效地进行下去。从某种意义上说，沟通是一个相互给予和获取的过程，有人将这种情形比喻为一种“交易”。因为沟通需要时间，也需要能量投入。如果沟通双方抱有从中受益的希望，那么他们就舍得花他们的时间和能量在其中。反之，如果我们认为对方表达的一些东西没有兴趣或根本就不懂，我们就会退出这个过程。

说到关系，使人很容易想起一个小故事：一个人在机关工作了很长时间，一直没有得到提拔重用，看到与自己一起分配到本机关工作的人分别都当上了科长或处长，自己辛辛苦苦地干了很多年，仍然是一个一般干部，为这，自己心里很苦恼。后来，经过与朋友分析，认为不是由于自己没有能力，主要是因为自己没有搞好与领导和同事的关系。于是反省自己在过去缺乏对别人表示自己的热心、关心和乐于助人的精神。后来，为了培养自己的这种品质，以便尽快改变现状，只要是别人提出的请求，自己都说“没问题”而爽快地承担下来，不管如何困难也帮助别人解决。后来，养成了一个习惯，不管任何人提出任何请求，都顺口说出：“没问题”。有的同事买不到戏票或火车卧铺车票，本来他自己也买不到，可是因为已经养成了习惯，仍然顺口说出没问题，答应别人之后才觉得对于自己也是一个大难题。没办法，只得夜里不睡觉到火车站排队去买送给人家。虽然他是夜里排队买的车票，可别人却不知道，认为它是凭关系，有路子将车票轻而易举地弄到手的。一天，自己的顶头上司，一个科长需要买一张票，听说他有办法，就请他帮忙。本来，他已经吃够了这种苦，不想再做这种事。可是，为了与上级搞好关系，讨好上级，只得扛着铺盖又到火车站去过这个不眠之夜。我们不知道这个人后来是否落得个一官半职，但是他为了搞好关系确实吃了很多苦，而且这种苦还没有办法与别人说清楚。

有些外国人，虽然不会说几句中国话，但是却会说“关系”，后来当问起为什么别的话还不会讲，却会讲这个词时，这个外国人回答：“‘关系’在中国很重要，常听中国人说，有了关系就好办事。中国人讲究和重视关系呀”。我们先不管这个外国人说得对不对，请客送礼在一些地方很盛行确实是实际情况。当然，在不会说更多的奉承话的情况下，送礼也不失为一个好办法。但是，殊不知，送礼也要讲关系才行。据说有许多人由于没有关系往往被人拒之门外。

让我们从不正之风的讨论中回来，来看我们一般正常的社会生活。一天，当你在散步的时候，邻居家给你送来一篮新鲜水果，这当然是很愉快的事。实际上，你不一定缺这篮水果，或这篮水果也不是多么值钱，它确实体现着一种关系，一种友好和友谊的象征。在农村，邻居家这种“礼尚往来”是很常见的，与有些请客送礼的动机不同，这是人们一种正常的社会交往关系。

基于以上的讨论，在传播沟通过程中，人与人的关系表现为三种形式，即仰视、俯视和平视，这三种形式决定了一方对另一方的态度和行为。

仰视一般表现为对传播沟通对象崇拜尊敬的一种行为。在社会生活中，许多人往往对领导、专家等有较高社会地位的人的态度和蔼、谦卑并且常常辅以面带微笑的请示。因为自己觉得比这个人要矮，在很多方面比对方差，与对方交流可能更多的是索取，因此情不自禁地向对方表现出一种敬畏和服从关系。不过，由于是仰视，时间长了你会觉得累。

俯视一般表现为对传播沟通对象蔑视和鄙视的一种行为。在社会生活中，许多人往往对下属等社会地位较低的人的态度表现出傲慢，不屑一顾并且常常辅以严肃而大声的训斥。因为这个人自己觉得比这个人高，在很多方面的条件优于对方，与对方交流可能更多的是给予，因此情不自禁地向对方表现出一种盛气凌人和命令的关系。不过，由于是俯视，时间长了虽然自己可能仍然感觉良好，但对方会觉得很累。

平视一般表现为对传播沟通对象平等相待的一种行为。在社会生活中，许多人往往对同事和朋友等社会地位相似的人的态度表现出随意，相互认同并且常常辅以推心置腹的交谈。因为这个人自己觉得与这个人一般高，在很多方面的条件相似，因此情不自禁地向对方表现出一种平等交流的关系。这种关系是一种相互尊重的关系，是一种向别人学习的心理和态度，因此，会产生有效的沟通。由于是平视，双方都不觉得累，而且通过沟通都有收获，因此这种关系可以相对长久。做到平视是有效沟通的基础，不过需要沟通者的良好心态和较深的修养。

沟通关系受到人们地位差别的影响很大，这种影响被称为位差损耗效应。美国加利福尼亚州立大学研究发现：从上到下的信息只有20%～30%被下级知道并正确理解；从下到上反馈的信息不超过10%被上级知道和正确理解；而平行交流的效率则可达到90%以上。

显然，沟通效果受到人际传播关系的影响，而人际传播关系受到人际关系的影响。人与人的沟通关系不等于人际关系，但人际关系决定着人与人的沟通关系。同时，人与人的沟通关系对人际关系有影响。见图4-7。

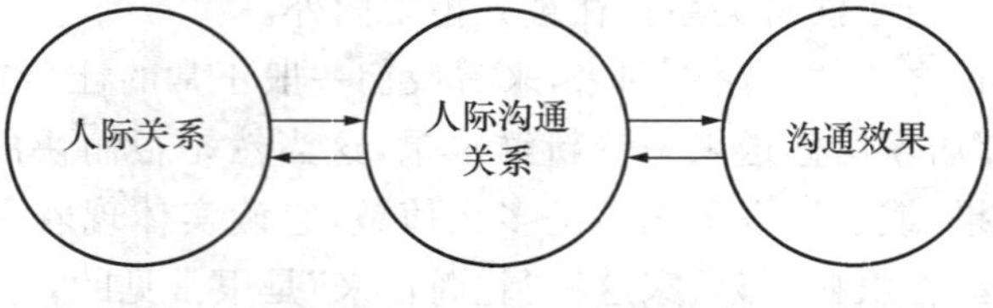

图4-7 人际关系、人际沟通关系与沟通效果之间的联系

将人际传播效果看作为一种人际关系的反应而不是某个人对信息的机械性的传送或接收的过程，会有助于人们对沟通过程的认识，即在沟通中，不是一方对另一方的操纵，而是双方彼此的相互影响。

人际传播关系也还表现在相互劝服作用上。人际传播的相互劝服指沟通双方在对有关问题的讨论上改变他们的思想观念、情感或行为，而且这种改变是相互的，是不定向的。过去，人们一直认为，劝服一般发生在一个人对另一个人的说服过程，结果应该是劝服者改变被劝服者，最终结果只有开始安排的“被劝服者”改变了态度和行为。但沟通的实践表明，这是理想化的模式。事实上，当一个人想试图改变他人的态度和行为时，结果被改变的往往不是目标对象，而是自己。这是因为人际传播是一个相互影响、相互作用的过程。在此过程中，被劝服者尤其要对劝服者作出反应。同时，被劝服者很有可能试图利用特定的机会和形式劝服了“劝服者”的态度和行为。这样，结果与初始的角色有可能调换过来。在人际传播过程中，这种角色互换现象是随时发生的，参与者实际扮演着双重角色。当一个人试图劝服对方时，应将对方看作同样角色来对待，尽可能发现对方的长处和优点。只有这样，才能使劝服成为一种互动过程。

2. 社会规则

在人们的交往中常常遵循某种认同的规则。如果两个人第一次见面，那么总要有某种礼仪规则制约着两个人的举止行为，比如说，一见面应该有礼貌地打招呼，然后握手。若表示对某人感兴趣，除去认真听某人谈话之外，还要眼睛注视对方，不能东张西望等等。这似乎已成为人们共同遵守的、约定俗成的规矩。当对方作出某种动作和行为时，另一方应给予反应，“如果对方向你微笑，你也应该回报以微笑”。

规则可分为内在规则和外在规则。内在规则指人们用以指导自己应该如何相互沟通的行为标准，是根据对另一方的了解程度而确定的。例如，两个朋友可能会谈论许多他们所关心的事情，但在谈话过程中，可能会避免触及某一方所忌讳的主题。由于沟通双方的熟悉程度不同，使得人际传播呈现出许多不同的形式。随着人们相互了解程度的增加，便可以相互准确地预测对方的行为。人们可以根据对对方的观察分析和所积累的知识来判断对方的言行；根据对方所处的特定背景和特征，来决定为了实现某种沟通目标应怎样解释表达自己的观点。例如，当你了解到你的朋友很容易激动时，你很可能不会直截了当地去告知某种可能引起刺激的重要信息。这就是说这两个朋友建立了关于可接受和不可接受的主题的内在规则。外在规则指不是来自于两人本身的制约因素所引起的，而是来自于他人或者环境、情景对这种关系的影响，因此是指外来的影响。这种外来影响常常表现为社会文化的制约因素。例如，两个才认识不久的人可能不愿在谈话中涉及有关私人的事情，只有两个人之间关系发展到一定程度时才变得无话不谈。

人际关系的建立和发展有一个过程。在这个过程中，沟通者自己会对自己所应遵守的规则不断地进行确定和调整。随着双方关系的发展，内在规则与外在规则之间的适应性会增加。如果两个人的关系密切，就会建立两人特有的规则结构。例如，一个推广人员去访问农户，也许在开始刚刚认识的初期需要先打电话预约访问时间。后来由于相互关系的发展，两个人成了好朋友，就像邻居串门一样，在访问时就没有必要事先预约了。任何一种关系都是内在规则和外在规则的触合。这种关系越新或者说越不深，对外在规则的依赖性越强。

（二）农村人际传播关系

市场经济是一种现代经济，市场机制的建立有助于实现社会资源优化配置、促进经济发展。社会主义市场经济是我国改革开放以来经过实践检验和证明的适合中国国情的经济体制。市场经济条件下，农民的角色不再是单一的传统生产者，不仅要生产出数量多、质量高、品种对路的农产品，还要能把农产品变为商品，实现价值和效益（曹忠仁，2007）。农户作为农村市场经济中最基本的生产经营单位，具有独立承担民事权利、义务和责任资格，算作独立的市场主体，其生产经营活动必然与农村市场经济的其他主体产生联系。

市场经济下的农村人际关系由两个部分组成：一是社会构建性社会网络；二是社会构建性网络的外部联系。社会构建性社会网络是指社区内农户与其他所有社会角色之间（即人与人间）的联系与交往状况，这种联系与交往的建立是社会构建的结果（叶敬忠，2004）。

如果社区内的网络向社区外扩展，就产生了社会构建性网络的外部联系。社会构建性网络的外部联系是社区内部关系在社区外的延伸,包括社区与社区外组织或机构的联系,也还包括社区与社区外的农户个体联系。

1. 农村社区内部联系

农村社区内部人际关系指村庄社会关系。村庄社会关系是指村庄内村民与村民之间具体关系的总和,它指的是处于事件中的任何一个具体的村民在应对事件时可以调用关系的能力。村庄社会关系可以分为传统关系和现代关系。一个拥有传统关系的人,他也可以轻易地建立起现代关系;而一个现代关系健全的人,他往往也具有众多的传统关系。现代关系是指建立在利益和契约基础上的关系,传统关系则是指那些基于信任、友谊、亲情和习惯的关系,如亲缘关系、朋友关系、邻里关系等等(贺雪峰,2003)。

长期以来,中国农村中占主导地位的社会网络都是以家庭、家族关系为主线的亲属关系网。虽然从 1949 年以来特别是 1979 年农村实行经济体制改革以来,随着中国农村的宏观经济结构和社会结构的巨大变迁,农民的社会交往模式发生了较大的变化,但并未动摇以家庭、家族关系为主线的亲属关系网在中国农村社会所占据的主导地位(郭于华,1994)。张文宏等亦发现,以血缘和婚姻联系起来的亲缘关系在农民社会网中依然占据着最重要的位置(张文宏等,1995)。陆学艺等将建立在家族关系及由姻缘而形成的亲戚关系所构筑的个人与家庭的社会网络称为亲族网络,每个人都生活在亲族网络中,成为网上之结。每个结都承担着一定的功能,传递着某种社会关系,而处于网上的每一个结也时时处处受到网络之影响(陆学艺,2001)。在农村新的经济结构启动和发育过程中,以血缘、亲缘关系为基础,地缘、业缘关系相依托形成了社区农户间日常交往的格局。

1)血缘关系(族亲)

虽然大家族居住的格局在当前农村已经不多见,但社区内的血缘关系及其影响还是相对明显,以家庭姓氏为代表的血缘联系以及家族内部因人情往来而产生的交往与日常生产生活中的互助使得同姓间的日常联系增多。

同姓之间按照父系血缘关系仍有着亲疏远近的不同。兄弟家庭与父母家庭形成一个扩大的家庭,老年人心中的家庭一般就是指这个扩大的家庭。兄弟家庭之间是一种平等关系,而与父母家庭则是一种垂直关系,形成一种纵横交错的立体网络。这一立体网络是家族活动与交往的基础。

2)姻缘关系(姻亲)

按照传统的父系社会规则,同姓同宗具有血缘联系,是一家,不能算作亲戚。由于婚姻而结成的姻缘关系叫做亲戚。在家庭中,妇女地位不断提高,因此由妻方的血缘联系而形成的社会关系逐渐在生活中占据重要位置。(陆学

艺,2001)

3)地缘关系(屯亲)

地缘关系形成邻里。“邻里是在村庄里共同生活的普遍的特征。在那里,居所相近,村庄里共同的田野或者仅仅有农田划分你、我之边界,引起人们无数的接触,相互习惯,互相十分熟悉;也使得必须有共同的劳动、秩序和行政管理……”(林荣远,1999)而空间上的接近性则是农户地缘关系产生的基础,并在日常交往的互动中形成社区共同生活的基础。“由于持久地保持与农田和房屋的关系,就形成了共同体的生活”。地缘关系构成了村民日常交往的重要关系。所谓“远亲不如近邻”,在农村社区,由于共同生活在同一个地域范围内,不管是否存在血缘关系,都自认为是一家人,称作“屯亲”。

4)业缘关系

随着市场经济的发展,农村产业结构调整及外出务工人员的不断增加,农村居民职业出现分化,不单以种植业为主,出现种植与养殖、外出打工兼顾的产业格局,受这一产业格局的影响,农户间的职业与分工出现分化,而从事相同产业或职业的村民联系会更加紧密。

社区内人际关系类型还包括朋友关系、同学关系等,但由于这些关系大多与亲缘、地缘、业缘关系等相重合,而且社区内成员间多种关系交织在一起。这些错综复杂的关系构成了社区内的人际交往与关系发展的基础,使得社区内的居民互相往来,如同一个大家庭一样生活在一起,构成社区共同体生活景象。

案例:

帮工互助中的人情来往

在吉林某村,2007 年猪行持续高涨,而鹿行长期低迷。经过权衡,从 2007 年停止养猪的房东家打算开始养鹿。秋天农闲的时候,请了好多人帮忙修鹿圈。有 LGH、LGR、SLD、WZY、ZLY、WXR 等,这些人都是我们这些天接触比较多、比较熟悉的人,而且看上去也都是特别能干的。WXW 前两天一直在帮叔运料,听说这两天因为肺结核不舒服而没有来。WW 好像一直很忙,但中间也有好多次过来帮忙。

吃饭的时候,阿姨和我们闲聊,说这些帮工实际上都是相互间的来往,叔以前帮他们干过活,在自己家里需要用人时便去找他们,他们自然也不好意思推辞。而像 WZY,虽然以前没帮他干过活,但在叔家倒卖木头时,W 曾来要废木料用作女儿结婚时烧火之用,所以这次用人自然也想到找他帮忙。有的虽然以前没帮干过活,但平时关系比较熟悉,现在用了人家,以后人家有事也是要主动去帮忙的。

这个案例告诉我们，社区居民在日常交往过程中无形中相互间是欠了人情的，还的方式却可以有实物与劳动等不同的形式。而帮工也体现了主人家是否有面子，在村子里有影响力、有面子的人需要用人时，很多人都会主动来帮忙，而帮忙的人越多越能干，主人也就越有面子。而主人为了更有面子，则需要在日常交往中不断地通过各种形式的人情来为自己换来面子。

以前农村人情往来大多是宗亲与姻亲，现在人情中朋友的比重则越来越大。重要的是，在差序格局解体的时候，人们根据自己的理性判断选择关系。市场经济和现代传媒则为农民提供了进行理性算计地交往朋友的理由。人际总成绩与经济利益越来越紧密地挂上了钩，人际关系变得越来越理性化了(贺雪峰，2003)。人情交往中的算计、回报等都是人际关系理性化的体现。

2. 农村社区外部联系

1)社区与社区外组织或机构的联系

农业生产可以简单地分为产前、产中、产后三个阶段，与这三个阶段分别对应的农村市场经济主体分别为生产资料销售者、生产技术提供者、农产品收购者。这些分布于城市与集镇的单位是与农业生产直接相关的重要组织。其代表性机构或个人包括生产资料公司(有种子公司、化肥公司、饲料超市、农药商店等不同称谓)，科研单位，大专院校专家教授，农业局、畜牧局以及技术推广站、植物保护站等部门，粮食加工厂，合作社以及个体小商贩等。

2)社区与社区外的农户个体联系

社区与社区外的农户个体联系主要包括亲属关系、业务关系与朋友关系及雇佣关系与同事关系等。

(1)亲属关系

外部联系的亲属关系中最重要的是女方的娘家和生活在外村、外地或城市里的已婚子女、兄弟姐妹等，这是建立在血缘与姻亲关系基础之上的联系，是亲属关系的外延。其交往方式除了相互走动、探亲外，在农忙时这些外村的亲戚朋友会过来帮忙，反过来对方忙时被帮助者也会去帮忙。特别是那些不是大姓成员的农户，他们的主要亲属关系不在本村，其对外部的亲属关系依赖性更强。

关于农民外出务工的研究更多是偏重农民如何在进入城市并在城市社会生存发展，农民工流动的过程也是一个不断重新构建新的社会联系和社会关系网的过程，分析农民工在城市处于边缘化的位置(闫文秀，2005)。而关于农民工就业信息来源问题，现有研究主要将其置于社会网络理论分析框架之下，认为农民工就业信息主要来源于亲戚、老乡、朋友等强关系群体(陈军,2005)。

案例:

外出务工的外部联系

35户有外出打工人员,在问及其打工信息来源时,62.9%的村民认为其打工信息主要来自其在城里生活和工作的亲戚朋友,这些亲戚朋友在城里遇到相关的合适的工作机会就会主动介绍给在村里的亲戚,而村里的村民也会主动托在城里的亲戚朋友给介绍工作。对于外出务工的社区居民来说,在城市里工作生活的亲戚朋友是最重要的外部联系,这些建立在亲缘关系与感情关系基础上的联系也是其最信任的信息来源。因为对需要外出求职的农民工而言,他们考虑问题的重点,不在于这份工作能挣到太多钱,而在于自己的劳动是否真正能够获得相应的回报以及这一信息是否可靠;对于农村居民来说,完全陌生的城市充满了太多的未知数,如果信息不可靠、工资不劳靠的话,他们宁可放弃不干,也不愿意承担上当受骗的风险。这也是为什么在调研中发现社区居民在外打工很少遇到讨不到薪水的情况的原因。

(2)业务关系与朋友关系

做生意及从事养殖业的农户会和相关业务人员有较多联系,比如养鸡户郑某和河东的养鸡户联系比较多,因为是第一年养鸡,郑某需要经常打电话向其咨询;而养猪大户则都有固定的关系随时沟通,了解外部市场情况以及报告村内最近的养殖动态等;养牛、养鹿的农户也会有一些固定的外部联系来为其提供生产资料等业务上的服务。业务关系区别于市场关系就在于这是双方长期交往过程中建立的稳固关系,而且彼此信任。有时业务关系与朋友关系很难完全区分开来,特别是长期从事某一行业的人,往往都有自己固定的交往圈子,圈子里的人互相给予支持与帮助,而且在互通信息方面具有本村村民所不具备的"弱关系的优势"(strength of weak tie)。[1]

(3)雇佣关系与同事关系

雇佣关系与同事关系是指社区居民外出务工时与雇佣者及同事所建立的关

[1] 美国学者格兰诺维特(Granovetter)在研究求职者的社会网络时最先提出这一观点,认为由于弱关系具有更高的异质性,它更可能提供强关系所无法提供的异质性信息,而这些信息对于求职结果有很重要的意义。参见赵延东.求职者的社会网络与就业保留工资——以下岗职工再就业过程为例.社会学研究,2003(4).

系。雇佣关系与同事关系有的属于长期稳定性的，有的则是短期的，主要受打工性质的影响。例如，本地打工主要是在瓦厂与苗圃打工，所建立的关系相对稳定，而且由于地理上的接近性使得相互间的联系更加紧密。又如，经常与苗圃工人在一起干活的人会建立起很好的私人关系。而进城打工的年轻人也很容易与同事、老板建立友谊关系，有的甚至与同事发展成恋人后结婚，进一步演化成为夫妻关系。

第三节　农村人际传播

农村人际传播是指农村人口在社区内部和社区外部普遍存在的人与人之间的信息交流方式。在这一交流方式中，农民可以建立彼此间的亲疏关系和情感基础。通过人际传播，人们可以从对方身上获得外界信息和学到自身没有的知识。这一点，可以从知识转化过程的分析中得到证实。在农村人际传播的交流式学习模式的第一阶段中，农民首先要将自己的隐性知识显性化。将自身隐含的经验性知识表达出来，是形成与他人对话空间的前提，也是人际传播编码化过程。在第二个阶段，即从一个体农民到另一个体农民的过程，是从显性知识到显性知识的组合，是知识接受方对知识提供方的解码过程。

一、农村人际传播对知识创新的影响

（一）人内传播：自助式内向知识转化模式

1. 农村人内传播是农民个体自身的思维活动过程

人内传播不是对外部世界的消极、被动的反应，而是积极能动的反映。这种能动性表现在人的意识和思维活动具有生产性和创造性。通过这种思维活动，个体对周边事物或正在进行的活动适时分析、整理，从而对于问题的解决方式有一个新的认识和想法，并用这些认识和想法来指导和规范自己的行动。

几千年来，传统劳作方式和地理条件形成了农民自给自足的小农经济，形成了以家庭生产为基本单元的生产方式。一个家庭的生产活动可以将种、养、牧、渔、林等包括其中。因此，在家庭生产中心思想的主导下，农民习惯于生产经验的自我体会和自我总结。这就是以“干中学”为特征的知识转化模式。农民通过原有的显性知识来指导正在进行的生产实践，在实践过程中，碰到一些难以处理或新出现的问题，他们都会尝试一些新方法来解决，这是农民知识创新的主要来源。通过困难问题的不断处理，个体农民会形成自身独特的生产经验和实践风格，即自身宝贵的隐

性生产知识。

案例：

朵沙:节能灶自学者

西双版纳的茶农朵沙告诉笔者,节能灶的使用比传统灶方便多了,除了这个,烟也不会到处乱冒,炒的人也不容易出汗了。

现在的节能灶是2009年3月自己制作的。以前也没做过,不过倒是见过别人制作。一次是然爬家,一次是达梅家。他们一边做,自己就在旁边一边看。

其实,刚开始时觉得挺容易的,只要随便搬上去就可以。但是等到锅放上去的时候,发现炒锅是一边烫一边不烫。后来自己又到达梅家仔细观察了他们锅的平放位置。原来他们的烟囱口并不大,而自家的则放得太大了,导致火力不够大。后来,他就在烟囱口添置了两块砖头,使得出烟口变小。事实证明,他的这一想法是对的,后来炒锅受热就均匀多了。

对于使用节能灶的体会,朵沙说,主要是灰多的问题。要是下面的灰多没有及时清理的话,节能灶就容易烧不着,所以隔一段时间发现灰多了得及时清理出来。还有在炒的时候,茶叶应该少放一点,炒出来的茶叶质量才好。否则要是茶叶放多了,茶叶很容易变红。

对于节能灶今后改进的意向,他说,现在的节能灶人站的地方不够舒服。以后在制作的时候,应该底下出来一点,而上面一端进去一点,从而缩短锅和身体的距离,便于手工操作。还有这个高度,要是主要给高点的人炒的,高度就要高点;要是给矮的人炒,高度就要相应降低。

2. 自助式内向转化模式

人内传播的知识转化模式称为自助式转化模式,其主要特点是其运行系统的相对封闭性。人内传播的自助式转化模式只局限于个体内部的思维运动过程,是个体与劳动对象直接接触并发生某种反应的行为过程。在自助式转化模式中,人内传播的所有环节均在个体内部的思维运动和生产实践中完成,将个体自有知识与生产劳作加以整合和融会贯通。然而,这并不表明人内传播并不存在外界知识的印迹。相反,人内传播的显性知识仍然要来源于外部隐性和显性知识,是综合外部知识的成果。正因为如此,人们往往会发现个体之间的诸多体会和想法具有不同程度的相似性。也正是这些相似性,保证了人们在从事同类生产时的规范性和合理性,保证了社会生产的正常有序进行。人内传播的自助式转化模式见图4-8。

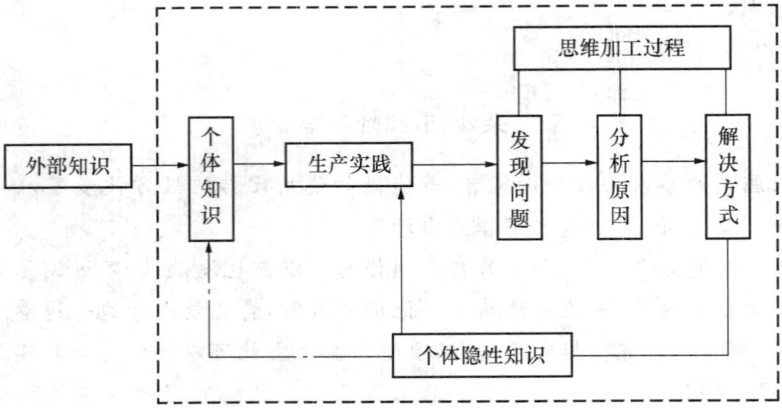

图 4-8　人内传播的自助式转化模式

从知识转化的视角出发，人内传播的自助式转化模式可以用知识内化理论来说明。知识的内化(knowledge internalization)是知识转移成功的终端方式，它主要来源于制度理论(Meyer & Rowan,1977)。制度理论将知识转移成功界定为接受方对所转移过来的知识的持有程度(ownership)、承诺程度(commitment)和满意程度(satisfaction)。根据柯斯托娃(Elizabeth Kostova,1999)的观点，有三个因素影响接受方对所吸收知识的持有程度(ownership)：一是知识接受方的判断力，良好的判断力可以使接受方更多地将他们"特有的理念、独特的知识以及个性风格"融入到他们所吸收的知识中(Pierceetal.,2001)。二是知识接受方与知识联系的紧密程度(即包含知识的互动的多少)，联系越紧密则越能加强接受方对知识的持有感。三是个体对知识所投入的精力、时间、努力和关注程度(Csikszentmihalyi & Rochberg-Halton,1981)。

作为一个相对封闭的个体学习系统，自助式转化模式仍有自身完善的思维体系，包括感觉、知觉、表象、概念、判断、推理及其他个人倾向性因素。而知识自助式转化效果的强弱很大程度上取决于个体的思维加工能力。在个体发现问题、分析原因及解决方式的思考和选择中，某个环节中个体对问题的思考角度和方式的差异，将会直接影响到下一个环节的分析和解答。

基于人内传播的个体性特征，个体在问题分析时具有强烈的自主性色彩。比如在分析某一问题时，个体可以根据自己的经验知识或知觉来判断；在寻求合适解决方式时，个体又可以根据自己的现实条件找出恰当的解决途径。在此基础上，个体人内传播形成了相对封闭和完整体的知识转化循环系统。个体在获得解决方式时，就能具体应用到生产实践中并形成个体隐性知识，成为个体知识的新增加部分。在下一轮的知识转化过程中，又可以将这些隐性知识和其他知识组合在一起，共同指导新的生产活动。

案例：

李成妹：销售渠道知识的匮乏和迷茫

李成妹今年春茶一共70公斤左右，被在勐宋边防当兵的给买走了。价格不高，一公斤30块钱。在茶叶收购阶段，那时候的行情价也就是30块钱/公斤。李成妹说，像去年，茶叶留了一段时间，结果价格马上下降。根据去年的这一经验判断，能够卖掉就得先卖掉，不能像去年等降价时才卖。去年到六月份时，就没有人再收购茶叶了。一直到八月份，才有人再开始收。要是没有人收时，自己也没办法。所以今年看到有人买，价格虽然低了，可大家也只是这个价，就只好卖了。

其实，以前李成妹的男人也在销售上想了好多办法。比如把茶叶拿到布朗山那边去卖，他们那边的价格比勐宋的要好些。可是去年拿了一袋过去放在他朋友家，到现在都还没卖出去，茶叶也还放在那边呢。还有春茶时，在先锋也找别人拿了些苦茶，想看看是不是在布朗山那边能卖得出去不，结果到现在也是没能卖出去。

前几年茶叶价格高涨的时候，她以为以后还会一直这么高呢。那时挣的钱家里也就花了。其实对于自己来说，她平常倒是不乱花钱。可是男人得抽烟喝酒，孩子上学也得花钱。没想到茶叶价格一下子落了这么多，她现在也没有别的办法，只能尽量省一点。

村里成立的茶叶合作社她也听说了，具体的情况倒是一无所知，不知道人家销售得怎么样。她说，现在自家的茶叶并不多，暂时也不会参加。要是合作社能真正给自己带来利益，还是会考虑作为一个渠道来选择的。

据了解，她平常主要往来的人也是不多，像李梅家、妇女主任家、米英家、戈土家姐及娘家。勐龙那边一般每年去三四次。而景洪因为有孩子在那上学，现在一年也会去两三回，主要是去看孩子。看电视时，主要也是看点生活片，其他的新闻类也少看。

在这种情况下，本来就极度缺乏的优势技术就很难在社区中得到普遍性共享。对于那些积极性比较强、勤劳肯干的农民来说，他们迫切需要有专业生产技术能人的指导。在这一方面，曼加村社区销售知识领域表现尤为明显。由于销售环节直接关系到农民的家庭收入，具有较多销售渠道、销售方式知识的农民一般对这些比较保密，像小组长家、阿边家等。其实，农民也都知道他们拥有的销售知识比较多，也比较有方法来促进茶叶销售，但是对于这些经济敏感问题，茶叶销售精英一般也不愿意告知其他农民。一方面，这些知识的传授很可能就直接损害到自身利益，像小组长也不可能告知农民如何有效销售，只是会简单传达销售价格信息，并趁此压低一般价格，自己也可以从中获得部分差价，以保证自身利润的最大化。另一方面，销售知识作为茶叶销售精英群体的独特优势，是他们确立社区社会地位的资本。只有单独拥有这些销售知识，他才有自身的发展优势，并获得其在社区发展中的优势社会地位，并维持在其他农民心中的优越评价。

可见，人内传播系统的个体封闭性特征，为知识内向式转化模式的连续性提供了基础条件。而个体思维的灵活性又为内化向转化的连续性提供了动力条件。人在生产中碰到困难时，往往会激发思维中的创新因素，而这种创新思维是多元、多视角的。它总是会不断尝试新的方式。如果第一种方式没有成功，他会再尝试另一种方式。正是在思维的不断选择和碰撞中，农民的创新思维得以激发和展现。由此，个体思维的系统封闭性和系统内部的灵活性，促进了农民个体内向式知识转化的新一轮循环，成为知识创新的重要来源保障。

(二)人际传播:他助式外向知识转化模式

人际传播是农村社区人与人交往的主要形式。如果用知识转移理论中的知识转化过程来分析人际传播，不难发现，与人内传播的自助式内向知识转化模式不同，人际传播的知识转化过程属于他助式外向知识转化模式。也就是说，它必须要有外界知识来源，依靠这个知识来源，个体通过吸取外部隐性和显性知识来充实自身的知识容量，从而推动知识转化活动的进程。这些外界知识包括外在隐性知识和外在显性知识，外在隐性指的是他人能够潜移默化表现出来或影响很多别人的行为，而外在显性就是他人已经明显显露出来的知识。它具有明显的开放性特征，强调个体不断与外部知识的传播和交流。

他助式外向知识转化表现为口语传播和体态传播两种形式。这两种传播形式共同作用于农民知识的创新过程，成为乡土知识来源的不可或缺的重要组成部分。

1. 口语传播过程

在原始人类漫长的生产劳作中，一方面人们在生产劳动中需要协调和沟通，以便了解生产进程，互通生产信息；另一方面，人们需要将这些经验传授给自己的接班人或者其他劳动者以减轻其他人的生产负担，以便提高生产效率。在此过程中，人类开始形成了自己独特的语言体系。在人类有了语言后，口语传播活动也随之开始。人们通过简单的口语传播，告知另一方信息和传播知识。口语传播也因此成为人类传播活动的基本现象之一。

随着人类文明的进步和社会的发展，人类的传播媒介品种和数量越来越多，并逐渐辐射到世界各个角落。然而，在偏远落后的山区农村，地理位置的局限性严重制约了媒介水平的提升。对于整天忙碌于生计活动的农民来说，他们很难有经济条件和时间供给去专门培训自身的农业生产技术。同时，受到乡村传统的自给自足小农经济思想影响，绝大部分山区农民仍然愿意和习惯于采用口述式的传播方式。通过口语传播，他们自然而然地获得生产信息和经验知识；也是通过口语传播，他们了解到别人更好的生产方法或者也向别人介绍一些自己在生产中的心得体会。

从知识转化的视角出发，农民知识的口语传播是知识提供方在隐性知识显性化后传递给知识接受方，再经过知识接受方转化为自身隐性知识的过程。这一过程可以分为三个阶段：一是知识提供方对外在隐性知识的编码，成为可供口语传播的外在显性知识；二是知识接受方对这些显性知识的译码，即进行过滤、加工和吸收，成为个体化的新的自有显性知识。三是知识接受方运用新的自有显性知识指导自己的生产实践，并最终转化为自身内在拥有的隐性知识（如图 4-9 所示）。目前从农民口语传播的外向转化模式的现状来看，影响该过程顺利进行的主要是三方面问题：第一是外在隐性知识的来源问题，其次是知识提供方的编码能力问题，还有就是接受方的译码或解码能力问题。

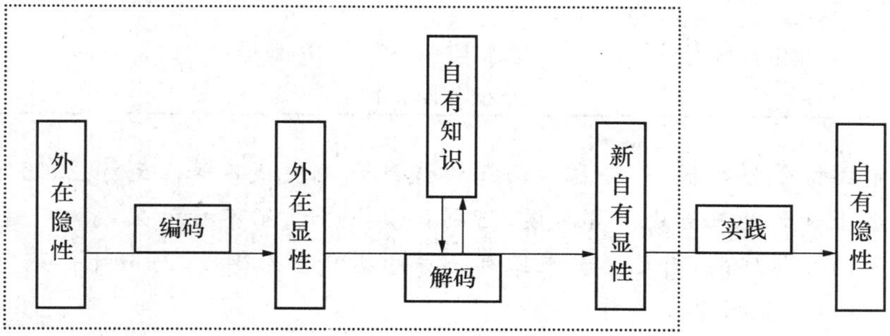

图 4-9　农民口语传播的外向转化模式

案例：

阿副：社区精英对采摘知识清晰表达

阿副说，自家茶叶的采摘方法和别人有所不同，不像别人采出来的茶叶不完整。家里采下来的基本上是一芽一叶或是只有芽的。这样烘干出来的茶叶有不少白色的，形状好看。

接着，他随着一年四季的变化讲述了12个月中茶叶采摘的具体差异(表4-5)。

茶叶刚生长时，一般第一叶片不太好看，采用一芽一叶的方式就是选择生长得最好的叶子。一般茶农以为三叶一芽的采下来比较有数量，可是经过尝试，同一个袋子装得满满的，还是一叶一芽的比较重，主要是因为芽本身比叶子重的缘故，所以阿副更是坚定自己一芽一叶的采摘方式。

表4-5 每月茶叶采摘情况差异

月份	茶叶长势	是否农忙	采摘方式	茶叶质量
1、2月			处于休眠保养期	
3、4月	初长期，茶叶不多	没太多农忙	一芽一叶	比较好
5、6月	雨水多，生长快	农忙季节：插秧、种包谷		叶厚、质量不好
7月	生长得比较好		把没芽的折掉了，芽发出得好	
8月	发得快，雨水多		一般折不完，没芽的多	
9月				质量与六七月的差不多，茶叶比较好
10月	生长得少	农忙收获季节	一般采得少	质量可以
11、12月		进入休眠保养期		

以前茶叶价格很低，一公斤从两三块钱到十几块钱不等。到了2006年，茶叶价格迅速上升到两三百块。那时候，阿副就重点专注了茶叶的采摘。经过一阵子采摘方面的具体实践，自己感觉采三叶一芽的茶叶生长得慢，而一叶一芽生长周期比较短，可以生长出更多茶叶。

现在村民的采摘观念很难改变，买茶的老板来收购时，虽然对于茶叶质量还是有一定把关，但差别不大，大部分茶农的价格是一样的，要是多给点价的，也不会高多少。

2. 体态传播过程

人在出生后，就自然而然地学习观察和领会周围的动作图像，从家庭成员开始，学习他们的各种行为动作和生活习惯，这就是所谓的人类社会化活动。“父母是孩子的第一位老师”，从父母的榜样行为中，孩子开始进行模仿性的社会化活动学习。随后，人们开始慢慢扩大模仿的范围和领域，包括模仿别人的生产方式、技术动作以及生活习俗等。

作为观察模仿的典型形式,“师傅带徒弟”常受到人们日常技术学习中的青睐。一方面,师傅需要某一技术助手协调辅助事宜;另一方面,徒弟又需要模仿学习师傅的细节性技术技巧。在长期的耳濡目染过程中,徒弟自然而然地掌握师傅具有的专业技术。在农村社区,农民的模仿学习虽然没有“师傅带徒弟”那么明显的师徒关系色彩,但是隐性知识提供方与接受方的互动过程仍然类似于师徒之间的模仿互动,他们仍然遵循模仿行为的一般性规律。通过模仿学习,农民可以学到在显性知识中不易学到的技术经验,包括其他农民的技术方式、劳作时间、动作要领等。通过对当地技术能人的模仿学习,农民能够迅速地掌握符合当地生产习惯的隐性知识,有利于他们加快生产进程和提高劳动生产效率。

从知识传播视角出发,模仿学习属于体态传播,主要是以非言语形式为符号特征的知识传播。在农村社区,体态传播现象无处不在。技术能人通过生产实践,在实施生产行为过程中将自身的隐性知识融入其中;而在这一过程中,知识接受方可以综合运用自己的条件进行观察和分析,进而形成自己对该行为动作的剖析和理解,并在下一环节的生产实践中体会参与,随着次数的增多和体验的深入,逐渐将知识提供方的隐性知识转化为自己的隐性知识。由于知识接受方的隐性知识来源于知识提供方,因此常常可以在“徒弟”身上看到“师傅”的影子。如图 4-10 所示,知识提供方通过实践也就是体态来展示自身的隐性知识,接受方在观察后,结合自身的理解和体会,进行相应的体态模仿实践后,即可转化为自有隐性知识。

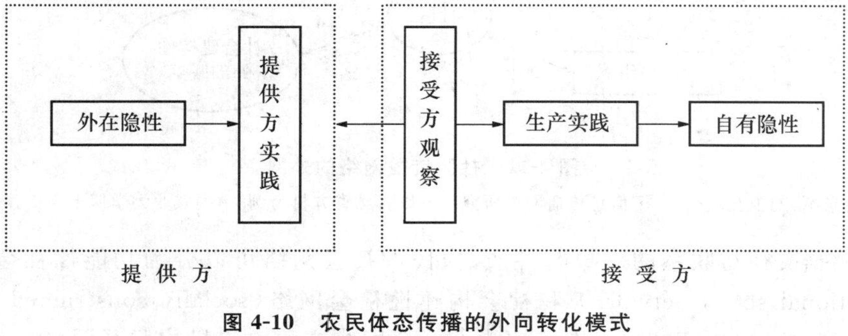

图 4-10 农民体态传播的外向转化模式

当然,体态传播式的知识转化并非都是有意识的学习。由于社区人力资源的局限性,农民之间常常需要个体间互相分工协作。在这种时候,某些协作者比较有机会模仿到技术能人的重要关键技术动作。比如像曼加村的木匠阿副,他十几岁时因为常去帮老木匠做一些粗活,在协助过程中,对于修建房子的木料加工程序有了基本了解，久而久之还学会了一些基本的木匠工艺。一般像这种手艺，除非有血缘亲戚关系的，一般比较不愿意在普通农民间传授。比如像村里老电工，只把自己用电方面的技术传给两个儿子，而其他年轻人就没有什么机会可以介入，更无从模仿学习发生。

体态传播其实是一个长期的、潜移默化的感染过程。在有条件的情况下，知识接受方必须争取机会多与知识提供方接触，才能更加直接地感受技术要领。在农村社区中，由于小农经济的自给自足特征，农民在一起生产劳作特别是与家庭外界的接触机会并不是太多，这也导致了外部模仿机会的偏少，难以加深知识接受方的动作印象以及深刻理解。

二、农村人际传播的外部联系

农村人际传播的外部联系是指与社区产生交往关系、信息传播联系的外部组织或个人。这些外部联系通过其不同的沟通机制为社区提供相关的信息与技术、支持与服务等。因此，外部联系与社区构成以社区为中心点的外部传播网络，简称外网。见图 4-11。

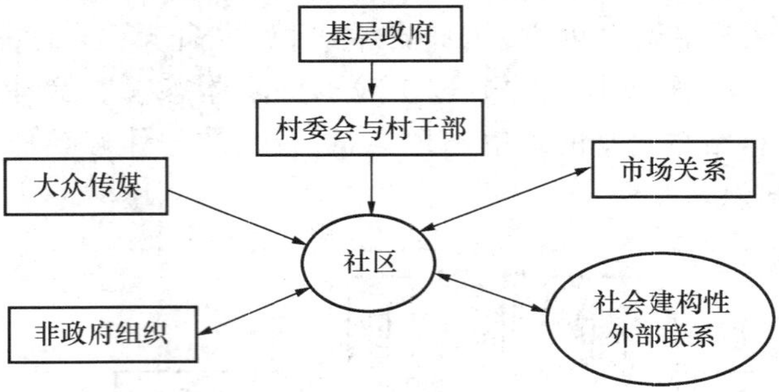

图 4-11　社区传播网络的外网

资料来源：刘玉花. 农村社区信息传播网络研究——以吉林省方村为例. 中国农业大学博士论文，2008.

根据交往与联系的对象与性质，农民的社会网络可以分为功能性社会网络(functional social network）和社会构建性社会网络（socially constructed social network)（叶敬忠，2004）。农民功能性社会网络亦称农户机构联系图（household institutional diagram/ network)，是指社区内农户与户外的机构与团体之间（即人与机构间）的功能性联系与交往状况。农民通过功能性社会网络可调动的资源主要由交往机构与团体的能力与性质决定，故相对来说较少。显然维系功能性社会网络的机制靠的是法律、法规及交往机构的规章制度，因此农民虽然与部分交往机构之间有双向的联系，但明显缺乏互动或根本没有互动（叶敬忠，2004）。功能性社会网络具体可以分为政府体系、市场关系、非政府组织、大众传媒四种不同的外部联系体系，每种体系都具有其特有的职能和沟通方式及与社区产生不同的联系和影响。

（一）自上而下的政府体系与沟通机制

政府体系的信息传递是通过自上而下的组织机构实现的。虽然说自上而下推行的政策与事务，大部分在正式组织和制度的框架内执行，而对于农村社区来说，政府体系的信息传递到社区需要经历一个较长的路径，村委会及村干部在其中发挥中介作用。[1]

1. 从镇政府到村委会

各级政府中，与村委会及村干部直接产生联系的是镇政府的相关部门。这些基层政府的相关部门履行着承接上一级政府与基层民主自治组织的对接。《村委会组织法》第 4 条规定："乡、民族乡、镇的人民政府对村委会的工作给予指导、支持和帮助，但是不得干预依法属于村民自治范围内的事项。"

由于处于自上而下的行政体系中最低的一层，村委会既是基层的自治组织，也是联系政府与村民的桥梁与纽带。

案例：

长岭乡被撤并到齐家镇后，一些服务性、营业性的部门保留下来，如邮局、电信局、农电、派出所、信用社等。这些带有政府服务性的单位承担着辖区内的相关服务工作，而其他的政府服务部门则都位于齐家镇政府所在地，包括农业办、经管站、科技办、畜牧站、党政办、水利所、民政办公室、妇联与计划生育办公室等。

农业办公室负责农业生产相关的一切事宜，包括组织培训、农业推广、季节防虫、农业生产季节性安排等。这是与村委会产生联系最多的部门，每年最少会到村里来五六趟。

经管站负责农村经济，即所有村集体的经济账，即各村集体流经的收入和支出。

畜牧站重点在防疫，秋防春防，常规防疫。春天检查，冬天验收。每村都有防疫员，直接与畜牧站联系，负责各村的防疫工作，各村的养猪、鹿、鸡等相关事务都

[1] 根据刘玉花（2008）的研究，基于当前村集体的经济基础与职能定位，村委会在社区农户生计发展中发挥的作用越来越弱。

归畜牧站管。

党政办包括组织、宣传、党建工作等总称党政办。经管站负责农村经济与相关的一切事务,包括农业保险等。

水利所负责水利设施建设和夏季防汛等。夏天在村里时曾遇到村长各家收袋子做防汛的准备工作,就是水利所组织安排的。

民政办公室负责全镇的低保、救济工作,包括退伍军人的安置等。

2. 政府体系与社区的沟通机制

政府体系与社区的沟通通过各层级的政府机构和相关部门,村委会与上面许多单位都存在着某种程度的沟通关系,正所谓"上面千条线,底下一根针"。

案例:

政府体系下的某村外部联系图

基本上所有的镇政府相关部门都会和村里有联系,其中联系最多的是农业办公室、畜牧站等与农业生产相关的部门,联系的主要方式是召开相关村干部会议、检查指导、组织村干部参观学习等,以传达上级政府的政策与精神并安排落实政策在各村的执行。政府体系下的某村外部联系图见图 4-12。

图 4 - 12 所示,基层政府传达的上级政策与任务至少经过各相关部门、村委会及村干部、村长三个层次的传播路径才能最终到达普通村民,普通村民能够接触到的政府体系下的联系仍是村委会干部,几乎没有机会接触镇政府甚至区政府以上的工作人员。而各行各业的事都要在村委会及村干部这里得到具体实施,而村干部的工资最低,工作量最大。到各自然村与村民直接传达政策与执行任务的则是各个村的村长。

(二)建立在市场关系之上的沟通机制

社会主义市场经济的发展、现代传媒技术的普及使得建立在市场关系基础上的外部联系与社区居民沟通的方式越来越多样化,不仅超越了传统的面对面交易的买卖方式,更是借助多种传播渠道来促进双方的沟通。

除去利用大众传播和组织传播手段之外,为了建立长期固定的市场关系,有些商家会借助社区里有影响力的人物来建立其在农村市场中的广泛影响,这就需要与这些人建立起良好的关系,通过人际间的请客、送礼等方式来实现这些目的。而且大部分的生产资料公司在村民进城买种子、化肥时还会"供饭",不但中午免费请农民吃饭,而且还会派车将其所购买的生产资料送回家中。这些活动成为拉拢固定客户的手段,甚至在销售商中被广泛采纳。

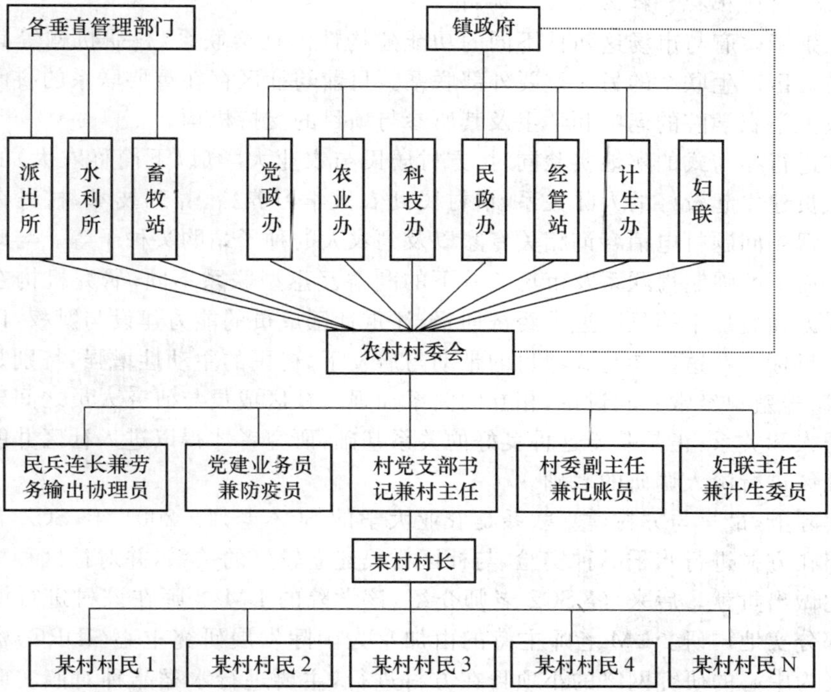

图 4-12　政府体系下的某村外部联系图

案例：

外来的商贩与信息传播方式

在村里住着，一早一晚及中午时常会听到卖菜、卖面食、卖豆腐、收旧电器、收粮、收猪等小商贩的声音。与传统的进村卖货的用手推车或自行车相比，这些外来的商贩一般都是骑着摩托车或者开着三轮车等进村，收猪、收粮食的商贩甚至开着大货车来。在叫卖的方式上，与传统的口头叫卖不同，录音机和小喇叭代替了过去扯着嗓门喊着叫卖。录好了的叫卖声往往配着简单的音乐，而有些则直接将音乐代替了单调的叫卖声，比如《十五的月亮》这首曲子就是卖豆腐脑的标志，只要村里来了辆摩托车，车上又放着这悠扬的音乐，那一定是来了卖豆腐脑的或者卖豆腐的了。

这些一年四季不断进出村庄的小商贩作为市场关系的代表与方村的村民产生着各种各样的买卖关系，使得这个传统的村庄越来越多地接受着市场经济的熏陶，从自给自足的传统农业逐渐向农业的市场化、产业化经营发展过渡。

(三)科研机构与社区的沟通机制

区别于政府与市场这两种不同的功能建构性的社会联系，科研机构等其他组织是与社区产生联系的另一重要外部联系。目前与社区存在重要联系的科研机构是农业大学农学院的老师和学生及其所参与项目的支持机构。

在进行参与式的实地实验同时，方村居民与农业大学（以下简称农大）的相关研究人员建立起较好的人际关系，请村民到农大学习养猪、养鹅技术，村民在农业生产中遇到问题打电话咨询相关专家以及到农大的种子站购买种子等。与政府体系自上而下的强制性联系及市场关系下的利益互惠型联系不同，研究机构在与社区联系方面更加平等且不追求经济回报，注重社区成员的能力建设与赋权，以社区发展为目标。在这些参与式项目的带动与启发下，村民的主动性增强，特别是在其推动下，养殖户经常一起讨论，相互间关系加强。社区成员与研究人员之间建立了良好的人际关系，正是基于这种良好的关系基础，研究者才得以进入社区并能最终融入社区进行深入调研的基础。

实际上，最早与方村建立联系是农业大学的 SCZ 老师。2001 年，SCZ 老师经人介绍在方村进行水稻品种实验，与社区村民建立较好的关系，并对社区种植业及养殖业做出贡献。后来，经 SCZ 老师介绍，该学院的 LM 老师在该村进行博士论文的部分实地调研。LM 老师主持的由加拿大国际发展研究中心（IDRC）资助的以农民为中心的研究网络的小项目在方村进行，主要进行水稻品种对照实验及水稻黑膜节水灌溉技术等。这一项目提倡参与式发展，即充分发挥社区居民的能动性与参与意识，在研究者的启发与带动下，农民自己动手做实验并将实验结果在一定的范围内进行推广。如黑膜节水灌溉技术就是农民在农业生产中自己发现的，经过村民的讨论与相关专家的认证，推广使用范围达到近二十户，节约了灌溉成本，提高了生产效率。

案例：

307 的引进

2001 年之前，社区内种植的水稻品种较杂，没有固定的好品种可以长期种植。2002 年，SCZ 老师介绍水稻新品种 307 到社区，并且在 YFZ 家做实验，这个品种的好处是稳产，好吃，容易卖上好价钱。而且 SCZ 老师认为，选好品种，可以多种几年，减产不多。在孙老师的介绍下，社区内开始大量种植 307，经济收益较好。

三、农村人际传播网络

对农村人际传播的深入了解和研究应该从人际传播网络入手。

(一)社会网络分析的相关概念

1. 二级传播理论

二级传播理论是针对传统社会网络提出的一个理论模型:指意见从媒介到意见领袖到受众,再从受众到媒介的过程。二级传播理论出自拉扎斯菲尔德的著作《人民的选择》。结论是:意见通常从广播和印刷媒介流向意见领袖,再由意见领袖流向人群中不太活跃的部分。二级传播理论对于了解传播模式,掌握信息传播规律具有重要意义。

2. 结构洞

结构洞(structural holes)理论由美国社会学家罗纳德·博特于1929年在《结构洞:竞争的社会结构》一书中提出。该理论一经问世,便在西方社会学界、管理学界、战略学界引起了轰动,在美国及欧洲的企业界也受到了广泛关注。所谓结构洞,即"社会网络中某个或某些个体和有些个体发生直接联系,但与其他个体不发生直接联系、无直接或关系间断(disconnection)的现象,从网络整体看好像网络结构中出现了洞穴。"针对社会网络分析还有众多相关理论,例如嵌入理论、社会资本理论等。这些理论很好地概述了现实社会中的社会网络关系及其网络个性行为。

3. 社会网络

社会网络是指社会个体成员之间因为互动而形成的相对稳定的关系体系,社会网络关注的是人们之间的互动和联系,社会互动会影响人们的社会行为。网络指的是各种关联,而社会网络(social network)即可简单地称为社会关系所构成的结构。故从这一方面来说,社会网络代表着一种结构关系,它可反映行动者之间的社会关系。构成社会网络有以下要素。

(1)行动者(actor)。这里的行动者不但指具体的个人,还可指一个群体、公司或其他集体性的社会单位。每个行动者在网络中的位置被称为"结点(node)"。

(2)关系纽带(relational tie)。行动者之间相互的关联即称关系纽带。人们之间的关系形式是多种多样的,如亲属关系、合作关系、交换关系、对抗关系等,这些都构成了不同的关系纽带。

(3)二人组(dyad)。由两个行动者所构成的关系。这是社会网络的最简单或最基本的形式,是我们分析各种关系纽带的基础。

(4)三人组(triad)。由三个行动者所构成的关系。

(5)子群(subgroup)。指行动者之间的任何形式关系的子集。

(6)群体(group)。其关系得到测量的所有行动者的集合。

20世纪50年代,人类学家班尼斯(Barnes,1954)第一次使用了社会网络的概念。目前，社会网络理论已成为社会学研究中的重要理论之一。这一理论认为社会是由社会网络构成的。马克思认为“人是一切社会关系的总和”。他是从决定人的本质属性方面下定义的。在他看来，社会是一个由各种不同性质的社会关系结成的网络，每一个人处于这张网络的某一个网结之上，占据某种社会地位，表现某种社会身份。人们正是依靠这种关系才使单独的个体结成为不同的群体，组成了社会的整体，使人表现出人类属性；依靠这种关系，才使人与人之间发生相互交往，从而推动了社会发展。

人们之间的社会网络可以产生资源。社会资源不是个人拥有的东西，而是个人通过其直接或间接的社会联系而从他人那里汲取的资源。社会网络在人们的社会生活中恰好具有正式组织缺少的功能。人的需要是具有多样性的，这种需要的获得不仅仅依靠人们的经济关系。人们的经济交往只是满足人的生理所需的物质资源，而其他方面所需的资源要依赖于社会网络来获得，社会网络可以为人提供多方面的社会支持。社会网络是资源分配的一种重要途径，有的学者称其为社会资源或社会资本(朱力，2003)。

(二)农村社会网络分析

有一句格言：不在于你知道什么，而在于你认识谁？埃米尔·涂尔干(Emile Durkheim，1879)说：“有一种观点认为，对于社会生活的解释，不应当靠参与者的观念进行，而应当根据尚未被自觉认识到的更深层的原因进行。我认为这样做会极富成就。我还认为，其中的原因主要应当在由个人形成的组群的方式中去寻找。”

社会网络分析是研究一组行动者的关系的研究方法。一组行动者可以是人、社区、群体、组织、国家等，他们的关系模式反映出的现象或数据是网络分析的焦点。从社会网络的角度出发，人在社会环境中的相互作用可以表达为基于关系的一种模式或规则，而基于这种关系的有规律模式反映了社会结构，这种结构的量化分析是社会网络分析的出发点。因此，社会网络分析关注的焦点是关系和关系的模式，采用的方式和方法从概念上有别于传统的统计分析和数据处理方法。社会网络分析是对社会网络的关系结构及其属性加以分析的一套规范和方法，它又被称结构分析法(structural analysis)，因为它主要分析的是不同社会单位(个体、群体或社会)所构成的社会关系的结构及其属性。从这个意义上说，社会网络分析不仅是对关系或结构加以分析的一套技术，还是一种理论方法——结构分析思想。因为在社会网络分析学者看来，社会学所研究的对象就是社会结构，而这种结构即表现为行动者之间的关系模式。社会网络分析家B·韦尔曼(Barry Wellman)指出：“网络分析探究的是深层结构——隐藏在复杂的社会系统表面之下的一定的网络模式。”例如，网络分析者特别关注特定网络中的关联模式如何通过提供不同的机会或限制，从而影响到人们的行动。社会网络关系分析图见图 4-13。

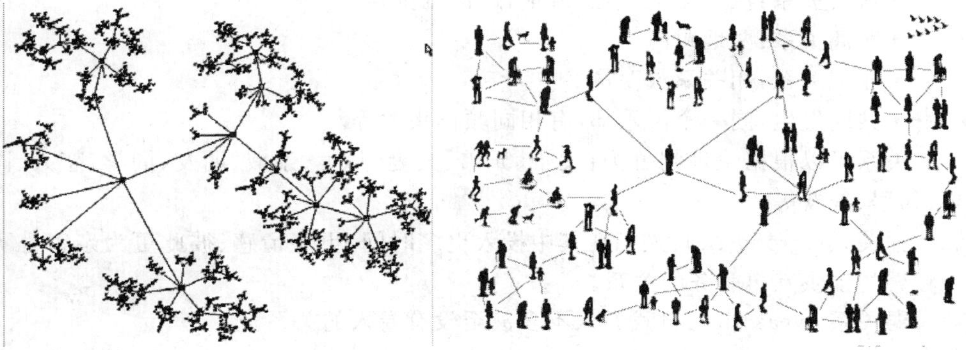

图 4-13 社会网络关系分析图

社会网络分析的基本观点认为，整个社会是由一个相互交错或平行的网络所构成的大系统。社会网的结构及其对社会行为的影响模式是社会网络的研究对象。社会网络研究以分析一个社会系统中各个交叉点的社会关系网络为基础，集中讨论某一网络中的联系模式如何为网络中的某一个点提供机会与限制。网络分析者将社会系统视为一种依赖性的联系网络，社会成员按照联系点有差别地占有稀缺资源和结构性地分配这些资源。网络分析的一个独特特征是强调按照行为的结构性限制而不是行动者的内在驱力来解释行为（蒋涛，2005）。

社会网络分析可以解决或可以尝试解决下列问题：

(1)人际传播问题，发现舆论领袖，创新扩散过程。

(2)社会资本，产业链与价值链。

(3)文本的意义输出，通过追问调查研究文本的关联和意义。

(4)竞争情报分析。

(5)语言的关联，符号意义。

(6)知识管理与知识的传递，弱关系的力量。

关于“关系”被认为是一种双向属性，而主流社会科学所关注的是单一属性，例如：收入、年龄、学历、性别等，但社会网络分析考虑的主要类型是一对“行动者”之间的二元属性，社会活动中存在着不同的二元属性关系，例如。

• 血缘关系：是谁的兄弟，是谁的父亲，婚姻关系等。

• 社会角色：是谁的领导，是谁的教师，是谁的朋友等。

• 情感关系：喜欢谁，尊敬谁，恨谁等。

• 认知关系：知道谁，与谁看起来相似等。

• 行动关系：同谁谈话，一同吃饭，进攻谁，传递信息给谁，从谁接受信息等。

• 流动关系：汽车流量，信息流量，通信流量等。

• 距离关系：两地距离。

• 相似关系：相关系数度量。

• 共同发生：同一个俱乐部，有相同颜色头发等。

关系可以根据伦理划分为：父子、兄弟、夫妻、师生、亲戚、朋友、同学、恋人、同事、邻居、战友等。

强关系（strong tie）：人们在其中投入更多时间、更多情感、彼此更为亲密也更为频繁的提供互惠服务的关系。

弱关系（weak tie）：自我卷入不多甚至没有卷入的关系。

中国社会中，社会网络核心是以血缘关系为基础的，这犹如一个同心圆，以我为圆心，以亲属网络为核心，依次排列为同乡网络、朋友网络、同事网络，呈波浪状辐射，形成庞大的社会网络。社会网络中，其成员之间的互动，会形成某种认同感和团结感，具有一种内群体意识，即"圈内人"意识。进入网络，有了"圈内人"的认同感，彼此才可以相互帮忙、交换。随着市场经济的发展，这种网络结构正在面临着巨大的冲击，以业缘关系为主的理性互动、工具性互动正在成为社会互动的主导。

（三）农村人际传播网络

1. 农村人际传播网络的结构

从社会关系角度来看，社会主义市场经济不仅促进了农村内部与外部市场的联系，而且还促进了农村内部家庭之间的相互联系；不仅加强了生产同构性家庭之间的相互关系，还促进了异质性家庭之间相互关系的加强（主要表现为农业生产家庭与兼业家庭之间的联系）。这在那些缺乏劳动力且无法履行社会功能的家庭之间表现得尤其明显（刘金海，2007）。生产互助与合作是村民应对市场经济发展的结果。例如，共同购买生产资料体现的是生产自助与对外联系的结盟，是社区成员内外沟通的一种体现，而能够一起去从事这一决定全年农业生产格局的活动的人也必然是圈子里的人，即相互间关系较好、互助信任、彼此投缘，属于强关系的一种。

案例：

方村中市场经济下影响人际关系的两大因素

方村内的生产互助突出表现在村民共同购买生产资料、水稻插秧互助等。每年春耕前，关系比较好的村民会相互约着一起到双阳去购买种子、化肥、农药等生产资料，这一互助同时也是农业生产的讨论网。因为在购买的过程中，将会对种植品种、新技术、各家的种植结构等进行讨论与协调，同时在与商家交易的过程中组成一个小范围的同盟，有利于与商家进行讨价还价等。

插秧是水稻生产中的关键环节，且主要依靠妇女来完成，男性主要负责耙地、运送秧苗等前期准备工作。插秧劳动强度大，几乎完全依靠人工完成，生产互助则有助于提高效率。2007 年社区内水稻种植户共 56 户，其中约 45%的农户选择雇人插秧，约 20%水稻种植规模较小的农户自己完成插秧。而不足 30%的农户选择生产互助。

种植面积

只有种植面积基本接近，互助合作才会达成。而对于种植面积不一致的，则通过雇工补差价的方式来弥补。

相互关系

只有日常关系非常好的农户才会选择互助，特别是妇女间的关系比较融洽才有可能一起结伴劳动、互助合作。一般是基于血缘与地缘交往的强关系才能达成一致。

基于这两方面的限制，插秧互助并不像共同购买生产资料那样容易达成，而且由于劳动强度大，对妇女劳动力的要求高，因此，近半数村民放弃了与本村村民的互助合作，而选择雇佣外村村民。

对购买生产资料、插秧互助等农户的互助与合作行为分析发现，市场经济的发展对社区农户的影响不仅表现在农户自愿结合成圈子来进行市场交易活动以提高其在市场经济中的地位与应对能力，以及解决个体农户应对大市场的问题，也表现在社区农户越来越倾向于用市场机制来解决生产互助问题，雇人插秧以及互助插秧通过钱来补贴种植面积差距正是这一市场化趋势的反映。而基于生产互助与合作基础上的产生的圈子进而影响了社区的整体传播网络结构。

2. 市场经济条件下农村人际传播网络的主要特点

社区内部传播网络是基于一般社会关系基础上的对社区内部信息传播关系网络的描述。主要有以下重要特征。

1)农村社区内部存在信息传播网络，但传播网络结构相对松散

相关研究表明，通过对传播网络规模、密度、关系强弱、关系密度、关联性等进行分析发现，社区人际交往规模较小、社区内部的联系紧密程度较低，社区居民相互依赖程度随着市场经济的发展而逐渐降低，网络结构均匀，信息的传播不易受个别点的影响，但信息分散、整体网的传播效率不高(刘玉花，2008)。

2)社区内部传播网络由人际关系、农业生产中的互助与合作、以模仿为主的相

互学习行为构成

社区内部的血缘、地缘等关系构成了社区人际交往与传播网络的基础，社区人际关系网络是社区内部信息交流的载体，而市场经济的发展使得社区居民在人情交往中逐渐理性化，农民日常交往与传播沟通的对象不仅限于亲缘、地缘关系，而且扩大到业缘、朋友圈子等更广泛的范围，而社区内的人情来往反映了人际传播理性化的趋势。

社区农户间的人际关系与日常交往构成了社区的人际传播网络，通过对传播网络的小团体分析则发现社区内存在规模和大小不同的小圈子，朋友与亲属圈子、地域圈子等，这些圈子是村民进行生产互助与合作的基础，而非正式合作组织的存在则在更大程度上实现了信息共享与互助。市场经济的发展不仅影响了农户间建立在关系基础上的互助合作的小圈子，而且农户越来越倾向于用市场机制来解决互助合作中的实际问题。

案例：

养殖防疫技术的学习与掌握

养猪在当地有几十年的历史，一般的养殖技术都不成问题，养猪户在长期实践中也不断摸索出了一套完整的疫病防治与消毒等卫生知识。方村养殖业的防疫与治病一般都是由养殖户自己完成的，特别是养殖大户，会去长春批发一些疫苗和养殖用的常备药，定期给猪打疫苗，且在猪生病时基本上都能自己给猪看病打针，只有在遇到特别严重的疾病或者是从来没有遇到过的现象时才会找村里的大户来给看看，实在不行才找兽医来看。养殖户学习防疫技术主要有以下途径。

(1)向村里老养殖户及老人学习传统防疫技术

王某今年32岁，从2002年开始养猪。他向我们介绍了他作为新养殖户如何向老养殖户学习的过程。刚开始不明白时去找刘国丰、王晓峰问一下，以后自己就能看了，没遇到过大的疫病，一般都能自己解决。村里有些老人由于多年的农业生产经验，对猪的疫病等也有一定了解，掌握防病治病的土办法，通过这些老人也可以获得经验与知识。

(2)个人学习经验总结

在长期养殖的过程中村民自己摸索经验，时间长了自己就能总结出一些简单疫病的症状与治疗方法。养殖户逐渐总结出经验，做好防疫是养殖业的关键，逐渐掌握防疫知识。

(3)通过电视、书籍、资料等学习

大的养殖户家里会有一些关于养殖方面的书籍、资料，而饲料销售商也会在卖饲料的过程中带一些有关养殖技术与知识的资料，虽然重点在于宣传自己的产品，但上面也会登载一些有用的养殖知识，有心的养殖户会从中学到一些知识。而电视乡村频道的《乡村四季》栏目里也会不定期地讲解一些疫病防治等方面的知识，农民从中受益匪浅。

(4)养殖户间的互相学习

养殖户在日常交往中会不自觉地就防疫等养殖方面的知识与信息进行交流，在这个过程中，相互学习与指导，特别是养殖大户由于经验丰富，常常成为半个兽医，养殖户遇到困难时也会主动上门请教。

在技术的采纳与信息的传播过程中，基于社区人际关系基础上的农户间的相互学习与模仿是当前农村社区内部最重要的农业生产信息传播方式，也是基于当前生产力水平下成本节约的简单逻辑。但面对市场经济的发展，简单模仿并不能应对市场环境的变化与发展，缺少创新型的技术与信息传播模式导致农业技术的发展与变革速度较慢，农业生产力低水平运转。

借助人际关系获得信息，通过相互间的学习与模仿来获取知识与技术，这是当前农村社区传播网络的重要特征。这一传播网络模式的优点是信息获取成本低，而且基于相互间人际关系的信任，可能导致的风险也会较小。虽然不能实现利润的最大化，但却满足了投资小、风险小的需求。

3. 社区内部传播网络结构的变化

社区内部传播网络模式在随着市场经济的发展而发生着变化。人际关系逐渐趋于理性化，基于生产互助与合作等工具性交往而形成的社区内大小不同的众多圈子的存在实现了圈子内部成员间的信息共享与沟通，但却降低了社区整体网络的传播效率，强关系传播网络所表现出来的分散与割裂反映了农村社区内部的传播网络受市场利益影响下的变化特点。

社区人际传播网络是获取信息的一种简便、有效的途径，特别是在农村社区，当其他信息渠道不能有效满足其信息需求时，人际关系传播网络对其发展就更为重要。但这一传播网络模式同时也反映了农民的现代化程度低，个体对市场信息获取与分析的能力弱，在不能对市场信息进行有效分析的情况下，导致盲目跟风等问题。总之，社区内部农户相互间的关系构成了人际传播网络的基础，而市场经济的发展则导致人际关系的理性化发展，互助与合作关系及在此基础上形成的圈子与非正式组织也受到市场的影响，而农户相互间的学习与模仿行为则是社区内部信息与技术传播的重要方式。

4. 农村人际传播中的意见领袖

作为传播网络分析中的一个关键节点，意见领袖具有一般节点所不具备的特征与作用,意见领袖策略的运用并非只是对关键节点的简单识别与分析,需要建立在对意见领袖全面了解与分析的基础上加以恰当利用,以发挥其在农村发展中的作用。

1)意见领袖在农村人际传播中具有核心地位

意见领袖是外部信息进入社区的主要联结点,有时是直接与外部联系,有时则是通过社区内的其他人获取外部信息,并借助其在社区的关系产生影响。意见领袖也许不是外部信息进入社区的第一个结点,但信息在社区内外扩散时,意见领袖发挥核心作用。特别是在新品种、新技术的引进中发挥核心作用,同时意见领袖能帮助其他农户建立市场联系,帮助弱势群体与外部联系进行谈判与交易并且引导农村社区消费趋势。

2)意见领袖的人力资本与社会资本较高

运用社会网络分析的相关指标确定社区内的意见领袖,他们具有以下特征:年轻、知识水平高(文化程度高、专业知识和经验丰富)、能力强、外部联系广(外部资源丰富)、信息意识强、观念更新快、人缘好(性格、脾气、人际关系等)、家族力量与支持等。意见领袖的人力资本与社会资本较高,发挥意见领袖作用需实现以上资本的共享与转化。

3)有针对性地识别意见领袖

传统的以进步农民策略为导向的农业推广方式的失败提示我们在农业推广与农村发展中要注意到,任何一个意见领袖的影响力是有限的,不可能通过个别意见领袖而实现信息在整个社区内的传播;圈子层次的意见领袖实现了对社区层次的意见领袖所不能到达的群体的影响,但孤立的圈子内的意见领袖并非是整体网中的意见领袖,如果错误地运用与外部较少联系的圈子层次的意见领袖势必会导致推广的低效率;由于不同领域的意见领袖不同,不是所有的进步农民、村干部都能够成为意见领袖,意见领袖的作用机制除受其社会角色地位的影响外,还受其个性品质等影响。

合理有效地利用意见领袖需要做到:选择一定数量与范围的意见领袖;要尽可能选择社区层次的意见领袖,对于圈子层次的意见领袖应该给予一定重视;应该根据不同的目标群体有针对性地选择本领域本层级的意见领袖。

选择社区意见领袖时不能为了方便而单纯依赖于村干部或某些经济能人。要区分不同领域的意见领袖,有针对性地选择在此领域内最具影响力的人。

利用意见领袖促进农村发展的策略,最关键的就是要有针对性地识别并运用好意见领袖在传播网络内外的位置。在农村发展实践中快速识别社区内意见领袖的方法可以通过召开村民焦点小组访谈的形式对社区内意见领袖进行小组讨论与分析，对符合意见领袖特征并且在社区发展中确实能够发挥作用的个体进行有效识别。有条件的话还可以通过一定数量的个体访谈或问卷调查来进行相对精确的测定。

社会建构性外部联系由于其与本村居民的异质性特征使其具有“弱关系的优势”，特别是在城里工作和生活的亲戚朋友成为外出务工人员最重要的外部联系，这种联系是社区内部关系的延伸，是建立在“差序格局”基础上的外部影响。在“差序格局”中，社会关系是逐渐从一个一个人推出去的，是私人联系的增加，社会范围是一根根私人联系所构成的网络（费孝通，1998）。基于信任关系，村民也会借助自己的社会建构性的外部联系来获得外出务工及其他与生计发展相关的信息。

案例：

人际关系对市场信息的影响

市场经济的一般规律是需求决定价格，在生产总量不变的情况下，农产品价格决定了农民的收益，具有一定市场理性的农民会根据市场需求来决定种植品种与种植结构。

在与村民讨论什么样的水稻品种最好时，大部分村民首先认为，好卖的品种、有人收的品种才会考虑种。因为只有能卖得出去、卖上好价钱的品种才能真正带来经济效益。在选择种植品种特别是选水稻品种时，村民都会比较谨慎，事先大体上了解其他农户都种什么品种，因为只有一个品种种得多了，才会有人来收。而如果自己一家种的品种虽然还不错，但与大部分家庭种的不一致，来收稻子的人只会把这个品种的稻子当成杂稻收，价钱上一斤差几分钱甚至一毛多，而且还不好卖。然而，市场调节具有滞后性与不可预知性，农民在根据市场需求选择种植品种时就不可避免地带有一定的风险，也常出现大家都种了同一个品种但仍不好卖的情况。

为了建立长期固定的市场关系，有些商家会借助社区里有影响力的人物来建立其在农村市场中的广泛影响，这就需要与这些人建立起良好的关系，通过人际间的请客、送礼等方式来实现这些目的。而且大部分的生产资料公司在村民进城买种子、化肥时还会“供饭”，不但中午免费请农民吃饭，而且还会派车将其所购买的生产资料送回家中。这些活动成为拉拢固定客户的手段，甚至在销售商中被广泛采纳，为了使得产品信息得到更广泛的传播、产品受到农民的认可，厂商都会借助各种可能利用的媒介与关系来实现产品销售及赢利的目的。

相关研究表明：不同类型的外部联系，其产生的机制不同，与社区的沟通机制也不同，对社区发展的影响也不同。总之，虽然目前农村社区外部联系广泛，但政府功能弱化、传媒普及但内容缺少针对性。对大部分农户来说，由于市场利益对立所导致的信息不对称，农民对市场信息也缺少信任。因此，社区农户主动获得信息的渠道更多依赖于人际传播，主要是建立在信任基础上的社区内部的人际交往以及社区农户建立的社会建构性的外部联系，对社区发展发挥重要功能的信息渠道仍是人际传播网络，包括内部的人际关系网络与外部的社会建构性的联系网络。

本章小结

人际传播是指人与人之间的信息交流。人际传播包括面对面的交流，也包括运用各种中介通道（也可以称为媒体/媒介，但是这种媒体，与大众传播中的媒体有很大区别）如电话、电报、便条、书信甚至电子邮件等进行的信息交流形式。人际传播包括言语传播，也包括非言语传播。人际传播过程的核心是讯息的编码和译码过程。人际传播的特征主要表现为三个方面：①沟通双方的双重角色；②反馈容易而及时；③传者与受传者易于相互理解。影响人际传播过程的因素主要有三种，即①人际传播讯息；②人际传播环境；③人际传播关系。农村人际传播形式可以分为通过媒介渠道的人际传播和非媒介的人际传播两类。以媒介渠道的人际传播包括通过手机、电话等媒介；非媒介的人际传播表现为如路上偶遇、一起干活、节日聚会、休息串门、会议等几种常见的形式。人际传播的主要特征主要表现为：①传播双方的双重角色；②反馈容易而及时；③传者与受传者双方易于相互理解。人际传播与大众传播相比，有两点主要不同：①反馈容易；②受众选择容易。

人际传播的来源和基础是人内传播。人内传播指的是个人接受外部信息并在人体内部进行信息处理的活动。人内传播理论中的主要代表性理论为"主我与客我"论和"自我互动论"。在农村，人内传播是个体农民一边实践一边反思的过程。研究表明，农村人内传播的特征表现为：①个体封闭性；②对象针对性；③时间有限性。

从知识管理角度看，人内传播实际上是知识转化中的内化学习，是知识主体从显性知识到隐性知识的内化过程，主要表现为"干中学"的典型形式。农民主要采取个体内省式的学习方式，他们可以将掌握的显性技术知识运用到实际生产中，并通过生产实践过程继续检验和改良，从而形成相应的生产经验，实现显性知识隐性化。

非言语传播是指通过非语言文字符号进行信息交流的一种沟通方式。非语言文字符号包括身体动作、面部表情、空间距离、触摸行为、声音暗示、穿着打扮、实物标志、符号标志、色彩、绘画、音乐、舞蹈、图像和装饰等，人们在沟通过程中用上述这些非语言文字符号来表达思想、情感、态度和意向。非言语传播的特点表现在普遍性、民族性、社会性、审美性、规范性和情境性六个方面。非言语传播的作用体现在 4 个方面：①重复或加深印象；②替代言语；③辅助言语；④调整或控制言语。非言语传播可以分为无声非言语传播和有声非言语传播两种。无声非言语传播是指人们在沟通过程中，身体各部位的动作姿势和表情以及其他一些环境因素的非言语传播方式。无声非言语传播包括目光语、体态语、装饰语和时空环境。有声非言语传播是指人们在沟通过程中，通过发音器官或身体的某部分所发出的非言语性声音而进行的沟通方式。有声非言语传播包括辅助性言语沟通、类语言沟通两种类型。

人际传播过程是一个人与人说和听的过程，是一个传者与受传者对讯息的表达和理解的过程，是一个沟通双方编码和译码的过程。影响人际传播过程的因素主要有三种，即①讯息；②环境；③关系。人际沟通过程本身是一个循环过程。受传者对传者发出讯息的反应称为反馈。大众传播与人际传播比较起来，从反馈的及时、连续性和具体化等方面来看，人际传播过程显得更加容易和突出。反馈可以分为正反馈、负反馈、不明确反馈、直接反馈和间接反馈。反馈也可以被分为倾听者反馈和自我反馈。反馈也可分为提问性反馈、理解性反馈、讨论性反馈、回避性反馈、肯定性反馈、批评性反馈、建设性的反馈。人际沟通过程中鼓励富有换位思考的反馈，针对对方的需求的反馈，具体而明确的反馈，富有建设性的反馈，富有自信的反馈，对事不对人的反馈，谨慎而富有分析的反馈，及时而富有理解的反馈。接受反馈要做到耐心倾听，不打断别人，避免盲目自卫并表明态度。农村社区内部人际关系指村庄社会关系。在农村新的经济结构启动和发育过程中，以血缘、亲缘关系为基础，地缘、业缘关系相依托形成了社区农户间日常交往的格局。农村社区外部联系以农业生产为主线，农业生产可以简单分为产前、产中、产后三个阶段，与这三个阶段分别对应的农村市场经济主体分别为生产资料销售者、生产技术提供者、农产品收购者。这些分布于城市与集镇的单位是与农业生产直接相关的重要组织。其代表性机构或个人包括生产资料公司（有种子公司、化肥公司、饲料超市、农药商店等不同称谓），科研单位，大专院校专家教授，农业局、畜牧局以及技术推广站、植物保护站等部门，粮食加工厂，合作社以及个体小商贩等。社区与社区外的农户个体联系主要包括亲属关系、业务关系与朋友关系及雇佣关系与同事关系等。

农村人际传播是指农村人口在社区内部和社区外部普遍存在的人与人之间的信息交流方式。在这一交流方式中，农民可以建立彼此间的亲疏关系和情感基础。

通过人际传播，人们可以从对方身上获得外界信息和学到自身没有的知识。对农村人际传播的研究表现为农村人际传播模式，农村人际传播的外部联系及农村人际传播网络。研究表明，农村人际传播模式表现为农民的知识转化模式，分为自助式内向知识转化模式和他助式外向知识转化模式。自助式内向知识转化模式的主要特点是其运行系统的相对封闭性，只局限于个体内部的思维运动过程，是个体与劳动对象直接接触并发生某种反应的行为过程。他助式外向知识转化模式表现为口语传播和体态传播两种形式。这两种传播形式共同作用于农民知识的创新过程，成为乡土知识来源的不可或缺的重要组成部分。

农村人际传播的外部联系是指与社区产生交往关系、信息传播联系的外部组织或个人。这些外部联系通过其不同的沟通机制为社区提供相关的信息与技术、支持与服务等，因此，外部联系与社区构成以社区为中心点的外部传播网络。农村人际传播的外部联系表现为：①政府体系与社区的沟通机制；②市场关系之上的沟通机制；③科研机构与社区的沟通机制。

农村社会网络分析研究表明，市场经济条件下农村人际传播网络的主要特点是：①农村社区内部存在信息传播网络，但传播网络结构相对松散；②社区内部传播网络由人际关系、农业生产中的互助与合作、以模仿为主的相互学习行为构成；③社区内部传播网络模式在随着市场经济的发展而发生着变化。市场经济的发展不仅影响了农户间建立在关系基础上的互助合作的小圈子，而且农户越来越倾向于用市场机制来解决互助合作中的实际问题。在技术的采纳与信息的传播过程中，基于社区人际关系基础上的农户间的相互学习与模仿是当前农村社区内部最重要的农业生产信息传播方式，也是基于当前生产力水平下成本节约的简单逻辑。但面对市场经济的发展，简单模仿并不能应对市场环境的变化与发展，缺少创新型的技术与信息传播模式导致农业技术的发展与变革速度较慢，农业生产力低水平运转。借助人际关系获得信息，通过相互间的学习与模仿来获取知识与技术是农村社区传播网络的重要特征。社区内部农户相互间的关系构成了人际传播网络的基础，而市场经济的发展则导致人际关系的理性化发展，互助与合作关系及在此基础上形成的圈子与非正式组织也受到市场的影响，而农户相互间的学习与模仿行为则是社区内部信息与技术传播的重要方式。

相关研究表明：不同类型的外部联系，其产生的机制不同，与社区的沟通机制也不同，对社区发展的影响也不同。总之，虽然目前农村社区外部联系广泛，但政府功能弱化、传媒普及但内容缺少针对性。对大部分农户来说，由于市场利益对立所导致的信息不对称，农民对市场信息也缺少信任。因此，社区农户主动获得信息的渠道更多依赖于人际传播，主要是建立在信任基础上的社区内部的人际交往以及社区农户建立的社会建构性的外部联系，对社区发展发挥重要功能的信息渠道仍是人际传播网络，包括内部的人际关系网络与外部的社会建构性的联系网络。

意见领袖在农村人际传播中发挥着重要作用，应该根据不同的目标群体，有针对性地识别和选定意见领袖。

思考题

1. 什么是人际传播？
2. 人际传播与大众传播的主要区别是什么？
3. 人际传播过程的影响要素有哪些？
4. 什么是反馈？反馈有哪些类型？
5. 根据研究结果说明什么是农村人际传播模式？
6. 农村人际传播的外部联系表现在哪几个方面？
7. 什么是社区外部的社会建构性的联系网络？
8. 市场经济条件下农村人际传播网路的主要特点是什么？
9. 如何选择意见领袖？

第五章

农村组织传播 >>>

本章包括农村组织、农村组织传播过程和农村组织传播与农村社区发展三节。其中农村组织传播概述讨论了农村组织传播的特征、信息流和学习型组织;农村组织传播过程分为内部传播过程和外部传播过程两个部分;农村组织传播与农村社区发展分别讨论了农村社区自治组织、农村经济合作组织和农民田间学校的传播问题。

第一节　农村组织传播概述

组织是人类社会协作的群体形态之一,是一个结构秩序非常严密的社会结合体,不仅有着更为明确的目标、制度、纪律,更有着严格的组织分工和统一的指挥管理体系。组织是指为了实现一个靠个体不能完成的共同目标而结合在一起工作的群体。也可以说,组织是一个通过协调活动来达到个人和集体目标的一个社会集合体(social collectivity)(袁军,2000)。为了实现组织的目标,所有成员必须齐心合力,一道工作。可是,任何组织都是有明确分工的,组织内的不同角色要求组织内成员要具有不同的技能和智力水平。无疑,组织内的所有成员之间需要进行大量的沟通活动。组织沟通是组织内部成员间和组织与其他群体间的信息交流活动。组织沟通的目的在于稳定组织成员,应付外部环境,维持组织生命。一个真正畅通的组织沟通关系应该体现在组织成员间的互助、尊重、协作和相互认同。

虽然,有的研究者认为我国乡村组织化程度是比较高的,不仅有县、乡、村构成的政府与行政组织体系,而且设有完备的党团组织体系、生产组织体系等(谢咏才等,2005),但就现实运作而言,农民的自组织化程度仍无法完全满足农民自身和农村社区长远发展的需求。中国农民较低的组织化程度,不仅远远不能适应广大农村各方面的现实需要,并且极大地制约着 21 世纪农村各项事业的进一步发展。另外,我们不仅要关注农村农民的组织化程度,同时,更加重要的是要关注农民在组织中的参与程度,真正提高农民在组织中的存在感。

一、农村组织传播的特征

(一)农村组织传播的一般特征

组织是指为了一个共同目标而结合在一起工作的群体。例如,有研究者认为,“组织是一个通过协调活动来达到个体和集体目标的一个社会集合体。通过协调活动,某种程度的组织结构得以建立起来,以帮助组织成员处理相互之间以及更大的组织环境中其他人之间的关系。”(袁军,2000)这种目标无法靠个体单独完成,需要组织成员齐心协力共同完成。而在此过程中,则需要大量的沟通传播活动。“人们必须组织起来获得生存,而人们主要通过传播来组织。这一学科主要以人类互动的本质和有效性为核心,当这种互动发生在工作环境中时,就称为组织传播。(白春生,2004)”组织传播便是组织内部成员间和组织与其他群体间的信息交流活动。

农村组织传播首先具有组织传播的一般性特征,包括如下几个方面。

1.多种传播方式相结合

组织传播是多种传播沟通方式的综合,它包括人际传播,各种会议、交流以及座谈培训等不同形式的群体传播,以及新技术引入和应用大众媒介的传播与沟通。

2. 正式传播与非正式传播相结合

按传播方式的组织化程度划分,传播可分为正式传播和非正式传播。正式传播是指通过组织明文规定的渠道进行的与工作相关的信息传递和交流,这与组织的结构相关。如组织中上级的命令、指示逐级向下传达,下级的情况逐级向上报告,以及组织内部规定的会议、汇报、请示、报告制度等。非正式传播是指在正式传播渠道之外的信息交流和传递,它以社会关系为基础,是与组织内部明确的规章制度无关的传播方式。它不受组织的监督,自由选择传播渠道,如朋友聚会,团体成员私下交换看法,传播的谣言和小道消息等。

3. 单向传播与双向传播相结合

按传播的方向划分,传播可分为单向传播和双向传播。单向传播是指在信息沟通时,一方只发送信息,另一方接收信息,接收信息者不再向发送者反馈信息。如作报告、演讲、下达指标等。双向传播是指在信息沟通时发送信息者不仅要发出信息且还要听取信息接受者对信息的反馈,发送与反馈可进行多次,直到双方有了共同的理解为止。如交谈、协商、谈判等。农村组织传播作为农村的一种传播现象,同时具有如上所述的单向传播与双向传播两种形式。

4. 组织内传播和组织外传播相结合

组织传播包括组织内传播和组织外传播两个方面,这两个方面都是组织生存和发展必不可少的信息沟通保障。它们的传播具有不同的特点，二者在相互促进的同时也在一定程度上相互制约。尤其是组织外传播，容易引起我们的忽视。在“媒介化”社会下，组织的“形象管理”非同小可，而组织外传播则能够正面塑造或修复受损的组织形象。

（二）农村组织传播的特征

农村与农村社区是两个不同概念。我国是农村社区最典型、发达的国家。农村社区，也称为乡村社区，指的是主要以农业活动为基础聚集起来的人们生活的共同体。它可以是一个小的村落，也可以是由几个毗邻的村落组成的社会区域（王思斌，2003）。因此，农村组织传播除了具有一般组织传播的特征外，必然带有不同于一般组织传播的特征。围绕着农村社区的现实状况，主要有以下几个方面特点。

1. 农村社区是农村组织传播的传播环境

农村社区是农村组织传播的传播环境，是指农村社区是农村组织传播的主要发生地。例如，活跃在农村社区的各种组织，如政治性的政党组织、经济性的农村经济合作组织，以及非营利性的非政府组织等，都是以农村社区作为根基地，以服务农民、服务农村社区为组织宗旨的。

2. 农民是农村组织传播的主体

就前述提及的农村组织，如农民专业经济合作组织而言，农民自然是农村组织传播的主体。当然，由于研究角度不同，农民可以有多种解释：第一，是指直接从事农业生产的劳动者，这是从职业角度所界定的农民概念；第二，是指农村居民，即居住与生活在农村地区的人。这是从农村地域角度界定的农民概念；第三，是指具有农业户口的人口。这是从社会身份角度界定的农民概念（毋俊芝，2008）。在本书中，主要是指第一、第二种含义，即直接从事农业生产的劳动者和居住在农村的人。

3. 农业是农村组织传播的主要内容

当然，农业在此并非仅指种植业，而是“大农业”概念。从土壤的测土配方，到作物栽培、品种引进、水利灌溉、市场销售等方面，无不与农业相关联。因此，可以说，农业是农村组织传播的主要内容。

4. 农气是农村组织传播的主要风格

“气”，在《新华字典》中解释为：“人的精神状态”或“作风习气”等，在此，“气”主要是指一种风格。农气，并非土气。此处并无贬义，而是形容一些人或事物带着农民的气质或风格。作为农村组织传播，作为其主体是农民、传播内容主要是农业的传播形式，其必然带有农民的气质与风格。例如，农村的“差序格局”对农村组织传播结构的影响等。在《乡土中国》一书中，费孝通先生曾提出了“差序格局”的概念，认为“我们的格局好像把一块石头丢在水面上所发生的一圈圈推出去的波纹。每个人都是他社会影响所推出的圈子的中心。被圈子的波纹所推及的就发生联系。每个人在某一时间某一地点所动用的圈子是不一定相同的”（费孝通，2008）。这一概念简洁准确地阐述了中国传统社会中以农民为主体的社会关系特点。当然，无论这种影响的价值判断，至少说明这种影响是客观存在的。

二、农村组织传播的信息流

组织传播的有效性受组织结构的影响。一定的组织结构在某种程度上决定了信息流的走向，至少在正式传播中是如此。实际上，组织内的结构反映了组织的传播系统，任何组织都是靠内部传播系统进行信息流的反馈，产生新的信息，导致相应的组织行为的。农村组织自然亦不例外。

1. 自上而下的传播

此种信息流的方向是从领导到被领导，从上级到下级。一切计划、决策、指导和评价都来自上面，上级和下级的关系是领导和被领导的关系，命令和服从的关系。组织内实行逐级领导负责制，岗位清楚，层次分明。上级发指示，下级逐级向上汇报。例如，村行政组织具有较强的村级事务管理职能，通常又进一步分为若干个村民小组，构成了一种由村到村民小组再到村民的基层组织结构。而信息流的方向也大致与此一致。

这种传播方式往往在信息由上至下的传递过程中出现信息被曲解的现象，也往往造成上下级的紧张气氛。例如，当下级被通知去上级的办公室去一趟时，往往会充满忧虑或焦躁不安，因为毕竟你不知道什么事情发生了。当然，这种自上而下的信息流的沟通在特定情况下是可以发挥出最大效率的，尤其对那些纪律严明的集体（如部队）是适合的。

2. 自下而上的传播

自下而上的传播指信息流由被领导到领导，由下级到上级。这在正式传播中表现为下级对上级的汇报，或者下级力图影响上级决策的行为。在传播形式中，领导需要鼓励下级与他们自由的交流，因为这是做好自上而下控制的保证。即使这样，下级往往还是很谨慎，因为领导有晋升、长工资或任免的权力。被领导者唯恐哪句话说错了进而影响自己的个人利益。

显然，为了及时而准确地了解下情，领导者需要鼓励参与性和自下而上的信息流。比较可行的方式是要建立和发展领导和村民群众之间的彼此信任感，使群众敢于直言自己的意见。

3. 横向传播

自上而下的信息流适于指导和控制，自下而上的信息流有利于反馈。除此之外，还有其他一些传播方式，既不属于前者，也不属于后者，我们称为横向传播。横向传播是指一般发生在同事之间的沟通行为。它的基本职能是任务协调、问题解决、信息共享和矛盾解决(管理)。当组织成员受到挫折或因某种原因生气的时候，横向传播可以起到不可替代的作用。但当组织成员处于矛盾冲突尖锐或缺乏激励的时候，横向传播很少能够起到较明显的效果。

4. 多向传播

多向传播的信息流属于扩散型的传播方式，与上述三种传播方式比起来更具灵活性，是多层次、多形式的非正式传播形式，在一定环境下更能发挥所有组织成员的积极性和创造性。

这种传播方式具体反映在一种特殊的组织管理形式中，这种形式称为项目管理。例如，在那些技术性、专业化较高的组织内，每个人都是某项工作领域的内行或专家。为了达到自己工作领域内的目标，他们自己做组织协调工作，尽职尽责地去完成某个具体的项目，组织内的任何人可以是项目的领导者，也可以是项目的参加者。这种项目管理的信息流更多地倾向于协调的功能。

案例：

西乡塘区依托专家大院提升农民致富水平[1]

近日，西乡塘区科技局在金陵镇刚德村黄沙鳖专家大院举办黄沙鳖养殖技术培训班，邀请广西龟鳖产业协会秘书长、广西水产研究所龟鳖养殖专家×××对80多名农民进行培训。×××采用图文并茂方式就黄沙鳖标准化养殖、常见病防治、品牌培育及产业化发展等方面作了详细讲授。

近年来，西乡塘区依托专家大院积极开展科技培训，深受农民欢迎。金陵镇刚德村黄沙鳖专家大院是以广西水产研究所为技术依托单位，聘请广西龟鳖产业协会秘书长、广西水产研究所龟鳖养殖专家×××为首席专家，通过采用“专家＋合作社＋农户”的示范模式，积极发挥行业专家的技术优势，围绕金陵镇黄沙鳖产业发展，就亲鳖放养与培育、人工孵化、鳖苗养殖、中鳖养殖、成鳖养殖、越冬养殖、病害防治等方面进行研究。

该专家大院成立以来，研究制定了黄沙鳖标准化养殖技术规程，编制了《黄沙鳖标准化养殖技术规程》教材一套，创立了“1136”自繁自育的养殖池建设模式，即

---

〔1〕 梁绍勇.西乡塘区依托专家大院提升农民致富水平.资料来源：http://www.qqwwr.com/staticpages/20100826/qqwwr4c7624f4-719689.shtml。

按1∶1∶3∶6的比例配套建立亲鳖产卵池、鳖苗养殖池、中鳖养殖池、成鳖养殖池，共开展技术培训10多期，培训养殖户700人(次)，接受电话技术咨询2 000人(次)，现场指导300人(次)，发展养殖户200多户，养殖面积达200多亩，农民增收750多万元，培养出了一批懂技术、会管理、善经营的科技型农民，为新农村建设提供了有力科技支撑。

三、农村学习型组织与组织传播[1]

(一)学习型组织的概念

许多案例表明，一个组织的成功需要全体员工的共同努力，而不是靠组织管理者自己的努力所能实现的。要使组织内所有员工具有一种凝聚力，一种步调一致的协调发展能力，一直是组织管理者追求的目标。在许多失败的组织中，主要的问题常常不是产品的质量或销路，而是组织内部人员的素质太低。领导与员工之间、员工与员工之间、领导与领导之间缺乏必要的沟通，更没有一种能够保证这种沟通正常进行的体制、机制和所必需的素质。很长时期以来，人们一直在探索关于组织有效管理的有效途径和行之有效的方式方法。进入20世纪90年代，人们找到了一个比较理想的解决组织发展与保持的最佳形式，那就是“学习型组织”。

学习型组织是一种能够依靠组织成员的自我主动学习行为而维系的可持续发展的组织。在学习型组织中，组织成员的素质较高，他们将学习看作是发挥组织整体力量的有效动力源泉，每个员工将自觉学习、积极进取、努力发挥自己的潜力和创造性作为自己追求的目标。也可以说，学习型组织是通过培养弥漫于整个组织的这种学习气氛，充分发挥员工的创造性思维能力而建立起来的一种有机的、高度柔性的、扁平化的、符合人性的、能持续发展的组织。这种组织具有持续学习的能力，具有高于个人绩效总合的综合绩效。据有关资料，目前，美国排名前25位的企业中已有20家按照“学习型组织”模式改造自己；在世界排名前100位的企业中也已有40%按“学习型组织”模式进行彻底改造。我国也已有很多企业把这种理念贯穿到企业管理中。

毫无疑问，进入知识经济时代的21世纪，学习将成为组织传播与沟通的基础和源泉。因为人们越来越认识到，学习是人类最重要也最基本的传播与沟通活动。未来真正出色的组织，将是能够设法使各阶层人员全心投入，并有能力不断学习的组织。未来唯一持久的优势，是有能力比竞争对手学习得更快。如果说终身学习

---

[1] 此部分详见王德海.发展传播学.北京:中国农业科学技术出版社,2003:91.

的理念属于个人修炼的范畴，那么，学习型组织所针对的对象则是一个团队、一个组织。“学习型组织”的主要特征是：①组织成员拥有一个共同的愿景（即所有成员对组织发展达成共识，有着共同的愿望。这种愿望在脑海里形成一种景象，是大家的共同理想）。②组织由多个创造性团组（团体或团队）构成。③组织强调终身学习的理念。④组织的组织机构是扁平式结构（也称为平面化。与金字塔形相反，扁平式组织结构中决策层和操作层之间相隔层次很少，这样便于上、下沟通）。⑤组织成员自主管理。⑥组织边界相对扩大（例如，把销售商的反馈信息作为市场营销决策的固定组成部分，而不是仅作参考）。⑦组织成员家庭与事业的平衡（组织发展与自我发展的有机结合）。⑧组织内领导的新角色（设计师、仆人和教师）。

（二）学习型组织的发展阶段

“学习型组织”不是自然形成的，它需要培养和逐步建立和发展。它的发展模式一般经历五个阶段。第一阶段，组织的自发学习阶段。学习活动是自发的、不正规的，组织本身没有安排学习活动的意识。第二阶段，组织的消费学习阶段。随着组织的发展和竞争的加剧，一方面，组织内部仍然存在不正规的学习活动；另一方面，更多的现象则是组织出资选送部分员工到组织以外的教育部门去进修，即是组织的消费性学习阶段。第三阶段，组织的有意识学习阶段。规模经济的发展使组织的教育与培训能够面向组织中更多的员工，组织开始有意识地在组织内部开发适合自己特定需要的学习项目，并建立相应的学习基地来推动这项工作。但此时，组织学习活动与组织长期发展战略之间尚缺乏明显的联系。第四阶段，组织的能动学习阶段。组织已把学习活动纳入组织日常工作中，组织的课程设计进一步趋于成熟，更富创造性。除去满足组织的特定需要外，还要建立一系列相应的标准，作为衡量员工各类技能水平的指标。这时的学习与组织的发展战略与对策目标紧密地结合在一起。然而，在更多情况下，此阶段的学习仍然是培训部门的职责，而不是部门主管的职责，这就使得学习能力受到一定的限制。第五阶段，组织的学习与工作融合阶段。这个阶段的特点表现为：首先，学习的责任已经置于组织的管理指令系统中，成为部门主管、工作团队、员工个人和人力资源开发部门的共同职责，学习是工作创新的形式，学习成为人们乐意做的事情而不是必须做的事情。在组织内建立绩效反馈机制，主管的作用不再是控制和解决问题，而是鼓励和促进人们自己解决问题，取得满意的结果。

（三）学习型组织的五项修炼

为了创建“学习型组织”，组织应该进行改造和修炼，根据美国人彼得·圣吉的《第五项修炼》，以下是“学习型组织”的五项修炼。

1. 自我超越

自我超越是学习型组织的精神基础。它是指组织成员自身通过学习不断理清与加深个人的真正理想和追求，集中精力，培养耐心，为实现自己的最高意愿而努力。组织要创造有助于鼓励个人发展和自我实现的组织环境，在此基础上，建立起组织的学习意愿与能力。

2. 改善心智模式

改善心智模式是指组织成员之间通过充分表达彼此对事物的想法和看法，来努力克服封闭独处、先入为主的思想方法，改善固有的观察与思考模式。所谓心智模式就是根深蒂固于人们心中，影响人们如何认识周围世界，以及如何采取行动的许多假设、成见、图像和印象。组织要进行不断检查和修正，使人们的思想方法从个人局部限制向组织成员间的一种互动关系转化，从静态向动态转化。

3. 建立共同愿景

建立共同愿景是指在组织中建立起一个大家共同向往、人人深受感召的力量和景象。这种向往的景象是大家共有的目标、价值观和信念。这是一种凝聚力。组织的领导者要注意与成员广泛沟通，使成员将个体被动服从的行为模式改变为齐心协力，为实现组织的共同目标主动而真诚地奉献和投入精神。

4. 团队学习

团队学习是指具有不同技能的人相互依存地工作在一起的小群体自由而真实地相互学习、交流。在一个共同目标下，彼此分工合作，沟通协调，齐心努力，责任共担。它不但重视个人学习和个人的智力开发，更强调组织成员的合作学习和群体智力开发。团队是构成组织的各个部分，只有组织拥有更多会学习的团队，才可能发展成为善于学习的组织。

5. 系统思考

系统思考是指组织成员运用系统的思维方式看待组织的现状与发展，使人们的思维方式从局部到整体，从表面到内部，从静态观察向多因素间的相互影响的分析转化，达到一种动态的平衡。简单地说，系统思考就是看见整体。要看到组织中各种事件的相互关系而不是单一事件，敏锐地觉察到构成整体的各个组成部分的搭配关系。

总之，"学习型组织"的五项修炼是一个组织发展的指南，其中贯穿着一种平等互助的传播与沟通活动，核心是组织所有成员之间的真心交流与沟通。传播与沟通不是靠演讲、录像带或报纸上的内容，而必须依靠人们之间一种达到共识的、经常性的互动性过程。值得提出的是，建立学习型组织的关键还是领导者观念和角色的变化。据统计，组织领导者的大部分工作不是别的什么，而是传播与沟通。领导者每天要花70%～80%的时间用在传播与沟通活动中，如开会、研讨、谈判、交流等。在英国的一项调查表明，经理工作时间的32%用于和他人单独会谈，34%的时间用于和一群人集体商谈，有些大公司的总经理59%的时间都在开会。根据美国在20世纪80年代的一项调查表明，凡是那些能够成功地进行结构优化的公司，都是通过管理者和员工密切沟通而产生的富有合作远见的创造性行为来完成的。

在我国农村，无论组织的概念多大，共同的一个特点是：根据学习型组织的基本原则对现有组织机构进行改造，通过建立一系列制度和行之有效的措施以及符合实际的指标体系，改善领导和被领导及成员间的思维模式和沟通方式，使人们牢固树立起终身学习的思想，使学习成为组织内成员的自觉行动。这是在市场经济条件下，实现组织创新、增加经济效益和具备长久竞争力的原动力。

第二节　农村组织传播过程

就组织传播而言，其包括或蕴含社会化过程、行为控制过程、决策过程、冲突管理过程、压力与社会支持过程、多元化管理过程、外部传播过程、传播技术过程等方面（袁军，2000）。限于篇幅及研究者视野所及，本节主要从农村组织传播现状出发，对农村组织传播的社会化过程、冲突管理过程和组织外传播过程进行介绍。

一、农村组织的内部传播过程

（一）组织社会化与大学生村官

1. 人的社会化

一般而言，人有生物性与社会性两重属性，其中，生物性是基础，是作为一个生物体与生俱来的东西，而社会性则是后天习得的。因此，一个人从生物体变为社会人的过程就是人的社会化的过程。社会化主要是指人的社会化，是一个人学习社会的文化、增加自己的社会性、由生物人变为社会人的过程（王思斌，2003）。德国社会学家G·齐美尔于1895年最早运用了人的“社会化”概念，他在《社会学的问题》一文中用“社会化”来形容群体形成问题（李芹，1999）。此后，对人的社会化的研究，逐渐成为多学科共同关注的课题。一般而言，人的社会化的内容包括学习生活的基本技能、学习谋生的基本手段、学习社会行为规范、明确生活目标以及培养社会角色等。

第一，促进个性形成和发展，培养自我观念。每个人都有自己的个性特征，但是在正常的社会化过程形成和发展起来的个性之间也存在共同点，即都应是符合社会价值标准的个性。社会学研究社会化问题就是要促进这种个性的形成和发展。

第二，内化价值观念，传递社会文化。社会化研究文化的传递模式，认为社会化是社会文化的传递过程，从这个角度看，社会化的内容就是个人学习和掌握社会文化。

第三，掌握生活技能，培养社会角色。初生的婴儿除了吃奶等本能外，对其他生活知识一无所知。父母首先承担起传授生活知识的任务，教孩子说话、吃饭、穿衣，并且是运用一定的文化模式来传授基本生活知识的。

2. 继续社会化、组织社会化与大学生村官

继续社会化是人们在基本社会化的基础上，继续学习群体和社会的文化，以适应社会生活、适应角色变化的过程。当人的基本社会化结束、进入社会生活之后，他（她）还是会遇到许多新的问题，需要扮演许多新的角色，因此，他（她）需要进一步学习新的知识、学习新的群体和社会的知识，这就是所谓的继续社会化。

组织社会化是继续社会化的一种类型。如今社会流动频繁，如何与组织适应并成为组织中的真正一员，已经变得越来越重要。杰伯林使用了“同化”或“社会化”一次，以表示一个人加入并融入一个组织的全过程。个人适应组织生活的过程是复杂的，当员工加入组织后，其并不是自动或立刻完成适应过程的。相反，适应组织生活的过程是渐进式的。一般而言，这一过程包括三个阶段，虽然研究者的表述不一，但基本而言包括预期阶段、磨合阶段和转变阶段（袁军，2000）。

大学生村官是指到农村（含社区）担任村党支部书记、村委会主任助理或其他村“两委”职务的具有大专以上学历的应届或往届大学毕业生。在其进入到一个新的环境后，也面临一个组织社会化的过程，包括预期阶段、磨合阶段和转变阶段。

1）预期社会化

预期社会化指的是在个人真正进入组织之前的社会化过程。由于大学生活和农村生活存在着很大差异，对于大学生村官而言，还面临着一个角色转变的问题。即从一个初出茅庐的大学生到一个农村组织管理者角色的转变。对于志愿服务农村，报考“大学生村官”的大学生而言，在正式入职之前，必定有一个预期社会化的过程，这种过程可以通过自己找寻一些农村读物来解决，同时也可以到农村进行短期生活体验的方式来实现。例如，在案例《一位大学生村官的成长经历》中所述，“刚刚来到村里的时候，做好了充分的思想准备，想到了农村工作和校园生活的不同”、“刚来农村的时候用新鲜这个词来形容真的很贴切，蝉鸣鸟叫，绿树成荫，干净整洁的村庄和热情的村民，这一切都让我觉得很新鲜”。这些描述都充分揭示了一

位大学生村官的预期社会化的过程。

2)磨合阶段

磨合阶段包括了解新的组织和角色以及放弃旧的价值观、期望和行为等。具体而言,包括思想观念的磨合、行为方式的磨合、工作方式的磨合等方面。就前述提及的人的社会化内容而言,在磨合阶段,具体包括以下两个方面的内容。

(1)熟悉农村生活环境。农村与城市相比,或者与大学生所熟悉的大学校园相比,毋庸讳言,生活环境存在着很大的差异。对于一位城市的大学生而言,在初入农村之际,可能会发现,很多都是陌生的,例如,卫生设施、商业服务设施、农业种养管理技术等,例如,“在这个过程中真的学会了不少东西,比如玉米分春播、夏播,小麦分几种,打井灌溉等,这种知识是我在学校里绝对学不到的。”

(2)熟悉、了解农民的价值观、行为方式等。如果说农民代表的是传统的一面,那么当代大学生则更多地属于现代一面,当传统与现代相遇,这种“文化的冲击”往往是很大的,大学生村官需要一段磨合期。对于那些无法适应这种新的农村生活环境,没能度过磨合阶段的大学生而言,他或她可能会选择逃离。正如案例中所描述的,“面对着这样的情况,面对乡亲们怀疑的眼神,我心里很难受,甚至退缩了,动了辞职的念头,连行李都收拾好了,反正也是刚来,没什么东西,铺盖一卷我就走人了。”

3)转变阶段

当新员工从一名外部人员转变为一名内部人员时,社会化过程的最后一个阶段便出现了,即社会化的转变阶段。对于大学生村官而言,尤其是那些在农村作出了成绩,在农村的环境中愿意继续干下去的大学生村官而言,已然完成了社会化的转变阶段,成长为一名熟悉农村组织环境、懂得农村组织管理的工作者。

就组织传播而言,其传播方式包括正式传播和非正式传播。而非正式传播往往能够起到增进组织成员感情,增强组织凝聚力的功能。对于一名刚入职的大学生村官而言,其融入新组织的方式可以是多种多样的,而传播或与人交流都是核心要素。例如,案例中提到的,“平时有村民来村委会办事,我就主动和他们聊天,聊聊村里的人和事,空闲的时候也到村里转转,和村民聊聊家常,见到认识的、不认识的都打招呼。慢慢的我对村里的情况也熟悉起来,也得到了村民的认可,村民们有问题也愿意找我帮忙,我到村民们的家里帮他们调试电器,秋收的时候帮村民掰棒子,这些简单的活虽然繁琐,但是消除了我和乡亲们之间的隔膜,通过我的努力,终于赢得了乡亲们的理解和信任,自己终于被认可。”

在这个案例中,这位大学生村官,经历一段时期的磨合之后,已然熟悉了农村组织的工作环境,能够使用农民的语言、行为方式与农民进行交流,如此,则更有利于工作的开展。

案例：

一位大学生村官的成长经历[1]

2007年7月12日，我村官生活的第一天，翻开那天的日记，只记录了一句话：今天报道，感觉很新鲜。是的，刚来农村的时候用新鲜这个词来形容真的很贴切，蝉鸣鸟叫，绿树成荫，干净整洁的村庄和热情的村民，这一切都让我觉得很新鲜，但是这种新鲜感很快就被工作上的困惑而驱散。

刚刚来到村里的时候，虽然做好了充分的思想准备，想到了农村工作和校园生活的不同的，但是还是被接下来发生的事情弄得措手不及。由于村里以前没有村官，我是第一个，所以我们村委会的人有活也不让我干，也不怎么和我说话，还开玩笑的说我是大学生，和他们种地的不一样，村里来个大学生不容易，得供起来，虽然是玩笑话，听起来也觉得不是滋味。村民也对我还不了解，一些大爷大妈听说村里来了个大学生还专门来到村委会，要看一看我这个"村官"长的啥模样，"这么好的姑娘，来我们农村做啥呀？"，"一看就是没啥本事的，要不大学毕业还来农村工作，白浪费上大学的钱了。"面对着这样的情况，面对乡亲们怀疑的眼神，我心里很难受，甚至退缩了，动了辞职的念头，连行李都收拾好了，反正也是刚来，没什么东西，铺盖一卷我就走人了，还好当时的老村官及时开导我，给我传授一些在农村工作的经验和方法，让我明白我一定要用实际行动打消他们的怀疑，让村委会的工作人员和村民都接受我、信任我，良好的群众关系也是我以后在这个村继续开展工作的基础。

由于我是个女孩子，很多工作他们怕我干不了，但是到了农村，就要有在农村工作的作风，不能怕脏怕累，怕这怕那，村委会一有活我就主动参加，尤其是夏天有时候还要在烈日下工作，把皮肤晒得黑黑的，是其他女生们都害怕的。但是我却得到书记和其他同事的认可，他们都对我竖起了大拇指："好样的，像是来我们农村干活的孩子。"平时有村民来村委会办事，我就主动和他们聊天，聊聊村里的人和事，空闲的时候也到村里转转，和村民聊聊家常，见到认识的不认识的都打招呼。慢慢的我对村里的情况也熟悉起来，也得到了村民的认可，村民们有问题也愿意找我帮忙。我到村民们的家里帮他们调试电器，秋收的时候帮村民掰棒子，这些简单的活虽然繁琐，但是消除了我和乡亲们之间的隔膜。通过我的努力，终于赢得了乡亲们的理解和信任，自己终于被认可，真是从心里感到高兴。

---

[1] 资料来源：http://season.ouc.edu.cn/blog/u/24641/archives/2009/14699.html。

在农村工作最好的一点是身边的人都可以做你的老师，可以学到很多东西，从农业知识到为人处世等各个方面，有几次我工作上的进步都是通过和村领导谈话，多亏他们不时地指导，让我对自己有了更进一步的认识。以前以为自己是大学生，应该什么都会，在村里工作如果遇到自己不明白的问题，有很多问题都是不明白装作很明白的样子，来维护自己所谓的面子。但是，来到农村，主要接触的是农业工作，面对的是这么多从事农业工作一辈子的人，我这点小把戏很快就被领导发现了，他语重心长地跟我谈了一次话。领导说我们还年轻，有什么不明白的可以问，不要为了面子而装明白，要让自己有面子就得学，不明白的就问，没有人会笑话你，你们都是大学生，是知识分子，对于村民们来说已经很尊重你们了，如果你们虚心请教的话他们也很愿意帮助你们，不会笑话你们的，来农村上班，首先要摆正你工作地的态度，虚心学习才是最重要的。

这次谈话让我觉得很羞愧，也找到了我思想上的病灶，虚荣、爱面子在工作中是要不得的。我很感谢领导的那次谈话，自那次谈话以后，我跟着村委会的人在田间地头，参与到村里的各项工作，确实没有干过农村工作的我遇到了很多问题，在向别人虚心请教之后都得到了解答。有的人也会跟我开玩笑："呦，还大学生呢，怎么连这个都不会！"我笑笑就过了，也不会觉得不好意思，在这个过程中真的学会了不少东西，比如玉米分春播、夏播，小麦分几种，打井灌溉等等，这种知识是我在学校里绝对学不到的，在我的工作中也起到了很大的帮助。

我在村里主要负责村里文件、总结、上报信息等工作，因为我是公共管理专业毕业的，曾经学习过公文写作，写这些文字比较顺手，经常得到书记的表扬。现在我们村的文件和报表都由我来写，平时负责村委会电脑、复印机的维护和使用。同时还是数字影院的放映员、普法宣传员……还有很多很多，有句话说得很贴切，"革命同志是块砖，哪里需要哪里搬。"我们就是这样，比如土地流转，占地转非，第一次全国污染源普查等工作，就是做完这项工作紧接着就是下一项工作，这样虽然很苦，很累，自己开始的时候也会经常抱怨，但是沉淀下来之后想想这也是一个绝佳的锻炼机会，随着工作的开展，我现在开展工作已经得心应手，各方面能力都有所提升。经过这么长时间的工作，我现在已经成为一个全能型人才了，从日常打扫卫生，写报告，打文件，甚至修电脑，修复印机，呵呵，以前不知道，自己还有那么大的潜力。可以说这两年的村官生活彻底改变了我，使我的工作能力变强了，人也变得自信了，现在已经可以独立完成一部分工作，可以替村干部分担一些工作了，同时也变得理智了，思考问题已经不再幼稚，在不知不觉中自己的整体素质都得到了提高，从一个大学毕业生变成了一个合格的"村官"。

但是来到基层工作，并不是一帆风顺的，要做好充分的准备，刚开始当村官的时候，自己的心里也怀疑过，因为农村的宁静和城市的多彩绚烂是不一样的，年轻人可能更向往外面世界的精彩，对于农村基层工作所面对的平淡甚至有点枯燥是比较难适应的。我也经历过一段适应时期，毕竟从城市到农村需要一个过渡时期。

(二)农村社区冲突沟通管理

1. 农村冲突传播现象

1)农村社区冲突问题日益凸显

农村社区是构建和谐社会的重要社会单元。作为主要以农业活动为基础聚集起来的人们生活的共同体，“熟人社会”是其基本特征，血缘关系是农村社区中占支配地位的社会关系，社区居民大多可以在其所在社区找到与自己有血缘关系的人。虽然如此，由于资源分配、利益差异、个体差异等因素，尤其是在现时期，既是黄金的发展期，也是矛盾的凸显期，“一定程度的社会冲突其实是无法避免的”(林荣远，2000)。任何忽视或轻视它存在的态度都有违辩证唯物主义的思想。农村社区存在着从“有组织”的到“个体式”的抗争，从“公开的”到“隐蔽的”的抵制等多种冲突形式。例如，2007 年 5 月发生于广西博白县部分群众围堵乡镇政府的群体性事件便是“公开抗争”的典型案例之一。对于目前我国农村社区中存在的多种冲突形式，中组部发言人声称，“个别地方农村群体性事件偶有发生，已引起党和政府重视。现在没有地方发生暴乱，群体性事件也不是越来越多。”[1]由此不难看出，即使是官方的这种谨慎表述，也表明农村社区存在冲突问题的客观事实。从 20 世纪 90 年代初开始，农村社区冲突越来越受到各方关注。[2]

冲突对于农村社区来说，具有很大的破坏性，会增加当地社区的管理成本，如果管理不当，将不利于当地社区的和谐构建。据新华社报道，持续多日的广西博白县部分群众围堵乡镇政府事件，给当地造成了严重损失，政府大门、围墙、大批办公设备、文件档案在冲击事件中被毁坏，少数肇事者还破坏、烧毁了数辆汽车、摩托车等。[3] 冲突一旦由隐性而变为显性，冲突的负面性便已无可避免。无论是情感伤害抑或是物质财产损失，都已无法弥补，因冲突而造成的心理隔阂，将是冲突后双方难以跨越的鸿沟。不过，我们更应当清醒地看到，冲突并非洪水猛兽，它同时亦

---

[1] 中组部介绍农村先进性教育活动 否认暴乱传闻. http://news.sina.com.cn/c/2006-03-01/12339234894.shtml。

[2] 赵树凯. 历史性挑战：中国农村的冲突与治理. http://www.china.com.cn/chinese/zhuanti/2004shxs/483104.htm。

[3] 张恩来，梁思奇. 广西博白县群众围堵乡镇政府事件平息. http://politics.people.com.cn/GB/14562/5766376.html。

意味着机会，关键是当事者如何看待和处理。由于缺乏沟通或沟通质量不高，致使冲突常常被激化，而有效的沟通则可以帮助我们消除障碍，促进交流，获取信息，并能加强关系。

2)普遍存在着的农村社区冲突沟通

冲突是人存在的基本方式之一。在农村社区中，由于存在利益分化、价值观差异、征地问题、环境污染和侵害问题、村级选举问题、宗教和宗族问题、黑恶势力问题、干部腐败问题以及公共服务问题等，在农村社区中农民卷入到各种社区冲突的可能性大大增加。依据农民交往圈子，按照其情感投射距离远近，这主要表现在以下几个层面。

首先表现在家庭层面。在现代社会中，从担当生育繁衍职能到成为心灵情感的港湾，家庭的功能和规模都已然发生了变化，但是，生活的琐碎、情感的疲劳等导致家庭内部冲突无法避免。而夫妻、父子(女)、母子(女)关系是这一层面主要的可能冲突点。另外，在这种家庭内部的冲突中，往往存在着性别差异，即男性农民与女性农民在面对冲突时有着不同的选择倾向。

其次表现在家族层面。在现代农村社区中，传统大家庭模式已不多见，小家庭模式已经建立，但无论是从情感投射距离，还是从信任半径来说，家族仍是农民活动的一个重要层面。但是即便如此，随着家庭观念的上升，家族内部尤其是涉及利益问题时，冲突便逐渐从亲情面纱的掩盖下走向前台。

再次表现在邻里层面。古语："远亲不如近邻"，从一个侧面反映了邻里之间关系的重要性。"鸡犬之声相闻"仍是现代社会邻里生活的基本样态。在频繁的社会交往中，既有情谊，同时亦有冲突。这其中往往涉及利益问题。例如，邻里之间水费分担问题、借贷问题、门前卫生问题、房后滴水问题等，这些都是可能引起邻里冲突的诱因。

最后表现在社区组织层面。因征地问题、村级选举、干部腐败问题、道路建设以及公共服务问题等都可能引发农民与社区的冲突，当然这主要表现在农民与其所在社区管理者之间的冲突。作为一级村民自治组织，由村民选举出来的管理者与村民之间理应是和谐融洽的关系。但是，基于某些现实因素，一些社区管理者在面对村民时，工作作风粗暴简单，"行就行，不行也得行"，严重损害了双方的关系。不是立足村民而是面对村民去办事，使对方产生抵触情绪，成为农民社区层面冲突的诱因。例如，在有些地方的征地问题上，村民不愿意多卖地，而作为村民民主选举产生的村委会管理者，却不愿意维护村民利益，导致了管理者公信力下降。

有冲突便会有伴随着冲突的沟通现象，或者说，冲突本身就是沟通，离开了冲突双方信息的传递，无论这种信息传递是直接的还是间接的，语词的还是非语词的，显性的还是隐性的，总之，离开了沟通，冲突便没了意义。

3)农村社区冲突沟通的双向透视

就“冲突沟通”的形式而言，依照冲突双方能否相互直接感知到对方所传递的信息为标准，冲突沟通可分为显性沟通和隐性沟通两种。在显性沟通中，冲突双方能够互相直接知觉到对方所传递的信息；在隐性沟通中，冲突双方虽然无法直接知觉到对方，但仍能通过其他方式获取对方所传递的信息。如果按照冲突双方所使用的传播符号进行分类，则冲突沟通有语词沟通和非语词沟通两类。语词沟通是指以语词符号实现的沟通，口语传播和书面传播是其基本方式。非语词沟通则是指借助于非语词符号，如姿势、动作、表情、接触及非语词的声音和空间距离等手段而实现的沟通。将这两种分类方式结合起来，则如表 5-1 所示。

表 5-1 冲突沟通的形式

传播符号	可视性	
	显性	隐性
语词	①	③
非语词	②	④

如表 5-1 所示，在冲突沟通中，“①”代表显性语词沟通。主要有如下几种形式，首先是指指责秽语。这是一种最为常见的显性语词沟通形式。例如，如果甲指责乙“你怎么这么不讲理！”，而乙又以指责的方式回应“不讲理的是你，你……”，那么双方的冲突会进一步升级。其次是说理。这是一种较为平和的冲突沟通形式。冲突双方能够理性地控制自己的情绪，就事论事，并且能够平心静气地听对方的话语同时也能理性的沟通。当然，说理的结果可以是冲突的和平解决，但也可能是冲突的进一步激化，发展成双方的吵骂，最后进一步发展为借助于身体等非语言符号的冲突。再次是评理。冲突双方在没有办法达成一致时，通过寻求社区中有威望的、双方都能认可的第三方，借助于这个中介，进行理性沟通。这也是一种显性沟通形式。

“②”代表显性非语词沟通。这种形式在冲突中也很常见。首先是肢体冲突。这种形式给双方造成的伤害都很大，包括身体和心理两方面的伤害。其次是回避。主要是借助于避免直接接触，而表达自己的不满。例如，中国人见面打招呼、问好是人们在交往中借助交谈互表友好和认定的一种礼貌规则，但是处在冲突中的双方，在相遇时很可能远远地回避，以避免在同一时间同一地点相遇。但这是建立在某一方已经知觉到对方存在的前提下，因此实际上这仍是显性传播。再次是敷衍。当冲突一方主动与另一方搭话时，而另一方或出于反感，用声调的变化等副语言的形式，来传递自己的不满。副语言研究者迪保罗的研究发现，与面部表情相比，声调反映的信息更加真实，因为面部表情可以控制，但说谎时声调提高却是不自觉的，可以真实地透露说谎者言不由衷的心态。

“③”代表隐性语词沟通。这也是在农村社区冲突中常见的一种传播形式。首先是背后诉说。处于冲突状态的一方，经常会在避免与另一方直接冲突的情况下，找其他人诉说对方的错误，寻求更多人的包括情感、舆论等在内的各种支持。而借助于中间人的传递，冲突的另一方也能获知这种信息，但不是以一种双方都能直接知觉到的形式，因此是一种隐性的语词沟通形式。其次是写投诉信。这是一种借助于书面语言的形式。尤其是在当下农村，群体性事件经常出现，利益受到损害的农民常常借助于这种求助于上级组织的形式来寻求问题的处理和解决。当然，这更多的是在冲突一方明显弱势，或者双方谈判破裂的情况下出现的一种传播形式。

“④”代表隐性非语词沟通。这种形式在农村社区冲突中也较常见。常见的是耍小伎俩。例如，处于冲突状态中的一方，为了发泄自己的不满，会采用在对方无法直接知觉到的情况下，阻塞对方的下水管道、破坏对方的门窗、在对方的门前置放一些在民间看来有晦气的物品等行为。当然，这种隐性非语词传播有不道德或违法之嫌疑，但无论从什么角度而言，这种方式对于冲突的良性解决而言，都无法起到正面的作用。但是这种方式仍然向对方传递出一种信息，因此是一种隐性的非语词沟通形式。这种形式常常发生在冲突双方或者由于地位权力不平等而作为“弱者的武器”，或者由于冲突一方有其他心理顾虑等原因而采取的一种报复行为。

上述四种传播方式中无论哪一种，其所传递的信息可以传达至少三种类型的意义。第一种类型的意义可以成为信息的陈述性内容，其作用是对事件作出明确的陈述；第二种类型的意义可以称作信息的关系性内容，其作用是说明信息传达者和信息接收者的关系；第三种类型的含义可以称作信息的态度性内容，其作用是告诉我们应如何理解这一信息或者对此应持什么样的态度（李奇等，2006）。如果要想充分理解某一信息就必须理解这一信息所传达的这三种不同类型的意义。例如，在甲：“你们村是怎么搞的，让她来镇政府闹，今天市里来检查，干什么吃的你们，赶紧过来！”（刘刚等，2008）在这一信息中，同样有三种类型的意义，一是陈述性内容，就是这一信息字面上的含义；二是关系性内容，说明了这一信息传达者与接受者之间地位的差异；三是态度性内容，反映出这一信息传达者的不耐烦的态度。

2. 农村冲突沟通管理

1）对农村社区冲突的认识和归因

在认识农村社区冲突之前，我们首先需要弄清楚什么是“冲突”。不同学者对冲突的理解是相异的。罗洛夫曾指出，在研究文献中“不乏对冲突的种种定义”。尽管如此，帕特南和普尔提出的定义在认识冲突的关键要素方面，对后继的研究者十分富有启示。他们将冲突界定为“持有相对立目标与价值观的相互依赖的人们之间的互动，他们将对方视为实现自己目标的潜在干扰”（袁军等，2000）。这一定义强调了冲突的三个主要特征，即相互间作用、目标的不相容性及个体间的相互依赖性。冲突被看作社会互动的一种表现形式，既强调了冲突双方目标的不相容性，又强调了冲突双方间的相互依赖性，为冲突的妥当解决提供了可能。

关于冲突的一般性研究为我们审视农村社区冲突问题提供了许多有益的视角。如古典学派认为冲突妨碍了组织的正常运行，人际关系学派认为冲突是组织成员关系不睦的证明，要求冲突各方避免冲突或者相互妥协以恢复和谐的工作关系等（袁军等，2000）。在此，我们主要从解决冲突的角度来对农村社区冲突问题进行认识和归因。

农村社区冲突一般表现为征地问题、环境污染和侵害问题、村级选举问题、宗教和宗族问题、黑恶势力问题、干部腐败问题以及公共服务问题等七个方面（孙瑾等，2009）。涵括了农村社区治理、经济利益、公共服务、社区文化、环境保护等多个层面。但是，如果我们剥离种种冲突的外在形式，那么其背后的深层次原因便会浮出水面，如农民权益受到侵害、农民权利意识在成长以及制度安排的错位或缺失引发基层组织和农民的对立等等。而就农村冲突而言，无论是“有组织的”抑或是“个体的”对立，无论其表现如何，归根结底仍然是人与人之间的对峙与冲突。若指向建设性的诊断方向，则可归因为人与人之间的沟通不畅或不当，这便涉及如何形成良好的人际传播问题。

在前述广西博白县群体性事件中，当地群众由于受传统及现实环境影响，生育观念滞后，且守法意识淡漠，而这恰恰更需要当地计划生育工作者注重政策解释，同时讲究沟通策略。人的观念的转变需要一个过程，不可能一蹴而就。“行就行，不行也得行”的粗暴执法只能激化矛盾，引发对抗。当前的农村社区冲突通常表现为两种情况：一种是当事双方势均力敌，一种是两者力量对比悬殊。传统的冲突处理方法往往是回避矛盾，不愿正视，导致矛盾日积月累，积怨日深，最后火上暴发，损失惨重。依照这种处理思路，在第一种情况下，必然两败俱伤，合作破裂，成为死敌。在第二种情况下，以卵击石，鱼死网破，通常以弱小一方的利益受损乃至生命为代价结束冲突（李芳龄，2006）。在现实生活中有很多这样的例子，我们得到的血的教训已经不少。

和谐社会构建不是单纯压制冲突，而是正视冲突，讲究沟通策略。讲究沟通策略虽然可能无法消除分歧，但至少可以求同存异，避免将冲突激化。否则，粗暴鲁莽或笨拙的沟通将导致冲突激化升级，从语言的暴力上升为身体的暴力，导致各方利益俱损的结局。研究人员曾得出人们处理冲突的五种方法：回避、竞争、迎合、妥协以及合作正视和解决问题（袁军等，2000）。其中最后一种方法应是最佳策略，也即促使冲突各方正视问题，求得一种双赢的结局，强调既正视问题的解决，也重视人际关系。

2)非暴力沟通作为农村社区冲突沟通的管理策略

将农村社区冲突归因为人与人之间的沟通不畅或不当，就需要以此寻找相应的沟通管理策略。由美国的马歇尔·卢森堡博士发展出的非暴力沟通的原则和方法颇具启发力，作为一套较成熟的冲突沟通管理策略，对于我国农村社区中冲突的管理具有很强的借鉴意义。

马歇尔·卢森堡博士早年曾追随人本主义心理学大师卡尔·罗杰斯，在其看来，暴力并非仅指身体、精神的暴力，而是扩及到语言的暴力，即语言也常常引发自己和他人的痛苦。农村社区中的许多个体间冲突，往往起始于冲突双方的相互语言攻讦，随着语言暴力的螺旋式上升，最终以身体的暴力告终，结果自然是两败俱伤，利益俱损。因此，非暴力沟通被称为爱的语言(阮胤华，2009)。关注沟通中语言的组织与表述，强调在语言中灌注对他人的爱和尊重的因子。

依照马歇尔博士的观点，非暴力沟通模式包含四个要素，分别是观察、感受、需要、请求，分为表达自己和倾听反馈他人等两个方面。

(1)诚实地表达自己，而不批评、指责

首先是观察。暴力的根源常常在于人们忽视彼此的感受与需要。例如，农民对干部简单粗暴的工作作风有看法，气愤地说干部“不像话”；而干部则对农民不服从管理，委屈地说农民“不听话”。一个说对方“不像话”，另一个说对方“不听话”，双方便坐不到一起去，即使勉强坐到一起，也是带着情绪，自然谈不出什么理想结果。“不像话”与“不听话”形象地反映了当前农村一些地区干部与群众之间的矛盾状况(沈小平，2000)。非暴力沟通强调沟通中观察的基础性地位。观察就是要留意发生的事情，关键是清楚地表达观察结果即可，而不需要判断或评估，批评、指责、辱骂、归类、比较以及评论等等都是在评判人，而非观察。此种“道德评判”，即常以情绪性的评判代替冷静的观察的习惯应该被悬置。苏非派诗人鲁米为此曾经写道：“在道德与不道德的区分之外，有片田野。我将在那里见你。(阮胤华，2009)”例如，在前述干群冲突中，对于农民来说，不应简单指责干部“不像话”，而应以描述性的语言说出干部到底哪些地方“不像话”；对于干部来说，不是简单指责农民“不听话”，而是以描述语言表述农民哪些地方让其有这种感觉。建立在客观事实基础上的沟通，少了情绪化语言，其自然便有了良好的开端。

因此，非暴力沟通强调区分观察和评论，强调清楚地描述观察结果，不鼓励绝对化的评论，而认为评论应随时间和环境的不同而有变化，即活性评论。

其次是感受。每个人的情感细腻度是千差万别的，但总体来说，“成熟的人十分敏锐，就像听交响乐的不同乐章，不论是热情奔放，还是柔和舒缓，他都能体察到细微的起伏(阮胤华，2009)。”只要用心，人的这种潜力是可以转化为能力的。冲突本质上是社会互动的一种形式，冲突一方在这种互动中总能体验到来自对方的刺激在自己内心深处激起的点点涟漪，或伤感、凄凉、悲伤，或愤怒、恼怒、烦恼，又或焦虑、忧虑、着急、紧张，等等。当然，在冲突中，双方的负面情绪居多。

在现实生活中，农村社区冲突的各方忽视表达内心感受的重要性，甚至认为这是示弱的表现，而常常表现得很强硬，试图在气势上压倒对方。实践已经一再证明，这无助于冲突的解决。吉林通钢事件中，总经理陈国军在面对冲突时对示威工人以全部下岗相威胁，激起了工人的愤怒，招致围殴，丢了性命，这是血的教训。农村社区冲突也是如此，适度的示弱其实有助于解决冲突。例如，在沟通中，一方可以“当你说那句话时，我感到很害怕”以及“我进来的时候，你没和我打招呼，我感到有些难过”等等类似的语言来表达自己的感受，这样有助于营造对方的安全感，构建良好的沟通氛围。

再次是需要。我们在表现感受的同时，还需注意强调导致我们有这种感受的需要。非暴力沟通强调，感受的根源在于我们自身，即我们的需要和期待，以及对他人言行的看法，导致了我们的感受。一般来说，听到不中听的话时，我们有四种选择：第一种是认为自己犯了错；第二种是指责对方；第三种是了解我们自己的感受和需要；第四种是用心体会他人的感受和需要(阮胤华，2009)。例如，在面对想去上访的群众时，以下两种不同的沟通形式可能将带来截然不同的效果。

甲：你们想去上访让我很不高兴。

乙：你们想去上访，我很不高兴，因为我想我们能够坐到一起谈谈当前的事情。

在这个例子中，甲认为，他人的行为使他不高兴；而乙认识到，他自己的观点使他不愉快。通过了解我们的需要、愿望、期待以及想法，我们不再指责他人，而承认我们的感受源于自身。一旦人们开始谈论需要，而不互相指责对方，那么他们就有可能找到办法来满足双方的需要。因为只有明确了双方的需要，协商、合作才有空间。

最后是请求。在表达观察、感受和需要之后，我们要请求而非命令他人提供帮助。我们要清楚地告诉对方，我们希望他们做什么。当然，我们提出的请求越具体越好。即要提出明确的而非模糊的请求。例如，用“我想多一些时间和你聊聊，不知道你是否愿意明天在×××见面”，要比简单地说“我想更好地了解你”更能达到沟通效果。如果我们的意思含糊不清，别人就难以了解我们到底想要什么，也同时使我们难以了解自己。

另外，我们需要把请求和命令区分开来：请求没有得到满足时，提出请求的人如果批评和指责，那就是命令；如果想利用对方的内疚来达到目的，也是命令。例如，在农村社区冲突中，面对要求上访的群众，管理者要求群众回去，但是当群众没有听从他们的意见时，他们往往便会指责对方，采取截访的手段，这其实不是请求，而本质上是一种命令。非暴力沟通的目的，不是为了改变他人来迎合我们。相反，非暴力沟通重视每个人的需要，它的目的是帮助我们在诚实和倾听的基础上与人联系。

(2)关切地倾听他人，而不解读为批评或指责

现象学方法主张我们将一切感觉经验的判断暂时放入括弧之中、存而不论，非暴力沟通在这一点上与其高度一致。它认为我们在沟通中应用心倾听他人，做到放下已有的想法和判断，一心一意地体会他人。以色列著名哲学家马丁·布伯有言："尽管有种种相似之处，生活的每时每刻就像一个刚出生的婴儿，一张新的面孔，我们从未见过，也不可能再次见到。我们无法停留在过去，也无法预见我们的反应。我们需要不带成见地感受变化。我们需要用全身心去倾听。"[1]

不论他人以什么方式来表达他们自己，对方都应用心努力地去分辨、去体会其中所包含的观察、感受、需要或请求。例如，

甲："你从不把我当回事。要不是我帮你，你自己一个人能处理这么多事情吗？"

乙："你怎么能这样想！我一直都很敬重你。"

在这一例子中，甲想要的也许只是想得到乙的肯定和欣赏，乙的回答显然难以令甲满意。如果乙用心倾听并给予反馈，他也许可以这样说："你好像有些不高兴，到底是怎么回事？说出来听听吧。"如此，才有助于沟通的达成，否则便会陷入前述的语言暴力的循环。

通过倾听，冲突双方将会意识到对方的人性以及彼此的共通之处，这能够使自我表达变得更容易。一方越是倾听他人语言背后的感受和需要，就越不怕与对方坦诚地沟通。而在现实农村社区冲突中，冲突一方往往难以冷静听完对方的话语，更不用说自己用心去倾听对方的话了，何况由于缺少这方面的训练和意识，冲突双方即使去听，质量也不高。

另外，在解决问题或询问对方的请求前，要有意识地为对方的充分表达创造条件。如果过早地提及对方的请求，冲突一方也许就无法传达自己的关心，甚至还会被看作是应付。例如，

甲："你怎么能这么做！"

乙："你想说什么，直说吧。"

---

[1] 【美】马歇尔·卢森堡. 非暴力沟通.

在这一例子中，甲的最终目的可能的确是要说出自己的想法，使事情得到公平的解决，但乙的回答看似直接，却缺乏技巧，往往会被看作是在应付对方。在甲明显处于激动，甚至有些愤怒的情况下，理性往往让位于情绪，这时，如果甲能这样说："你有些不满吧？听起来，你可能有一些不愉快的经历。"如此，从传达自己的关心开始，方能有助于创造良好的沟通氛围，既给对方一个冷静的时间，同时也让对方有表达的空间。

在倾听对方的观察、感受、需要和请求之后，另一方可以主动表达自己的理解。这样做有两点好处：一是如果一方已经准确领会了对方的意思，其反馈将帮助对方意识到这一点，一旦一个人意识到自己得到了理解和接纳，一般来说，他会觉得很惬意。二是如果一方的理解还不到位，对方也就有机会来纠正他。另外，这样做还有助于人们体会自己的状况，从而深入了解自己。

不论基于何种原因，农村社区中的冲突现象是客观存在的。而社区冲突的本质是人与人之间的冲突，最根本的是一个人对另一个人进行语言的暴力。而"使用暴力的人其实是因为他们内心的宁静遭到了破坏，所以他们才会用暴力的方式维护或寻求心灵的和平。"非暴力沟通的本质就是一种爱的语言，爱的沟通。非暴力沟通提醒我们专注于彼此的观察、感受、需要和请求，它鼓励倾听，培育尊重与爱，使我们情意相通。当然，非暴力沟通植根于西方文化传统之中，秉持着存在主义理念，强调自我负责，对自己的行为负责，强调直接说出自己的想法和请求，而中国文化和中国人则讲究含蓄。在饱含中国文化特征的农村社区中，非暴力沟通作为冲突的传播管理策略的有效性以及契合性等，都是值得我们作进一步思考的课题。

和谐社区并非没有冲突，而是能够借助合理的沟通管理策略容纳冲突，并及时化解冲突。那种认为和谐社区没有冲突的观点是不客观的、极端理想化的。使用非暴力沟通时，表达自己或倾听他人，都是好的开端。但是，非暴力沟通不是固定的公式，它可以适应不同的情况，并根据个人风格及文化环境做出调整。虽然非暴力沟通在农村社区冲突中可以作为沟通管理策略，但是在许多情况下，预防冲突比解决冲突更加可行，也更加重要。

二、农村组织的外部传播过程

前面，我们论述了大学生村官的入职及社会化过程、农村社区的冲突沟通管理策略，这可以被视为是组织内部传播行为，主要是由于这些活动是立足于组织本身展开。就组织传播而言，其显然并非仅仅立足于组织内部活动，而是涉及组织的外部传播问题。

1. 组织的外部环境[1]

组织环境是指决定或影响组织各种活动发生、发展及其成效的各种内外因素条件的总和。一方面,它可以有效地帮助组织发展壮大,顺利地实现组织目标;另一方面,也可能会阻碍组织目标的完成,成为制约组织扩展的主要力量。本单元主要是从影响组织发展的组织外环境入手,探讨农村组织的组织外传播过程。

组织的对外传播是组织关系传播的一个部分。关系管理学是一门探讨"管理"的学科。它是以人为中心,关注各种关系和关系的管理,涉及关系的各个层面,如关系的情感管理、关系的权力管理、关系的冲突管理、关系的变化管理等。而组织的对外传播,可谓是组织对外关系管理的核心问题,本质上是要解决与外部公众的关系问题。

(1)组织的公众分类

确定公众并对公众进行分类可以使组织传播人员明确工作对象、认清主攻方向、抓住主要矛盾,从而为有针对性地开展组织对外传播活动提供先决条件。传播人员根据各类公众的不同特点,选择有效的传播方式进行沟通,从而保证组织传播工作有较高的效率和较好的效果。公众的分类可以从不同的角度去划分。各种不同的划分方法对组织传播人员开展工作都有一定的实际意义。

第一,内部公众和外部公众。根据公众与组织的所属关系,可将公众划分为内部公众和外部公众。内部公众指组织内部的各类成员,如企业中的员工、股东等。外部公众指组织外围的公众,如企业面对的顾客、原料供应商、产品经销商、政府部门、同行企业、新闻界等。

第二,顺意公众、逆意公众和独立公众。根据公众对组织的不同态度可以将公众划分为顺意公众、逆意公众和独立公众。顺意公众是指对组织的政策和行为持同意态度并积极支持的公众。对顺意公众,组织传播人员需经常与他们沟通联系,争取他们对组织的继续支持。逆意公众是指对组织的政策和行为持否定态度的公众。对逆意公众,组织传播人员应慎重对待,对他们对组织的看法要冷静、客观地进行分析,通过有效地开展工作,使其逐步转变对组织的态度。独立公众是指对组织的政策和行为持不明朗态度,既不明确赞同,也不明确反对。对独立公众,组织传播人员应高度重视,要将其作为工作的重点,争取使其逐渐转变成为顺意公众。

第三,首要公众、次要公众和边缘公众。根据公众对组织的重要性不同,可以将公众划分为首要公众、次要公众和边缘公众。首要公众,是指对组织的生存和发展起决定作用的公众。对组织的生存和发展虽有一些影响,但不起决定作用的公众称为

---

[1] 黎泽潮.公共关系总论.合肥:合肥工业大学出版社,2005:60.

次要公众。边缘公众是指与组织有关系,但又不是首要公众和次要公众的公众。对于组织传播人员来说,应将主要精力用来沟通首要公众,把他们作为工作重点,对次要公众也不应忽视。在组织传播工作中要把主要精力用在占公众人数比较少的首要公众身上,要投入大部分人力、财力、物力维持、完善组织与他们之间的关系。

第四,受欢迎的公众、被追求的公众和不受欢迎的公众。根据组织对公众的态度来划分,公众可以分为受欢迎的公众、被追求的公众和不受欢迎的公众。受欢迎的公众是指那些和组织"两厢情愿"的公众。这些公众主动表示对组织感兴趣,而组织对他们也非常重视,如股东、赞助者等。被追求的公众,即组织对其"一厢情愿"的公众,如新闻机构。对于组织追求的公众,组织传播人员要采取积极的公关活动去争取,但要注意方式方法。不受欢迎的公众,指组织力图躲避的公众,对于这种公众,可以采取回避的措施或与之保持适当距离,避免与其正面"对话",不必表现出极度反感的态度。

第五,非公众、潜在公众、知晓公众和行动公众。把公众作为一个过程来分类可把公众划分为非公众、潜在公众、知晓公众和行动公众。非公众是指对组织不产生影响,也不受组织影响的公众。区分这类公众可以减少组织传播工作的盲目性,增强针对性。非公众有可能发展成潜在公众。潜在公众是指组织的目标和行为已影响到这些公众,而其本身尚未意识到。潜在公众在一定时期内,至少在意识到他们面临的问题之前,不会采取行动,他们对组织的影响力只是潜在的。在组织传播工作中及时发现潜在公众可以"防患于未然"。知晓公众是由潜在公众发展而来的,这些公众不仅面临着同一问题,而且已经意识到问题的存在。知晓公众一旦形成,他们就会急切地想了解问题的真相、原因和解决的方法。在组织传播工作中,能否以积极的态度、正确的方法对知晓公众开展组织传播活动,关系到组织传播工作的及时性,也往往是成败的关键。行动公众是由知晓公众发展而来的,对组织的影响已做出反应,并且准备采取行动和正在采取行动的公众。行动公众的形成可以对组织的生存发展构成直接威胁,对他们开展组织传播工作难度很大。

(2)组织外传播的目标公众

每个组织都有特定的目标公众对象。组织的性质、类型不同,具体的目标公众对象也就不完全相同。对公众进行较为具体分类的开创者是美国的杰瑞·A·亨特瑞克斯,他为组织界定了以下重要公众:媒介、雇员、社区、政府、投资者、消费者和特殊公众。就组织外传播而言,其目标公众包括以下几个方面。

第一,顾客公众。顾客公众指购买、使用本组织提供的产品或服务的个人、团体或组织。顾客是与组织具有直接利益关系的外部公众,是工商企业组织市场传播沟通的重要目标对象。建立良好顾客关系的目的是促使顾客形成对组织及其产品的良好印象和评价，提高组织及其产品的知名度和美誉度，增加对市场的影响力和吸引力，为实现组织和顾客公众的共同利益服务。

第二，媒介公众。媒介公众指新闻传播机构及其工作人员。媒介公众是组织外传播工作对象中最敏感、最重要的一部分。从组织对外传播实务工作层次来看，新闻媒介关系往往被置于最显著的位置，甚至被成为对外传播的首要公众。与新闻媒介建立良好关系的目的是争取新闻传播界对本组织的了解、理解和支持，以便形成对本组织有利的舆论气氛；并通过新闻媒介实现与大众的广泛沟通，增强组织对整个社会的影响力。

第三，社区公众。社区公众指组织所在地的区域关系对象，包括当地的权力管理部门、地方团体组织、左邻右舍的居民百姓。社区关系也称区域关系、地方关系等。社区是一个组织赖以生存和发展的基本环境，是组织的根基，与组织在空间上紧密地联系在一起，千丝万缕、难以分离。共同的生存背景使社区公众具有“准自家人”的特点。发展良好的社区关系是为了争取社区公众对组织的了解、理解和支持，为组织创造一个稳固的生存环境；同时体现组织对社区的责任和义务，通过社区关系扩大组织的区域性影响。

第四，政府公众。政府公众对象指政府各行政机构及其官员和工作人员，即组织与政府沟通的具体对象。任何社会组织都必须接受政府的管理和制约，因此需要与政府的有关职能机构和管理部门打交道。它是所有传播沟通对象中最具有社会权威性的对象。组织必须与政府各职能部门建立和保持良好的沟通，这是组织生存、发展的重要保障和条件。与政府保持良好沟通的目的是争取政府及各职能部门对本组织的了解、信任和支持，从而为组织的生存和发展争取良好的政策环境、法律保障、行政支持和社会政治条件。

案例：

大连：青蓝工程扶贫40余所农村学校〔1〕

1994年盛夏，大连市教育工会向全社会展示了他们所走访的100多所农村学校的艰苦环境和艰难处境的纪实图片和录像资料，引起了全社会的关注，一时间，体育器材、电脑、显微镜、图书、教学工具书等物资一车车地被送往贫困学校，仅半年，共筹集资金200余万元，直接帮助24所学校重建、改建了校舍，一大批学校的办学条件和教育设施得到改善，教学器材得到补充。

---

〔1〕 资料来源：http://news.sohu.com/20050923/n227043227.shtml。

为提高教育队伍的整体素质，从根本上改善农村教学质量，教育工会帮助农村教师和城市教师结成师徒对子，以群众性的互帮互学、典型示范等形式，帮助农村学校、青年教师提高素质和业务水平，这一活动被称为“青蓝工程”。教育工会根据各所农村学校在教学中存在的问题，确定帮扶项目和重点，配备适当的对口学校，市内多所先进学校与农村学校建立了对口帮扶关系，建立双向交流制度，城市学校通过赠送资料、辅导讲座，帮助农村学校了解最新的教育动态和信息；选派优秀骨干教师定期送教下乡，上示范课、说课、听课，进行教学诊断；同时，定期邀请农村学校领导、教师到城市学校观摩、学习。建立帮学关系的两所学校选择对应的教师结成对子，建立师徒关系，由城市学校帮助农村学校培养教学骨干，除了定期见面，师徒间还通过电话、书信保持联系，农村教师将工作中遇到的问题随时求教于城市老师。

至今，“青蓝工程”为农村学校举办业务讲座530余次，上观摩课、示范课和说课970余节，农村薄弱学校的管理水平、教学质量有了明显的提高，带出了一批学科骨干。瓦房店李店镇中心小学通过帮扶，语、数成绩由全乡的中游跃为全乡之首，结对子的青年教师成了学科带头人；金州区亮甲店中心小学教学能手由过去的5%增加到22%，学科骨干由7人增加到41人；普兰店乐甲中心小学被评为普兰店模范学校，24篇论文获国家和省级优秀论文。

2. 农村组织的对外传播规划[1]

农村组织的对外传播规划，具体而言包括调查、策划、实施、评估等四个部分，也称之为“四步工作法”。下面，本文从四个方面对此分述之。

(1)调研

不管是从书本，还是通过面谈或实地调查获取资料，本质上来说，调查研究工作都是一个获得信息的过程。可以说，信息是农村组织的对外传播策划的原材料，我们掌握的信息越多越准确，就越能更好地确定目标、更容易就行动计划达成一致。组织外传播调查是社会组织根据某种需要，运用科学合理的方法，为准确地收集有关信息而进行的专项活动。这种调查活动的目的是认识自己、了解公众意愿，把握社会环境的发展趋势，为组织开展对外传播活动提供条件和基础，为组织制定对外传播计划提供科学依据。

调研要遵循真实性原则、系统性原则、时效性原则和经济效益原则。

第一，真实性原则。即指组织对外传播的调查获取的材料和数据必须真实、客观、准确地反映组织对外传播状况的实际。精确的预测需要依据真实的调查

[1] 熊源伟. 公共关系学. 合肥：安徽人民出版社，2003.

资料，优秀的策划需要依据真实的调查资料，同样，科学的决策也需要依据真实的调查资料，也就是说只有在真实、客观、准确的调查资料基础上，尊重客观事实，进行实事求是的分析才能看清问题，抓住时机，做出精确的预测、精良的策划、科学的决策。

第二，系统性原则。组织对外传播的调查要注重调查对象的整体性，不能只抓其中的要素而忽视整体联系，要根据调查目的，全面系统地搜集调查范围内有关组织对外传播的信息资料，从而全面系统地反映组织对外传播状况。

第三，时效性原则。进行组织对外传播调查要增强时效原则的观念，使调查工作顺应瞬息万变的社会环境，及时反馈信息，以满足社会组织各方面的需要。

第四，经济效益原则。组织传播状况调查与其他调查工作一样，需要有人力、物力、财力的保障。因此，进行此项调查要严格依照调查目的，选择恰当的调查方法，争取用较小的投入获得较大的效果、较多的信息资料，因为在调查内容不变的情况下，采用的调查方式不同，费用支出会有所差别；同样在费用支出相同的情况下，不同的调查方案也会产生不同的效果。总之，组织传播状况调查必须讲究经济效益原则。

(2)策划

组织对外传播的策划过程是制定组织对外传播计划的过程，属于组织对外传播"四步工作法"的第二步，是组织对外传播活动的重要环节，其策划水平直接影响着活动效果。策划是指人们为了达成某种特定的目标，借助一定的科学方法和艺术，为决策、计划而构思、设计、制作策划方案的过程。

策划要遵循创新原则、时效性原则、可行性原则。策划的核心在于方案的可行性和实施的效果，没有可行性的方案，即使是再漂亮的创意和文字，也不会有丝毫的意义，"老鼠和猫"的故事可以给这类策划人以很好的启示。

"老鼠和猫"的故事

传说有一群老鼠，它们为了降低被猫捕杀的机会，开了一个家族会议，会上，一个"聪明"的小老鼠提议在猫的脖子上挂一个铃铛，这样的话，一旦猫有动静，它们就会听到铃铛的响声，大家就可以"闻铃而逃"，不少老鼠对此建议表示赞同，认为这是一个再好不过的办法。但是，一只年长的老鼠的声音打断了它们欢呼，"这个办法很好，但是由谁去挂这个铃铛呢？"众鼠哑然。是呀，谁去挂呢？

(3)实施

组织对外传播计划的实施就是在组织对外传播计划被采纳后，把计划所确定内容变为现实的过程。这个过程是组织对外传播"四步工作法"中的第三个环节，也是最为复杂、最为多变的一个关键环节。组织对外传播计划实施的原则和方法包括以下几个方面。

第一，目标导向的原则与方法。所谓目标导向的原则是指组织对外传播计划实施过程中，保证组织对外传播计划实施活动不偏离目标的原则。在组织对外传播计划实施过程中，为了使目标导向的原则得到正确的运用，人们经常使用线性排列法和多线性排列法，将所有组织对外传播行动和措施按先后顺序有机排列组合起来，然后再加以实施。

第二，控制进度的原则与方法。控制进度的原则就是根据整个组织对外传播计划的目标和需要，按照一定的程序，掌握工作的进展速度，以避免出现轻重不一倾向的原则。

第三，整体协调的原则和方法。所谓整体协调的原则就是在计划实施的过程中使所涉及的方方面面达到和谐、合理、配合、互补和统一的状态的原则。

(4)评估

组织对外传播规划的评估就是根据组织传播认知度、美誉度、和谐度所构成的特定的标准，对组织对外传播计划、实施及效果进行检查、评价，以判断其优劣的过程。组织对外传播规划评估的目的就是取得关于组织传播工作过程、工作效益的信息，作为决定开展组织对外传播工作、改进组织对外传播工作和制订组织对外传播计划的依据。评估的标准包括准备过程的评估标准、实施过程的评估标准以及实施效果的评估标准等方面。准备过程的评估标准包括背景材料准备是否充足、信息内容是否正确充实、信息的表现形式是否恰当等。实施过程的评估标准包括检查发送信息的数量、信息被传播媒介所采用的数量、检验接收到信息的目标公众有多少、注意到该信息的公众数量等等。实施效果的评估标准包括检查“了解信息内容的公众数量”、改变观点、态度的公众数量、发生期望行为和重复期望行为的公众数量、达到的目标和解决的问题、对社会和文化的发展产生的影响等。

第三节　农村组织传播与农村社区发展

农村社区存在多样态组织，例如农村社区自治组织、农民经济合作组织、农民田间学校、传统的农民宗族组织、农村基层党组织等。在此，本文聚焦于农村社区自治组织、农民经济合作组织以及农民田间学校等三种组织类型，介绍此三种不同农村组织类型的组织传播现象，并以此探讨农村组织传播对农村社区发展的影响。

一、农村社区自治组织

社区是指进行一定的社会活动，具有某种互动关系和共同文化维系力的人类群体及其活动区域(郑杭生，2002)。而农村社区，指的是主要以农业活动为基础聚集起来的人们生活的共同体。相对于其他社会组织而言，农村社区自治组织的成员范围比较固定，地域性强，开放程度较低。

在我国，法定的社区自治组织仅包括城镇居民委员会和农村村民委员会。宪法第 111 条明确规定："城市和农村按居民居住地区设立的居民委员会或者村民委员会是基层群众性自治组织。"村民委员会组织法第 2 条规定："村民委员会是村民自我管理、自我教育、自我服务的基层群众性自治组织，实行民主选举、民主决策、民主管理、民主监督。"农村社区自治组织由一系列的工作机构组成，除此之外，其还包括一些非正式群体。

1. 农村社区自治组织中的非正式群体

非正式群体是农村社区自治组织结构中的一环。人本质上是一个社会存在物，是群居动物。"人只有在人群中才成为人，如果人群要完全存在，就必须有几个人。"(阎嘉，2006)由自然人群到固定的组织再到民族，人总是在人群中寻找定位和安慰，以群体一员的角色参与到以社区为舞台的表演之中。同时，也不可避免地会受到来自群体同侪的影响，当然，这种影响有积极的，也有消极的。群体中的社会助长效应、惰化以及去个性化都说明了这一点。按照群体内各成员相互作用的目的和性质，可以把群体分为正式群体与非正式群体。正式群体根据定员编制、章程或其他正式文件而建立。例如，农村社区中的村委会等。非正式群体，是在心理动机上的方向一致——同情、观点接近、信念一致、承认权威、个别人威望的基础上产生的(时蓉华，1998)。这种群体常常没有定员编制，没有条文规定，因此，也没有固定的形式，常常结合兴趣、爱好、血缘、业缘等形成。

观察新时期农村社区自治组织，非正式群体是客观存在的。新时期的农村社区自治组织中逐渐形成了主要以政治能人、经济精英、宗族精英等为中心的多点中心非正式群体，体现出经济、政治、宗族关系在塑造新的农户社会关系中的力量与意志。在某些核心和群体成员之间形成了密切的共生关系。如图 5-1 所示。

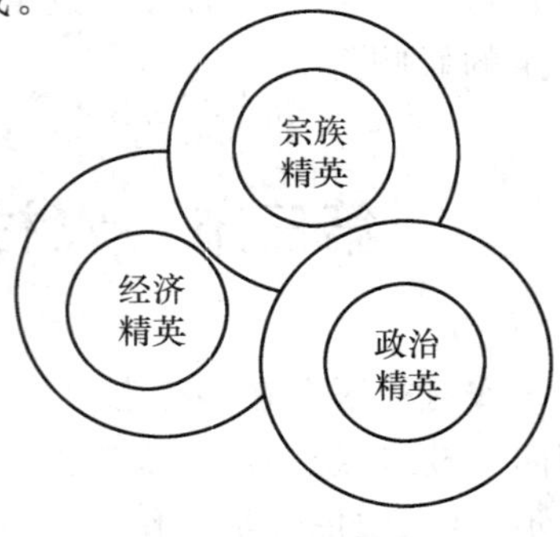

图 5-1　农村社区非正式群体

就农村社区来说，有的研究认为在改革之前，传统农村宗族已遭到了毁灭性打击，宗族组织和宗族势力已基本上不复存在(陆相欣,2006)。其实,由于传统和血缘的作用,宗族的力量在农村社区中一直都扮演着重要的作用,只是在有的阶段,这种作用的发挥是显性的,而有的阶段则是以一种隐蔽的力量发挥作用而已。虽然在当今农村社区,农户家庭观念上升,但由于种种原因,宗族的以新的形式的“复兴”则也是事实。例如,在农村社区中,修谱与祭祖活动相当普遍、宗族组织和宗族祠堂得以重建、宗族组织活动大量开展、日常生产生活上互帮互助活动频繁等。宗族传统力量在社区体系中发挥着持续的影响力,在社区中的力量仍然不可忽视。那些大姓在社区中人口众多,在社区事务中具有强大的影响力,在大姓农户周围自然形成了以其为中心的一个层圈状结构的非正式群体。在这种非正式群体中,更多的是以血缘关系来组织的,村民之间有无血缘关系、血缘关系之亲疏影响着人们的行为取向、特征及关系紧密度,这更多的是一种以血缘、宗亲为纽带的非正式群体。

农村社区体系的结构一直在发生不断的变化,即在不同的历史时期,受制于社会大环境的变迁,农村社区体系的结构呈现出明显的差异性。1982 年《宪法》规定:“农村按居民居住地区设立的村民委员会是基层群众性自治组织。”1987 年我国第一部《村民委员会自治法》被通过,这由此确立了“乡政村治”的格局,社区村民依法有权管理与自己切身利益相关的社区公共事务和公益事业,即村民自治。显然,相较于改革之前,农村社区体系结构发生了变化,国家政治权力有所回缩,以“两委”为中心的以政治权力、资源为中心的非正式群体也已形成。因为事实上,在现有农村社区农民中,与“两委”成员的关系密切程度是有差别的,有些农户愿意与这些人加强关系,能够在现有的农村社区治理结构中谋得一些利益。这种对社区权力的冷静考量,促使这部分农户逐渐形成了一个以“两委”政治精英为中心的非正式群体,这是一种政治层圈结构的非正式群体。例如,在浙江白村 1999 年开始的新一轮村委会换届选举工作中,六位候选人中就有四位是原村干部,分别是原支书、村主任、副主任、村支委,另外还有一个是原村民兵连长。[1]

此外,如果说从 20 世纪 50～70 年代,中国农村社区的变迁主要受政治力量影响的话,那么,20 世纪 80 年代之后,其除了继续受到来自国家政治的影响外,经济力量也逐渐成长为一个重要影响力量,其在农村社区体系中已然崛起并成为影响农村社区的重要因素。由于农村率先改革,其中一部分农民通过勤劳奋斗,逐渐成为所在社区的经济精英、经济能人,农户收入差距显著拉大,各地农村的分化也呈现明显化,农村社区体系结构也相应发生了变化,农村社区农民之间产生了分化,

[1] 卢福营.派系竞争:村委会选举面临的新挑战——以浙江白村的一次村委会选举为例分析.中国农村村民自治信息网.

一些有能力、有资本的农民率先富了起来，通过招工办厂，逐渐形成了以他们这些经济精英为中心的非正式群体。例如，在一些农村大户开办的私营加工厂，其工人多来自本村，工人在工厂做工，除了能够学到一些技术之外，还能得到相应的生活报酬，成为围绕在这些经济精英周围的群体成员。经济精英通过这些人创造利润，不断进行生产和扩大再生产，而工人则从中获得劳动报酬以便维持生计。通过各取所需维持着一种以经济力量为中心组织起来的层圈结构。

因此，在新的形势下，经济精英持续崛起，而宗族传统力量则正在复兴，他们一起与体制内的政治精英形成多中心的结构模式，由此形成了多中心非正式群体共存的格局，给农村社区结构带来了深刻的变化，对社区的治理也产生了重大影响。

2. 边缘农民在社区公共冲突中的沟通策略

(1)边缘农民的界定

农民从来就不是一个内涵单一的身份指称，农民内部依据所拥有政治、社会资源的不同一直都存在差别化，只是在不同历史时期，农民分化的程度、表现各不相同。例如，有研究者以职业分类为基础，依据经济资源、组织资源和社会资源等不同资源的占有标准，分化出农业劳动者、第二产业劳动者、第三产业劳动者、农村知识分子、农村管理者、私营企业主、个体劳动者、兼业劳动者、无业人员等九大群体(卢福营等，2006)。

边缘农民指农村社区中参与社区事务程度较低的群体。依据内、外两方面因素，从人格特征、个人态度、农村权力结构、农民生计资本等角度划分，农村社区存在四种类型边缘农民，如表 5-2 所示。

表 5-2　边缘农民分类

内部因素	外部因素	
	具备	不具备
具备	④	②
不具备	③	①

注：外部因素指权力资源、生计资本存量等因素。内部因素指个人态度、人格类型等因素。

如表 5-2 所示，①表示参与社区事物的外部因素不具备，如权力资源较少、生计资本存量不高等，而内部因素也不具备，如参与意愿较低、性格比较内向等。②表示虽然内部因素具备，如有较强的进取心、较高的参与意愿、性格比较外向等，但外部因素不具备，如权力资源较少、生计资本存量不高等。③表示虽然外部因素具备，如占有一定的权力资源、生计资本存量也相对较高等，但内部因素不具备，如参与意愿较低、性格比较内向等。④表示虽然内部因素和外部因素都具备，如参与意愿较高、性格比较外向、有一定的权力资源、生计资本存量也相对较高等，但是由于对议题性质不感兴趣等，介入社区事务程度仍然较低。

(2)边缘农民在社区公共冲突中的沟通策略

边缘农民在面对社区冲突时，其基于自身的特征，有着与其他群体较为不同的选择倾向。首先，他们通常更加倾向于采用回避的策略来处理冲突，以努力避免与对方公开争执，避免将自己暴露在公开场合，这常常不是因为低调，而是因为源自内心深处的自卑感，他们总是感到身单力薄，没有依靠。“他们采取的行动可能是间接的，而非直接的，如他们对选举不满的时候，可能不是采取直接的反对，而是以不参与的方式来表达。”(王晓毅，2009)他们有着比其他群体更大的冲突接受区。这种选择有时的确会息事宁人，但如果一味回避、有意忽略或拖延已经发生的冲突时，不仅自身利益受损，同时，也会错过了冲突解决的最佳时机。当然，边缘农民是否采取回避方式来面对冲突，关键还是要视冲突所涉及问题的性质，在一些非核心利益上，他们隐忍退让，而在一些核心利益上，他们又是不退缩的，不轻易妥协的，常常会采取一些激烈的方式。当然，是否涉及核心利益，又会因人而异。

其次，边缘农民还常常采取“迎合”的策略来面对冲突。人是理性的动物，常常基于理性的算计而作出某种抉择。当然，就转型时期的农民来说，对其作经济理性人的假设是否合适，尚可以商榷。边缘农民或是从利益角度考量，暂时的“迎合”以利于换取某种更大的利益，或是认为自己人微言轻无能为力扭转局面，或为了某种利益的交换等，这些因素都可能会使他们以“迎合”的方式去面对冲突。

当然，这种“迎合”有时候是表面的，即边缘农民往往采取表面“迎合”、实则“抵制”的策略来面对冲突。“抵制”这一概念源自法国著名社会学家德塞图。在《日常生活实践》中，他重点阐述了大众沉默抵抗的生活诗学，将研究的视角探入到大众日常生活中的那些细微的环节，从而挖掘出大众的挑战力量。德塞图认为，在日常生活实践中，“抵制”战术随处可见，他用“假发”作为这种战术的典范：“‘假发’就是指一些雇员装作是在为雇主干活，但实际上是在给自己工作。‘假发’现象不是小偷小摸，因为工作的原材料的物质性价值并没有被偷走。它也有别于旷工，因为这个雇员事实上正儿八经是在工作现场干活。‘假发’现象形形色色，简单的可以一如某位秘书在‘上班时间’写一封情书；复杂的又可以发展为某个木工‘借用’工厂的车床给自家的起居室打造一件家具。对此现象，不同的国家有不同的叫法，……‘假发’这个现象正变得越来越普遍”。德塞图认为，雇员们每每借助“假发”战术，达到这样的战术目的：“成功地将自己置于周围的既定秩序之上”。凭借这种抵制战术，他们可以避免被既定机制的权力彻底压制。这样，“假发”现象就具有社会战术的意义，并且“出现在现代社会的大多数秩序领域中”(吴飞，2009)。

反观边缘农民的冲突应对实践，其与德塞图所界定的“抵制”战术颇为相似，尤其是在其面对社区公共权威、自身无力改变现状时，更是如此。例如，村委会通知某某时间在某某地点集合开会，虽然人到了，但在开会时干私活，如织毛衣、聊天等，这是一种较典型的边缘农民的“抵制”策略。

除了上述方式之外，边缘群体在面对社区冲突时，还常常借助于社区内或社区外的第三方。第三方参与的解决方式也是一种传统的冲突管理手段，一般是由双方都信赖的、具有一定权威的人士出面，对双方的冲突进行协调。在这种冲突解决方式中，第三方可以扮演调查者、仲裁者、调停者、调研者、程序的规范者等角色（袁军等，2000）。而在第三方协调无效时，便完全依靠司法程序来解决冲突。边缘群体由于其所处社会地位较为低下，在面对冲突时，常常底气、自信都不足，往往希望借助于第三方来作为依靠和支撑。与回避、迎合、“抵制”等方式相比，虽然寻求第三方帮助是朝向解决冲突方向迈进的一步，但是在本质上，这仍然是一种消极的冲突应对策略，而非积极主动担当。依靠沟通技巧与对方进行沟通，虽然有时可能并不能从根本上解决问题，但是通过有效沟通，至少能够避免进一步激化冲突。

二、农村经济合作组织

在《现代汉语词典》中，“合作”是指“互相配合做某事或共同完成某项任务。”英文中，合作一词源于拉丁文，原意是共同行动，或者联合行动，它反映的是人们在经济活动中的平等互助关系。因此，合作需要至少两个或两个以上的参与者，即合作的一个鲜明特征在于参与主体的多元性。

1. 农村经济合作组织的类型

目前，农村经济合作组织主要有两大类型，它们发展的路径存在着差异。

一种是自生的合作制现代农业企业组织，合作制是以农民为主体，以农户发展为基础，从农业内部发展起来的企业组织。改革开放以来，随着中国农村专业合作经济组织的不断发展，其特点主要表现在以下几个方面：第一，不改变土地关系和农民的生产经营自主权。农村专业合作经济组织不改变农民最敏感的土地承包关系，不改变农户自主经营权利，农民可以根据生产经营活动的需要参加各种各样的专业协会。第二，专业性强。它大多以专业化生产为基础，以某一类专业产品为龙头组织起来，如养猪协会、养牛协会、养羊协会、蔬菜协会等，都有明显的专业特征。第三，组织类型多样化。很多地方是利用和依托了目前农村丰富的组织资源，改造和兴办专业合作经济组织，类型多种多样（程同顺，2005）。

另一种则是公司制。公司制是工商资本从外部进入，是以资本扩张为动机进行农业投资。它们购买（租入）土地和劳动，建立自营生产基地。例如，烟台中粮葡萄酿酒有限公司的“一体化样板基地”，对土地进行合作开发，企业直接与农户签订土地使用权合同，向农民支付土地使用费，使土地流转到公司手中，农民成为公司的劳动工人。这不是以农民为主体的渐进式农业组织企业化道路，而是以公司为主体的企业组织农业化道路，所以，公司制在现代农业企业组织中只是少数（黄祖辉等，2009）。

2. 农村经济合作组织的传播类型

综合前述的两种农村经济合作组织的类型，其基本的传播类型可以分为以下三种。

(1)联结型：公司＋农户

这种合作模式肇始于 20 世纪 80 年代，顾名思义，"公司＋农户"是将"大公司"与"小农户"联结起来。这种类型的传播特点如下所示。

首先，不对等的传播主体。从资金实力、社会资源等方面而言，普通农户与公司都不可同日而语，农户与公司企业之间实力悬殊，在这种合作中，农户和公司之间不是完全平等的市场关系，又缺少其他力量予以平衡，导致这个模式在操作过程中稍有不慎，就容易暴露出它与生俱来的缺陷：农户在生产经营过程中没有话语权、自主意志得不到体现，农户与公司的权责严重不对等、条约显失公平，利益分配完全由公司单方决定、向公司方倾斜等，这势必影响到两者"双赢"的预期效果。例如，广东××食品集团有限公司曾经是广东省"公司＋农户"模式的杰出代表，××公司"公司＋农户"合作模式的主要内容是：由养户提供场地，负责饲养，××公司提供猪苗、饲料、药物和技术指导，肉猪由公司包销，销售所得扣除公司提供的猪苗、饲料、药物等成本后剩余部分（毛利）归农户所有。这种模式对农民的诱惑显而易见：大公司，低成本、不用担心销售、先进的管理方式和养殖技术。但经过调查后发现，在农户与企业所签订的合同中，合同对养户的规定非常严格，在责任认定一项中，猪苗运输中死亡、肉猪因病致死都要由养户承担责任，而对公司却少有约束条款。由于公司不可能与农民分享利益，因此农民会处于不利地位。[1]

其次，多元的传播效果。传播效果受多种因素的影响，公司的市场道德、农户维权的决心、具体的规约等因素，因此，除了上述案例中提到了农户在合作中利益受损的局面之外，20 多年来，这种"公司＋农户"的组织传播形式在农民学习生产技术、规避市场风险和规模经营增收等方面发挥了积极作用，在许多发展实例中，实现了企业与农户的双赢。例如，广西××种养有限公司贺州分公司，依照"公司＋农户"的经营模式，从成立两年来带动 500 户农户发展养鸡，出栏肉鸡 790 多万羽，直接为农户增加收入1 420万元，在贺州打出了一片天地，不但壮大了企业实力，也为农民增收作出了贡献。公司与农户紧密合作，利益共享。由企业负责向农

[1] 资料来源于：http://www.sdxm.gov.cn/art/2007/7/12/art_821_18862.html。

户提供鸡苗、饲料、兽药(包括疫苗)、技术培训,产品由企业按合同回收。加盟农户只需交给公司数目很小的订金,就可以进行养鸡生产了,以前困扰农户发展养鸡的资金和技术两大问题就轻易解决了,农户只需专心把鸡养好就行,不用担心市场行情的变化。2006 年受外地禽流感疫情影响,禽类价格大幅下滑,企业承担了风险和责任,而农户受到的影响很小。而企业也获得与农户大体相同的利益,企业实力不断壮大。[1]

案例:

河南济源市公司加农户,致富新出路[2]

近年来,河南省济源市林业局和××药业集团通过协商,把冬凌草人工种植项目与发展退耕还林林下种植业有机结合起来,带动退耕农户增收致富,获得良好效果。

近二十年来,××药业集团致力于冬凌草的开发利用,成功研发出冬凌草系列产品,并日益受到广大消费者的青睐。随着市场的拓展,对原材料的需求也迅速扩大,野生冬凌草因其生长在太行山区一带,适生范围有限,已经不能满足生产的需求。但受困于原生地耕地的严重不足,冬凌草人工栽培一直得不到大面积推广,原材料问题成为济药集团快速发展的瓶颈。

看到这个契机,济源市林业局积极与××集团沟通协调,利用××集团成功的栽植经验,构建"公司+农户"的冬凌草产业发展模式,利用退耕还林林下种植冬凌草,满足企业原料需求,促成企业发展、农户增收的双赢格局。预计济源市今年冬凌草种植面积可达到 2 000 余亩,涉及退耕农户近 400 多户,户均收入超过 6 000 元。"公司+农户"的运作模式将为济源市冬凌草产业的发展带来广阔前景,为增加退耕农户收入、巩固退耕还林成果作出应有的贡献!

(2)服务型:农民专业合作社

《中华人民共和国农民专业合作社法》于 2007 年 7 月 1 日正式施行,这标志着农民专业合作经济组织进入依法发展的新阶段。发展农民专业合作组织,不仅增加了组织化收益,提高了农民收入,从根本上保障了农产品质量安全,真正确立了农民在新农村建设中的主体性。根据该法第二条,"农民专业合作社是在

[1] 资料来源:http://www.gxny.gov.cn/web/2007-07/176932.htm。

[2] 《河南济源市公司加农户,致富新出路》。资料来源:国家林业局退耕还林办公室 http://www.forestry.gov.cn/portal/main/s/435/content-409183.html,根据资料整理。

农村家庭承包经营基础上，同类农产品的生产经营者或者同类农业生产经营服务的提供者、利用者，自愿联合、民主管理的互助性经济组织。”该定义明确了农民专业合作社是经济组织，并且是一种全新的、特殊的经济实体，具有法人资格，但它既不同于公司、合伙企业等企业法人，也不同于社会团体法人。它的传播特点如下所示。

首先，农民作为组织传播的平等主体。农民专业合作社是农民为增强自身的市场竞争地位、取得规模经济效益、扩大农业盈利空间，联合起来共同从事农产品运销和加工、农业生产资料采购和农业信用融资的一种企业制度。它以其成员为主要服务对象，提供农业生产资料的购买，农产品的销售、加工、运输、贮藏以及与农业生产经营有关的技术、信息等服务。

作为农户自愿联合的选择，农户根据自己的生产经营需求、意愿作出是否创建或者加入农民专业合作社的决定。农户可以参与建立或者加入一个专业合作社，也可以参与组建或加入多个业务不同的专业合作社。任何人都不能强迫农户联合起来成立合作社，也不能强迫农户加入合作社。入社成员有着共同的经营需求，连接成员之间的纽带是生产经营相同的农产品或者有着共同经营服务需求，而不是地缘、血缘关系。

其次，它的传播目标具有经济和社会双重性。作为成员间互助合作的、特殊的经济组织，农民专业合作社围绕服务成员为目标，在经济市场上开展以营利为目的经营活动，追逐利益最大化；作为成员间相互帮助的互助性组织，农民专业合作社以成员为本、为成员服务，通过成员间的相互帮助、合作，完成单个农户“干不了、干不好、干了不合算”的事情。

再次，就传播效果而言，农民专业合作社能够给入会社员带来许多显著的利益。第一，提高谈判议价能力。合作扩大了生产规模，提高了农户的谈判议价能力。第二，节约交易成本。合作社内部根据成员特长进行分工，有专人盯市场，跑订单，批量购买农资，为成员及非成员提供购销服务，大大降低了单家独户进入市场的交易成本，也节约了资金和人力。第三，形成品牌产品，带动产业发展。成立合作社后，注册统一商标、统一生产标准成为可能，为合作社扩大产品销路、扩大生产经营规模等奠定了基础。第四，提升农村人力资本。一方面，成立合作社后，合作社负责人通过培训、学习和参观考察等，领导能力，组织、管理和经营能力进一步提升；另一方面，合作社组织成员进行技术培训，学习文件、政策等，可以提高农民的农业经营水平，加深对政策的理解。另外，在合作社内部，成员承担一定的义务，拥有相关权利，民主管理，民主决策，自我管理能力和组织能力逐渐提高。

案例：

全国优秀农民合作经济组织——奉化环球花木专业合作社[1]

奉化的花卉种植早在800多年前已有记载。奉化环球花木专业合作社成立于2004年10月，该社的负责人之一吕总介绍说，在当前市场经济条件下，单个种植户参与市场竞争能力是非常有限的，利用当地花木资源把种植户联合起来，成立专业合作组织，形成规模化、集约化的经营模式，增强了种植户市场竞争能力和抗风险的能力，他说团结就是一种无形的力量。

该社认为仅仅这样还不够，合作社的品牌推广至关重要，现在已经不再是那个酒香不怕巷子深的年代了。要把被动转换成主动出击，在网络信息化的时代，该社看中了互联网的传媒方式，经过调查了解选择了中国花木网等其他几个网络平台进行了全面宣传、推广，并先后入驻了扬州、夏溪等花木市场。几十万株的红枫、樱花、垂丝海棠等绿化苗……通过该红娘远嫁广东、河南、江苏、四川、重庆、安徽等各省市。

一分耕耘一分收获，合作社在所有负责人及工作人员的努力下，得到了丰厚的回报。经过5年的持续发展，目前初具规模，已投入了注册资金500余万元，建造了占地1万$米^2$，建筑面积2 500 $米^2$的现代花园式办公综合管理用房，投放苗木基地建设流动资金3 000万元，建设形成了现代苗木专业卖场2万$米^2$，达到年产容器各档规格苗5万盆，小苗50万盆。合作社内设“二会”、“五部”的紧密型管理模式，现有入股社员223户，股金500万元，苗圃基地近1 000亩，其中标准化示范基地500亩，年销售产值超亿元。

(3)复合型：公司＋合作社＋农户

就此种组织形式而言，其传播特点包括以下几个方面。

首先，就传播的主体而言，这种复合型的传播类型包含三个传播主体，即公司、合作社、农户。同时，在理论上，这三个主体的地位是平等的。一方面，公司提供技术指导、销路等服务；另一方面，合作社充分发挥沟通企业和农户的桥梁作用，而农户则根据需求进行生产。

其次，就传播过程而言，其传播类型是中介化的。在此，中介化有两层含义：一是作为一种农村组织传播形式，其传播过程是需要借助于语言等传播手段的，二是

---

〔1〕 全国优秀农民合作经济组织——奉化环球花木专业合作社. 资料来源：中国花木网 http://www.cnhm.net/news/detail.cfm?id＝65427，据资料整理。

这种传播过程又是分级的，即在农户与企业公司的沟通传播中，出现了合作社这个中介，这个可以认为是农村农民经济合作组织的一个显著特点。

第三，就传播的效果而言，在公司＋合作社＋农户的组织形式下，农民和龙头企业都有好处，对于农民而言，合作显示了集体的力量，提高了农户在企业和市场面前讨价还价的能力，形成农户利益的自我保护机制。龙头企业的好处是，通过合作社进行技术培训、原料发放、质量监督、产品收购验级等，管理成本降低了，产品质量也可以更有保证。

案例：

“龙头企业＋合作社＋农户”是带动农民致富的有效形式〔1〕

大疃镇花山果蔬专业合作社，前身是2006年成立的市果蔬技术协会，2007年转为农民专业合作社，现有合作社员400余户，还有600户果农、菜农正积极准备入社。合作社成立以来，为社员和周边5 000多农户带来了显著的“合作效益”，累计销售果蔬9.3万吨，销售收入5.6亿元，带动增收1亿多元。

1. 主要特点

花山果蔬专业合作社，依托当地龙头企业泉聚福果蔬公司和花山贸易公司组建，是一种“龙头企业＋合作社—农户”的组织形式，合作社在企业与农户之间架起了一座桥梁，把两个对立的市场主体变成双赢的利益共同体。对农户来说，过去处于弱势地位，收购价格、收购数量和产品等次基本由企业说了算，一旦出现纠纷，松散的农户也无力与企业平等对话。现在通过合作社与企业结成紧密关系，既解决了产品销路和技术指导等问题，又能够有效地维护权益。对企业来说，可以发挥技术和市场优势，组织农户实行标准化生产，获得了稳定安全的农产品来源。可以说，花山果蔬专业合作社较好地平衡了企业与农户的关系，实现了平等对话合作、共担市场风险、共享发展成果，是推进农业产业化、带动农民致富的一种有效形式。

2. 做法与成效

一是以技术培训为切入点，实现了“小农户”与“大市场”的紧密联系。把提高合作社员的种植管理水平作为首要任务，每月定期聘请果树、土肥、农药等方面的专家举办科技讲座，到田间地头实地讲解、手把手教学；开设“果蔬专家门诊”，逢集在合作社“坐诊”，为社员答疑解惑、排忧解难；创办《果蔬高产优质实用技术简报》，

---

〔1〕“龙头企业＋合作社＋农户”是带动农民致富的有效形式. 资料来源：http://www.rcdx.gov.cn/typenews.asp? id=184，有删减。

每月初将果蔬管理要点和市场信息,以简报的形式发放给社员,从而使一家一户的小生产联上了千变万化的大市场。

二是以农资统购统销为重点,实现了"统一经营"与"统一服务"的统筹推进。着眼于满足果菜农的生产需要,保障种苗、施肥、用药的安全性,专门成立农资经营部,严格按照目标市场的质量标准,从正规厂家批量购进物资,以低于市场价格提供给社员,面向社会销售所得的经营利润,也通过分红形式由社员共享。

三是以龙头企业为依托,实现了"生产环节"与"流通环节"的有机对接。按照协议,合作社员生产的全部果蔬,都由公司按市场价格统一收购、管理和销售,为农户解除后顾之忧,并实现了"社企超对接"。

四是以规范管理为目标,实现了"质量安全"与"产品增效"的互促共赢。重点实施"十三统一原则":统一果树栽培种植、统一修剪、统一留枝量、统一施肥、统一打药、统一套袋、统一除袋、统一采摘、统一包装、统一品牌、统一销售、统一技术规程、统一质量标准。通过统一规范,有效地控制了药残含量,保证了产品质量。

三、农民田间学校

1. 农民田间学校概念

农民田间学校(FFS)开始于 20 世纪 80 年代中期,最早是由联合国粮农组织(FAO)发起,在东南亚地区对农民进行水稻害虫综合防治培训。我国自 1988 年开始加入这一项目。农民田间学校是联合国粮农组织(FAO)同中国农业部共同倡导的、采用国际上先进的培训方式、面对农村劳动力的一种成人非正规教育形式,是对广大农民的农业生产技能和实用技术,在实际操作中,系统地进行培训的培训班。其主要特点:一是培训方法科学,贴近农业生产;二是培训内容实用,结合生产实际;三是培训理念先进,加快社区发展;四是培训影响深远,提高社会意识;五是与农民保持良好的沟通,让农民主动参与。

农民田间学校能否成功,在很大程度上取决于政府支持程度、项目组织协调能力、培训课程的适宜性、教师的业务水平、学员的文化基础以及当地的经济条件等因素。

2. 农民田间学校的传播特色

作为农村组织传播的一种形式,农民田间学校具有如下传播特色。

(1)农民是田间学校的传播主体之一。以农民为中心是农民田间学校最本质的特点。具体体现在:一是农民需要第一。在深入调查农情、民情民意的基础上确定活动主题,设置内容。二是由农民主导活动。包括活动的设计、实施、问题提出、讨论和决策,重点在于提高农民的分析、判断和决策能力。三是为农村社区发展全方位地培养人才，包括农民专家、科技带头人、乡土辅导员、群众领袖等。

(2)田间是田间学校的传播环境。以田间为课堂，关注整个生长季的田间活动是其最明显的特点。这种田间活动方式既能使问题变得直观，又能使农民在熟悉的环境中放松自如，认识生态系统，有效掌握和提高实际操作技能(王山，2005)。在这种生态环境之下，环境自然也具有影响力，能够影响到传播的效果。

(3)以三式(启发式、互动式、参与式)、三重(重需要、重实践、重技能)、三动(动脑、动手、动口)为教学模式，而这同时也是田间学校的传播方式。具体而言，农民田间学校的培训方法主要包括小组讨论、讲课、田间课堂、外出参观和游戏等。

第一，小组讨论。这是以小组为学习单位(可选出小组长)展开讨论，并将讨论结果用记号笔写在大白纸上，每个小组选一个成员上台讲解，最后辅导员点评。这种方法符合成人教育的特点。由此，正如前所述，农民田间学校变传统灌输式方法为启发式、参与式、互动式的非正规成人教育方法，抓住成人受训者的心理特点。

第二，讲课。这是传统方法中最常采用的方式，但农民田间学校是提问式和参与式讲课。研究表明，这种方式符合成人记忆特点。成人记忆过程中，对文字类知识仅有 7 分钟的短期记忆，一般的刺激也只有 2～20 分钟。但田间学校经过"问题的提出—解决方案的讨论和制定—田间实践—结果—分析评估"这一过程，短期记忆转化为长期记忆(尹勇，2005)。

第三，田间课堂。农民田间学校顾名思义就是培训农民主要在田间进行，所以田间课堂注重学员的实践性和参与性。这种全新的启发式成人教育方法，培养了农民动脑、动口、动手能力。

第四，外出参观。农民田间学校常常组织学员到邻村、邻县，甚至其他省份的先进生产基地作观摩。这种方式在一定程度上开阔了田间学校学员的眼界，但需要一定的经费开支。

第五，游戏。食物链、拔河比赛、写作、运气球灯，这些活动使农民在趣味中学到了很多哲理。研究者认为这种寓教于乐的教学方法能激起学员的兴趣，克服"填鸭式"教学枯燥无味的弊端(李任明，1995)。

案例：

田间学校解疑难[1]

种植户老宋新引进的郁金香甜瓜，在定植不久后，他就发现了瓜秧叶发黄，个

〔1〕 水每. 田间学校解疑难. 北京支部生活，2006(8).

头也没长多少。“凭我的经验看，应该是缺水，不然不这样”。他嘀咕着，又给瓜苗灌了个水饱。几天过去，他一看满大棚的秧苗不但没往大处长，反而像霜打的茄子更蔫了。这可是花了不少钱买来的宝贝疙瘩，他急得一溜小跑，找到农民田间学校的技术辅导员。技术辅导员到了老宋的大棚一瞧就明白了咋回事，告诉他说：“你这是浇水太多造成了地温过高和缺钾肥，引起了苗根腐烂。赶快向苗根部位滴营养药，另外棚内开口通风降温。”

为避免更多的种植户农民发生这种问题，学校专门派出技术辅导员在老宋的大棚召开了现场会，以实际操作的方式，向大家作了形象直观的讲解。种植户们都感慨地说：“吃老本行不通了。在田间学校学习，不仅省了劲，还能记得住。不然稀里糊涂吃了亏，还不明白为啥呢。”

本章小结

农村组织传播首先具有组织传播的一般性特征，如多种传播方式相结合、正式传播与非正式传播相结合、单向传播与双向传播相结合、组织内传播和组织外传播相结合。农村组织传播除了具有一般组织传播的特征外，必然带有不同于一般组织传播的特征。围绕着农村社区的现实状况，主要有以下几个方面特点：①农村社区是农村组织传播的传播环境；②农民是农村组织传播的主体；③农业是农村组织传播的主要内容；④农气是农村组织传播的主要风格。

农村组织传播包括自上而下的传播、自下而上的传播、横向传播、多向传播等多种形式。

在我国农村，无论组织的概念多大，共同的一个特点是：根据学习型组织的基本原则对现有组织机构进行改造，通过建立一系列制度和行之有效的措施以及符合实际的指标体系，改善领导和被领导及成员间的思维模式和沟通方式，使人们牢固树立起终身学习的思想，使学习成为组织内成员的自觉行动。这是在市场经济条件下，实现组织创新、增加经济效益和具备长久竞争力的原动力。

就组织传播而言，其包括或蕴含社会化过程、行为控制过程、决策过程、冲突管理过程、压力与社会支持过程、多元化管理过程、外部传播过程、传播技术过程等方面。限于篇幅及研究者视野所及，本节主要从农村组织传播现状出发，对农村组织传播的社会化过程、冲突管理过程和组织外传播过程进行介绍。农村组织的对外传播规划，具体而言包括调查、策划、实施、评估等四个部分，也称之为“四步工作法”。

农村社区存在多样态组织，例如农村社区自治组织、农民经济合作组织、农民田间学校、传统的农民宗族组织、农村基层党组织等。在此，本文聚焦于农村社区自治组织、农民经济合作组织以及农民田间学校等三种组织类型，介绍此三种不同农村组织类型的组织传播现象，并以此探讨农村组织传播对农村社区发展的影响。

新时期的农村社区自治组织中逐渐形成了主要以政治能人、经济精英、宗族精英等为中心的多点中心非正式群体，体现出经济、政治、宗族关系在塑造新的农户社会关系中的力量与意志。在某些核心和群体成员之间形成了密切的共生关系。

边缘农民指农村社区中参与社区事务程度较低的群体。依据内、外两方面因素，从人格特征、个人态度、农村权力结构、农民生计资本等角度划分，农村社区存在四种类型边缘农民。边缘农民在面对社区冲突时，其基于自身的特征，有着与其他群体较为不同的选择倾向。首先，他们通常更加倾向于采用回避的策略来处理冲突，以努力避免与对方公开争执，避免将自己暴露在公开场合。其次，边缘农民还常常采取“迎合”的策略来面对冲突。当然，这种“迎合”有时候是表面的，即边缘农民往往采取表面“迎合”、实则“抵制”的策略来面对冲突。除了上述方式之外，边缘群体在面对社区冲突时，还常常借助于社区内或社区外的第三方。

农村经济合作组织的传播类型主要有三种：公司＋农户的联结型；以农民专业合作社为代表的服务型；公司＋合作社＋农户的复合型。

作为农村组织传播的一种形式，农民田间学校具有如下传播特色：①农民是田间学校的传播主体之一；②田间是田间学校的传播环境；③以三式（启发式、互动式、参与式）、三重（重需要、重实践、重技能）、三动（动脑、动手、动口）为教学模式，而这同时也是田间学校的传播方式。具体而言，农民田间学校的培训方法主要包括小组讨论、讲课、田间课堂、外出参观和游戏等。

思　考　题

1. 农村组织传播的特征是什么？
2. 农村组织传播的过程有哪些？
3. 如何理解农村社区自治组织中的非正式群体？
4. 农村社区中存在边缘农民吗？请说明理由。
5. 农村经济合作组织的传播类型有哪些？
6. 农民田间学校具有哪些传播特色？

第六章

农村大众传播

本章通过对媒体的演化类型和特征的介绍，结合大众传播媒体在我国农村普及的现状和研究成果，讨论了大众传播对我国农村社区发展的影响。在此基础上，通过对纸质媒体和电子媒体应用的回顾和对知识沟问题的分析，讨论了大众传播在农村发展中的应用问题。

大众传播(mass communication)是指个人或组织通过文字(报纸、杂志、书籍)、电波(广播、电视)、电影、电脑、网络等印刷和电子媒体，利用图像、符号等形式，向不特定的多数人表达和传递信息的过程。大众传播有传者、信息、大众传播工具(媒介)和受众4个要素。“大众传播”的概念首次出现于1945年11月在伦敦发表的联合国教科文组织宪章中。因为大众传播是通过媒体的形式由少数传者向多数公众进行的传播，它与其他传播现象的根本区别在于：在传者与大量的受传者之间插入了一种或多种联系两者的传播工具(媒介)。因此，大众传播也被称为通过传播工具的传播，或媒体传播。

第一节 媒体概述

媒体是指用以传播信息的媒介(media)或者说是传播信息的介质，能为信息的传播提供平台的就可以称为媒体。媒体是传播学的核心概念之一。媒体有两种含义：第一，它指信息传递的载体、渠道、中介物、工具或技术手段；第二，它指从事信息的采集、加工制作和传播的媒介组织，即传播机构。本节中的媒体主要是指前者。

大众传媒是大众传播媒体(mass media)的简称。大众传播的媒介组织在特定目标指导下，利用大众传媒将所收集到的信息经过加工处理(编码和译码)后传播给受众。见图6-1。大众媒体的发展证明，它能改变了人们的许多习惯、生活方式和交往方式。

传递信息是媒体的基本功能。在传播沟通过程中，一种信息要在传者与受传者之间加以传递，必须通过某种介质。例如，人与人之间谈话需要的媒体是空气中

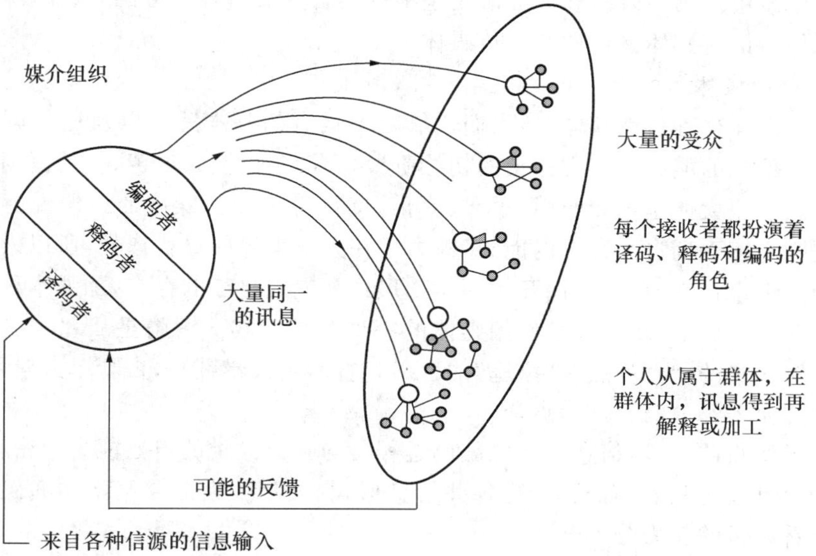

图 6-1 施拉姆的大众传播过程模式

的声波。因此，对媒体的分析有助于我们对适合传递形式的鉴别以及受传者的理解能力的选择。例如，如果利用谈话作为沟通形式，我们必须通过神经、肌肉的运动来创造声音，同时也一定要能够听到并理解这种声音才行。体态语的信息也需要使受传者能够看清。简言之，无论利用任何一种沟通媒体（印刷、电话、电影或广播），都需要将一种信息转化为适合于传递媒体和人类感官的形式。

加拿大著名的传播学家马歇尔·麦克鲁汉（Marshall Mcluhan）在《媒体通论：人体的延伸》一书中提出：媒体是人体的延伸，笔是手的延伸，书是眼的延伸，文字是视觉的延伸；广播是耳的延伸，无线电通讯是听觉的延伸；电视是眼和耳的延伸，数字是触觉的延伸；衣服是皮肤的延伸；房屋是人体调温器官的延伸；交通工具是脚的延伸。他的一个著名的观点是“媒体就是讯息（the medium is the message）”。这一提法一方面说明了媒体的重要性，另一方面也说明我们可以借助已掌握的知识，针对某些传播内容对不同媒体做出选择。我们可以根据媒体的不同特点，为了不同的目的来更加有效地运用这些媒体。

一、媒体的演化

人类历史的媒体演化可分为五个阶段：第一阶段是原始媒体阶段；第二阶段是语言媒体阶段；第三阶段是文字媒体阶段；第四阶段是印刷媒体阶段；第五阶段是

电子媒体阶段。第一阶段和第二阶段是根据语言形成过程划分的，从发展阶段上，原始媒体和语言媒体又可称为口传媒体。

1. 原始媒体

原始媒体也称自然媒体，指人们仅靠自身具有的基本感官以及通过调动这些感官产生信息的能力。人类社会的初始阶段，生活条件极为艰苦，行动范围非常有限。信息交流大体是用喊叫声、手势、表情、动作等来作为媒体的。据说由于当时人类刚刚有感受到自己存在的能力，极力想在大千世界中寻找依托，所以崇拜异物的心理意识很强。于是，人们开始用实物形式来表现自己的存在，加强本种族成员间的亲和力。例如，图腾就是原始媒体的一种表现形式。图腾是从北美奥日贝人的土语转化来的，为“种族”、“家庭”的含义。古埃及人崇拜鹰，古希腊人崇拜蛇，中国人崇拜龙等都说明了这一点。

在原始媒体阶段，信息传播的编码过程是与我们人类的自然能力紧密相连的，这种能力可以使我们创造和接受各种信息形式。因此，大部分基本沟通媒体是与人们的看和听的能力分不开。

表 6-1　沟通的自然媒体

基本媒体	编码	传递	译码
听觉	人类的语言表达能力	声波	人类对声音的感知
视觉	手势、表情、目光语	光波	人类的视力
触觉	身体运动、体态	直接接触	人类的触觉感
嗅觉	分子的释放	空气中携带的分子	嗅觉器官
味觉	分子的释放	分子的传输	味觉器官

从表 6-1 可见，我们将触觉、嗅觉、味觉都作为自然媒体的范围。在这里，触觉可能常常用于面对面沟通行为(例如握手)，但无论怎样，我们很难像听觉和视觉那样来试图通过触觉产生那么多的信息。同样，我们对嗅觉、味觉的利用也是有限的。当我们应用这些自然媒体时，信息往往都是非常简单的。

对于自然媒体的分析有助于增进对以生物遗传为基础的沟通的理解，同时也提示我们人类的感官是怎样通过我们发明的媒体来加以延伸的。即使最现代的沟通媒体也受着人类基本的限制。人们感官敏感性的差异常常是选择不同媒体的基础。

2. 语言媒体

群体生活使部落、种族成员发音器官的发音具有相同之处，因此用声音来表达的意思和表达方式也渐渐有了某种一致性。这样,慢慢地便形成了不同部落、种族成员间可以区别的语言。后来随着部落间的吞并触合,口头语言在拼音方式、音素、音调等方面也形成了大体的规定。据考证,当时歌谣是语言媒体的代表形式。

语言与传播有着密切的关系,因为语言往往是人们在传播行为中不可缺少的成分。有了语言,人们才使得传播行为变得更自如。据记载,语言产生于10万年前。语言最初是人类使用某种劳动工具相当长时间以后,伴随视觉信号和姿势一起所发出的声音。众所周知,人的最基本的活动是生产劳动,人们靠劳动维持生存。人类社会最早的传播行为是人在劳动过程中的自我意识和思维的传达,这种传达的最初形式是利用体态语向对方表达自己的意思。最初人们的交流靠体态姿势的变化,即后来人们称为体态语。后来发展为体态姿势的变化和单音节的发音相联系。人类最初不自觉地将某些声音同某些经验或行为相联系,把口头发音同周围环境的各种组成部分联系了起来。语言的发展是一个非常缓慢的过程。据推测,现今任何一个孩子用3年能学会的基本语言的数量,可能需要最初人类经过千千万万年的逐步地、连续地实践和探索。正因为人类有了语言,人类在与其他动物的生存竞争中才得到了进一步发展的机会和可能。

语言产生于人类在劳动中与他人交往的需要。这种需要使得人们开始将声音与体态姿势结合,产生了语言和语言所表达的含义。后来,随着人类的生产实践活动,语言逐渐与体态姿势分离,而成为人们运用自如的传播与沟通工具,于是便形成了个体所在的群体、部落和民族的特有的传播方式,构成了不同文化发展的基础。

据考证,最早出现文字的时间是公元前3 500至公元前4 000年之间。人类传播与沟通的历史是伴随文字替代语言而演变的。

小知识:

从语言的产生到语言与文字的演变过程

第一,声音与所指对象结合

人类起初是将声音和所指对象结合在一起的,即没有具体的对象就不会发出相应的声音。

第二,声音与所指对象分离

后来,人学会了把声音和所指对象分开。例如,人可以向他的同伴讲述他所经历的一段触目惊心的与动物搏斗的故事,将你死我活的战斗场面展现在听众面前。这是过去人们所不能达到的。做到声音和所指对象二者的分离是一种很大的进步。分离后，即使在没有具体对象情况下人也可以独立描述所指内容。

第三，声音与发出声音的人分离

这里所指的不是录音带，而是文字。文字的出现是经过简单的图画和简单的记忆实践，如最早的结绳记事以及象形文字等过程进化来的。因此，可以说，语言是人们对事件和经验的抽象化，文字是图画的抽象化。随着文字的出现，继而使得造纸和印刷术成为传播与沟通发展的里程碑，它使人类从口述文化时代跃迁到印刷文化时代。

后来，扩音器、录音机、电影、电视、计算机逐渐发明，这场技术革命通过传播媒体的发展，带给人们的是世界现代文明的飞跃。这一飞跃使人类从印刷文化时代一跃而进入了媒体文化时代。

人类传播与沟通发展变化的速度，以数据形式连起来，是一组有意义的重要社会数据。从语言到文字，花了几万年时间，从文字到印刷，花了几千年时间；从印刷到电影和广播，花了400年时间；从第一次试验电视到从月球播送回实况，用了50年时间；从计算机的出现到多媒体以及今天网络时代的到来所用的时间越来越短。

可见，人类社会传播行为的发展是与社会的进步和发展分不开的。人类社会发展初期，人类用动作和简单的语言进行直接的交流和模拟；在工业时代，人类学会了用文字和数据传达信息；进入信息时代的今天，人们要用更复杂的计算机语言来进行对未来的设计。人类传播的历史说明，传播与沟通行为的发展及方法、手段的变化反映了人类社会发展的需要，是人类文明进步的重要标志。

3. 文字媒体

文字是人类有了语言之后经过几万年才形成的，它比语言传播更为精确和持久。据说，最早记录信息以便以后重看的尝试，是人们在石头上精细描绘动物和捕猎的场面，这就是最初的媒体。当人们将图画发展为象形表达的标准化意义时，便出现了象形文字。最早的文字是用刀、矛之类刻在石头上、木头上、骨头上、龟甲上和竹片上的。古代用来写字的竹片称竹简。据说，秦始皇每天就要阅读几百斤重的竹简。直到东汉时期，我国的蔡伦才发明了用破布、渔网、树皮造纸，通过那些欧洲商人渐渐扩散到全世界。

文字发明以后，人类的传播活动便进入了一个崭新的阶段。比起语言媒体来，文字媒体有两点主要突破性的进展：一是使信息传播超越空间成为可能；二是可以使信息传播超越时间，具有持久保存的可能性。

4. 印刷媒体

在历史上，公元二世纪我国发明了造纸术，后来发明了印刷技术。印刷技术在我国的发展经历了由印章、墨拓石碑到雕版，再到活字版的几个阶段。大约在公元7世纪间，中国出现了雕版印刷术，这是在纹质细密坚实的木材上雕刻图文印刷的技术。据说现存最早的标有年代的雕版印刷品是公元868年的《金刚经》，现收藏于英国伦敦博物馆。因此，中国比西方社会开始印刷早几个世纪。

1041—1048年间，我国在雕版印刷普及的基础上，又发明了活字印刷。胶泥活字之后，元代又出现了木活字。1314年，元代用木活字印刷《农书》；直到1450年，德国发明铅活字。德国人花了20多年时间完成了铅活字的试验，并印出了一本《圣经》。1810年，移居英格兰的德国人后裔发明了世界上最早的滚筒式印刷机。后来，美国人发明了高速滚筒式印刷机。至此，文字与高速印刷机的结合，使得印刷媒体得以在媒体传播中发挥作用。

造纸术和印刷术发明之后，印刷媒体变成了人类传播的主要工具，对人类的发展产生了深远的影响。印刷媒体主要有以下几个特点。

(1)生产的速度快、种类多、数量大。

(2)价格低廉。

(3)便于长久保存。

(4)可重复阅读。

5. 电子媒体

电子媒体是在19世纪后半叶到20世纪初的产物。由于电子媒体的出现促进了人类文明的发展进程。电子媒体的发展阶段的划分不像印刷媒体那么清晰，它基本上是以电话、电报、广播、电影、电视、电脑的相继问世为标志的发展轨迹。

1876年，美国人贝尔发明了电话；1884年，美国人摩尔斯最先发明了有线电报；1895年，俄国人波波夫、意大利人马可尼发明了无线电报。1906年，美国的费森堡在圣诞节之夜播放传道词和音乐，这是世界上第一次用无线电播传送人的声音。1889年，爱迪生在照相技术的基础上完成了高速连续拍照与放映机的研制，宣告了电影的产生。1925年，英国人贝尔德研究电视成功。1926年1月，英国广播公司进行了世界上第一次电视无线传播。20世纪20年代初无线电广播成为世界上最为普遍的大众传播媒体，使得语言信息能即时、迅速传播到很远的地方。我国第一座教育广播电台1932年由江苏省省立教育学院主办。1960年我国在北京、上海等四个地方开始广播电视大学教育的试点，1978年后，我国广播电视大学教育蓬勃发展。

1885年卢米埃兄弟在巴黎第一次公映无声电影，1929年有了有声电影，很快出现了不同的电影形式，并引入大众传播系统。19世纪幻灯技术加快发展，并在传播中广泛应用。我国于1919年由商务印书馆开始制作传播电影《养蚕》等。录像技术的出现解决了图像信息记录和重放问题。

计算机的出现,使得信息的利用、传播、加工和处理等技术进入了一个新时期。由于计算机多媒体技术和网络技术的不断发展,在传播信息传递中的应用能力不断提高,卫星通信技术的发展为全球性的传播展示了广阔的前景。中国从1986年起,运用通信卫星建立教育频道。近年来,电子计算机、传真机等的出现以及国际互联网的日益普及,改变着人们的许多传统生活和工作方式,使世界这个地球村的信息传播越来越便利。

电子媒体也是由简单到复杂逐步发展而来的。电子媒体主要有以下几个特点。

(1)传播速度快。

(2)声情并茂,给人以亲切的感受。

(3)图像与声音结合,使人将视听感觉于一体。

(4)受众范围大。

6. 传播媒体的新发展

中国在公元500年发明了印刷术,后来在西方主要受到了古登堡发明的铅活字的影响。线路传播是由于电流的产生,控制和编码方法的发展;摄影主要通过不同光强度和色彩变化作用于对光敏感的化学物质表面的影像记录过程。广播技术代表将声音形式转化成电磁放射形式,从而通过广播装置再转换成声音的能力。电视的录像部分是通过对一种形象进行电子扫描从而记录光暗变化(最终为颜色)而成的。许多现代录制装置都是基于声音或图像与某种录制媒体的结合而成的,不过,最新的技术是通过数字录制装置将原有形式转换成数字编码的。关于新发展的特征,主要总结如下。

1)媒体信息数字化

美国在20世纪60年代的太空技术中就运用了数字技术,宇航员将月球图像转化成一连串的0和1的数码,传回地球,以后再转换成影像。媒体数字形式的发展,使得文字、音响、及声音的检索可以在极短时间内完成。这一新技术发展,使得激光光盘问世,使得计算机文字、图像、声音多种媒体信息数字化,电视系统的数字化,卫星传输系统数字化。数字化的发展使得媒体信息容量大、速度快、功能强,也造成了许多媒体功能聚合。人们预测,由于数字技术的发展,很快会发展形成一种多媒体融合为一体的媒体——“媒体炉”,它可以控制并且传送所有类型的数字化信息。

2)网络传输系统的新发展

随着人们对信息的强大需要，各种网络传输系统也在不断地更新和发展。各种电信传输系统、无线电广播系统、有线电视网络系统、卫星电视网络系统、计算机网络系统等都在不断地出现、应用、普及和提高，加大了图像、声音、文字等多种媒体大容量传输和远距离传输。

3)媒体设备的新发展

人们对信息的需求是建立在对媒体设备功能的需求上的。因此，就出现了设备体积越来越小、功能越来越多、存储量越来越大、价格越来越便宜、使用越来越方便、智能越来越强。一体化、综合化、小型化、智能化是媒体设备发展的趋势。

4)信息资源的多方位

传统的信息传播模式提供给接受者能够获取的接受资源只有两种：一是书本，二是传者。信息时代，要求接受者能够从多方位获得信息资源。除了从书本、传者处获取接受资源外，还可以通过信息网络获取区域内外、省内外、国内外的接受信息资源，还可根据自己的发展和需要通过电子传播网络进行自由选择、自主接受。

5)接收媒体的交互性

接收媒体的功能发展，不仅仅只是显示各种信息，还要进行各种信息符号的交互才能提高信息的使用率和价值率。计算机网络的交互性使人们的大脑智慧得到延伸，使一个省、一个地区、一个国家变成一个群体，提高了信息的使用率。电视等其他媒体随着数字技术的发展，也将会从单一功能发展成交互功能，满足人们对各种信息的需求。

近年来发展的新的传播技术是对传统媒体的扩展延伸，它们为人们提供了声音、文字或形象的多种保存、传递形式。大部分技术集中了电讯技术和计算机系统的优点。虽然这些技术是新的，可是，我们仍然用于信息传输、指导、娱乐和劝服这些传统目的上。

在无线广播方面，有线电视系统取代了复杂的线路传播系统，它的出现开辟了许多其他传播渠道。通讯卫星是一个简单的空中转播站。它使得人们可以经济地远距离传递广播信号。例如，录像带是电视保存的形式，便于观众携带并且在适当的时候观看。通讯卫星实际上是广播的另一种形式。数字式收音机或电视是为了利用电磁频谱传递而编码广播信息的一种形式。有线电视是对传统广播传递的替代。计算机是一种信息存储和处理装置。同时，计算机也是许多现代传播系统的一个组成部分。

实际上，一种媒体绝不能真正代替另一种媒体。例如，电视、电影、报纸、广播是当今比较有影响力的媒体。在网络出现之前，它们属于现代媒体；而在网络时代的今天，他们则属于传统媒体了。在它们陆续出现后，并没有立即吃掉对方，而是各自占领了一方阵地。在没有电视之前，广播和电影受到人们的青睐，当电视出现后，它们的作用被削减。许多人宁愿看电视而不愿再听广播；宁愿在家里看电视而不愿光顾电影院。但是，它们并没有失去生存空间，而是换了一副面孔，重新找寻到一块阵地。今天，计算机网络是一种更先进的媒体，它的作用甚至已超出了媒体的范畴。在发达国家，它已成为人们生活的必需品。如出行、购物、家政服务等，到网上一查便知，这是报纸以及广播、电视所无法比拟的。但据有关专家分析，网络即使再先进，也不会把报纸完全吞掉。新技术只能在某种程度上对传统媒体加以补充和完善。

如果回顾历史，从使用文字开始到电子通讯，通过用各种手段扩展自然沟通媒体的历史长河中我们得到了些什么呢？可以说，我们提高了三种能力：①超越时间的传播能力；②超越空间的传送信息的能力；③复制信息的能力。

在19世纪发明电报之前，除去用信鸽、烟雾或点火这些信号之外，沟通的速度都受到了人类运动速度的限制。印刷的发明标志着沟通媒体可以发挥更广泛的社会影响，就像发明文字书写那样。我们一般把印刷作为现代社会中传统媒体中的一种来看待。

如果仔细地对现代传播沟通特征做一分析，我们会发现将媒体区分开并非用一种方式。例如，印刷优于手写是因为它可以复制，并不是因为它传递信息上能快多少。印刷仍然依赖于传递的传输运动系统。很重要的是，印刷是一种记录和复制信息的媒体，不是可以移动这些信息的媒体。相反，当20世纪用电线传播刚开始时，其最大的贡献是一种新的传递系统的引入，电话使得信息有可能从传动系统的速度到电流速度。这个速度相当于从每小时10～20千米一跃而到每秒186 000千米。

综上所述，传播媒体就是讯息传递的一种形式。人们在信息的传送和接收过程中的选择，实际上是对媒体的选择。人们开始利用视觉、听觉、触觉和嗅觉这种自然媒体，后来通过书写、绘画或雕刻使这种自然媒体在传递信息方面得以扩展延伸。所有传统媒体都以这种或那种形式表明人类感官的延伸。

二、媒体的类型及特征

（一）媒体的类型

目前存在的媒体形式主要有四种类型：①纸媒，其中包括报纸、杂志和书等，其传播方式是在纸上传播文字和图片；②广播，它是用电波的形式传播声音；③电视，可以传播图、文、声音和影像，不过由于它画面移动的特点，用电视传播图和文的效果并不好，传播声音和影像的效果却非常好；④互联网，它是个综合性的多媒体平台，用它来传播文、图、声音和影像效果都不错；⑤手机或称移动网络。到目前为止，它是所有媒体形式中最具普及性、最快捷、最为方便并具有一定强制性的媒体平台，其发展空间非常巨大。

1. 传统媒体

通常我们把平面媒体称为传统媒体，这里的平面最初起源于广告界。因为报纸、杂志上的广告都是平面广告。传统媒体是相对于近几年兴起的网络媒体而言的，以传统的大众传播方式即通过某种机械装置定期向社会公众发布信息或提供教育娱乐的交流活动的媒体，如报刊、广播、电视，通常我们也把它们称作“平面媒体”。

2. 网络媒体

“网络媒体”又称“互联网媒体”，是借助国际互联网这个信息传播平台，以电脑、电视机以及移动电话等为终端，以文字、声音、图像等形式来传播新闻信息的一种数字化、多媒体的传播媒介。互联网媒体相对于早已诞生的报纸、广播、电视等媒体而言，又被称为“第四媒体”。

3. 新媒体

新媒体是新的技术支撑体系下出现的以移动网络为代表的媒体形态，如数字杂志、数字报纸、数字广播、手机短信、移动电视、网络博客、桌面视窗、数字电视、数字电影、触摸媒体等。相对于报刊、广播、电视、互联网四大传统意义上的媒体，新媒体被形象地称为“第五媒体。第五媒体是以手机为视听终端，手机上网为平台的个性化即时信息传播载体，它是以大众为传播目标，以定向为传播目的，以及时为传播效果，以互动为传播应用的大众传媒平台。

（二）媒体的特征

大众传播媒体具有以下一些特征。

(1)大众传播中的传播者是从事信息生产和传播的专业化媒介组织，如报社、广播电台、电视台、网站以及报业集团、广电集团、出版集团、影视传媒公司等。

(2)大众传播是运用先进的传播技术和产业化手段大量生产、复制和传播信息的活动。特别是电子媒介，由于其可存储性、易复制性、易检索性而成为人们选择和依赖的媒体。

(3)大众传播的对象和内容是公开的，大众媒体的传播对象是社会上的一般大众或群众，即一切通过大众传播媒介接受信息的人。不论是国家元首、党政领袖、社会名流，还是工人、农民、知识分子，只要是从大众传播媒介接收信息的人，都是受众。由于媒体本身的特点，规定了传播信息内容的公开性。凡是通过媒体进行传送的信息，不存在保密的问题。受众人数越多，传播的面越广。

(4)听众或观众人数多，影响面大。无论是印刷媒体还是电子媒体，都可以达到数以万计的受众，这一点是其他传播沟通形式不可比拟的。

(5)超越距离，超越时空局限。现代媒体的最明显特征是快速。一条新闻仅需很短时间编辑，就可以马上通过广播、电视、尤其利用卫星通讯和因特网传播发送出去，而且很快会在全国、全世界范围内迅速传递，这在过去是一件不可想象的事情，人们坐在家里就可以观看在美国举行的世界女足比赛。可以说，由于有了大众传播媒体，信息传递得才如此之快，使得整个地球仿佛变成了一个小村庄。在这个地球村内，人们迅捷而有效地开展着各种各样的信息传递活动，使人与人之间的沟通超越距离、超越时空。

(6)单向传播。大众传播不像人际传播那样可以面对面的交流，在一般情况下，听众、观众或读者只是被动地接收信息。信息流由传者转送到受传者。即使受传者有反馈的机会，也往往要拖延一段时间才有可能。

(7)大众传播的信息具有丰富性和多元化，既具有商品属性，又具有文化属性。这些信息通过媒介已经进入人们生活的每一个角落，甚至成为大众生活的一部分。这大概就是信息化社会能够赋予这个世界非常强大的动力的重要原因。

(8)大众传播是一种制度化的传播。制度化的传播是为了培养群体意识，保证群体机能的稳定。它所强调的是传播的社会功用。

(9)强化表达信息。大众传播利用现代技术，通过夸大、集中和重复等办法，使符号得以强化地表达。例如，在电影、电视中利用特写镜头所进行的视觉符号的强化处理。

(10)受众的不可选择性。大众传播的受众多种多样。对所传信息的选择权力在受众，传者不具备选择受众的主动权。

(11)传者对所传信息的选择控制性。大众传播中信息选择的权力集中控制在诸如记者、编辑这些人手中。面对纷繁复杂的世界，面对各个方面的信息材料，他们有权决定将哪些信息用什么形式传送给广大受众，将哪些信息内容取消。这种控制主要表现在时间和版面两个方面。在广播等电子媒体中表现为时间，在印刷媒体方面表现为版面。这种"把关"体现在一整套的筛选系统中。这种筛选系统表现为行业和政府对传播信息内容的控制和影响。除此之外，由于时间和版面的限制，商品经济社会使得时间和版面无形中具有了经济属性。在众多的潜在可传递的信息中，那些有钱的广告商便可以在某种程度上控制媒体沟通的内容。

(12)社会性。由于媒体的公开性，决定了它的社会性。同一份报纸，有众多的读者在读；同一个节目，有很多观众在看。这可以使得人们增强社会群体意识。有时候，虽然两个人相互不认识，但可以就媒体中的某个题目交流看法，可能从此会变成朋友。例如球迷对足球比赛的评论，每一场较大的足球比赛过后，广播电台的体育沙龙的热线都会变得特别忙。人们通过对同一事件的评论，缩短了彼此之间的距离，增强了社会或群体的认同感和参与意识。媒体使得人们的生活圈扩大，眼界放宽，从而促进了人与人之间的沟通。

(13)平等性。信息共享本身可以使人与人之间地位不平等的差异性减少。与此同时，也可以减少政治的神秘性和权威性。从某种意义上说，媒体可以使人与人之间的关系越来越趋于平等，公众的身份与地位得到提高。此外，还可以起到促进语言标准化的作用。

(14)经济性。在大众传播为公众提供信息、娱乐、教育等服务的同时，媒体沟通的组织机构也要通过本身的服务获利。在市场经济条件下，这种商业性质也要给予充分的考虑。作为媒体的这一性质，它要考虑如何获得更多的受众，更多的受众就意味着较高的广告收视率和利润。

(15)传播上的广泛性。能将传播信息即时传播于广阔的范围，为实施远程传播、扩大传播规模、实现接收资源的共享提供了先进的手段。

另外，不仅能传播语言、文字和静止的画面，而且能传播活动的影像，有助于提高传播的质量与效率。

(16)接收上的交互性。现代传播媒体不仅能记录、再现各种传播信息，而且计算机网络为个别化接收、继续教育创造了新的途径。

(三)媒体的比较

报纸、广播、电视、网络和手机媒体本身分别存在着各自的优越性和局限性，见表 6-2。

表 6-2 传播媒体的优越性与局限性

传播媒体	优越性	局限性
报纸	信息量大、读者广泛而稳定； 容易给人留下明确、深刻的印象； 制作较为容易、灵活； 费用相对低廉； 发行量大，深度报道占优势； 读者自由选择性大，不受时间、地点的限制； 便于保存	寿命短促； 内容庞杂； 受众面窄

续表 6-2

传播媒体	优越性	局限性
广播	传递信息迅速、及时，具有广泛性、普及性； 可传递的信息种类多； 独特的音响效应，具有亲近感、生动性和现场感； 对受众来说，内容编排及收听的针对性、灵活性和适应性突出； 广告价格相对较低	信息流失快； 威望程度较低； 对听众的调查统计困难
电视	信息量大，速度快； 能够迅速、及时、真实、亲切地反映现实生活； 表现形式多样化、形象化。声色俱全，神情兼备； 受众面广泛，尤其对小群体影响大； 电视广告形象化，具真实感	报道缺乏记录性、深度性，看时缺乏选择性； 制作节目时，表现的空间范围有限
网络	以电脑为主体，多媒体为辅助功能的信息互动传播； 成本比较低廉； 信息种类多，可选择余地大； 声音图像逼真，对人有更直接更强烈的刺激力； 激发兴趣，满足人的需求方面更方便，更快捷； 强化个性，改变交往工作和生活方式； 扩展人们的交往空间，受众范围广泛	传播环境混乱，信息缺乏必要的选择、过滤、把关和审核过程； 价格高，费用大； 要求使用者具有一定的知识和技能
手机	发展速度快，应用广泛，覆盖人群最广； 成本比较低廉，携带方便； 传播信息快捷方便； 内容具有非常强的互动性。受众能够很方便地发表自己的看法，加入讨论，参与投票和调查，进行互动	传播信息带有一定的强制性 屏幕小，一屏所能展示的信息量有限

综上所述，纸媒的传播成本比较高，虽然一本书只有几十元，订阅一年的报纸只需一百多元，但是单个媒体承载的信息非常有限，同样的信息如果被放在互联网上价格就会便宜很多；报纸虽然携带方便，但是传播信息并不快捷；电视、广播、互联网能够快捷地传播信息，但是其载体携带起来不方便。而手机是到目前

为止是所有媒体形式中最具普及性、最快捷、最为方便并具有一定强制性的媒体平台，它的发展空间非常巨大。有人预测，手机媒体将成为普通人在日常生活中获得信息的重要手段。当然，每一种媒体形式都有自己的生存空间，手机媒体不可能代替其他的媒体形式。正如广播的出现没有令报纸消失，电视的出现没有令广播消亡，而互联网也没有取代所有的传统媒体一样，手机也不会使其他媒体失去生存空间，而是会开拓出一片独立的新天地。由于具有种种优点，未来的手机媒体将很可能处于一个比较强势的地位。

三、大众传媒在我国农村的普及状况

（一）农村大众传媒环境

我国地域辽阔，地理环境复杂，分布在我国东部、西部和中部的9亿农村受众的生存环境、经济文化发展情况等都与信息环境有密切关系。

1. 农村的自然、经济、文化环境

从自然环境与经济发展水平来看，我国东、西和中部有较大差异。我国东部地区包括北京、天津、河北、辽宁、上海、江苏、浙江、福建、山东、广东和海南11个省市区，多数是沿海地区，具有良好的地位优势，也是我国改革开放的前沿和"试验区"。这一地区开发历史悠久，地理位置优越，技术力量较强，工农业基础雄厚。

中部地区包括山西、安徽、江西、河南、湖北、湖南、吉林和黑龙江八省，国土面积和人口分别占全国的10.7%和28.1%。地区生产总值占全国近20%，人均生产总值为全国平均值的80%。山西省是全国煤炭第一大省，湖北、湖南等5省是农业大省，占全国总产量近30%，油料、棉花占全国40%。中部地区矿产资源丰富，交通便利，是国家原材料、水能的重要生产和输出基地。[1]

西部地区包括内蒙古、陕西、甘肃、宁夏、青海、新疆、西藏、云南、贵州、广西、四川、重庆共12个省级行政区划，其土地面积538万平方千米，占全国国土面积的56%；同时，西部地区疆域辽阔，多为高山和荒漠，地理环境复杂，人口居住分散，文化背景差异大。交通条件落后，以个体的家庭经济为主，社会活动具有一定的封闭性，导致组织化程度较低（谢菊，2006）。

2010年《农村绿皮书》指出，"从近年来农民人均纯收入的变化情况可以看出，东、中、西部地区农民收入的差距在逐渐缩小。东部地区农民人均纯收入由2001

---

[1] 2009年中期投资策略报告（三）崛起在中部. 中国改革论坛，2009-06-18. http://www.chinareform_org.cn/cirdbbs/dispbbs.asp? boardid=25&Id=231826&authorid=22980.

年的3 266.7元增加至2009年的6 742.8元,年均增长9.5%;个别地区如北京、上海、浙江农民年人均纯收入超过1万余元。中部地区农民人均纯收入由2001年的2 165.2元增加至2009年的4 864.8元,年均增长10.6%。西部地区农民人均纯收入由2001年的1 662.2元增加至2009年的3 685.6元,年均增长10.5%。"[1]

2. 农民受教育程度

根据2008年的调查显示,我国农民平均受教育的年限是7.8年,初中、小学文化程度占70%以上,高中文化的大概占16.8%。跟城镇的人口相比,城镇受教育程度平均在11年,这反映出农村基础文化教育还任重而道远。[2] 东部农村劳动力中高中毕业占13%,初中毕业占50%,小学毕业占30%,文盲、半文盲约占7%。中部地区农村劳动力中初中、小学所占比例分别是43%、38%,文盲、半文盲占9%。西部地区农村劳动力中初中、小学所占比例分别是33%、45%,文盲、半文盲超过10%(李水山等,2005)。

由此可知,东部与中西部相比,其农民无论从经济收入、文化水平还是经营意识上在全国都处于龙头地位。尽管2004年以来,教育部和国务院西部开发办联合发布了《2004—2010年西部地区教育事业发展规划》,"两免一补"政策、免费义务教育、中等职业学校的学生免费、贫困生资助等一系列惠民强教的政策均率先在西部地区实施,使西部地区教育事业发展取得历史性成就,但是与中东部地区相比,西部农村地区经济和文化发展仍落后于全国平均水平。加之民族文化差异和自然环境带来的传播阻力,使得西部地区农民身处于近乎恶劣的信息传播环境。从传播学的角度看,传播作为整个社会系统的一个组成部分,常常在一定的环境中促进着或阻碍着社会的发展,或者说特定的自然环境和经济文化环境对传播系统的形成有重要的影响。西部地区的自然环境、社会人文环境具备不同于其他地区的独特特征,尤其是相较于中东部地区有明显不足的信息资源环境,对于西部地区农民受众信息行为有极大的制约作用。

(二)农村大众传媒发展

传播媒介的硬件基础设施建设与发展在农村中扮演着重要的角色,也成为农村社区现代化建设的重点之一。为改善农村的大众传播环境,加快城乡统筹的步伐,政府加大了对农信息服务的力度。

---

[1] 中国社会科学院农村发展研究所,国家统计局农村社会经济调查司.中国农村经济形势分析与预测(2009—2010).北京:社会科学文献出版社,2010.

[2] 杨雄年.受教育程度低科技素质差 中国农民素质不容乐观.中国网china.com.cn,2008-04-25.

1. 广播电视“村村通”工程

为了解决边远农牧地区收听广播、收看电视难的问题，原广电部和国家计委于1998年初启动了广播电视“村村通”工程。按照当时的统计，全国共有72.3万个行政村，535.8万个自然村，其中11.7万个行政村和56.3万个自然村属于广播电视覆盖的盲区，约有1.48亿农民听不到广播、看不到电视。经过多年努力，截止2005年底，中央财政和地方配套累计投入资金34.4亿元，基本解决了全国已通电的11.7万个行政村和8.6万个50户以上自然村共9 700多万农民群众听广播、看电视的问题。[1]

在“村村通”工程的带动下，截止到2010年，广播、电视综合人口覆盖率分别为96.31%、97.23%，比2008年分别增长0.37%、0.29%。全国共有广播电台251座，电视台272座，广播电视台2087座，教育台44座。开办了3985套广播电视节目，其中广播节目2675套、电视节目1310套，此外还有付费电视139套、付费广播39套。[2]

有线电视网络400多万千米。20户以上自然村“村村通”建设以直播卫星为手段，已按计划完成首批近370万套直播卫星接受设备的配售与安装任务，使19万个“盲村”农户受益，第二批865万套也已完成招标工作，全国20户以上通电自然村“村村通”今年年底可望全面实现。中央广播电视节目全国无线覆盖工程目标2009年已基本实现，中央人民广播电台第一套节目、中央电视台第一套、第七套节目的无线覆盖人口分别超过11亿、11亿、9亿。

2. 电视

1958年，作为中央电视台前身的北京电视台在开播的第一天，就播出了新闻电影制片厂制作的节目《到农村去》。20世纪90年代是我国农业电视节目发展的重要时期，尤其是1996年1月1日，由农业部和中央电视台合办、中国农业电影电视中心承办的第七套农业节目正式播出，这是中国农业电视节目发展史上里程碑性的事件，对我国农业电视发展起到了重要的推动作用。进入21世纪，我国农业电视节目已经形成了以中央电视台第七套农业节目为主的中央电视台农业节目，和省、市、县各级电视台农业频道、农业栏目并存的立体化格局。各省开办农村频道的时间表见表6-3。

---

〔1〕 国家发展和改革委员会.“广电总局召开广播电视村村通工作座谈会”. http://www.sarft.gov.cn/国家广播电影电视总局网，2006-11-02.

〔2〕 国家广电总局发展研究中心编. 2010年中国广播电影电视发展报告(广电蓝皮书). 北京：新华出版社，2010.

表 6-3 各省开办农村频道的时间表

频道名称	开通时间	频道名称	开通时间
中央电视台第七套农业节目	1996 年 1 月	浙江电视公共·新农村频道	2006 年 1 月
吉林电视台乡村频道	2001 年 7 月	河南电视台新农村频道	2006 年 6 月
山东电视台农科频道	2001 年 7 月	陕西电视台农林科技频道	2008 年 3 月
河北电视台农民频道	2005 年 5 月		

资料来源：宁威. 国内农业电视研究. 西北大学硕士论文，2008.

然而，经广电总局批准的对农电视频道并不多，按我国农村人口计算，对农广播电视资源仍然严重缺乏，尽管近几年来区域性和专业性的频道有所增加，但是专门对农民开设的频道“仅占全国频道总数的 0.4%”（张海涛，2005）。另据相关资料显示，在对农广播电视节目中，针对农民科技普及和技能培训的节目很少，农村题材的广播剧、电视剧很少，大多数电视节目都是按照都市的风味来制作的，很难满足农村广大受众的需要（张春朗，2006）。加之，经济、文化、媒体节目质量等因素的影响，农村与城市之间拥有的电视传媒资源仍然有很大差距。

3. 报刊

改革开放以来，我国农村报纸发行曾取得了辉煌业绩，20 世纪 80 年代，全国各省（市）委机关报纷纷创办农村类报刊，大多数报纸发行量达到 50 万份，不少农村报纸发行量超过百万份，并成立了中华全国农民报协会（吴锋等，2007）。但进入 20 世纪 90 年代后，农村报纸发行量快速滑坡，可以说进入衰弱萎缩期，近半数农民报停办或改办其他报纸。据中华全国农民报协会统计，能够称为农民报的报纸，除中央级的《农民日报》、《经济日报·农村版》以外，各省加起来总共只有 17 种，与城市都市报一派繁荣的景象形成鲜明对比（王晓东，2009）。

2000 年来，我国的报业发展迅猛。2006 年的全国报纸数量比 1990 年增长了 51%，但这主要是面向城市和市民的晚报、都市报等而言。到 2005 年，全国1 926 种报纸中，“三农”报纸仅有 29 种。全国的不少地方比如天津市全面停办了“三农”报纸。在目前国内为数众多的报刊发行中，有很多是定位明确的专业或行业类报纸、期刊，但是很少有专门面对“三农”的。目前在全国影响比较大的，只有屈指可数的诸如《中国农民报》、《农民日报》、《南方农村报》和《农民文摘》等报刊，以及《人民日报》、《光明日报》、《经济日报》等国家级大报。此外，省级“三农”报纸中仅有《辽宁农民报》、浙江的《农村信息报》、山东的《农村大众报》、上海的《东方城乡报》和湖北的《农村新报》等有一定的规模和影响力（汪奇兵，2009）。

4. 电影

自新中国成立以来，看电影一直是农民的最爱，特别是20世纪60～80年代期间，为丰富农村的文化生活，我国很多县、乡电影公司仍然保持着下乡放映的制度，直到进入20世纪90年代，受电视、VCD/DVD等媒介的冲击，下乡放映队逐渐变少甚至中断。《2010年中国广播电影电视发展报告》一书介绍，以农村数字电影放映工程为抓手，农村电影公共服务体系建设取得重大成果。2009年已完成了对4个直辖市、310个地级市、2 333个县级地区、2.61万个乡镇、43.65万个行政村的覆盖，农村数字电影流动放映体系和覆盖全国的农村数字电影服务网络初步形成。2009年全年落实中央财政公益性放映场次补贴专项资金3.3亿元，共放映农村电影781万多场，比上年增加66万场；观众达18.15亿人次，比上年增加2.15亿人次。一村一月放一场电影的"十一五"规划目标2010年已如期实现。

5. 计算机网络

中国互联网络信息中心(CNNIC)数据显示，截至2010年6月，我国网民规模已经达到4.2亿，较2009年底增加了3 600万人，互联网普及率攀升至31.8%。中国成为世界上互联网使用人口最多的国家，互联网普及率超过世界平均水平。手机网民成为拉动中国总体网民规模攀升的主要动力，根据工业和信息化部电信管理局的统计数据，截至2010年9月底，我国手机网民的规模达到了2.92亿。网民的快速增长带动了我国互联网产业的发展。

农村互联网建设方面：全面完成年度计划，农村网络覆盖水平大幅提高。2009年为593个乡镇提供上网接入条件、601个乡镇开通宽带，使得目前全国98%的乡镇能上网，95%的乡镇通宽带，全国有27个省份"乡乡能上网"已成现实。其中上海、江苏、广东等省市基本实现行政村通宽带，北京、天津、浙江、贵州、山东、吉林等一批省市已经实现乡乡通宽带。农村电话网与互联网双双发展、相得益彰，构成了农村信息服务的基础平台和主要渠道。

第二节　大众传媒对农村社区发展的影响

在人类社会发展的过程中，信息的交互与流动已经成为社会变迁的基础。传播媒介作为沟通和融合城乡社会发展的桥梁，日益成为拓展农村社会空间的重要介质。在我国新农村建设的关键时期，了解传统媒体和新媒体对农村社区发展的影响，以及存在的问题对积极推进农村信息化和现代化有着重要的现实意义。

一、大众传媒与农村发展

进入21世纪以来，随着信息技术迅猛发展，我国的社会二元结构逐渐松动。特别是改革开放以来，行政主导型的二元结构在逐步弱化。城市和农村之间的界限变得模糊起来，一向变革缓慢的农村社会，在外来信息的冲击下，也在不断地朝着城镇化和现代化迈进。在农村变革的过程中，信息媒介扮演着十分重要的角色。

一般而言，大众传媒具有信息传播、文化传承、协调社会、环境监视、教育普及、技术扩散、发展经济、观念更新及提供娱乐等众多功能。研究表明，媒介发展与农村的发展呈现互动关系（方晓虹，2003）。一方面，农村的变革或农村城镇化的发展是大众媒介发展的动力。在江苏南部地区的调查显示：苏南农民职业、经济状况、文化程度的不同促使受众群分化，由此导致了对于媒介的不同需求。另一方面，大众传播媒介是江苏农村现代性增长的推进器。调查显示，苏南农民对社会热点和大都市流行文化的关注、把握与城市趋同。尽管与城市之间还有各种知识上的、文化层次上的、观念上的差异，但通过现代传播媒介，农村在对城市的现代化程度的进程的获知速度，在把握诸多的政治信息、经济信息、文化信息方面，与城市几乎同步，从而构建了与城市文明对话的基础。

由此可见，大众传媒对农村的政治、经济和文化发展等方面均产生了直接或间接的关系。多项调研表明，目前，在我国中西部地区，农民最需要的信息种类按重要程度依次是：实用技术、农业政策、新品种、人才招聘、教育培训、市场信息、气象信息、法律和文化娱乐信息等。对于近年来的各种涉农政策比如免征农业税、粮食良种补贴、农村医疗卫生改革等政策，农民知道一些，但是全部了解的人很少，农民有这方面的需求，但是受到文化水平以及信息渠道的原因，接受信息的效果并不是很好，大众媒体不能完全满足农民的信息需求。一些调查表明，农民还需要社会保障信息、民主政治建设信息、现代生活信息等，不仅需要电视、广播、报纸等主流媒体的信息，还需要广告栏、信息栏等形式的信息。从中可以看出，农民的信息需求除促进生产和致富的目标之外，信息需求也日益呈现多元化，渴望全方位发展，提高生活质量，跟上现代化步伐。

经济比较发达的东部地区的农民，其信息获取的主要渠道是电视、计算机网络、电话、信息经纪人等媒介，与城市受众获取信息的渠道没有什么差异。网络媒体的接触和使用在城乡之间，东部地区的农民网络接触率要明显高于中、西部地区。在东部经济较发达的农村，农民拥有电脑率达80%以上，上网销售农产品或发布旅游信息在我国东部地区的多数农村已经比较普遍。一些地区农民通过农民信箱网络平台推销花木、梨、蔬菜等，通过电子信箱浏览公共信息、买卖信息等，部分行政村把农民信箱平台当作平日会议通知、信息发布的重要园地。研究表明，农民获取信息的渠道主要有电视、报纸、村能人、邻居、朋友、农技员、政府、书籍、网络、手机等，其中，电视作为在农村普及率最高的媒体，不论从绝对的使用时间和相对的接受信息量的大小来看都居于第一位。

二、传统媒体的传播效果

(一)传统媒体传播农业政策的效果

所谓的传播效果是指传者发出的讯息，通过一定的媒介渠道到达受众后，所引起的受传者思想和行为的改变(戴元光等，2000)。关于传播效果的界定，学术界有众多不同的看法。英国传播学大家麦奎尔(D. McQuail)在分析了众多传播效果定义后，提出了一个博采众长、扬长避短的传播效果存在模式。首先，从传者和受传者意图和动机看，传播效果可分成：预期效果和非预期效果。其次，从时间层次上可划为：长期效果和短期效果。第三，从外在形态看，可分为传媒的“效果”(即大众传媒达成有关预期目标的功效和传媒的“效力”，即传媒在给定条件下，可能发挥的潜在影响或可能产生的间接效应)。第四，从效果的内在性质看，可分为心理效果和文化效果、政治效果和经济效果等。第五，从传媒影响力的作用范围看可分为，对受众个体的影响、对小团体及组织的影响、对社会机构的影响和对整个社会文化的影响。第六，由传播效果的种类可区别出：受众个体主动有意或被动无意的反应，传媒群的社会动员，新闻学习，集体反应，新闻散布，创新和文明传播，知识传播，社会化(社会行为和思想之规范化、社会控制、真实的确认、意义的构建等)，机构组织变化和文化变化。

一项农业政策的出台从贯彻、执行到落实常常希望在一定时期内，或短期内或长期内达到预期的目的，而在这个目的的实现过程中，新闻媒介传播农业政策的“效力”对农业政策如何顺利执行和落实起着举足轻重的作用。

这里所说的传播“效力”是指某一特定的传播信息作用于受众所产生的效果。传播的作用点不是对象的机体而是对象的心理系统，这是由人体各器官的分工和传播的信息的性质所决定的。由于传播的作用点主要在受传者的心理系统，受众的心理效果层面包括认知、情感、意愿等。既然传播的作用点是受传者的心理系统，那么对心理系统的作用就有深浅之分，因而传播效果及衡量它的尺度和指标就显示出层级来，即浅层(感觉、知觉——知晓度)、中层(思维、情感——理解度)、深层(意志、个性——支持度、信奉度)[1]。2004年,中国农业大学媒体传播系课题组在农业部软科学项目的支持下,对云南、河南、山西、安徽、陕西、江西、河北、山东、吉林、湖南、江苏、北京等12个省市18个县乡19个村不同收入群体进行了参与式调研。同时,发放问卷800份,收回问卷730份。调查结果显示如下。

1. 纸介媒介传播农业政策的效果

调查组分别对低收入农户、中等收入农户和富裕农户开展了关于报纸和期刊对农业政策传播效果的调查。调查的问题是:农户对报纸和期刊中讲述的农业政策是否理解?调查显示:低收入地区的农户认为,有37.6%的农户表示基本理解,9.8%的农户表示理解,0.8%的农户很理解,9.0%的农户表示不理解,21.8%的农户表示不太理解,21.05%的农户未选。中等收入地区的农户认为,有36.7%的农户表示基本理解,21.1%的农户表示理解,2.7%的农户很理解,5.4%的农户表示不理解,15.6%的农户表示不太理解,18.37%的农户未选。相对富裕地区的农户认为,有37.1%的农户表示基本理解,19.9 %的农户表示理解,2.7%的农户很理解,9.0%的农户表示不理解,20.8%的农户表示不太理解,10.41%的农户未选(见图6-2)。

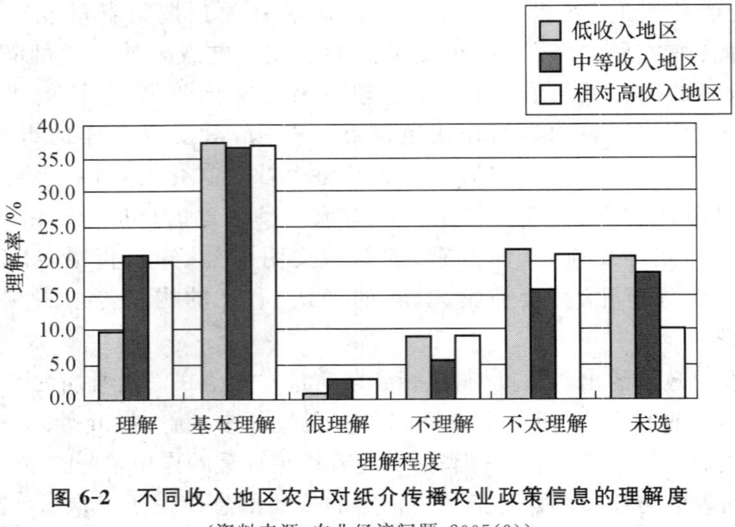

图6-2 不同收入地区农户对纸介传播农业政策信息的理解度

(资料来源:农业经济问题,2005(9))

---

〔1〕 此研究请参看林之达、郭晴．论传播效果的层级性. http://www.mediachina.net/academic,2003-01-23.作者认为,信息对心理系统的作用有深浅之分,因而传播效果及衡量它的尺度和指标就显示出层级来:即浅层(感觉知觉——关注度、知晓度),中层(思维、情感——理解度),深层(意志、个性——支持度、信奉度)。

其中，同一地区不同收入类型农户对报纸媒介传播农业政策信息的理解度也有较大差异(见表 6-4)。

表 6-4 同一收入地区不同类型农户对纸介传播农业政策信息的理解度 %

不同收入地区	富裕程度	理解	基本理解	很理解	不理解	不太理解	未选
低收入地区	低收入	5.71	25.71	0.00	17.14	25.71	25.71
	中等	9.33	38.67	0.00	5.33	24.00	22.67
	相对富裕	7.55	22.64	1.89	3.77	3.77	60.38
中等收入地区	低收入	19.67	36.07	0.00	4.92	16.39	22.95
	中等	27.27	30.91	5.45	9.09	12.73	14.55
	相对富裕	12.90	48.39	3.23	0.00	19.35	16.13
相对高收入地区	低收入	13.54	33.33	2.08	16.67	22.92	11.46
	中等	22.64	35.85	3.77	1.89	28.30	7.55
	相对富裕	26.39	43.06	2.78	4.17	12.50	11.11

资料来源：农业经济问题，2005(9).

调查表明，农户对报纸上登载的农业政策类信息的理解度并不是很高。不同地区农户对报纸上刊载的农业政策的理解度一般表现为：基本理解度在37%～38%，能够完全理解的在9.8%～21.1%。且农户对报纸传播的农业政策信息的理解度与经济收入的增加呈直线上升关系。从不同地区不同类型农户的调查数据看出，农户对农业政策理解度与富裕程度基本也呈正相关关系。主要原因有2个：①中高收入地区农户的文化程度较之低收入地区普遍较高；②中高收入地区农户，特别是相对富裕型农户订阅报纸的人数普遍高于低收入地区。

2. 电子媒体传播农业政策的效果

调查组分别对低收入农户、中等收入农户和富裕农户开展了关于广播和电视中播放的农业政策是否能够理解的传播效果的调查。调查的问题是：农户对广播和电视中播放的农业政策是否能够理解或接受？调查显示：在低收入地区的农户中，有40.6%的农户表示基本理解，12.0%的农户表示理解，3.8%的农户很理解，7.5%的农户表示不理解，22.6%的农户表示不太理解，13.53%的农户未选。在中等收入地区农户中，有40.8%的农户表示基本理解，26.5%的农户表示理解，4.1%的农户很理解，4.1%的农户表示不理解，18.4%的农户表示不太理解，6.12%的农户未选。在相对富裕地区的农户中，有33.0%的农户表示基本理解，

24.0%的农户表示理解，5.4%的农户很理解，6.8%的农户表示不理解，22.6%的农户表示不太理解，8.14%的农户未选（见图 6-3）。

其中，不同地区不同收入类型农户对电子媒介播放农业政策信息的理解度有较大差异（见表 6-5）。

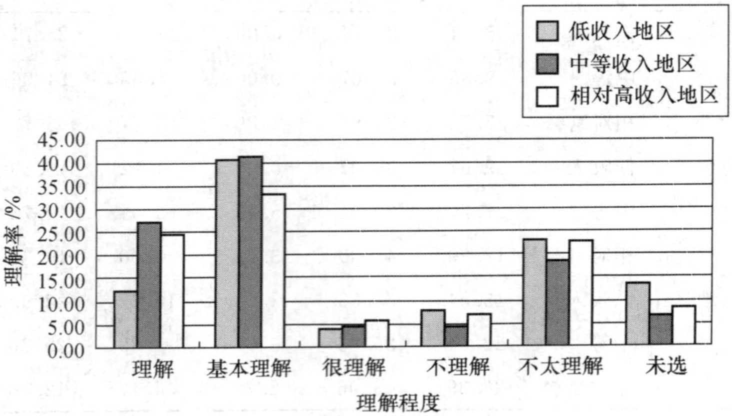

图 6-3　不同收入地区农户对电子媒介播放农业政策信息的理解度

调查表明，不同收入地区的农户对电子媒介传播农业政策类信息的接受程度普遍较低，即 33.0%～40.8%的农户表示基本理解，12%～24%的农户表示理解，18.4%～22.6%的农户表示不理解。其中不同收入地区中的相对富裕型农户对农业政策类信息的理解度较之中低收入型农户略高，即 21.6%～31.9%的农户对电子媒介传播的农业政策表示能够理解。

表 6-5　不同地区不同收入类型农户对电子媒介播放农业政策信息的理解度

不同收入地区	富裕程度	理解	基本理解	很理解	不理解	不太理解	未选
低收入地区	低收入	14.29	31.43	2.86	17.14	20.00	14.29
	中等	8.00	42.67	4.00	5.33	25.33	14.67
	相对富裕	21.74	47.83	4.35	0.00	17.39	8.70
中等收入地区	低收入	24.59	34.43	3.28	1.64	21.31	14.75
	中等	29.09	43.64	5.45	7.27	14.55	0.00
	相对富裕	22.58	48.39	3.23	3.23	19.35	3.23
相对高收入地区	低收入	16.67	27.08	4.17	10.42	30.21	11.46
	中等	26.42	26.42	11.32	3.77	30.19	1.89
	相对富裕	31.94	45.83	2.78	4.17	6.94	8.33

3. 组织传播渠道传播农业政策的效果

通过问卷调查发现，农户获取政策类信息的渠道主要有四个渠道，按重要程度排序依次为：电视、报纸、朋友或邻居、政府等。但通过 PRA 参与式农村评估法（小组访谈排序打分、半结构访谈、画信息传播渠道效果图），对陕西勉县留旗营村和北京房山半壁店村近 250 户调查，得出勉县农户获取农业政策类信息的渠道按照有效程度排序依次为：政府（村委会传达）、人际（邻居、朋友）、培训、电视、农民协会、广播、报纸、杂志（见表 6-6）。半壁店村农户认为依次是：村委会大喇叭、人际（邻居、朋友）、电视、广播、报纸（见表 6-7）。问及通过什么渠道传递信息能够使农户更好地了解农业政策的内容时，农户认为：村委会印发的资料（1 号文件明白报卡）人手一份，传播效果最佳；其次是邻居或朋友茶余饭后聊天时谈论农业政策类

表 6-6 勉县农户获取农业政策类信息的有效度分析结果（参与式小组访谈结果）

调查题项	信息渠道	有效程度	排序	备注
获取农业政策类信息的渠道	政府（村委会传达）	90%～95%	1	村委会印发的资料（1 号文件明白报卡）
	人际（邻居、朋友）	90%	2	茶余饭后聊天
	培训	80%以上	3	有关农业政策的培训
	电视	40%～50%	4	仅起基本了解的作用
	农民协会	10%	5	农民信息协会
	广播	4%～5%	6	
	报纸	3%～4%	7	
	杂志	2%	8	

表 6-7 半壁店村农户获取农业政策类信息的有效度分析结果（参与式小组访谈结果）

调查题项	信息渠道	有效程度	排序	备注
获取农业政策类信息的渠道	培训	90%～95%	1	有关农业政策的培训
	政府（村喇叭）	90%	2	村委会设有广播室，重复播出
	人际（邻居、朋友）	70%	3	
	电视	40%	4	仅起基本了解的作用
	农民协会	—	5	期待有农民信息协会
	广播	4%～5%	6	
	报纸	3%～4%	7	
	杂志	2%	8	

信息的效果好;第三,如果能够举办相关农业政策的学习班,效果可能会很好;第四是电视传播比较及时,但同时认为电视传播农业政策仅仅起到基本了解的作用,真正了解其内容并完全理解,还需仔细看印发的资料。

综上所述,可以看出以下几点结论。

(1)不同媒体或渠道传播农业政策的效果有较大差异。传播效果最好的渠道按重要程度依次为:印发农业政策的资料、组织培训、村喇叭广播、电视和人际传播。

(2)电子媒介传播农业政策类的效果欠佳。多数农户认为,电视在传播农业政策方面比较及时,但同时认为电视传播农业政策仅仅起到基本了解的作用,真正了解其内容并完全理解,还需仔细看印发的资料。

(3)报纸传播的农业政策类的效果并不理想。报纸虽然易保留,对农业政策的宣传比较深入,但是多数农户并没有看报纸的习惯,看报纸的农户多为村干部、村能人。

(4)大众传播媒介(电视、广播、报纸、网络)在传播农业政策的及时性方面虽起着重要的作用,但组织传播渠道(乡村行政从业人员)的传达、培训和人际传播渠道(朋友、能人、邻居等)的交流探讨应是起强化作用主要手段之一。

(5)农业政策可操作性的强弱直接影响农业政策的贯彻执行。

农户对中央1号文件制定给予了极高的评价,认为其实用性和可操作性较强。其可操作性不仅在于它抓住了当前农村、农业和农民存在的关键问题——增加农民收入问题,还在于该政策的落到实处。

(二)传统媒体传播农业科技的效果

随着知识经济时代科学技术的不断发展,许多农业科技传播人员开始将农业技术推广寄托在现代电子信息传媒技术上。希望通过声情并茂的电视、计算机多媒体等手段为农民提供及时的、有效的更新知识的机会条件。我国政府十分重视信息技术的开发和利用,在国家的大力支持下,许多乡村通了计算机网络,有些地区还上了百兆和千兆宽带网。为了了解电子传媒技术的科技推广效果,中国农业大学媒体传播系课题组对此问题展开研究,试图找到媒体传播农业新技术对农村经济发展的积极影响。

该课题组从农户对农业科技类信息的知晓度、理解度、信奉度等方面进行了调研,其研究结果表明:所调查地区的农民利用电子媒介传播科技信息的关注程度、知晓度和理解度普遍较低;对科技类信息的赞同度、支持度较高;不同收入地区不同收入类型农户对待信息和利用信息的能力有较大差异。农户对媒体传播科技信息的信奉度不高。原因可能有以下几种:一是信息传播部门传播的科技信息与农户需求错位;二是农户对传播的信息不能很好地消化和理解;三是农户对科技信息的需求意识不高;四是农户利用科技信息的能力不强(谭英,2007)。

调查显示,电视媒介在传播新技术方面没有充分发挥其应有的效用。电视媒介是农户获取信息的主要渠道之一,农民是电视传播的最大信息受体,这已是不争的事实。但是经调查研究发现,农户从电视中获取相关科技信息十分有限。农户对电视中播放的新技术多半看不懂,低收入地区农户对电视中播放的新技术能够理解的更有限,能够基本理解的也仅占调查户数的36.8%。还有近一半的农户不理解或不太明白。虽然中等收入地区农户对电视中播放的新技术的理解程度(看明白的)以及基本理解的比率明显高于低收入地区,但是农户遇到不清楚的科技信息和新技术主要是寻找信息服务中介、经纪人、技术员、村能人等,而不是找电视媒介。可见,电视媒介在传播农业科技类信息并未发挥其应有的作用。这一结果与相关研究的结果一致。

同时也发现,人际传播科技的效果好于大众传播媒体。不同收入地区农户在采纳新技术时,虽然受到电视媒介的影响较大,但受人际传播渠道中的朋友、亲戚、能人、邻居的影响更为突出,且有时起关键的作用。

媒体传播人员的综合素质有待加强,传播技巧有待改善。调查中了解到,农户从广播、电视、报纸等媒介接受农业政策信息和科技信息的效果不佳,其主要原因之一就是媒体传播人员综合素养和业务素质不高,对于艰涩的、难懂的、抽象的、专业的信息符号不能准确地深入浅出编译和传播,或者说对于科技信息的"科普度"把握不好,造成文化程度普遍不高的农民难以接受。

(三)电视对农村文化生态的影响

"文化生态"是社会大系统中的一个有机、有序的亚系统(欧阳宏生,2007)。如果说文化生态是文化存在和发展的环境和状态,那么农村文化生态就是农村文化存在和发展的环境和状态。它包括人的主体需要、民族传统、风俗习惯、地域文化、政策、经济水平以及科技教育程度等。引入文化生态概念的目的就是在现阶段电视已成为一种强大的社会文化传播利器的背景下,从传播学的角度,将电视文化传播对乡村文化生态的干预现象进行实证研究,考量电视文化传播与农村文化之间的关系及其干预状况探索其对维护农村社会文化生态的平衡、克服农村文化生态危机、发挥农村文化生态的积极作用,这对进一步推进新农村建设有重要的现实意义。

2006年,谭英等在全国农村范围内专门针对电视媒介传播信息的效果及其影响进行了抽样问卷调查,并对两个长期观察的固定示范村实地调研,从涉及农村文化生态的四个方面,即经济发展水平、风俗习惯与民族传统、科技教育程度、人的主体需要与观念等进行了调研和分析。调研发现，在农村地区，经济发展水平取决于三个方面：家庭成员从事的职业；耕地面积的大小、土地的肥沃程度、气候和水利；科技的发展、养殖业的发展程度以及农产品市场行情的把握。其中科技的内容包括：品种的选择、种植和养殖技术的新旧。在耕地面积、土地肥沃程度、气候以及科技的发展等方面因素不可能在短期内得到改善的情况下，农产品收入的高低主要依靠是否准确把握了市场行情，而把握市场行情有以下几个途径：一是从电视中得到；二是从村里其他人那里得到；三是从商贩或生意人那里得到。具体调研结果如下。

1. 电视对农村文化生态的积极影响

1)新闻资讯类节目帮助村民了解国内外信息、提供感性的政治认识

调查中了解到，大多数村民均认为电视满足了他们了解国内外大事的需求，利用新闻资讯类节目了解外界的变化已经成为村民最常用和最依赖的方式。

关心村务大事并不仅仅表现在自己的权益受到侵犯的时候，也表现在主动了解村里的各种开支、民主选举等方面。当问到是否知道自己有参加选举的权利时，绝大部分人都提到 2005 年热播的电视剧《别拿豆包不当干粮》，并承认电视剧使自己对民主选举有了感性认识。当问到村里的年轻人怎么看待电视上的那些贪污腐败官员时，有一半的村民表示他们并不相信有那么多贪官，认为可能是电视节目的夸张所致。

2)新闻及信息类节目有助于村民从事农村经济发展活动

调查显示，虽然近半数以上的村民认为，电视并不是村民了解市场信息主要渠道。但这并不意味着信息类节目对农村经济的发展就没有影响。事实上，对村里的家庭经济收入人群细分之后会发现：在富裕人群、中等人群、贫困人群这三个群体中，富裕人群对电视上的市场信息、新产品信息、新技术信息关注程度最高，中等人群、贫困人群的关注度递减。

村民把握市场行情途径，除了从电视中得到，就是从村里其他人那里得到，或是从生意人那里得到。原因主要有三个：一是信息类节目对于农产品的价格报道时常滞后于农产品交易；二是我国地域广阔，各地农产品价格差异很大，信息类节目相对较少，不能满足及时报道和持续跟踪的需求；三是不同村庄村民对市场信息的需求不同。在内蒙古呼和浩特市武川县三间房村，村民认为，只要在卖马铃薯的时候知道今年的价格怎么样就行了，其他信息相对而言，没什么大的用处；而山西省高平市南朱庄村则不同，村民多以打工、经营小本买卖为主，必须随时关注市场信息。以开出租车为例，2006 年我国油价受国际油价影响一度飞涨，经营出租车生意的村民必须每天关注汽油价格，以决定今天的乘车价格和到什么地方去乘载客人。

3)科教类节目有助于帮助村民接受科学文化知识

能否帮助村民增加科学文化知识是衡量科教类节目是否起作用的重要指标。从问卷调查结果可以看出,村民普遍认为电视起到了较好的作用,其中认为很有帮助的接近25%,较有帮助的超过50%。

调查发现,村民对CCTV-10——科教频道《百家讲坛》等节目普遍欢迎,甚至鼓励子女多看这类节目,以增加科学文化知识;村民对CCTV-7讲授技术类的节目的满意度较低,认为存在两方面问题:一是讲授的内容不符合当地实际;二是有些讲授的内容难懂,在实际运用过程中困难很大。南朱庄村有22.73%的人认为,科教类节目能满足增加科学文化知识的需求,三间房村则有24.0%的人持相同观点。

在调查中,为了验证科教类节目在提高村民科学文化素养方面的效果,研究者特意设置了几个问题,比如:山上的树是否可以随便砍等。这个是考察村民对生态环境认识程度的问题,调查发现经过这么多年持续地关注大自然生态平衡的宣传教育,两村村民对此已经有很明确的认识。有相当一部分村民认为电视中的公益广告起到了很大的作用。

4)综艺影视类、法律类节目对村民接受新观念的影响较大

法律、综艺类节目、电视剧、电影是影响村民观念的主要节目类型。调查中发现,女性对这四类节目的欢迎程度明显高于男性。《今日说法》是南朱庄村大部分村民午间休息必看的节目,主要原因是"曲折离奇的故事情节吸引了我";晚间的综艺节目、电视剧、电影更是凭借娱乐性、故事性吸引了大部分女性观众。

这些节目提供的内容涉及老百姓生活的方方面面,其表现形式是故事、娱乐,这种表现方式最大的优点就是在潜移默化的过程中影响甚至改变老百姓的观念。被调查人提到,《今日说法》里面很多故事情节成为大家茶余饭后谈论的话题,新的观念通过节目传达给受众,又在受众的讨论中被筛选和甄别,保留下来的会形成一个广受大家认同的共识,而村民观念的改变也就在这个过程中完成了。同理,电视剧、电影传播的理念也遵循这个轨迹。

经济的发展改善了生活环境,一些落后的传统也随之发生变化,电视则是促进老百姓适应新环境的重要因素之一。比如过去男女结婚的时候,有很多不够人性化的规矩,现在则改变了很多,甚至连传统的大红色婚装也变成了西式的白色婚纱。

另外,调查还发现,电视对农民的饮食、健康习惯有较大影响:71.3%村民认为最近3年比以前更关注饮食卫生。电视对农民消费观的影响较大,村民购买某件东西时,40.8%的人会注意它的牌子;29.0%的人不会注意;30.2%的人说不清。

2. 电视文化传播对农村文化生态的消极影响

1)市场信息类节目传播市场信息的效果欠佳

调查中发现，村民对电视中传播的市场信息不太满意。只有20.0%的人对此满意，与此同时，有68.0%的人认为电视中的市场信息完全不能满足他们的要求。

我国的电视在传播对农市场信息时，常面临着尴尬的境地。这是由于我国地区经济差异大，涉及多种农产品品种、价格等的信息，而CCTV-7作为我国唯一的国家级有农业电视节目的频道，面对需求差异如此之大的受众，再考虑到受众观看此类节目的时间与农活冲突等因素，确实很难满足部分人的需求。如果这种状况长期得不到满足，可能会在一定程度上阻碍农村地区的经济发展。比如三间房村，每年马铃薯上市的时候，都会有大量来自福建、四川、山东等地的菜贩到三间房村收购马铃薯。他们看中这个地方的马铃薯，除了此地产量颇丰、品质较好之外，更主要的是由于村民对外界市场信息一无所知，只能被外来的菜贩刻意压低价格，这样，中间利润都被菜贩赚去了，农民辛苦一年却赚不到多少钱。

对于一年的收入主要靠土地产出的农民来说，市场信息是否能及时送达决定了他们最终收入的多寡。因此，从这个意义上来说，改善电视传播市场信息的效果，可能是增加农民收入的一个因素。

2)科学技术类电视节目在传播专业技术知识方面乏力

调查显示，电视在传播农业新技术和普及科学文化知识时有“长袖善舞”能力，然而在对农民急需的种植、养殖等农业技术推广方面却不尽如人意。调查发现，三间房村只有12.0%的人认为能学到有用的农业科学技术，而64.0%的人认为不能学到有用的农业技术。

究其原因主要是电视作为“一遍过”的快速消费媒介，在传播复杂高深的科技知识的时候常常“讲不透”，再加上有时内容与当地实际情况不符、村民的文化程度普遍偏低等因素，其传播效果较差。

在三间房村，由于距离中国农业大学和内蒙古农业科学院的旱地农业实验站不远，其人际传播作用远远好过电视传播科技的作用，专家可以非常准确地了解当地需要种植什么品种、怎样种植最合理，并可以手把手地教村民，村民的反馈意见也可以在第一时间到达专家手里，然后专家据此进行调整，村民及时接受新技术的指导，信息传播达到最好的效果。

3)部分综艺影视类节目有弱化传统文化的倾向

调查中了解到，综艺节目、电视剧、电影是村民最经常收看的节目，其娱乐性、故事性较强的特点虽然拴住了受众，但由于部分热播的影视节目中有意传递出家庭婚姻的自由观信息，使得村民在潜移默化中接受了“未婚同居”的观念。调查中了解到，“未婚同居”在以前被看作是“伤风败俗”的事情，是绝对不被允许的。而现在受到影视节目的影响，最保守的村民也开始理解这一现象，并把大部分的过错归于这个躁动的时代。除了电视，没有任何媒介能持续提供如此形象直观的信息，这导致村民原先坚守的所有价值观受到新的考验。人的主体需要和观念也这样一步步地被电视影响着并改变着。

总之，通过电视文化传播对村民在政治、经济、科技教育、传统风俗习惯方面影响的调查分析发现：电视在传播政策、法规等方面给村民提供了很好的感性认识，但并不能深入地引导村民对自身政治环境的关注；电视可以帮助村民了解宏观的市场供求信息，却无法给村民提供满足其需求的信息；电视在普及科学文化知识时力度很大，尤其在处理突发性公共事务时效果明显，但无法持续提供专业的农业技术支持；电视在提供时尚、新鲜元素时具有优势，但也影响到了传统的风俗习惯，给村民带来了价值观上的困扰。

三、网络媒体和新媒体的传播效果

近年来，随着 web2.0 时代的到来，网络的广泛使用已经逐渐的改变了我们生活和思维的格局，“网民参政”、“网络热帖的关注”、“网友看两会”等一系列的现象向人们证明着一个新的时代的到来。关于新媒体对农传播，除了网络之外，手机的普及也扩宽了人们思维与交流的空间。“拇指一族”、“手机报”、“手机看奥运”以及 3G 时代也都给城乡的交流注入了新的活力。

新媒体在走进城市的同时也走进了广大的农村地区。20 年前在农村仍旧只有收音机、手表、自行车老三件电器早已被抛在了后头，换来了电视机、电冰箱和洗衣机的同时还迎来了新媒体——手机和网络。

根据国家统计局宁夏调查总队 2007 年资料显示，宁夏某区农村居民每百户拥有移动电话 84.5 部，比上年增加 26 部，与上年同比增长 44.4%，手机普及率为 69.5%。随着手机走入农村的千家万户，互联网也没有放慢其入驻农村的脚步。《2007 年中国农村互联网调查报告》也显示，2007 年 6 月，农村网民规模达到 3 741 万人，在农村 7.37 亿农村居民中，互联网普及率为 5.1%；同期城镇网民规模达到 1.25 亿人，互联网普及率已达到 21.6%。农村网民人数仅是城镇网民人数的 3 成(29.9%)，普及率不到城镇的 1/4(23.6%)。农村地区互联网的发展水平与城镇差距很大，但网民规模差距在逐步缩小。根据梅特卡夫定律，网络的有用性(价值)随着用户数量的平方数增加而增加，随着互联网在农村的深入，其作用也将不可忽视。网络、手机等新媒体无疑给农民提供了更宽广的平台以及与外界传播交流更便捷的条件，从某种程度上大大扩宽了“自下而上”乡村传播的途径。

加强农业信息化建设对于构建和谐社会和建设社会主义新农村意义重大。党的十六大明确指出“信息化是我国加快实现工业化和现代化的必然选择”，并把大力推进信息化作为21世纪前20年经济建设和改革的主要任务之一。农业信息化是国民经济和社会信息化的重要组成部分,以农业信息化带动农业现代化,对于促进国民经济和社会持续协调发展具有重大意义。2005年中央1号文件明确要求"加强农业信息化建设",2006年中央1号文件把"积极推进农业信息化建设"作为现代农业和社会主义新农村建设的一项重要内容。换句话说,网络媒体特别是涉农网站在新农村建设中肩负着重要的农民培训的重任。2007年中央1号文件明确指出,加强现代农业,进一步推进新农村建设。即用现代发展理念引领农业,用培养新型农民发展农业,提高农业水利化、机械化和信息化水平,提高土地产出率、资源利用率和农业劳动生产率,提高农业素质、效益和竞争力[1]。

20世纪90年代,随着信息和网络技术的发展,我国产生了以信息和网络技术为基础的现代远距离教育,基于网络媒体的中国农村远距离教育的培训工作也随之不断加强深入,通过卫星传输的农业部农村党员干部远距离教育培训也逐步在全国展开。特别是在北京市政府、市科委、市农委等部门的大力支持下,北京农村远距离教育及信息服务工程中心,针对郊区都市型现代农业的需要,构建了全新的农民现代远距离教育体系,取得了阶段性成果,被联合国教科文组织专家称为"北京模式",加快了我国农村基于网络媒体的农民培训的步伐。

北京农村远程教育在建设过程中一直以实用性为立足点,紧密把握农民的需求和应用特点,从而使该项目具备了以下有别于传统教育模式的特点和优势。

首先,北京市农林科学院农业科技信息研究所从北京农村地区不同的网络条件实际出发,自行研究设计出七种远程接入方式,适应了北京农村不同条件、不同装备能力用户的需要,同时也解决了"最后一公里"的问题,让农民用得上、学得会,并借助现代信息传输方式,将各类农业实用技术向下广播,覆盖地域广,形式直观易懂,不受时间、空间以及文化教育程度等条件的制约,具有很强的实用性。

其次,针对农村实际,集成先进的卫星外交互技术、互联网宽带技术、计算机语音合成技术、内容预定、推送和流媒体组播等现代信息技术,开发智能信息接收终端、数字语音咨询服务系统、多媒体信息资源,为相对弱势的农业提供科技、信息支撑。

第三,根据各基层站点的农民的需求,能自发定制专家课程、实用技术和信息内容,同时系统通过远程呼叫、在线应答、专家热线等多种支持服务,保证教育资源及适用农业信息传播的及时性和准确性。由于该体系采用了不同的技术接入模式,农民可以随时随地,不受时间空间的限制进行相关的学习与咨询,特别是"一人

---

[1] 2007年中央1号文件:《关于积极发展现代农业扎实推进社会主义新农村建设的若干意见》. http://www.sina.com.cn 新华网,2007-01-29.

讲万人听”的特点解决了农村科教资源相对匮乏的难题。

到目前为止，北京农村远程教育工程已在京郊全面推广建立起 385 个农民远程教育站，覆盖了京郊 100%的乡镇和一批重点村，并推广到全国 20 个省(自治区)的 200 多个地区；同时组建了一支以北京农口部门、驻京中央涉农单位专家为主的 200 名专家团队，为农民提供权威的咨询服务。共开展各类培训 2000 多项(次)，推广农业技术成果近 1000 项，累计受训农民超过 100 万人次，在一定程度上促进了北京社会主义新农村的建设(谭英，2007)。

通过北京远程教育平台，北京农村远程教育工程把农村实用技术、农业科研成果及市场信息等送到农民手中，在提高农民的科学文化水平与农业科技成果含量、促进京郊产业结构的优化与调整、优化农村劳动力的合理分配、引导农民广开致富增收的门路等方面，起到了重要作用。

当然，也有相关研究认为，农民学习上网技术的积极性不高；上网农户接受不同种类信息的效果总体不理想；农民收入的高低与文化程度的高低直接影响着网络媒介信息传播的效果等，但是随着新媒体技术的提高和发展，农民使用新媒介的趋势将势不可挡。

第三节　大众传媒在农村发展中的应用

在农村发展传播学的视角下，大众传媒的作用更多地体现在应用上所发现的经验和问题方面。对大众传媒在农村发展中的应用实践的回顾和总结将有利于大众传媒更好地在农村发展实践中发挥更大的作用。这类经验和问题可能表现在不同媒体的应用方法上，也可能表现在应用大众传媒对农村发展的影响方面。

一、纸质媒体对农业科技新闻报道的研究

本研究选取了改革开放初期(1980.6—1981.5)和新农村建设时期(2006)的《农民日报》为研究对象，意在通过对《农民日报》两个特殊时期的农业科技新闻报道进行分类统计，通过这两个时期科技新闻报道内容的设置、形式的改变及数量的变化等来比较分析《农民日报》不同时期农业科技新闻报道发展的历程、变迁、异同和存在的问题，以探明今后报纸媒介农业科技新闻的采写与有效传播的新途径，为推进新农村建设提供理论参考依据，具有重要的历史意义与现实意义。

(一)信息种类

科技新闻是对新近发生的有关科学技术的事实的报道，具体地说，它报道与科

学技术有关的方针政策，新取得的科研成果和科技成就，已有的科学技术的普及应用情况，科学工作者工作、学习、生活情况以及人们对科学的认识和反映等。根据张占山主编的《农业实用新技术》和牛盾主编的《国家奖励农业科技成果汇编：1978—2003》中关于农业科技的分类，以及《农民日报》科技新闻涉及的内容及农业行业的特点将该报的农业科技新闻进行分类，即从农业生产的角度将科技新闻报道大致分为以下 10 个类别：品种资源与育种、土壤肥料、栽培管理、贮藏加工、畜牧兽医、水产养殖、农用新技术、高科技、科技人物及其他。

品种资源与育种类主要指新品种推介及品种培育等科技新闻。土壤肥料类主要涉及土壤的改良技术、农家肥的科学制作、新肥料的推介等。栽培管理类涉及的内容主要有农作物种植过程中的栽培管理技术。贮藏加工类包含农作物的加工技术、科学贮藏等内容。畜牧兽医类主要包括畜禽的科学饲养、疾病防治等方面的新闻。水产养殖类主要是水产方面的科学养殖。农用新技术类主要涉及农业实用新技术、新仪器，而高科技类则主要涉及农业方面的高、新、尖技术。科技人物类，主要包括科研人员、靠科技致富的农民等人物新闻报道。而其他，则指除这 9 个类别以外的科技新闻。

（二）报道量对比分析

研究发现，两时期的科技新闻报道量有较大悬殊，各类科技新闻报道量均有大幅度增长。1980.6—1981.5 期间科技新闻的年报道总量只有 621 条，而 2006 年的科技新闻有 2 387 条，超出前者 1 766 条，增长了 284%。除水产养殖技术外，其余类别的科技新闻年报道总量均有大幅度增长（见表 6-8）。

表 6-8　不同时期各类科技新闻年报道量及其自身的变革关系

年份	品种资源与育种类	土壤肥料类	栽培管理类	贮藏加工类	水产类	畜牧兽医类
2006 年	492	147	558	73	19	443
1980.6 至 1981.5	98	40	197	24	21	85
差值	394	107	361	49	－2	358
倍数	5.02	3.68	2.83	3.04	0.9	5.21

年份	农用新技术类	高科技类	科技人物类	其他类	报道总量
2006 年	246	77	182	150	2 387
1980.6 至 1981.5	50	16	20	70	621
差值	196	61	162	80	1 766
倍数	4.92	4.81	9.1	2.14	3.84

统计数据显示，无论是改革开放初期还是新农村建设时期，栽培管理、畜牧兽医、品种资源与育种三类科技新闻均是这两个时期的报道重点，报道总量均排在前三位，而且相互间的排序未随时间的流逝而改变（见图 6-4、图 6-5）。

统计显示，栽培管理、畜牧兽医、品种资源与育种三类科技新闻的报道量排序虽未随时间的流逝而改变，但是它们的比例关系却发生了很大的变化，即三者趋向于均衡。土壤肥料、贮藏加工、高科技等三类科技新闻在这两个时期的报道比例改变甚微，而新农村建设时期加大了新的实用技术、科技人物等的传播力度。

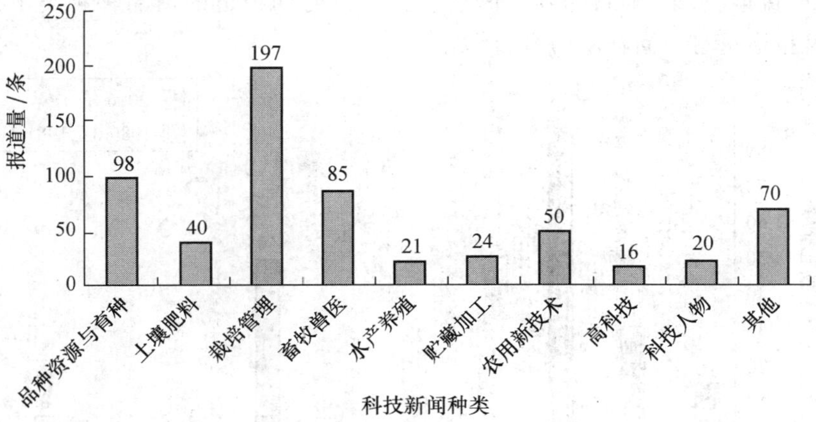

图 6-4　1980. 6—1981. 5 期间各类科技新闻报道量

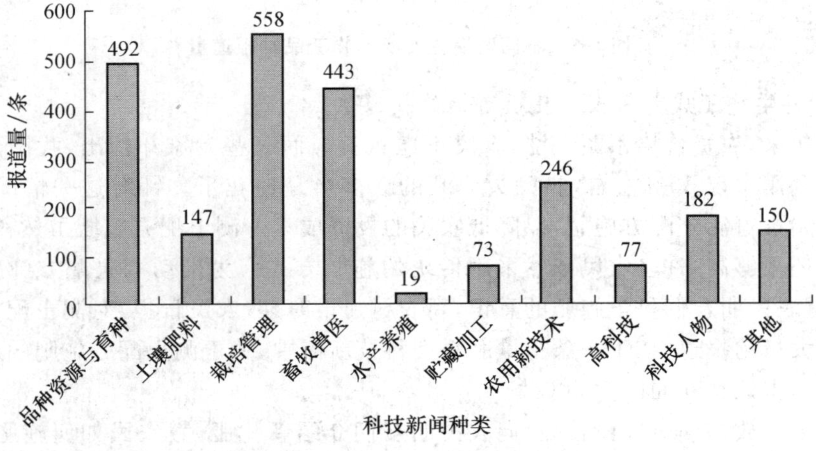

图 6-5　2006 年各类科技新闻报道量

1. 新品种的报道力度加强

新农村建设时期,《农民日报》加大了新品种推介的报道比例。改革开放初期关于新品种的报道仅有15条,占品种资源与育种类科技新闻年报道量的15.3%;而2006年有228条,是前者的15.2倍,所占比例也上升到了46.34%。这足以看出新农村建设时期的《农民日报》宣传新品种的报道力度加大以及对推动品种改良的作用。

统计还发现,改革开放初期的15条新品种报道中,涉及的农作物只有小麦、水稻、大豆、蔬菜、水果、油料作物。而新农村建设时期报道的新品种种类不仅增加了,而且报道量有不同程度的增长(见图6-6)。

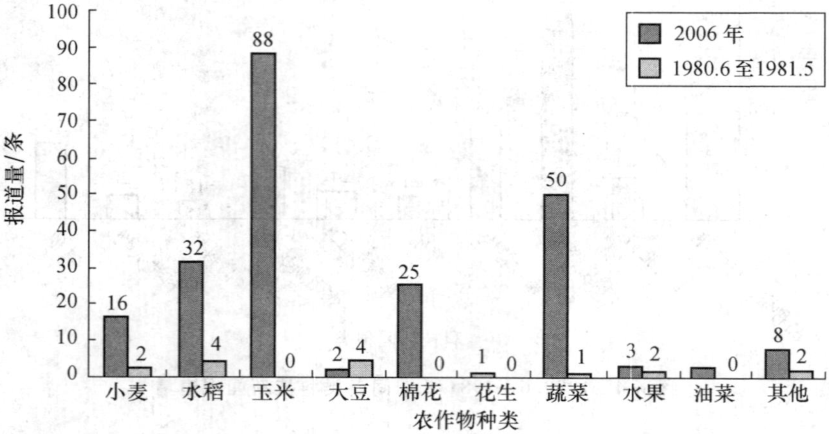

图6-6　不同时期主要农作物新品种报道量

2. 科学施肥成为新农村建设时期的报道热点

近年来,农资价格不断上涨,农民不堪重负。而一些专家却指出,我国传统化肥施用利用率仅35%左右,农民买化肥的钱多半是白花了。针对这一情况,全国上下开始推行测土配方施肥,以降低农民的投资成本。测土配方施肥虽然科学,但普及率还不够高,许多农民依然采用传统的施肥方式。为推动测土配方施肥的普及,唤醒农民朋友们科学施肥的意识,新农村建设时期《农民日报》对测土配方施肥予以了大量的报道:在147条土壤肥料类科技新闻中,关于测土配方施肥的新闻就有78条,占该类新闻的53.06%。

改革开放初期,《农民日报》向农民朋友们介绍新化肥,教农民如何施肥,如何改善土壤等。新农村建设时期关于这些方面的内容虽然还有,但报道量已大大减少。

3. 粮食作物的栽培管理技术、经济作物技术的报道重点变化

据统计,改革开放初期,《农民日报》发表的197条关于栽培管理的科技新闻中粮食作物占多数,有79条,占该类新闻的40.1%;关于经济作物的有65条,占32.99%;余下的53条为综合报道。新农村建设时期,情况发生了逆转,关于粮食作物栽培管理的报道只有160条,占总数的28.67%;而关于经济作物的却上升到了289条,占总数的51.79%。研究中还发现,关于蔬菜、水果的栽培管理类新闻在报道量上有着惊人的增长速度(见图6-7)。

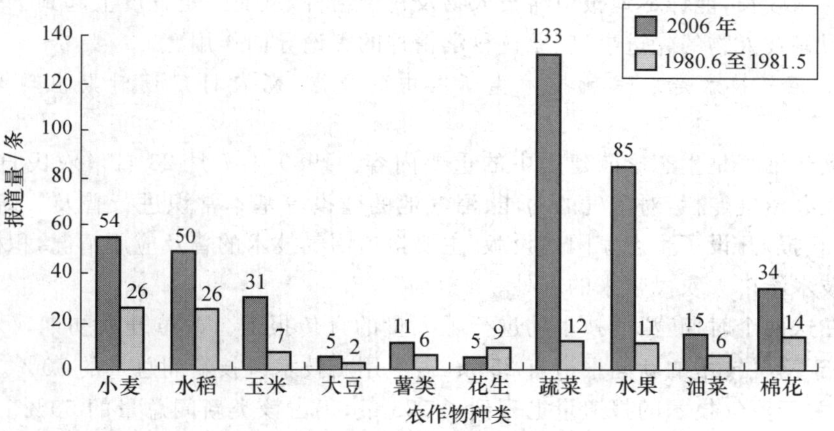

图6-7 不同时期各类作物栽培管理科技报道对比

从图6-7可以看到,改革开放初期,小麦、水稻是重点报道对象;而到了新农村建设时期,蔬菜、水果成了明显的报道重点。据研究发现,新时期关于蔬菜、水果栽培管理方面的科技报道中,有较多是关于大棚、温室栽培管理技术方面的,而在改革开放初期这方面的报道比较少。

4. 畜牧兽医类科技新闻出现新内容

畜牧兽医类科技新闻不仅报道量上有了很大跃进,而且内容上较前一时期丰富,出现了新的传播内容。20世纪80年代初期,《农民日报》主要报道鸡、鸭、猪、牛、羊等禽畜的科学饲养,以及介绍一些国外的养殖技术。新农村建设时期的《农民日报》除了报道以上内容外,还增加了宠物等方面的报道,以及动物疫病防治诸如禽流感等内容。在禽流感时期,几乎每期报纸都会有关于禽流感的报道,而且经常出现在报纸版面的重要位置。

5. 科技人物的报道明显增多,新农村建设时期注重宣扬科学精神

比较两个时期的科技人物报道,不光报道数量上有很大差距,而且内容和形式

上均有很大的变化。创刊初期,《农民日报》关于科技人物报道普遍较少且简短,在20篇科技人物报道中,其中仅有12篇以图片新闻的形式出现,图片小,且采用的是黑白印刷。这些新闻一般只是对人物和事件进行简短的介绍,无法将科技人物从事科学活动的事迹进行全面的传达。

新农村建设时期的《农民日报》专门设立了“中华农业英才风采”、“农村科普先锋”等专栏,加强了对科技人物的新闻报道。据统计,2006年的科技人物报道占年报道量的7.62%,而改革开放初期所占比重仅为3.22%。新时期的科技人物报道篇幅普遍较长,能详尽地报道科技人物及科学精神,从而一定程度上起到了引导读者学习科技人物的先进事迹、弘扬科学精神的舆论导向作用。

6. 沼气技术是农用新技术类新闻中的重点,新农村建设时期出现无公害技术

兴建沼气是生态家园建设中的重要内容。1980年7月23日,《农民日报》新开了大办沼气专栏,对沼气的功能、沼气池的建设等基本常识进行普及。新时期,《农民日报》开设了生态家园建设版,主要报道沼气技术的普及应用情况,积极宣传这一技术给广大农民带来的好处。

在这两个时期,沼气技术均进行了大量的宣传报道。改革开放初期,《农民日报》关于沼气技术的新闻报道有25条,占农用新技术科技新闻总量的50%。25年以后,关于沼气技术的报道量上升到了123条,仍占该类新闻总量的50%。据《中国的环境保护(1996—2005)》白皮书的数据显示,到2005年底,中国沼气用户已达1 700多万户,年生产沼气65亿米^3。作为我国农业的权威媒体,《农民日报》所作的长期宣传和报道在沼气技术的普及上所起的作用是可想而知的。

新时期,无公害生产养殖技术是农用新技术中的新秀,其报道量仅次于沼气技术,有72条之多。《农民日报》通过“无公害食品行动”专版,大量报道了全国各地无公害食品行动情况,以及向农民朋友们介绍无公害技术等。

(三)报道表现形式对比分析

本文主要从构成元素及新闻组合层面对科技新闻报道形式进行探讨,即主要从新闻图片、版面构成等进行研究。

新农村建设时期,《农民日报》科技新闻的图片数量明显增多。改革开放初期的科技新闻图片有98幅,25年后,增加到了522幅。研究发现,品种资源与育种、栽培管理、农用新技术、科技人物等科技新闻在不同时期均使用了较多的新闻图片。在图片尺寸方面,20世纪80年代初期普遍很小,平均20厘米^{2}左右,如1980年11月23日的一幅科技人物的图片大小为5.3厘米×3.9厘米。而新农村建设时期,《农民日报》所使用的大多数图片尺寸都比较大,而且新时期的报纸有些版面

采用彩色印刷的形式，更为清晰、形象生动。

20世纪80年代初期，《农民日报》的农业科技新闻一般编排在第六版，该版设有农科试验、学科学、国外农业科技等专栏。到了新农村建设时期，《农民日报》打破了只用一个专门的版面来报道科技新闻的局面，将过去的小专栏演变为现今的专版或专刊，并对农业科技新闻作进一步的分类，设立了"动物保健"、"畜牧兽医"等版面，且在版内设立了"家禽门诊"、"饲料与营养"等专栏，方便读者找到他们所需要的信息。

(四)存在的问题

研究发现，虽然新时期图片使用量增多，但偶尔有些图片使用得不是很恰当。虽然科技新闻数量不少，但是某些类别报道的实用技术却不多。

1. 有些科技新闻报道的内容与图片不匹配

2006年1月21日，在《中外种业周刊》良种良法版上有这样一条图片新闻："目前正值数九寒天，可在北京市大兴区庞各庄镇瓜王老宋瓜园内却春意盎然，新培育的西红柿树，火红的西红柿缀满枝头，成为该镇冬季旅游采摘靓丽的一景。"所附图片为黑白色，图中显示两个姑娘正在大棚里采摘，瓜棚顶端挂着多个西瓜状的物体，其中一个姑娘一手拖着头上方的"小西瓜"，一手拿剪刀去剪，另一个姑娘在下面接。图片解说中说的是火红的西红柿，那么火红在黑白相片中应该呈现出统一的灰暗色，但是图中的瓜果不仅有西瓜纹路，而且比姑娘张开的手掌还大，让人觉得不可思议。所以读者不得不做出这样的猜测，要不就是图片解说有问题；要不就是图片用错了，给人造成了误导。

2. 所报道的无公害实用技术新闻信息含量较少

近年来的农民信息需求调查报告显示，农民最需求的信息种类之一是实用新技术信息。无公害生产已成为当今农业生产的发展趋势，许多种养殖户为跟上市场的步伐，都渴望得到这方面的技术信息。但研究发现，《农民日报》关于无公害实用技术的报道不是很多，而且有些内容介绍得很泛，农民想了解的具体操作方法较少。

(五)建议

1. 图片的使用应"宁缺毋滥"

图片可以使新闻更具说服力，但图片的使用应"宁缺毋滥"。建议在选择图片时，首先应考虑其是否符合新闻事实；其次再考虑艺术效果。

2. 根据农民的信息需求来确定媒体的报道内容

从农民的信息需求出发，是《农民日报》稳定和扩大读者群的有效途径。时刻想着农民的需要，不断研究读者心理是涉农媒体办得出色的关键。

3. 农业科技新闻分类应细化，让小专栏成为读者的阅读向导

研究发现，小专栏能够起到很好的导向作用。20 世纪 80 年代初，《农民日报》设置的专栏有：时政新闻、每周农情、农村新事、大家讨论、今日世界、祖国在前进、国外农业科技、学科学等。现在的《农民日报》将曾经的小专栏扩大为专版、专刊，而且在许多版内也设有小专栏。读者可以通过这些专栏的引导而迅速找到自己需要的信息，不仅方便而且快捷。从而能从某种程度上反映出《农民日报》版面设计的人性化。

4. 应给农民留有说话之地，建立互动传播机制

要想确切知道受众的实际需求，唯有与他们进行沟通与交流。笔者曾看到过一篇读者来信——《秧苗生病俺心疼》，看后备受启发。如果《农民日报》能够单独开辟一个区别于一般意义的读者来信的版面或者专栏——以农业科技为探讨对象，来聆听农民朋友科技需求方面的心声，了解他们在生产中遇到的科技难题，并给予回应。这样有问有答的双向互动版面更实用、更有针对性。

二、电子媒体的结构与内容分析

电子媒体主要包括电视台、广播电台、网站、手机通讯等媒体。电视媒介是农民获取信息的主要渠道之一，这已经是不争的事实。《中共中央办公厅、国务院办公厅关于进一步加强农村文化建设的意见》中强调，要增加政府投入，加大文化资源向农村倾斜，逐步改变城乡之间文化发展不平衡的现象。文件还明确提出，中央和省级电视台要加大农村和农业报道的分量，增加农村节目、栏目和播出时间。农业大省的电视台要创造条件开办农村频道。国家的对农政策促使各方面对农业、农村、农民问题更加关注，也在无形中推动了对农频道的研究和发展。目前，我国农业电视节目已经形成了以中央电视台第七套农业节目为主的中央电视台农业节目，和省、市、县各级电视台农业频道、农业栏目并存的立体化格局。如何利用电视媒体传播科学文化知识，使受众乐于接受成为广大电视媒体工作者和广大受众关心问题。

科普作品传播的目的是促进公众理解科学，掌握科学技术，弘扬科学精神，引导人们树立正确的世界观、人生观、价值观，增强全社会的科技意识，提高人们的生存能力和生活质量，提高全民族的科学文化素质。那么，什么样的科普作品能够实现这一目的，或者说具有吸引力和长久的影响力；为什么总是听到有人抱怨说，如今很难看到好的科普节目，我国的科普片不好看、不吸引人，而制作单位又在抱怨没有人看。作为以视频为媒介的音像制品，如何运用先进的影视技术与艺术手段将一些先进的科学思想、科学技术知识和科学方法如润物细无声般浸入大众的心灵，并使其乐于接受应用科学的发展观处理实际问题，乃是科普音像制品创作人员

亟待思索与探讨的问题，为此，本节将以中国农业大学传播研究课题组创作的、多次在《CCTV-7》播出并获得全国农业影视科普类金奖的作品《数字化农业》为例[1]，讨论科普音像制品在电视媒体中的应用问题。

(一)作品《数字化农业》的定位与创作思路

1. 作品的定位与选题背景

2000年秋，《数字化农业》课题组申请了北京科普创作出版专项资金项目，项目获得批准后，组建了由农业信息技术专家和影视制作专家组成的创作团队，邀请陈述彭、石元春、汪懋华等院士和一批农业信息技术领域前沿专家参与拍摄和解读，得以赋予作品以深刻的思想内涵。2000年开始创作时，数字化农业对于大众来说，还显得深奥和陌生，如何及时地运用影视的手段将数字化农业的知识、方法、现代农业的管理思想、农业可持续发展的观念传播给农业研究、管理人员和农业生产者，是课题组创作的出发点。

作品《数字化农业》是一部介绍信息技术应用于农业的最新科学知识、技术方法和管理思想的科普音像制品。全片分上、下两集共计50分钟。作品的定位，主要是解决“做什么”的问题。它包括作品类型、选题内容、形式、收视人群等因素的定位。

从作品的类型来看，作品《数字化农业》属于注重传播科学思想和人才培养的高级科普片(具有初中文化水平以上的各类人群)，而非注重传播科学技术的研发与应用的普通科普片。众所周知，中国农业已经经历了几千年的历史，现在已从畜力耕作、石油农业向现代农业迈进。生物技术和信息技术成为现代农业的两个最前沿的领域，而数字农业又是信息技术在农业应用的集中体现。

20世纪90年代末，随着数字地球观点的出现，数字农业也成为世界农业科学关注的焦点，即以遥感技术、全球定位系统技术、地理信息系统技术、作物模拟技术、专家系统技术在农业中应用为核心的精确(精准)农业和虚拟农业开始分别出现但还没有整合，仅初步形成了数字农业的框架。人们意识到，以往仅凭个人经验看天、看地、看庄稼的传统管理模式，已经不能满足现代农业管理的需要。

在传统农业向现代农业转型时期，人们渴望了解更新、更先进的农业管理思想和技术。特别是面对我国农产品“一年脱销，二年滞销”、果农“一年种树，二年养树，三年砍树”的现象，我国传统农业如何发扬长处摒弃短处；农业要可持续发展，如何协调好社会效益、经济效益和生态效益三方面的关系；为什么说没有信息的生产是盲目的生产，没有技术的生产是愚蠢的生产，没有科学管理的生产是无序的生

[1] 中国科教电影电视协会，北京科技声像工作者协会. 2008年科技声像论文集. 北京：机械工业出版社，2009：255-260.

产；如何用现代化和数字化的科学理念管理农业生产；数字化农业的知识体系是什么，现代数字农业的发展前景怎么样；基于这种社会大背景，课题组确定了作品的选题，拟创作和编导一部声画合一、通俗易懂的电视科普片进行数字农业思想与技术知识体系的传播。

2. 作品的创作思路与创作过程

作品《数字化农业》与通常的农业科普片注重技术传授不同，其作品定位是传播科学思想，开拓视野，引领技术创新。为此，总体思路有以下四个方面。

(1)介绍数字化农业的概念及其知识体系，加深公众对现代农业的了解，强化人们学科学、学新知识的意识。

(2)详细介绍“精确农业”、“虚拟农业”等关键技术在农业生产中的应用，使农业研究人员、农业技术人员看后得到启发，使农民朋友感受现代化农业技术的新颖与魅力。

(3)全面系统地介绍了数字化农业的管理思想与科学方法，使管理人员和农业生产者认识到数字农业的价值，加大对数字化农业研究和技术推广的支持力度。

(4)展示未来数字化农业的应用前景，引导广大受众对数字化农业的关注，促进开展数字化农业技术的研究，推动我国现代农业的发展。

在创作过程中，根据作品涉及的技术内容新、高新技术种类多、理解难度大等特点，对数字化农业核心内容进行了精选，集中介绍精确农业、虚拟农业等技术应用，以及数字农业管理思想，即以计算机为基础的遥感、全球定位系统、地理信息系统、专家决策系统、作物模拟等技术在农业中的应用。

数字化农业的核心思想是用数字化手段研究处理农业生产问题，有效配置和最大限度地合理利用各种资源，实现和谐发展。为此，在创作中，笔者紧紧围绕这个中心思想，组织相关学科专家召开大小会议 6 次，反复研讨和认定，确定精选内容，精心设计作品结构。在上集的知识与技术应用篇，努力做到将知识与技术应用有机结合；在下集的应用前景篇，努力做到宏观管理思想与微观应用相结合。使作品深入浅出，脉络清晰，通俗易懂，科学内涵丰富(见表 6-9)。

表 6-9　作品结构与内容框架

数字化农业(上集) 知识与技术应用篇	开头：数字化农业的兴起 数字地球的概念 数字化农业的含义 精确农业的特点 虚拟农业的特点 主要关键技术的知识点	遥感 RS 及其农业应用 全球定位系统 GPS 及其农业应用 地理信息系统 GIS 及其农业应用 辅助决策支持系统及其农业应用 虚拟农业的特点及其科研技术应用

续表 6-9

数字化农业(下集) 应用前景篇	改进作物生产 农田空间诊断与精确管理 设施农牧精细管理 建立虚拟农场 网络远程服务与产品交易	结尾点题 数字化农业管理的思想,将对新世纪农业的起飞注入新的活力

(二)作品《数字化农业》的创新

如今,创新这个词汇已经成为社会进步和作品成功的代名词。何谓创新?多数学者对创新这一词汇,进行了较多的剖析,如创新是开发一种新事物的过程,创新是运用知识或相关信息创造和引进某种有用的新事物的过程,创新是对一个组织或相关环境的新变化的接受等。美国经济学家熊彼特在其《经济发展理论》一书中首次提出了创新的概念。他认为,创新是对"生产要素的重新组合"(约瑟夫·熊比特,2000)。也就是说创新并不一定是全新的东西,旧的东西以新的形式出现或以新的方式结合也是创新。

国家科学技术进步奖(科普项目)评价科普音像作品的评价指标中,对创新性有较准确的阐述,即科普作品的创新性指表述科学技术知识的角度和方法,是前人在科普作品中没有表述过的,或使已有的科学技术知识集成为新的、能够发挥更好科普作用的知识体系的程度[1]。总结作品《数字化农业》的创新点有以下 3 点。

1. 在选题内容上的创新点

(1)在国内外首次用音像制品全面系统地表述数字化农业技术知识、科学方法和现代农业的管理思想,引领人们运用数字农业的科学思想指导农业生产。

(2)以科普作品的形式最早将精确农业、虚拟农业、作物模型、决策支持系统、远程诊断和产品交易等技术集成为数字农业体系向大众传播。

1998 年 1 月,美国副总统戈尔提出数字地球的概念。以遥感技术、全球定位系统技术、地理信息系统技术、作物模拟技术、专家系统技术在农业中应用为核心的精准农业和以网络技术为平台的农业信息传播与农产品销售也已开始分别出现,但在当时我国还没有影像制品将数字农业的技术知识体系进行整合和传播,加之,随着网络和信息时代的到来以及对保护环境意识的增强,农业研究者、管理者

[1] 注释:关于"创新性"来源于国家科技奖励办网站的国家科学技术进步奖评价指标。

和农民朋友的急切需求有一种集社会效益、经济效益和生态效益于一身的新技术，该作品抓住农业科学热点和前沿，首次用音像作品表述3S技术、专家系统、农产品网络营销等数字农业的管理思想和科学方法，并在大众媒体上传播，引领人们利用数字农业的科学思想指导农业生产，具有前瞻性和跨越性，科学内涵丰富，促进后期数字化农业技术在各地村镇的广泛传播，推动了现代农业发展。

2008年6月科技查新检索表明，除本作品外，国内外未见通过影视手法全面地系统地将遥感、定位系统、地理信息系统、辅助决策支持系统、作物模型、虚拟农业、网络农产品营销等数字化技术知识体系、方法、农业生产应用和管理思想集成在一起的音像作品，国内外未见早于本课题组(2002年)完成的《数字化农业》的相关影视作品。[1]

2. 在表现形式上的创新点

(1)集成了多种影视技术，使作品直观形象。比如，采用多层视频影像与扣像技术结合，多窗口画面运动叠加技术，多视频轨道合成技术与实景画面结合，较好地阐释了相关的专业术语和知识点。

(2)采用跨时空、多技巧、画面交互等形式表现其内涵，表现形式具有创新性。比如，选择最佳拍摄角度将高空大区域卫星遥感影像与实地对比，注重细节、突出重点，使大众一看就能领略到遥感技术"千里眼"的本领和现代技术的魅力。

从采用色彩还原技术到与计算机内的作物虚拟的动态拍摄吻合，从画面解构组合到动画特技，都较好地将高深的自然科学与人文思想结合、宏观展示与微观剖析结合，生动地表述了数字化技术在农业中的应用原理、方法和前景。

3. 在创作手法上的创新点

(1)以知识点和好奇心为导向，逐层设置疑问，实例与访谈结合，导引求解，创作手法新颖，便于广大不同类群受众接受。

(2)引入传播学的层级效果理论，根据受众的认知心理，采用实例讲述的手法，首先让大众关注信息，其次理解其内涵，进而信奉其理念，自愿改变观念，提高自身素养。

一般来讲，科普作品的表达是严格按照现实的逻辑与科学的态度展开的，然而，本作品对内容的叙述则是根据受众的选择性注意、选择性理解、选择性记忆等认知心理和传播效果的层级性(浅层：感觉知觉——关注度、知晓度；中层：思维、情感——理解度；深层：意志、个性——支持度、信奉度，呈现阶梯状步步上升，深入心灵，最终受信息所表达的观念)安排作品结构与叙事。

---

〔1〕 注释：《科技查新报告》，教育部科技查新工作站，报告编号：200801N0100198。

比如，介绍全球定位系统在农业生产中的应用时，笔者精心选取切入点，从全球定位系统在战争和交通领域中的用途入手，引出它在农业生产中发挥的作用。首先引发受众对数字化农业的关注(关注度)。其次，邀请汪懋华院士现场讲解带有 GPS 和的联合收割机在测产、测土方面的工作效率，让大众理解和感受现代农业的管理思想(理解度)；进而使其产生接受和信奉新知识新思想的动力，主动改变观念，成为与时俱进的现代人(信奉度)。

在创作手法上，根据不同受众群体的需要，通过不断提出新问题和有说服力的案例，引发受众求知兴趣，再以形象比喻、对比、故事叙述、专家直解等创作方法，全面系统地展示了"精确农业"和"虚拟农业"等在农业生产中的应用方法，以及数字化农业的科学管理思想。让不同受众群体都能看个门道、寻个说道、听个味道。

由于该片内容丰富，具有较强的科学内涵及典型性、创新性和前瞻性，作品在 CCTV-7 播出后深受欢迎，并由农业教育声像出版社面向全国出版发行。内蒙古呼和浩特市武川县辛河村村民赵金贵等说："看完这部电视片后，转变了以前的落后思想，开阔了眼界，转变了思路，为以后发展数字农业奠定了基础。"

中国科普作家协会副理事长、《科技日报》副总编王直华对该作品给予了中肯的评价："科普作品，最重要的要求是科学。该片由农业科学领域的作者参与创编，有陈述彭、石元春、汪懋华等院士和一批专家来解读数字农业，内容扎实、可靠。数字化农业从技术本身来讲范围很大，涉及科学、技术众多领域，要以两集的时间讲清楚很不容易。该片采取精选内容的办法，集中介绍精确农业、虚拟农业等技术应用，以及数字农业管理思想，实现了'天下大事必做于细'，使农民能'少而精'地接近现代化。在表现方式上，该片用介绍案例、叙述故事的方式，使高新技术变得亲切、生动；该片用设问、比喻、对比等手法，使高新技术好学、易懂。案例故事是值得重视的科普方式。"

三、知识沟现象

利用大众传媒进行知识和信息的传播，如果不针对目标群体对传播方案加以认真设计，实际上造成的结果可能会在一个社会系统中扩大不同社会阶层成员之间的知识差距(gap in knowledge)，这种知识差距也称为知识沟(knowledge gap)。

众所周知，信息是一种资源，生活中若信息匮乏，人们就会寸步难行。知识就是力量，知识可以给予人们施展才干和利用机会的能力。像其他财富一样，信息和知识在社会中的分布也不均衡。信息是知识的组分，缺乏信息的人往往也缺乏知识。没有信息和知识的人往往也比较贫困。

大众传播的一个重要潜力就在于，通过为人们提供所需的信息，增加贫困人口的知识，从而为解除贫困作出贡献。然而，通过增加大众传播媒介的信息量来改善人们的生活或推动民主进程，这种尝试却不总是如策划者所期望的那样行之有效。随着大众传媒的信息日益增多，社会经济状况较好的人将比社会经济状况较差的人以更快的速度获取这类信息。因此这两类人之间的知识沟将呈扩大而非缩小的趋势（郭镇之等，2000）。知识沟假说可以用图表示，见图 6-8。图中，整个象限从左到右代表时间的推移和信息的输入。说明由于信息不断输入，因而社会经济状况好的或差的人均能增长知识，但是经济状况好的人将获得更多的知识。这就意味着，富人与穷人之间的相对知识沟将会扩大。

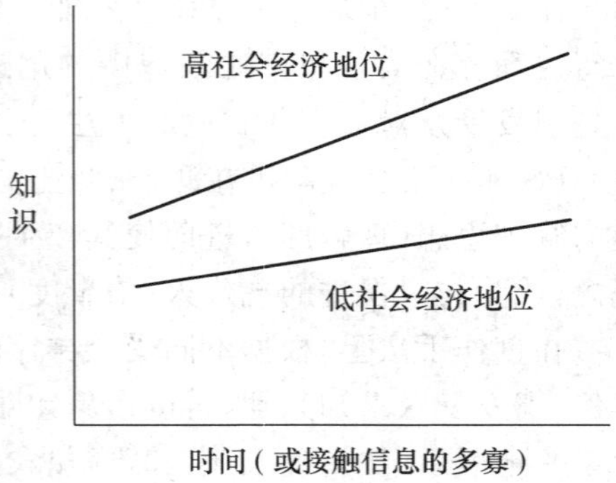

图 6-8　知识沟假说

可能导致知识沟的因素如下。

(1)社会经济状况好的人和社会经济状况差的人在文化程度和传播技能上有差别。经济状况好的人往往文化水平也比较高，而基本的信息处理工作如阅读、理解、记忆等均与教育水平有关。

(2)在现存的信息数量或先前获得的背景知识等方面也存在差异。经济状况好的人由于受教育水平较高，可能对某个问题早有了解，或者也可能通过以往的媒介接触而对此有更深入的了解。

(3)社会经济状况好的人可能有更多的相关社会联系。

(4)选择性接触、接受和记忆的机制也可能在发挥作用。社会经济状况较差的人可能找不到与他们的价值观和态度相协调的涉及公共事务或科技新闻的信息，于是他们就可能对此类信息兴味索然。

(5)大众媒介系统自身的本性就是为较高社会阶层的人而用的。印刷媒介上的许多公共事务和科技新闻以及印刷媒介本身就是以较高社会阶层的人的兴趣和口味为取向，一切均以他们马首是瞻。

除此之外，不同的研究者认为社会经济地位及其相关变量不是造成知识沟的唯一因素。比较大的影响来自于受众兴趣（audience interest）。受众兴趣包括两个方面：个人利益和社会利益。首先是个人利益，指人们往往关心于自己有用的新闻信息；其次是社会利益，指人们往往关心对个人的人际环境或人际关系网络有用的新闻信息。

总体来看，村民能够从大众传媒中获得的除了一些农业技术信息、政策、天气预报外，更多的是在看电视的过程中消磨时光，同时也得到了娱乐，还有些村民对电视广告中推荐的日用产品产生兴趣，促进了消费。但大部分村民表示获得信息的渠道更多的是依赖于人际传播，主要是社区内部的人际交往以及社区农户的对外联系，例如，商家一般也会在商店附近或村内挨家挨户散发广告、传单等，这些传单大多取名为《致富信息》、《农民之友》等，里面在大量介绍产品的同时也会登载一些简单的农业技术与信息，使得信息和技术能够直接进入到农户家里。另外，为了使只相信"眼见为实"的村民对产品与技术有更加深入的认识，有些厂商会通过与村委会等正式组织联系在村里开展培训活动。培训时会请一些专业技术人员讲解些新技术和新品种，并会对产品做详细的介绍，借培训的名义来宣传自己的产品。大众传媒所传播的信息能够对其生产生活产生直接指导意义的相对较少，而媒介信任度是影响村民从媒介受益程度的重要因素。

总体来看，村民比较信任新闻节目，特别是中央台及省台的新闻节目。对于地方台的新闻有些人持怀疑态度，因为有时新闻中报道的人物是自己所认识甚至了解的，一些典型事迹或发家致富经验并没有达到像报道中所宣传的那种程度，让人不能信服。当这样的事例出现一两个就会影响到村民对整个新闻节目真实性与准确性的信任。

对于电视中每天播放的广告，村民大多持怀疑态度。原因是，做广告的人一定会宣传自己的产品是好的，但实际上可能并不一定好；而且广告的成本很大，广告产品的价格一般都会高于不做广告的产品。尤其对于电视广告中出现的一些新肥料、新品种，村民大多只是了解一下，在实际购买中并不一定会选择。他们更相信自己或身边的人曾经用过的产品，或者是到经常光顾的种子公司去听销售人员的介绍，因为觉得都常来常往，不会骗人。因此，在信任度上，村民往往更相信人际传播的信息，而对于电视中特别是广告中传递的信息持怀疑态度。但如果在实际中电视广告中的产品确实有人用过很好，而且价格也合理，村民还是比较容易接受的。

对媒介的信任度影响了村民对大众传媒所传播信息的信任，而对人际传播的、可经过现实检验的信息比较信任。这说明农民在信息选择及利用中比较谨慎，对于大众传播的信息不管其效果确实如何如果没法验证就不会盲从，而对于关系比较熟悉的人所传播的信息则会比较信任，传统的比邻而居的居住格局使得人际间的联系更容易产生信任及相互支持。

本章小结

大众传播也被称为通过传播工具的传播或媒体传播。大众传播是指个人或组织通过某种媒体或称媒介，例如文字（报纸、杂志、书籍）、电波（广播、电视）、电影、电脑、网络等印刷和电子媒体，利用图像、符号等形式，向不特定的多数人表达和传递信息的过程。人类历史的媒体演化可分为五个阶段：①原始媒体阶段；②语言媒体阶段；③文字媒体阶段；④印刷媒体阶段；⑤电子媒体阶段。媒体的类型包括：①纸媒；②广播；③电视；④互联网；⑤手机或称移动网络。根据我国农村人口的受教育程度存在着不平衡现象，政府加大了对农信息服务的力度。例如，近年来的广播电视“村村通”工程，电视的农村节目的拓展，报刊的发行，电影下乡以及计算机网络的开发和普及，构成了农村信息服务的基础平台和主要渠道。

大众传媒对农村社区发展影响的研究表明，媒介发展与农村的发展呈现互动关系。通过对传统媒体、电子媒体和组织传播渠道对农业政策的效果影响研究表明，农户对报纸上登载的农业政策类信息的理解度并不是很高，而且农户对报纸传播的农业政策信息的理解度与经济收入的增加呈直线上升关系。从不同地区不同类型农户的调查数据看出，农户对农业政策理解度与富裕程度基本也呈正相关关系。通过对低收入农户、中等收入农户和富裕农户开展的关于广播和电视中播放的农业政策是否能够理解的传播效果的调查表明，不同地区不同收入类型农户对电子媒介播放农业政策信息的理解度有较大差异。不同收入地区的农户对电子媒介传播农业政策类信息的接受程度普遍较低，其中不同收入地区中的相对富裕型农户对农业政策类信息的理解度较之中低收入型农户略高。调查发现，农户获取政策类信息的渠道主要有四个渠道，按重要程度排序依次为：电视、报纸、朋友或邻居、政府等。农户获取农业政策类信息的渠道按照重要程度排序依次为：政府（村委会传达）、人际（邻居、朋友）、电视、培训、农民协会、广播、报纸、杂志。农户认为，首先，村委会印发的资料（1号文件明白报卡）人手一份，传播效果最佳；其次，邻居或朋友茶余饭后聊天时谈论农业政策类信息的效果好；第三，如果能够举办相关农业政策的学习班，效果可能会很好；第四，电视传播比较及时，但同时认为电视传播农业政策仅仅起到基本了解的作用，真正了解其内容并完全理解，还需仔细看印发的资料。研究表明：①不同媒体或渠道传播农业政策的效果有较大差异。传播效果最好的渠道按重要程度依次为：印发农业政策的资料、组织培训、村喇叭广播、电视和人际传播。②报纸传播的农业政策类的效果并不理想。报纸虽然易保留，对农业政策的宣传比较深入，但是多数农户并没有看报纸的习惯，看报纸的农户多为村干部、村能人。③大众传播媒介（电视、广播、报纸、网络）在传播农业政策的及时性方面虽起着重要的作用，但组织传播渠道（乡村行政从业人员）的传达、培训和人际传播渠道（朋友、能人、邻居等）的交流探讨应是起强化作用主要手段之一。④农业政策可操作性的强弱直接影响农业政策的贯彻执行。

通过对传统媒体传播农业科技的效果的研究表明，所调查地区的农民利用电子媒介传播科技信息的关注程度、知晓度和理解度普遍较低；对科技类信息的赞同度、支持度较高；不同收入地区、不同收入类型农户对待信息和利用信息的能力有较大差异。农户对媒体传播科技信息的信奉度不高。调查显示，电视媒介在传播新技术方面没有充分发挥其应有的效用。同时也发现，人际传播科技的效果好于大众传播媒体。

通过电视对农村文化生态的影响研究表明，在农村地区，经济发展水平取决于三个方面：家庭成员从事的职业；耕地面积的大小、土地的肥沃程度、气候和水利；科技的发展、养殖业的发展程度以及农产品市场行情的把握。其中科技的内容包括：品种的选择、种植和养殖技术的新旧。在耕地面积、土地肥沃程度、气候以及科技的发展等方面因素不可能在短期内得到改善的情况下，农产品收入的高低主要依靠是否准确把握了市场行情，而把握市场行情有以下几个途径：一是从电视中得到；二是从村里其他人那里得到；三是从商贩或生意人那里得到。电视文化传播对农村文化生态的消极影响表现在：①市场信息类节目传播市场信息的效果欠佳；②科学技术类电视节目在传播专业技术知识方面乏力；③部分综艺影视类节目有弱化传统文化的倾向。

通过对网络媒体和新媒体的传播效果的研究表明，随着信息和网络技术的发展，我国产生了以信息和网络技术为基础的现代远距离教育，基于网络媒体的中国农村远距离教育的培训工作也随之不断加强深入，通过卫星传输的农业部农村党员干部远距离教育培训也逐步在全国展开。特别是在北京市政府、市科委、市农委等部门的大力支持下，北京农村远距离教育及信息服务工程中心，针对郊区都市型现代农业的需要，构建了全新的农民现代远距离教育体系，取得了阶段性成果，被联合国教科文组织专家称为“北京模式”，加快了我国农村基于网络媒体的农民培训的步伐。

通过对大众传媒对农村发展作用的研究表明，各类科技新闻报道量均有大幅度增长。无论是改革开放初期还是新农村建设时期，栽培管理、畜牧兽医、品种资源与育种三类科技新闻均是报道的重点，报道总量均排在前三位，而且相互间的排序未随时间的流逝而改变。新农村建设时期加大了新的实用技术、科技人物等的传播力度和加大了新品种推介的报道比例。科学施肥成为新农村建设时期的报道热点。改革开放初期，小麦、水稻是重点报道对象；而到了新农村建设时期，蔬菜、水果成了明显的报道重点。据研究发现，新时期关于蔬菜、水果栽培管理方面的科技报道中，有较多是关于大棚、温室栽培管理技术方面的，而在改革开放初期这方面的报道比较少。畜牧兽医类科技新闻不仅报道量上有了很大跃进，而且内容上较前一时期丰富，出现了新的传播内容。科技人物的报道明显增多，新农村建设时期注重宣扬科学精神。沼气技术是农用新技术类新闻中的重点，新农村建设时期出现无公害技术。研究发现科技新闻报道上存在的问题有：①有些科技新闻报道的内容与图片不匹配；②所报道的无公害实用技术新闻信息含量较少。研究提出的建议包括：①图片的使用应“宁缺毋滥”；②根据农民的信息需求来确定媒体的报道内容；③农业科技新闻分类应细化，让小专栏成为读者的阅读向导；④应给农民留有说话之地，建立互动传播机制。

对电子媒体的结构与内容的研究和科普音像制品在电视媒体中的应用问题的研究创新表现在：①在国内外首次用音像制品全面系统地表述数字化农业技术知识、科学方法和现代农业的管理思想，引领人们运用数字农业的科学思想指导农业生产。②以科普作品的形式最早将精确农业、虚拟农业、作物模型、决策支持系统、远程诊断和产品交易等技术集成为数字农业体系向大众传播。在表现形式上的创新点为：①集成了多种影视技术，使作品直观形象。比如，采用多层视频影像与扣像技术结合，多窗口画面运动叠加技术，多视频轨道合成技术与实景画面结合，较好地阐释了相关的专业术语和知识点。②采用跨时空、多技巧、画面交互等形式表现其内涵，表现形式具有创新性。在创作手法上的创新点为：①以知识点和好奇心为导向，逐层设置疑问，实例与访谈结合，导引求解，创作手法新颖，便于广大不同类群受众接受。②引入传播学的层级效果理论，根据受众的认知心理，采用实例讲述的手法，首先让大众关注信息，其次理解其内涵，进而信奉其理念，自愿改变观念，提高自身素养。

在本章的最后介绍了知识沟理论。说明由于大众传播信息不断输入，因而社会经济状况好的或差的人均能增长知识，但是经济状况好的人将获得更多的知识。这就意味着，富人与穷人之间的相对知识沟将会扩大。

思　考　题

1. 大众传播的定义是什么？
2. 人类历史的媒体演化分为哪几个阶段？
3. 根据研究结果说明大众传媒对农村社区发展有哪些影响？
4. 根据研究结果说明大众传媒对农村发展作用表现在哪些方面？
5. 知识沟理论对我们有什么启示？

第三篇　农村发展传播学的基本技能

第七章

倾　　听 >>>

本章首先介绍了倾听的概念和类别，接着对倾听过程中的四步联系过程和五步阶梯过程进行了分析，最后阐述了影响倾听的因素，倾听的偏好和习惯以及提高有效倾听能力的途径。

人们从小就开始听说读写的练习，对于中国汉语已经很熟悉了。如果有人说我们听力有问题，那么我们肯定不会承认。可是，如果有人问我们“你是否是一个积极的、有效的倾听者？”，“你能告诉我如何提高倾听的效果吗？”一类的问题时，我们就会认识到其中确实有许多值得我们注意和思考的内容。有效的倾听是提高沟通效果的重要环节，也是每个人必备的素质。

第一节　倾听的概念

据统计，人们应用在听说读写方面的沟通技能分配是不等的。人们花在倾听上的时间要超出其他沟通方式许多。见图 7 - 1。

从图 7-1 可以看出，与说、读和写比较起来，人们用于听的时间最多。

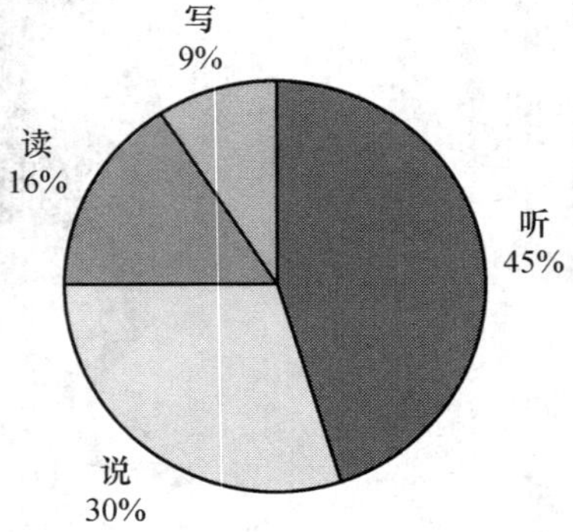

图 7-1　人们应用在听、说、读、写方面的沟通技能分配

一、倾听的概念

有一个故事，名字是“巴顿尝汤”。故事情节是这样的。

巴顿将军为了显示他对部下生活的关心，搞了一次参观士兵食堂的突然袭击。在食堂里，他看见两个士兵站在一个大汤锅前。“让我尝尝这汤！”巴顿将军向士兵命令道。

“可是，将军……”士兵正准备解释。

“没什么‘可是’，给我勺子！”

巴顿将军拿过勺子喝了一大口，怒斥道：“太不像话了，怎么能给战士喝这个？

这简直就是刷锅水！”

“我正想告诉您这是刷锅水，没想到您已经尝出来了。”士兵答道。

显然，巴顿将军由于没有注意倾听，结果自己喝了一大口刷锅水。

另外一个故事，名字是“跳伞”。故事情节如下。

美国知名主持人林克莱特一天访问一名小朋友，问他说：“你长大后想要当什么呀？”小朋友天真地回答：“嗯……我要当飞机的驾驶员！”

林克莱特接着问：“如果有一天，你的飞机飞到太平洋上空所有引擎都熄火了，你会怎么办？”

小朋友想了想说：“我会先告诉坐在飞机上的人绑好安全带，然后我挂上我的降落伞跳出去。”

当在现场的观众笑得东倒西歪时，林克莱特继续注视着这孩子，想看他是不是自作聪明的家伙。没想到，接着孩子的两行热泪夺眶而出，这才使得林克莱特发觉这孩子的悲悯之情远非笔墨所能形容。于是林克莱特问他说：“为什么要这么做？”

小孩的答案透露出一个孩子真挚的想法：“我要去拿燃料，我还要回来！！”

上面的故事也许能够提醒我们，当我们听到别人说话时，真的听懂那个人说的意思了吗？真正听懂了吗？如果不懂，应该让别人把话说完。不要当别人还没有把话说完的时候自己就自以为懂了，这样会很容易造成误解。

人们往往很容易理解这样一句话：如果一个人能看，不见得能谈。但是，人们往往忽视这样一句话，即如果一个人在“听”，不见得能“听见”。也就是说，虽然讲话者在对听众讲话，但讲话者说的话不等于被人听见，听见也并不等于被人理解。

实际上，“听”和“倾听”是不同的。“听”是人体感觉器官接受到的声音，是人的感觉器官对声音的生理反应，只要耳朵听到别人谈话，就可以说在“听”；“倾听”是“听见”，虽然以听到声音为前提，但更重要的是对所听的声音有所反应。“听”是一个被动的生理过程，而听见是包括倾听者的注意、察觉、解释、评价和反应的一系列相互联系的生理和心理反应过程。它需要倾听者用精力来捕捉所听的含义。因此，倾听必须是倾听者主动参与的过程。在这个过程中，倾听者必须思考、接收、理解，并作出必要的反馈。在倾听时，不仅要接收、理解别人所说的话，而且同时也要接收、理解别人的手势、体态和面部表情等非言语符号所传达的信息。换句话说，倾听者所得到的不仅是信息，还包括讲话者的情感。

因此，倾听可以被定义为：倾听者通过听觉、视觉和大脑接收和理解讲话者思想、信息和情感的过程。

二、倾听的类别

人们通常认为,倾听只不过是接受对方语言符号的反应。根据人们对倾听现象的分析以及倾听的程度差异,倾听可以被分为接收式倾听、评议式倾听和神入式倾听三种类型。

1. 接收式倾听

平时,就一般人们相互打招呼而言,人们接收起来非常容易。所以,大多数人都认为倾听是自然而然的事,只要听觉器官功能正常,听起来就不费吹灰之力。其实并非如此简单。

接收式倾听指人们一天当中通过耳朵所接收或收听的所有信息的状况,是人们除去说、读和写所占用时间以外的所有时间总和。因为耳朵不像人们的眼睛和嘴那样,可闭可张。它总是张开的,即使人们睡觉时耳朵也在听。然而,收听的东西不一定都感知到了。

倾听有时候表现为人们的潜意识接收行为,这种接收行为实际并不能产生任何实际效果。例如,有人在做作业时开着收音机,除非你做作业不认真,否则你是听不进去什么的。有人之所以要开收音机,也是一种习惯,似乎在做作业时要伴随一点声响才行,就像有人睡觉时要听收音机一样,收音机的声响可以很快将他送入梦乡。又如,当你在集中思考一个问题时,别人和你说话,你可能随便应声作答,但实际上你并没有听进去别人所说的内容。当然,事情过后,无论是做作业的人、睡觉的人、还是思考问题的人,都会承认当时自己有收听的行为。

2. 评议式倾听

评议式倾听是指倾听者需要用大脑对所听到的信息进行筛选、归纳和总结,是指倾听者需要首先听取信息,进行解析,然后加以理解并从中归纳出结论的过程。评议式倾听是人们在学校经过训练所养成的倾听方式。它适用于以讲授为主的教学活动,学生能够用评判的态度解析讲授的内容。

3. 神入式倾听

神入式倾听是指倾听者将重点不仅放在讲话者所讲的内容上,而且要理解讲话者那个人。倾听者不仅要听对方讲什么、怎样讲,还要理解为什么这个人要这么讲。也就是说,在听的同时,体会讲话者一些深层的、所暗示的内涵。

神入式的倾听不仅是大脑和耳朵的投入。一个人在听另一个人讲话,实际也是在用眼睛看、在用鼻子嗅。倾听的同时是一个人对讲话者言语符号和非言语符号综合接受的过程,是我们对对方的面部表情、语言语调、姿势体态等形体动作进行综合与分析的过程。通过这一过程,可以使我们有机会对他人的观点得到完整的印象。

神入式倾听要求倾听者全身心地投入，不仅听话，而且知人。在人际传播中，每个人都能听，但这是远远不够的。要训练自己会听，这就变得不容易了。有一句话叫“听话听声，锣鼓听音”就指这层意思。生活实践告诉人们，同样是一句话，但是在不同人的嘴里说出来其意义就有很大的不同。我们要与不同年龄、不同性别、不同地位、不同地域、不同性格的人打交道，就不能不有意识地培养自己善于倾听的能力。

在李元授先生主编的《交际学》中，将倾听行为分为三个层次。

(1)理解型。位于最基层辞面意义。

(2)解释型。不仅理解辞面意义，而且懂得其深层含义。

(3)投入型。既理解对方的话，也理解对方这个人。

为此，举了一个事例来进一步对此进行说明：一对青年男女，通过他人介绍，正处在培养感情的阶段。这天，这对青年闲逛到一家百货大楼，女青年指着服装柜里的一件裘皮大衣说：“这衣服挺不错”。如果这男青年回答：“是的，挺不错的”。那么，他的接受只进入了话语理解的第一层次，仅仅接受了话语的字面意义。如果这男青年回答：“是的，挺不错的，要是你喜欢的话，我设法给你买一件”。很明显，这男青年通过这句话了解到女青年的真正的实际意图，其接受方式应该属于第二层次。至于投入式的接受，要求他不仅做出前面两层次的理解，而且他还能从这句话中思考到女青年的性格，譬如爱打扮，爱慕虚荣，浅薄(刚认识不久就向男方要这要那)等。也就是说，他不仅理解了话语的语意，同时凭自己的智力认识了这个人，这就意味着他真正地投入了。

当然，以上这段文字也并不一定是女青年的真正意图。但通过这一事例分析，可以帮助我们对有效或神入式(或者说投入式)倾听的理解。

第二节 倾 听 过 程

通过对倾听行为的研究，人们认识到，倾听不是一种机械性的物理反应，而是一个过程。此过程被解释为四步联系过程和五步阶梯过程。

一、四步联系过程

四步联系过程是指感知、选择、处理和解释。如图 7-2 所示。

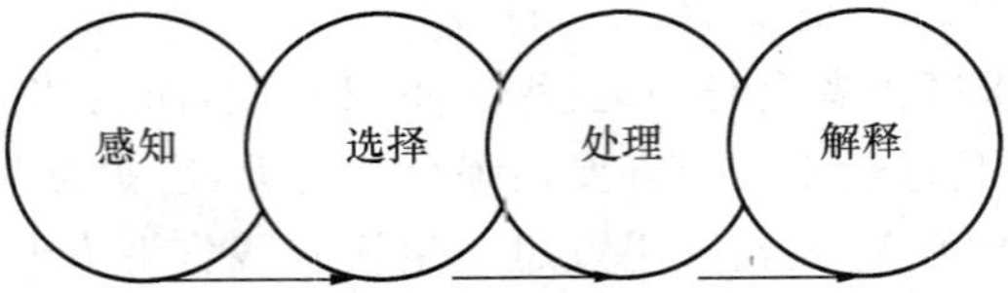

图 7-2　倾听的联系

第一步是感知。用听觉器官去感知对方发出的信息。这种感知的程度有所不同。一般说来，某种声波刺激耳膜，发生震动，这时听神经将冲动传给大脑，产生声音感觉。但是，如前所述，人们的感知性接收实际上包括了能够引起我们反应的各种因素的综合，是在特定情境下的一种信息反应。如同样一句话“让我们交个朋友吧”，发自一个奸商与发自一个诚恳而善良纯洁姑娘之口对倾听者的感觉是会完全不同的。

第二步是选择。在我们所能接收的信息中，并不是都全部听进去了，而是有选择地倾听。即对我们所注意的、关心的、熟悉的声音信号产生反应。从热闹喧哗的场合中辨别出你的朋友的声音，并做出相应的反应，而将其他嘈杂的声音忽略掉是人们的一种本能。有时候，人们似乎在听，但后来复述起所听内容来仅仅是所听内容的一部分。这是一种无意的选择，这种选择性使我们能够接收我们所认为应该接收的重点内容。

第三步是处理。这主要是指对通过选择性收听到的一些信息通过大脑进行识别、记忆、分析的一系列活动。经过分类、整理、扩充、浓缩，完成信息处理的全部工作。

第四步是解释。调动大脑所记忆、储存的知识和经验，经过判断、推理来获得自己认为正确的解释和结论。

感知、选择、处理、解释这四步活动，其实是一种瞬间所完成的程序。这个程序说明倾听和理解是联系在一起的。

二、五步阶梯过程

倾听过程可以比喻为一个梯子上的五个阶梯，这五个层次分别是注意、察觉、解释、评价和反应。见图 7-3。

图 7-3 说明，当与别人进行谈话时，倾听者要经过五步阶梯。经过所有阶梯之后便是我们想达到的成功沟通的目标。为了达到这一目标，在每一步都要进行适当的倾听抉择。一不小心，就会失去平衡，或从阶梯上摔下来。

1. 注意

这是梯阶的最底层，影响着上面所有其他层。在这一层，人们利用言语和非言

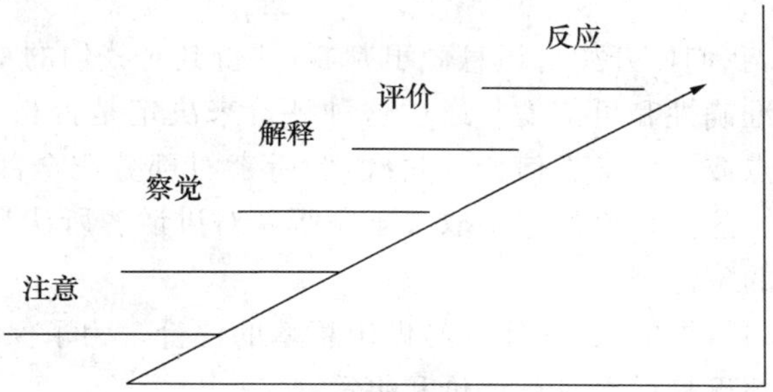

图 7-3 倾听的阶梯

语沟通方式以表现出不同程度的环境刺激。我们通过注意行为来努力倾听对方的讲话。这些注意行为包括眼睛观察、身体前倾、适当的面部表情和对所传讯息的精力集中。

这一阶段，本来要求倾听者集中精力，聚精会神，但我们的注意力却常常被其他因素所分散。这时我们会不自觉地被一些其他事物或事件所左右而转移了我们的注意力。在许多情况下，是我们自己的"噪音"阻碍了我们的注意力，使得我们不能爬上这个梯子的其他几个梯阶上。例如，当农业推广人员发现回家晚了而有可能耽误预先准备参加的某项活动的时候，在讨论问题时，我们就往往不能对其他农民所提出的问题给予足够的注意。

2. 察觉

这是第二层梯阶。倾听者利用自己的一种或多种感官来接收言语和非言语讯息。这时容易发生的错误是，其中一种感官没有能够接收到所传的讯息或收到了某种歪曲了的讯息。一般情况下，在听的时候听觉和知觉器官都一起参与，但是仅其中一种感觉器官参与了倾听过程。虽然我们说要利用所有感官来获取信息，其中最基本的是听觉和视觉。当我们的感官被要求一次要做很多事情的时候，往往就会遗漏某些信息。例如，人们在室内听对方谈话时，同时又放着很大声音的音乐或者又在看极其激烈的足球比赛，那么这时就肯定会遗漏掉一些信息。正如人们所知道的那样，我们的认知也常常受到个人兴趣、过去的经验、知识和技能水平的影响。

3. 解释

当注意并察觉到某种讯息后，下一步就是对所察觉到的讯息进行解释。倾听者正是在这个梯阶层次上来努力理解讯息的含义的。但是，由于我们每个人的经验、知识、态度不同，大部分沟通都失败于倾听过程中的这一步上。这一步是最容易产生误解的阶段。因此，必须力求准确地理解他人的讯息。

4. 评价

在解释之后，我们便开始对讯息做出判断，评价其对我们的重要性。首先要确定所接收讯息的准确性和可信度。通过这种评价来决定是否相信某类讯息，是否同意讲话者的观点或记住某类信息。其次，倾听者对部分或全部讯息的相关性和重要性做出评价。这些评价的结果取决于倾听者对讲话者所认为的重要性的认识以及倾听者个人的价值观。

没有经过专门培训的人，往往容易做出草率的评价。为了保证沟通的准确性，最好是待接收全部讯息后再进行评价和决策。

5. 反应

梯子的最后梯阶是反应。只有到达这一步，做出反应以后，倾听过程才能完成。这一步是倾听者对讯息及讯息发出者做出反应。只有到这一反应阶段，倾听者的行为才真正可以被人看到或听到。实际上到达这一步已基本大功告成了。当讲话者收到倾听者的反应时，便可以检查对方是否真正准确理解了其中的含义。这时候倾听者的反应是不难察觉的，它要么用言语符号，要么用非言语符号表达出来，而非言语符号的表达往往更能说明问题，有时候保持沉默实际上胜过大声喧讲的效果，即所谓"此时无声胜有声"的意境。

实际上，以上五步阶梯过程都是在一瞬间发生的，五个梯度层次是相互联系的。如果其中一步不准确就会导致沟通的失败。如果要保证准确地沟通，我们就需要鼓励人们的倾听欲望。然而，这种激励往往出自倾听者自己，因为准确地倾听是一切人际互动行为的基础。

第三节　有 效 倾 听

一、影响倾听的因素

一般来说，鼓励别人讲话比要求别人真正倾听要容易，因为对讲话的判断容易，只要别人张口便说明达到了目的。但是，要判断别人是否真在听就困难多了。许多时候，虽然人们坐在那儿，其实并没有达到理想的倾听效果。不理想的或无效的倾听往往表现为以下四种结果：①没有听见任何东西。②仅听见一部分内容。③听到了大部分内容，但信息不准确。④听到了又马上忘记了。根据一些研究结果表明，人们之所以出现以上不理想或无效倾听的情况与阻碍人们倾听的一些障碍因素有关。

1. 生理因素

先天的生理缺陷是导致不能有效倾听的一个明显原因,如听觉器官灵敏度的差异。另外,无论哪种语言,如果人们理解词句的速度快于讲述词句的速度或者相反,也是一种障碍。假设,一个正常的人,平均每分钟可以讲出125～150个词,而作为倾听者,每分钟可以轻而易举地处理500个词。因此,由于讲话的人的速度与倾听的自然速度不协调,加之讲话者的语气词太多,便很容易造成倾听者走神。

2. 心理因素

心理因素主要指倾听者当时的心理压力、成见、兴趣等造成对有效倾听的影响。心理压力是指由各种不同的原因引起的烦恼、紧张、恐惧等,这样,便听不进去别人的谈话。成见主要指倾听者本身对讲话者有看法,或认为讲话者言行不一,这样无形中造成了一种抵触情绪。兴趣则是指倾听者对讲话者本人或讲话内容的好恶,这会对倾听效果发生影响。

如果倾听者没有兴趣,就谈不上倾听。除此之外,急躁、不耐烦或对讲话者的观点有强烈的反感,这种情绪也会使人似乎在听但没有听见,或者说从这耳朵进,从另一耳朵出。人们有时对讲话者产生某些反感情绪,因此对其所讲的内容听起来便失去客观性。这方面的事例有很多,例如,倾听者对讲话人产生某些偏见,这些偏见可以来源于讲话者所穿的衣服、头饰、语音语调、相貌、所表达的信仰以及所讲的题目或所用的词等。有句俗话说:“情人眼里出西施”,这种现象也反应在倾听行为上。如果倾听者对讲话者印象好,那么即使讲话者演讲水平不高,倾听者也会有所收获。

从心理上讲,人们喜欢听那些自己早已认为正确的意见。喜欢听奉承话,不喜欢听批评,这是一种严重的倾听障碍。

3. 环境因素

人际传播发生在一定的环境背景下,受时间、地点、特定情境的影响和制约很大。如果所处的环境不适合,或者干扰太多,噪音太强,就不会产生良好的效果。神入的倾听需要比较安静和适合沟通者心情的环境。环境包括自然的、人为的,色彩、音乐等都是一种非言语符号,同样起着传达信息的作用。倾听者自然会受到某些环境因素的影响。

在环境方面的障碍因素包括以下4种。

1)噪音

噪音的概念包括范围很大。如果仅指那些讯息以外的声音而言,一般人们既不喜欢特别嘈杂,同时也不喜欢特别寂静,有人认为正常状态下的噪音有助于倾听。特别大的噪音会使人烦躁，过度安静的气氛会使人紧张。

2)光线

光线不能太暗，同时也不能太强。在倾听时，一般听众眼睛要注视讲话者。如果光线过强，不利于听众保持目光注视。但如果听众的眼睛不能保持对讲话者的注视而不得不由于光线的问题移到别的地方去，那么，就很可能会分散注意力。

3)温度

温度不能太高，也不能太低。如果太热，会使人无精打采；如果太冷，同样会造成人们的某些生理反应而影响倾听效果。

4)距离

这里的距离指讲话者和听众之间的物理距离。这种距离不能太远，也不能太近。太远会对倾听有影响；但过于靠近，往往也会使人产生某种不舒服的感觉，进而影响人的注意力。

二、倾听偏好和习惯

1. 倾听偏好

倾听偏好是指人们在倾听过程中主观上更愿意或更容易接收某些方面而对另外部分忽略的状态。倾听偏好主要表现有四种：内容偏好、行为偏好、方式偏好和时间偏好。

1)内容偏好

倾听者特别愿意倾听专家名人的演讲，并且听后苛刻地寻找所听到的不足和缺陷，对那些具有挑战性或复杂的信息感兴趣。这种偏好可能会影响对一般性内容的注意，进而影响人与人之间的平等的信息交流关系。

2)行为偏好

倾听者往往喜欢倾听提纲性的东西，厌烦冗长的信息，喜欢那种直来直去、开短会、谈话逻辑性强的讲话者。这种偏好往往使人容易急躁，对与别人发展关系不感兴趣。

3)方式偏好

倾听者在倾听时应该重视人的言语和非言语表达方式，但如果过之，有时就会造成倾听者在倾听时失去客观性。

4)时间偏好

倾听者时间观念过于严格，用同样的标准要求别人，这样不容易使自己与他人保持友好关系。

2. 不良倾听习惯

由于某种经历和环境的原因，使一些人慢慢养成了某种倾听的不良习惯，它阻碍着有效地倾听。

1)知难而退

有的不愿接触较复杂困难的题目或者遇难而退。

2)伪装注意

有的人在倾听时伪装注意，往往给人以在注意听或听懂了的假象，其实并非如此。

3)分散注意力

有的人一旦发现讲话者有一点点口齿不清或多一点语言噪音的伴随声，注意力便不能集中。

4)随意打断别人

有的人喜欢在倾听时随便打断讲话者，连续下去会使讲话者不能有条理地表达。这里所指的“打断别人讲话”，不包括就所讲内容积极提问题在内。在听讲中，跟着讲话者的思路认真地思考，适当的时候提出自己认为不解的问题是应该鼓励的。这里需要注意的是，在提问题之前，应该让讲话者就某个题目或某层意思讲完。

5)一言不发

从听讲的开始至结束之后一言不发：没有倾听的表达，合着眼睛或环顾四周，这样会使讲话者陷于困境和尴尬的境地。

6)提前预想内容结果

如果适度，这是一种积极思考的表现。如果过度，没听几句似乎你已经知道讲话者要说的全部内容。这种习惯不利于提高倾听的质量，相反，会给人以错误的导向而忽略了所要注意的内容。

以上所述有些是我们需要去努力克服的缺点，有些则需要有意识地加强对自身倾听能力的训练，以适应不同的对象和场合。对不良的倾听习惯需要给予充分的注意，一旦我们自己意识到我们作为倾听者的一些行为影响着有效倾听的时候，那就是开始转变的时候了。

沟通本质上是一种双向的互动，而倾听则是沟通中重要的部分。通过对倾听行为的分析，也会使我们意识到自己作为讯息发送者或讲话者对倾听者的了解的重要性，从而提高沟通效果。

三、提高有效倾听能力的途径

人们发现,有效地倾听是需要大脑、眼睛和耳朵共同来完成的。人做到有效倾听或神入式倾听是比较困难的,但是如果努力,一定会有所进步。下面介绍几种关于提高有效倾听能力的基本途径。

1. 有效倾听的一般性提示

1)准备倾听

准备倾听指在倾听之前倾听者要有充分的心理和必要的情境准备,保证能够保持充沛的精力来集中于讲话者的行为中。这些准备主要包括:①布置一个幽雅、安静的环境。②预先了解谈话者的个人背景和所要谈话的内容。③使自己的情绪稳定。

2)保持倾听

当谈话开始之后,要始终保持一种对讲话者和所讲内容的兴趣。实际上,讲话者通过本人和演讲内容及演讲方式可以显示一个人的聪明与才华。然而,倾听者的倾听行为也可以使讲话者了解到听众的知识和修养。良好的倾听行为包括:①坐在离讲话者较近的位置并集中注意力。②眼睛注意着讲话者的表情。③避免打扰的可能举动。④利用非言语符号传达对讲话者的鼓励,如点头和注视等。⑤不轻易打断讲话者的谈话。

3)控制倾听

倾听者不仅应保持倾听,使讲话者充分表明自己的观点,而且还要善于给予适当的反应来澄清一些要点。因为沟通双方的信息交流是一种互动关系,比较重要的是要相互理解。如果倾听者没有抓住某个要点,可以用这样的形式提问,即"您是不是说……""如果我没有听错的话,那您是在说……"等等。这里需要注意的几点是:①重复某种重要的意见和观点。②总结阶段性的思想内容。③要求举例或澄清某些问题。④如发现讲话者过于激动时,可以递上一杯水,或给予一点鼓励的评述。⑤当发现讲话者跑题时,可以通过总结所说过的中心大意或提问来使讲话者意识到。

4)倾听中的分析。

在倾听时要善于抓住要点,分析讲话者的综合反应,做出及时的判断,不仅要集中精力,而且要"用第三只耳朵去听",去理解言外之意,不为语词的表层意义所迷惑。这需要注意:①要通过侧面的提问方式,意识到讲话者的偏见。②捕捉所用词句的多种含义。③注意说话人的语气、表情、音量、速度的变化所提示的信息。

以上所列几点只是对于提高有效倾听的一点提示。其实,要真正成为一个高水平的倾听者要求有多方面的知识和实践沟通经验。有时,为了充分理解对方,需要强迫自己变换角色,换位思考,才能做到真正投入。如果面对一个心中烦闷、一吐为快的讲话者,对于听者的最高技巧也许莫过于沉默和平静地听对方倾吐。在这种情况下,虽然你作为倾听者没有说一句话,但也同样达到了交流的目的。因为你使对方感觉到了某种同情和理解。

2. 听讲与谈话

为了提高积极倾听的效果,也可以将倾听分为听讲和一般谈话两种类型。

1)听讲

(1)预习

对所要听的讲课内容提前预习,阅读有关资料,必要时在预习前对上一讲内容充分复习。如果意识到可能会有什么倾听障碍,要预先做好克服的思想准备。

(2)提问

提问不仅指在听讲中和听讲后,也发生在听讲前。听讲前对所预习的内容准备一些问题是一个习惯,这样有助于积极的倾听。如果在听讲中遇到一些不懂的问题,应该及时提出来,以便不影响后面的理解。

(3)思考

随着讲课人的思路积极思考,给予适当的反馈。通过对言语和非言语的判断,注意倾听讲话者表达出的含义。在听完一阶段之后,如果时间允许,应该在脑海里重新组织一下所听到的内容主线。

(4)总结与评价

听讲之后善于总结和评价。在24个小时内回顾和修改笔记。这样,将内容按照不同类别进行整理,必要时加上一些认为必要的其他信息。

2)谈话

与听讲比起来,谈话往往发生在人与人之间非正式的场合。然而,这种场合同样需要高质量的倾听技能。这种技能往往更多地表现为当你对对方的谈话不感兴趣时的行为。因为人们往往不愿意从对方的眼中看到自己的缺陷那一面。因此,个人间谈话需要对自己的情绪进行控制。有效地进行人与人之间谈话需要注意以下两点。

(1)分析

作为倾听者,必须站在对方的立场,仔细地倾听对方所说的每一句话,不要用自己的价值观去指责或评断对方的想法,要与对方保持共同理解的态度。不能以居高临下的态度来听别人谈话,要从对方的处境来思考和分析,努力理解对方所说的话、情感和思维方式。

大部分谈话内容都由两部分构成,一部分是内容;另一部分是所传达的思想感情。对于倾听者，一定要对这两方面给予充分的注意。许多时候，讲话人不仅想让对方听到自己所讲出的话的意思，同时也希望对方理解自己没有讲出的含义。有时候，没有讲出的意思往往比讲出的更重要。

(2)参与

注意倾听的同时，及时对对方给予言语和非言语的反馈，是对对方的一种赞同和鼓励。要尽可能客观冷静地多听对方的表述，不要急于表达自己与对方相反的意见。通过倾听者的态度和反应，应该使说话双方的友谊和信任增加，而不是相反。在倾听时，尽可能启发对方将问题说清楚、讲透。

3. 积极倾听的技巧

有效的沟通往往始于积极主动地倾听别人和了解别人。如果你能做到认真倾听，对方便会向你袒露心迹。帮助别人首先要了解别人，知道别人在想什么。在欲陈述自己的主张或试图说服对方之前，先让对方畅所欲言。

1)先听后讲

倾听别人说话本来就是一种礼貌，愿意听表示我们愿意客观地考虑别人的看法，这会让说话的人觉得我们很尊重他的意见，有助于与对方建立融洽的关系，彼此接纳。当了解对方的看法之后，你就有机会在表达自己的意见之前，掌握双方意见一致之处。倾听可以使对方更加愿意接纳你的意见，让你再说话的时候，更容易说服对方。在开会时，领导一般不首先讲话，因为不利于大家发表自己的意见和想法。

要多听少说，有话也要少讲。有一句话是这样说的："上帝给了我们两只耳朵却只给我们一张嘴是有原因的，我们应该听得比说得多。"当有一个人讲话时，有些人喜欢马上自我表现说："不是，不是，不是。"这样会引起别人不高兴。古人云："言多必失"。要控制情绪，让别人先讲，注意让别人讲完，然后抓住要害和漏洞进行反问，往往容易达到理想的效果。在这方面，余世雄先生曾展示过一张图片，见图7-4。

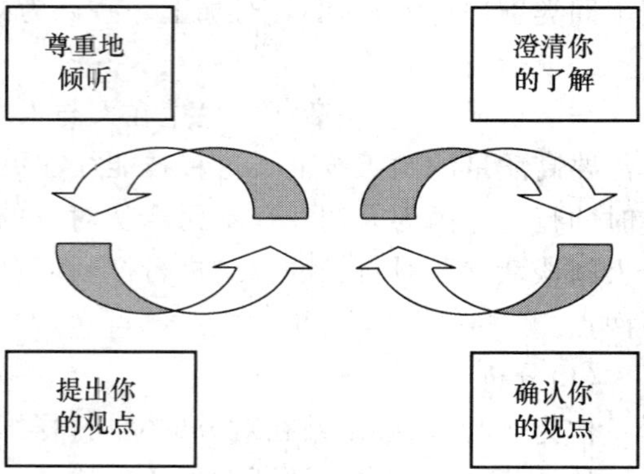

图 7-4　沟通循环

图7-4中"澄清你的了解"是要问自己你是否对讲话者了解？"确认你的观点"是指确认对方了解你的观点。上图上面的提示是倾听，下面的提示是观点。

我们听人家讲话，然后再摆出自己的观点，期间是一个循环的过程。

一个不会听话的人通常不会讲话。只会讲话不会听话叫作强辩，会听话才会讲话叫做善于思考。为什么在上面的图中，倾听在上面，观点在下面呢？就是一个人要先学会听别人讲话，然后再提出自己的观点，即先听后答辩。

2)专注

专注就是要求倾听者精力集中。这种集中体现在你的身体姿态上面，要使讲话者注意到你的专注表情。一般表现个人兴趣的技巧是要面对讲话者，身体略向前倾，随着讲话者的姿势不断调整自己的姿势，不要边听边做别的事，也不要作出什么大的声响。对于讲话者，要用一种表示有兴趣样的注视，不要东张西望。聆听时，必须看着对方的眼睛。人们判断你是否在聆听和吸收说话的内容，是根据您是否看着对方来作出的。当然也要偶尔移开视线，不要长时间地无表情瞪视。倾听不仅是耳朵听到相应的声音的过程，而且是一种情感活动，需要通过面部表情、肢体语言和话语的回应，向对方传递一种信息：我很想听你说话，我尊重和关心你。这些肢体语言还包括：自然的微笑，不要交叉双臂，手不要放在脸上等。

3)站在对方立场

在与上图同样的一节中，余世雄先生有这样一个案例。

有一位农夫使尽力气想把小牛赶进牛栏里，可是小牛的脚就好像是被钉牢在地上一样，丝毫不为所动。农夫的太太正好出来，他不慌不忙地把自己的食指放入小牛嘴里让它吮吸，很快就把小牛牵进栏里了。农夫的太太就是站在小牛的立场替它考虑的，她知道小牛现在需要什么。用这样的方法就是大象我们也可以使它移动。

站在对方立场就要替他去解决他的问题，从他的角度去思考。比如你的职员要下岗了，你不要对他说："下岗的又不只你一个，不要难过。"而应该耐心地跟他说："下岗这件事情在公司是一个政策。不过，我们可以坐下来一起研究研究，你看我能帮什么忙？"至少你是他的经理，更舒服更实际一点的，你可以跟他说："我先把这个月的薪水拨 1/4 给你。"他会抱着你哭。所以，安慰人的时候不要讲风凉话，要讲切乎实际的话，多站在对方的立场上来思考。

有一学者说："为了让自己成为受欢迎的人，我们必须培养一种'设身处地'的能力，也就是抛开自己的立场置身于对方立场的能力。"

汽车大王亨利·福特说："如果有所谓成功的秘诀，那必定就是指要能了解别人的立场。我们除了站在自己的立场上考虑问题之外，也必须要有站在别人的立场上考虑问题的处事能力。"

4)鼓励

要学会赞美别人。对于别人提出的好的建议、精辟的见解、有意义的陈述，或有价值的信息，要以诚心的赞美来夸奖说话的人。例如："这个故事真棒！"或"这个想法真好!”、“你的观点很有见地”等。对讲话者表示鼓励的方法有四种，即启发、不打断别人、提问和沉默。

(1)启发

启发是指说一些话使讲话者愿意继续讲下去。例如，一般用点头、微笑以及一些语气助词来鼓励对方，这是一种常见的方法。或者说，“你刚才讲得很好，苗期的注意事项已经比较清楚了。你能再谈一些病虫害防治方面需要注意的问题吗?”。

(2)等待

不要轻易打断别人，这也是一种鼓励。应该在确定知道别人完整的意见后再做出反应。有时候别人停下来并不表示他们已经将想说的话说完了。让人把话说完整并且不插话，这表明倾听者对讲话者尊重，而且很看重沟通的内容。人们有时候怕忘记自己的瞬间的想法，总想马上提出来，但往往会影响对方的思路。倾听者要培养自己遇事不惊的修养，要善于在任何情况下保持沉默，让对方把话讲完，即使有的话对你很刺耳。注意沉默在前，发表意见和主张在后。

(3)提问

在不轻易打断别人的前提下适时提问是必要的。在别人谈话时没有听清楚或听漏了一些地方，或者是不懂的时候，要在对方的话暂时告一段落时迅速地提出来以便及时加以澄清。提问一般指提一些开放性问题，使讲话者谈得更多一些。例如，说“你认为我们应该怎样解决这个问题?”，而不是说“你觉得这个办法好吗?”。当你不同意对方的观点时，不要直接说:“我不同意”，可以考虑改变一种表达方式，例如说:“我同意你所讲的，不过，我们有那么多时间吗?”。这样，同样提示了对方你对所谈意见的看法。

5)总结

要学会复述和总结讲话者所讲的内容，也可以用提问的方式表示出对别人情感的理解“你好像不喜欢……”。

有些人喜欢在听别人谈话时记笔记，在有些时候这有利于谈话的进行，例如，在和领导谈话时，也许领导认为你对他的话很重视;但如果与农民谈话，有时农民会“长个心眼”，对你反而会倍加提防，以至于影响谈话的进行。

本 章 小 结

倾听指倾听者通过听觉、视觉和大脑接收理解讲话者思想、信息和情感的过程。根据倾听的程度差异，倾听可以被分为接收式倾听、评议式倾听和神入式倾听三种类型。接收式倾听指人们一天当中通过耳朵所接收或收听的所有信息的状况，是人们除去说、读和写所占用时间以外的所有时间总和。评议式倾听是指倾听者需要用大脑对所听到的信息进行筛选归纳和总结，是指倾听者需要首先听取信息，进行解析，然后加以理解并从中归纳出结论的过程。神入式倾听是指倾听者将重点不仅放在讲话者所讲的内容上，而且要理解讲话者那个人。倾听者不仅要听对方讲什么、怎样讲，还要理解为什么这个人要这么讲。也就是说，在听的同时，体会讲话者一些深层的、所暗示的内涵。

倾听不是一种机械性的物理反应，而是一个过程。此过程被解释为四步联系过程和五步阶梯过程。四步联系过程是指一个人通过倾听对讯息从接收到理解要经过感知、选择、处理和解释这四步递进的过程才能实现。五步阶梯过程是指一个人通过倾听对讯息从接收到理解要经过注意、察觉、解释、评价和反应这五个层次才能完成。影响倾听的因素主要包括生理、心理和环境因素。倾听偏好主要表现有四种：内容偏好、行为偏好、方式偏好和时间偏好。倾听的不良习惯包括知难而退、伪装注意、分散注意力、随意打断别人、一言不发和提前预想内容结果。

要做到有效倾听，一般需要做到准备倾听、保持倾听、控制倾听和倾听中的分析这四个方面。在有效倾听中，听讲和谈话不同。

听讲应该注意提前预习、过程中提问、思考，听讲之后善于分析总结和评价。

有效地进行人与人之间谈话需要注意倾听过程中的分析和参与两个方面。

要做到积极倾听，需要注意的技巧包括先听后讲、在倾听过程要专注、站在对方立场上思考问题、注意鼓励讲话者并需要常常注意总结。

思　考　题

1. 听和听见有什么区别？

2. 什么是控制倾听？

3. 如何理解倾听过程中不打断别人和提问的关系？

4. 四步联系过程和五步阶梯过程的异同点是什么？

5. 读了“跳伞”的故事后思考：如果主持人也随在场的观众大笑，那会是一个什么后果呢？在平时与人沟通过程中，你希望做故事中在场的观众还是做主持人？

6. 如果你是一个经理，有人来与你说话，你是坐在你的大办公桌后面的大椅子上面跟他们讲话，还是与他们坐在小沙发上讲话？

7. 如果由你选择本章中最重要的几点作要点，那应该是哪几点？

第八章 演　讲

本章主要讨论演讲技能。首先，演讲者在演讲之前要做好充分准备，包括主题、结构和材料与工具等。其次，在准备的基础上，演讲者要重视演讲过程中开始、主体和结束部分的技能。最后，本章集中对成功演讲的技巧进行了总结。

有效的演讲是人们应该具备的一种能力，在一定场合下，要求一个人能够顺利地、有条有理地、清晰地、有节奏地将自己想说的话说出来。不能"茶壶里煮饺子"，倒不出来。有的人比喻说，在演讲中，知识是水，语言是闸。当语言这个闸门开启后，就要看水是否能不断地向外流。"思如泉涌"常常从口才上体现出来。在具备充足的知识储备，加上对语言所进行的合适地组织搭配，当闸门开启之后，演讲者就会顺达流畅地把自己的意思表达得淋漓尽致。

演讲不是仅指正规的作报告或演讲比赛，演讲更多的是指人们需要向听众表达自己的观点或意见的过程，是一个人的表达能力的体现。在平时的工作中，每个人都需要有这方面的技能，例如，在众人面前发言；代表小组向其他人展示本小组的讨论结果等。

第一节　演讲准备

一、确定演讲的主题

1. 了解听众

了解听众是谁很重要，这样才能让话题与他们的兴趣以及他们的理解能力吻合。演讲之前你需要了解听众的以下几个方面。

(1)人数。

(2)职业和教育背景。

(3)经验和知识水平。

(4)对所谈话题了解的程度。

(5)对题目的兴趣和关注点。

(6)想了解什么。

(7)期待什么。

在此基础上决定听众。

(1)知道什么?

(2)不知道什么?

(3)应该知道什么?

2. 确立主题和目标

演讲开始之前,首先要明确自己演讲的目的,不是自己想说什么,而是听众想听什么。这听起来很简单,但是如果你不清楚自己的目的,或者不能把目的整理成简单的几句话,那你的听众也永远不会清楚你要讲什么。

一般来说,确立目标要回答的问题是:演讲结束后,你想让你的听众知道什么,让他们能够做到什么,理解什么?如果你无法以一句话写出演讲的目的,很可能演讲的题目过于宽泛,你需要缩小题目范围。

二、确定演讲的结构

合理的结构安排是演讲成功的基础。在确立演讲题目之后,结构安排实际上是布局谋篇,例如,如何开头,如何结尾,何处为主,何处为次,应该先说什么,后说什么,再说什么?怎样铺垫,怎样承接都应该精心设计。只有这样,在演讲时才能思路清晰,顺理成章。安排演讲结构的主要方法是列出演讲提纲。演讲提纲是将演讲分成几个部分的计划,例如引言、正文和结尾。

演讲稿的框架应该有助于你的表述,而且有助于听众记住你最想强调的要点。在确定演讲稿结构时,要作出一个基本的计划。

演讲结构分为三部分,即引言、主体和结论。

1. 引言

引言或称序言,也可以称为开场白。引言主要包括自我介绍、目的、演讲程序和方法等(详见本章第二节)。

2. 主体

主体部分是你要讲授的主要内容。在主体部分,你需要对所讲题目给予清楚的定义并加以通俗易懂的解释。如有必要,需要进行示范。讲话要有逻辑和层次性,循序渐进,使听众在跟随你进入主题以后觉得清晰、轻松和有趣。

1)内容的组织

一个 10 分钟演讲,不应该多于一两个要点。细节太多会影响演讲的成功。一个 20 分钟的演讲里,你不应该有多于 3～5 个要点。演讲的组织也应该围绕这些要点。一定要抓住一切机会重复这些要点，因为这样做能加强记忆。如果要点超过 5 条，把最重要的一条留在最后。

让自己的演讲做得连贯、想法组织得合理，试一试用下面的顺序思考。

(1)罗列。把你能想到的所有要点在纸上随便写下来，不要考虑顺序或者结构，也不要列成单子(这样容易让你按照那个顺序思考)。

(2)安排。用一种符合逻辑的方式把要点用圆圈和箭头组织起来。

(3)分类。排出序列和准确的安排。

(4)审核。看是否挤进的内容太多了。整个演讲稿要点不应多于 3～5 个，而且这些要点应该十分鲜明。

计划演讲稿的关键是作出演讲的梗概：你想表述的想法，什么时间说什么，什么时候需要证据支持，确定适当的图像、图表，确定使用故事、引言、幽默或听众参与的最恰当时间。一个好的梗概能以合乎逻辑的方式把你的想法组织起来。

2)内容的结构

将信息系统地组织起来有助于信息传达。设法将演讲稿的结构合理地组织起来，让听众更容易听懂。

正文内容的层次结构安排，要服务于主题的需要，正文的结构合理包括层次清楚，逻辑紧密，重点突出，内容连贯。常见的结构层次有三种类型：总分式、并列式和递进式。

(1)总分式

总分式结构指演讲者将演讲内容分成总论和各论两个部分。可以有两种做法。

先总后分。先概括性地提出自己的主张和观点，然后分开论述。第一部分和后面各部分是整体与部分的关系。

先分后总。先将各部分分开讲，最后再下结论。

总分式的结构适用于对一个主要问题的阐述，听众听起来有较强的逻辑性和层次感。

(2)并列式

并列式结构指将要讲演的几个问题平行排列，各自成为一个独立的部分，相互并列，从不同侧面说明主题。并列式可以按内容的先后、时间顺序或空间位置进行排列组合。并列式适用于多个问题的阐述，便于听众的理解，易于记忆。

(3)递进式

递进式结构指演讲者对所讲的内容分层阐述，各层意思之间相互联系，一层进一层，层层深入，环环相扣。根据事物的发展规律，在分析问题时由浅入深，由表及里。递进式结构适用于对复杂问题的解析，容易使听众产生和保持兴趣，收到良好的效果。

在设计演讲结构的时候需要注意以下几点。

(1)使用简明易懂的语言。

(2)使用真实相关的事例。

(3)按逻辑关系组织演讲材料。

(4)保持一致性。即演讲内容与题目之间、内容与内容之间、观点和事例之间以及开头与结尾之间的相互一致性。

(5)有顺序地、及时地、恰如其分地使用视听辅助设备和材料。

3. 结论

在完成主要内容的讲解之后，一定不要忘记做结论。就像引言那样，结论也应该是简短的。从时间分配上，引言和结论部分大约占总演讲时间的20%，即引言占10%，结论占10%。许多人常常忘记做结论，这样会影响效果。因为，根据研究结果，人们所能记住讲话内容最多的不是讲话的中间部分(而中间部分却是主体部分!)，而是演讲的开头和结尾。因此，结论部分是你想告诉听众的主要内容。为了做好结论，可以采用以下几种方式。

(1)在演讲的高潮时结束。

(2)总结演讲要点。

(3)有关某种奇文轶事或有关妙语。

(4)描述采纳某种技术后的远景。

(5)赞美和感谢听众。

三、选择媒介和展示的工具

1. 在选择演讲所需的媒介时应考虑以下事项

(1)位置。演讲场所的大小。

(2)主题。有多少种媒介适合你的主题?

(3)听众。什么方式能调动他们的积极性?

(4)自己。你能轻松地处理多少种媒介?

2. 直观的展示工具

1)内容越少越好

(1)一张幻灯片或一块展板都可作为工具。它们可以帮助展示你的想法，而不是主宰你的演讲。你个人是你的演讲的中心。

(2)在你讲解时要随时注意配合展示的幻灯片或展示板。

(3)每张投影片要求4行×9个词或6行×6个词。至于其他细节则可通过口头进行表达。尽量使用标题和短语，避免长句。使用大号黑体字。手写时注意使用优美的字体，避免杂乱的字迹。

(4)每张幻灯片或展板上最好只展示一幅图像(文字)，偶尔也可以是一张漫画。

(5)如果要展示一张图表，最好同时写下你的解释或意图说明的结论。例如我们能从该图表领会些什么？尽量使用标题和短语，避免长句。

(6)在演讲中，听众们不喜欢只是听到(对着讲稿)照本宣科的演讲。最好是只写出标题。

2)书写工整

(1)当你在投影胶片、大纸或展板上书写时请一定注意：用你的书写覆盖整张投影片、大纸或展板，并且做到字体均匀。

(2)注意避免：拥挤在上半张书写而留下大片的空白；虎头蛇尾(字迹越来越小)；字迹行列不平整，越写越靠上或靠下；书写时四边不留空白。

3)纸张适度

(1)使用卡片代替大纸。

(2)使用比较小的卡片纸。

4)选择较大字体

(1)使全体与会者能看清上面的字。

(2)如果你使用计算机，至少要使用16号黑体字，字间距及行间距应是1.5～2磅(计算机度量值)。

(3)如果使用手写方式，使用粗头笔书写2厘米见方的字体。

5)书写重点内容

(1)只书写标题字而不是整个段落。

(2)如果你确实需要书写整个段落，切记在纸张的一侧留下较大面积的空白以便于用大字体书写标题/重点。这样你(在演讲中)只需一瞥就可知道下一步的内容。

第二节　演 讲 过 程

一、演讲开始

大多数人能够认识到开端与结尾对一场演讲的重要性。在演讲开始时表明你的主要观点、要点并在结束时对其进行重复。在此之间则对其进行讲解。注意要告诉听众你想说什么和你说过什么。

1. 姿势与神态

注意:听众能够理解的部分中,7%来自演讲内容本身;38%来自类语言(如口音、语调、音调变化等);55%来自面部表情。因此,在演讲过程中要做到。

放松:站姿、手势、遣词造句和目光接触。

神情:声调、词句选择、小故事、面部表情,让听众投入进来。

能量:速度、声音传达、声调、变化和目光接触。

专业:对演讲话题表现出真才实学。

2. 声音

你不要默读自己的演讲,而要大声讲出来,要站着讲,最好面前有听众,可以对着家人或镜子讲。仅仅在脑子里过一遍不能给你实际说出来的真实感觉。

要学会听你自己的声音。如果你不大声说出来,就永远无法决定自己是否说得太快了,还是太慢了,需要大声点,还要避免演讲中的"哼"、"哈"、"唰"的口头语。可以把自己的演讲录制下来自己听一听。

3. 内容

记住"第一印象是最深的印象",因此你的开场白应该有助于增加演讲的可信度以及你和听众间的共鸣。一开始就要抓住听众的注意力;讲明基本情况,点明主题,告诉听众他们为什么应该听你讲。

开场白要力求简短,有趣,能够引起听众的兴趣。开场白的构成元素包括。

(1)自我介绍。

(2)演讲目的。

(3)你对听众的建议。

如果你想将演讲的打印稿会后发,这个时候应该告诉听众,让他们了解这一点。

除此之外,开场白还应该包括演讲的总的概述。换句话说,这个概述要依次告诉听众你的(3～5个)讲话要点。

如果说听众在坐下来时还没有打算听完你的演讲或没有准备认真听的话,当听完前面引言之后会改变过去的态度和想法。因此,在开始时,你要有能力"抓住"听众。可以采用开门见山的方法,第一句话点破主题。例如,如果所演讲的题目是奶牛的饲养技术,那么,开始可以直接说:"搞好奶牛的饲养是保证牛奶高产和犊牛健康的关键"。也可以提出一个吸引听众的目标性信息。例如:"有谁告诉我,现在一头奶牛每年产奶量有多少公斤?"得到回答后,再讲:"我告诉大家，现在世界上高产奶牛每年可以生产 8 000 公斤甚至 15 000 公斤”。也可以根据演讲的内容强调共同立场，尤其是如果有些听众持不友善态度时。例如，周恩来总理在万隆会上首先说:“中国政府是来与大家求团结、交朋友的”，立刻受到大家的热烈欢迎。

最好不要说一些诸如“自己没有准备好”或“有些紧张”等谦虚或道歉一类的话。虽然这些话可能有助于平缓演讲者的紧张情绪，但是绝不会起到引起大家兴趣的作用，有时甚至会使听众失望。

二、演讲主体

1. 提高听众注意力

主体部分应该占整个演讲时间的 80%，这段时间要论述你的主要观点。虽然听众开始时听力很集中，10 分钟过后他们的注意力就大幅度下降(在一个 40 分钟的演讲中，到 30 分钟时他们的注意力到达最低点)，到最后 5 分钟他们的注意力又开始上升。因此，一个 20～30 分钟的简短演讲得到听众注意力的比例较高。不要尝试在演讲中塞进过多信息，这样的结果会事与愿违。应该在演讲开始和结束时把你最重要的观点说出来。提示听众哪些是你最主要的论点。

你应该把主要注意力放在演讲主体(视觉、听觉和感觉)上。尽量利用视觉材料、故事以及提问题、画图和卡通等使演讲变得有意思。用证据强化你的论点，如引用其他人的评论，事实证据，数字和图像依据。

在演讲中应该做适当的归纳总结，这能帮助听众了解你说到哪儿了，帮助他们看到你的论点之间的联系，下面还要讲些什么。这样还有助于和听众交流，防止演讲变成一串事实的赘述。

2. 演讲过程中的提问

提问是演讲过程中必不可少的组成部分，是演讲者与听众交流的过程。对于演讲者来说，提问包括自己向听众提问、接受听众的提问两种。

1)向听众提问

提问的时间一般多在演讲开始和结束的时候进行。在演讲开始时，提出问题有助于引起大家的兴趣；在结束时提问，可以帮助听众总结归纳演讲的要点，有时也是演讲者进行总结的一种方式。一般来说，在演讲过程中的提问是与具体内容联系在一起的。

2)接受听众的提问

有的演讲者在演讲时，把预先准备好的演讲稿念完，就算完成了任务，这是一定要避免的。在演讲中，要力求生动、幽默。同时，要与听众有交流，鼓励听众提问题,并准备回答听众所提出的问题。

(1)接受提问的时间

在演讲正式开始之前,应该计划好什么时候接受提问。在演讲一开始,就明确地告诉听众。例如,可以这样说,“我今天演讲的题目是作物免耕覆盖技术。在我演讲的过程中,大家如果有问题,可以随时提问”,或者告诉大家,“因为时间不多,如果有不清楚的问题或需要讨论的问题,我们在演讲结束时希望大家提出来”。

演讲过程中和结束后接受提问各有利弊。在演讲过程中接受提问,演讲者能够及时直接地得到听众的反馈意见,调整自己的演讲内容。但是,这样做的缺点是可能会打乱演讲者预先的计划,影响进度,不好把握时间。目前一般鼓励演讲中听众提问,因为这有助于听众的参与。如果这样做,演讲者需要注意:要计划足够的时间,至少要准备比自己单独演讲时更充裕一些的时间。除此之外,尽管准备了一些富裕的时间,如果不加控制,也会不够。因此,要注意控制场面,不能跑题或在时间上作无谓的拖延。

演讲结束后接受提问,演讲者能够控制时间,掌握进度。然而,这样做会产生一些不良影响。例如,由于时间太晚了,听众已经忘记了所要提问的问题或转移了自己的注意力,因此不能对相关内容加深理解。

一般来说,在比较正规的场合或大的会议上演讲,将接受提问的时间放在演讲结束之后;在为一个村上的农民演讲时,应该鼓励农民在演讲中提问,这样有利于农民对问题的理解和推广人员与农民之间的交流。

(2)回答问题的方式

事先做好准备。在演讲之前,尽可能将听众可能提出的问题预想一下,多准备一些答案和参考材料,以便临场时做到应付自如。

欢迎提问的态度。在接受提问时,要精神集中,认真倾听,将听众提问和自己回答的过程看作向听众学习、丰富演讲内容的机会。要认识到,因为大家对自己的题目感兴趣才有问题可提。否则,如果听众不感兴趣的话,听众使不愿将时间花在这上面。在回答问题时,与听众交流持一种讨论的态度,绝不要持为自己辩护的态度。

表示出对听众的理解。有人提问时,要认真听,确保在开始回答之前,对问题有正确的理解。对听众提出的复杂问题要善于复述或概括,以使得自己没有误解听众的意思。如果听众所提的问题你不理解,你可以说“可不可以请你再说一遍?我好像没有听懂你的意思”之类的话,不要简单拒绝。

不偏离主题。回答问题时应不要跑题,用自己回答的技巧控制主题。如果有人提的问题你在后面还会讲到,不要因为有人提问,便将此问题提前讲出,这样做会影响问题本身的逻辑关系。可以比较简单地给予回答,并告诉听众对这个问题在后面还有机会进行讨论。

鼓励每个人都参与。在回答单个问题时,尽量不要造成仅回答某个人的问题那种气氛,避免一对一的对话。虽然是在解答单个人的问题,但你的目光要与所有的人保持接触,使人感觉你是在和大家一起讨论问题。有些问题可以鼓励听众之间自己相互回答。

3. 演讲过程中的非言语表达

在沟通中,语言固然很重要。但是,根据研究,沟通中所传达的信息有65%～90%是靠非言语的沟通所实现的。

1)肢体语言

演讲中的肢体语言主要指姿势、身体的移动、手势、面部表情和目光交流。要舒适地直立,面对听众,完全放松。要避免倚靠动作和身体僵直。要进行必要的移动,但不要过多。在演讲中,手势要自然,可以做些帮助演讲的动作,避免那种"不知道手往哪儿放"的紧张姿态或抓耳挠腮等一些下意识的动作。面部表情不要显得僵化,要放松,随着主题与情景不断变化。除此之外,不要忽视目光交流。用目光交流,要注意照顾全体听众,不要总把目光停留在一两位听众脸上。通过目光交流,让听众觉得与你有联系,你也可以看出听众的反应。

2)声音质量

在演讲中有效地使用嗓音很重要。在演讲时,声音要具有表达力,做到语调抑扬顿挫。语速要适当,不要太快、也不要太慢。太慢了,会使听众厌烦;太快了,会使听众迷惑。在讲完一段含义之后,要有意识地做一些停顿,以便听众有时间思考。另外,在讲话时,最好少使用或不使用诸如"……的话"或说完一句话之后的"唰"之类的语句填充词。在听众听起来,这也是一种噪音。

3)空间安排

在演讲时,空间安排是一种语言。演讲者与听众之间放置的物体越多,表示关系越正式。因此,要想使演讲更正规,可以使用讲台或在演讲者与听众之间放张桌子。要想不那么正式,彼此关系显得密切,无论站着还是坐着,在演讲者和听众之间什么东西也别放。演讲者与听众保持的高度和距离也是一种指标:演讲者相对于听众的位置越高,所制造出的气氛越正式。正式的场合都是在舞台上或讲台上做的演讲。半正式的场合下,表现为演讲者站着讲,听众坐着听。非正式的场合是,演讲者与听众围桌而坐或坐在听众面前或干脆席地而坐。在推广人员与农民的一般交流中,后者更显得亲切。这种关系也往往体现在座位安排上面,圆形、马蹄形要比直线形座位更加鼓励平等参与。

三、演讲结束

正如开场白制造听众对你的第一印象一样,你的结束语能给听众最后的印象。有效的结束语能达到如下目的。

(1)表明演讲即将结束。

(2)强调你的论点,重复最主要的论点或观点。

(3)把零碎信息整理起来。

(4)明确需要采取的行动。

使用你的结束语来回顾要点,回到开场白提出的问题是一个办法。和响亮的开场白一样,结束语也要抓住听众注意力,高调结束。想出一个故事、引言或者问题,这些都可以作为结束语。

第三节　成功演讲的技巧

一、成功演讲的要素

在以上所介绍的内容的基础上,本小节对于一个成功的演讲的要素,需要做到的几个重点以及对一些问题的处理方法简略地总结如下。

1. 自信

做到有效表达的关键是要自信。这种自信表现为一种投入,一种全身心的投入,就像演员扮演剧中某个角色一样。对于这种自信的感觉,一位全国高级教师在教她的女儿如何讲课时曾这样说:“要自信,就像天是老大,我是老二一样”。当具备了一定的知识水平之后,这种自信是演讲需要具备的基础能力。

2. 面向听众

要始终牢记你是在为面对的听众进行演讲,听众们比你的投影片或提纲更为重要。因此要做到:面向你的听众,如果你必须向听众展示你身后的事物,则要作到“转身—展示—转回身—继续讲话”。不要背对听众讲话。

3. 标准站立

(1)尽力挺直身体。

(2)自然站立。站立时保持双腿间使你感到舒适并使你看起来很自然的距离。双腿并拢直立会使你显得紧张。保持身体重心均匀地分布在两条腿上。保持稳定的站姿,不要随意晃动。

(3)变换姿势。如果你必须在演讲过程中长时间站立，适当地(不引人注意)改换姿势、改变重心可以使你放松。避免不文雅的站姿。(在演讲过程中)你可以变换站立的位置，但这种变换必须是有目的的：停止讲话，移动几步，重新站稳，继续讲话。

4. 目光接触听众

(1)尽量看着听众。每一名听众都希望你能注意到他(她)，不论在场的是 4 名或 400 名听众。

(2)快速移动目光。尽量习惯在你的提纲和听众之间快速移动目光。做到只在必须时才去看你的笔记本，然后立刻把目光回到听众身上。你的提纲应使你只用快速的一瞥就能知道下一步的演讲内容。

(3)与听众交流。你可以缓慢地用目光循环扫视整个会场以使所有听众感到你在注视他们。而当听众人数较少时，你可以采用左—中—右轮流注视的方式。如果听众人数较多，你可以将他们分为左右或前后两部分，然后采用上述轮流注视的方式。当你掌握了这种方法后，你会感觉到自己有足够的时间做到与听众中的每一人进行交流。

(4)注视每一个人。不要只是将目光越过听众的头顶。真正做到注视每一人，听众不会真正注意到你是在直视他(她)，这样他(她)左右的人会感到你也是在注视他们。通过这种方式，你就能照顾到所有的听众。避免只将注意力集中在感兴趣或认为重要的听众身上，而忽略其他的听众。

5. 手势协助

(1)双手可以帮助你更好地表达自己。如果在演讲过程中你只是将双手背在身后、插在衣袋中或者放在讲台下，那你就是损失了许多可以吸引人的表现。双手紧握同样会影响演讲的效果。

(2)放松的动作。在演讲中你有很大的自由度去使用你的双臂和双手。但是不要总是将上臂紧贴身体而单纯地摆动小臂。让自己放松，做一些大动作的手势，很快你就会发现自己的手势能很好地配合自己的面部表情。

6. 表述清晰

(1)用带有人称代词的方式讲话。你可以直接地对听众说话(你们可以看这里……)而不要掩饰你自己。放心地使用诸如“我们曾经”或“我个人的意见是……”之类的话语。

(2)使用短句。在文章中使用较长的、加以修饰的句子感觉会很好，但在讲话过程中应尽量使用能让听众容易消化的语句。

(3)不论你是在展示数据、信息还是意见，生动的、有图表的演讲总是有所帮助的。

(4)对于听众来说,生动的举例总比你的结论印象更深刻。

7. 语言的运用得体

(1)注意语气。有些人的讲话总是很单调,他们(用单一的方式)从开头一直讲到结尾而让听众无法分辨其中的节奏和重点,这是十分乏味的。应该尽量在每一句的结尾使用下沉或加重的语气。

(2)注意声音要洪亮,中速语调,不要太快。

(3)适当停顿。在每一句中(任何位置)加一个停顿的效果会很好。特意的停顿和句号或逗号的效果是不一样的。在某一个特定位置停顿可以迫使听众集中注意力,同时也会使他们对下面的词句更加在意。

二、成功演讲的注意点

(1)不要眼睛盯着笔记。

(2)永远不要照着读,除非是引用别人的话。

(3)演讲不是表演。

(4)经常停顿:沉默可能对你显得很长,但对听众没有那么长。

(5)幽默。

(6)演讲要充满热情:如果你没有热情,听众凭什么要有热情!

(7)演讲要简短、明了!

(8)使用"灯塔式"目光接触法:目光扫过听众,在每个人身上停留2～3秒。

(9)大声讲话,让最后一排人都听得到。如果后面的人坐得太远,开始前让他们靠前坐。

(10)不断变化语速、音高,用手势、音调和音量强调你的重点。

(11)结束演讲时,总结主要论点,感谢听众。

三、对演讲中一些问题的处理

1. 如何掌握和安排时间

在准备演讲内容时就应为每一要点分配时间。一般来说,演讲者应将演讲的每部分内容所需时间以及预定结束每部分的时间记录下来,这样就可以非常方便地掌握演讲的全过程。

1)在进行演讲时发现时间不够怎么办?

最好的解决办法是在未提及的前提下放弃演讲的个别部分。不要忘记:演讲内容是由你自己决定的。如果演讲者能控制时间是会受到听众们欢迎的;忙乱而潦草地将内容灌输给听众或让他们发现个别内容被放弃只会让听众感到不愉快。

另一个较好的解决办法是主动提到时间问题："由于所剩时间不多了，我会在介绍以下几点时尽量简单一些……"。如果你的演讲进行得过于缓慢，那么适当地加快语速会是一项受听众欢迎的举措。

2)如果时间有富余怎么办？

询问听众他们是否有问题。这通常都会引起人们有兴致地对演讲进行讨论。

2. 如何有效地处理突发情况

1)预防

大多数人喜欢在听你讲解的同时进行自己的思考然后交换他们的意见。在演讲过程中总有人喜欢(在现场)先与演讲者进行个别讨论或干脆取代演讲者。因此，最好是在演讲之前先解释你想如何进行演讲。例如："我想先进行我的演讲，大致需要多少分钟，然后回答各位的问题……"。

2)如何应对听众的挑剔

(1)设法争取时间思考，重复刚刚说过的话。

(2)设法团结听众。通常来讲他们会同情你。询问听众对(该)问题的意见。

(3)设法排除攻击。你可以使用一些窍门如："对，而且我认为……"之类的语言，然后再加上你的观点或话语。对演讲者来说，使用"而且"是很重要的，它可以引导听众朝向你的思路，使用"但是"只会导致面对面的争论。

3)如果你回答不了问题时该怎么办？

(1)通常来说，最好坦诚相告，这反而会增强听众对你的信任感。

(2)也可以表示今后将提供进一步或更准确的信息。

3. 如何分发材料

(1)开始前让大家知道你带来了材料，让他们知道材料的大致内容，这样他们做笔记时知道该记些什么。

(2)不要事先分发，否则他们就不用听了。

(3)在演讲中间分发材料有助于强调某个论点，但是容易分散精力，因此这种办法不要多用。

(4)不要将分发的材料作为听众随着听讲的工具。如果是报告，最好提前几天发出，这样听众可以有备而来。图表可以复制在胶片或幻灯上，让听众的注意力集中于正在谈论的话题上。

4. 如何应付难以回答的问题

在回答问题时，你首先需要理解提问者问的是什么，他考虑的问题是什么，然后才能有效地回答问题。比如，一个人可能会问："你什么时候才能实施？"你也许会急于回答说:“明天,没问题”。但是,明天实施未必是一个成本核算的选择,而且你知道也许你要费很大力气才能实现。但是这个信息未必就是提问的人想要的,可能他只想知道计划实施的时间表。有一个模型可以用来有效应对提问。这个程序分 5 步:鼓励、提问、确认、回答与核实。见图 8-1。

第一步:鼓励

鼓励别人是最重要也是最艰难的,尤其是你感觉别人在“挑剔”你的时候,一般人是不会想到鼓励别人的。人的本能往往是自卫。鼓励别人不一定意味着同意别人的说法,而是使用“再告诉我多一点”,“我知道你的意思”或者是“我明白”这样的表达方式。你必须把自己放在提问者的位置上。不管是一对一提问,还是在一群人面前,都要鼓励提问者仔细地把想法说清楚。把目光和姿势对着提问人。鼓励的注意事项:让提问人详细阐述;虽然鼓励是处理提问的第一步,但演讲人在提问的整个过程中都要贯彻这一原则。

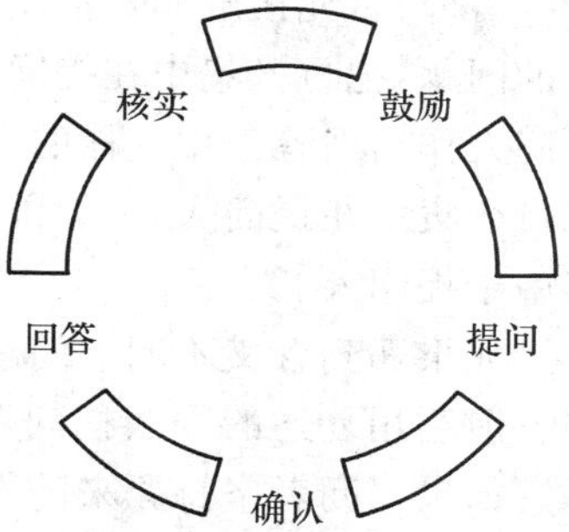

图 8-1 有效应对提问的步骤

第二步:提问

鼓励提问人充分表达自己意思之后,你也要问问题,澄清问的究竟是什么。有时所问的核心内容与提问者最初的问题是不一样的。然后,仔细倾听提问人在说什么。不要显出你已经在想怎么回答了;另外,还要注意身体语言。提问时需要注意:你不应该马上假定你已经理解了问题。只有在肯定自己真正听明白了以后,才能进行下一步。不要在用词上纠缠不清,或看上去像在审问提问者。

第三步:确认

一旦你感觉自己已经明白了,总结你所听到的意思并把你对问题的理解向提问人核实。

第四步:回答

理解问题的实质之后,你就可以准备回答了。你应该回答得越具体越好。听众提出的问题和对应的答案可以分为以下三类(表 8-1)。

表 8-1 不同问题的类型及应对方法

问题的种类	应对方法
理解错误	解释澄清
怀疑	证明信息真实有效,可以通过举例、引文、演示等实在的证据来实现
否定	证明为什么优点大于缺点

第五步：核实

与提问人核实是否确实回答了所提出的问题。如果没有，鼓励再问一次，找出问题真正的含义。保证问题确实得到了回答：直接询问提问人是否对答复感到满意。

另外，目光接触非常重要。如果你在一大群人中间，一个人向你提出了难以回答的问题，把目光集中在提问人的身上，主动倾听。要面对所有人，而不是只面对提问人作出回答。用这样的方法把每一个人都包含在你的回答之中：25%的时间把目光集中在提问人上，另外75%时间看着所有听众。最后核实的时候，把目光集中于提问人。

如果遇到含义不明的问题时，或由于问题比较长，太广泛，无从答起时，可以在回答前利用复述的方法把问题换个提法，调节问题的焦点，使其适合你的沟通目标。如果提问者坚持原来的提法，你可以说："这个问题很值得讨论，可惜我们没有足够的时间来进行讨论。我们可以找时间一起进行深入探讨"。

有时候，听众可以把演讲者"问住"，使演讲者无言以对。有人觉得很不好意思，满脸绯红，其实，这很正常。其实，演讲者如果对答案一点儿也不知道，最好坦言："我不知道，但是我可以查一查，下次与大家一起讨论"。不要靠自己猜测或推测作出回答。如果一时想不起来，需要时间思考时，可以采取复述问题的方法，例如，你可以说："你是不是说……"或者采取反问对方的做法，即"你是怎样看这个问题的？"也可以说："这个问题很好，让我们一块儿思考一下"。在这些反问或对话期间，可以为自己赢得一些思考的时间。

本 章 小 结

演讲不是仅指正规的作报告或演讲比赛，演讲更多的是指人们需要向听众表达自己的观点或意见的过程，是一个人的表达能力的体现。在平时的工作中，每个人都需要有这方面的技能，例如，在众人面前发言；代表小组向其他人展示本小组的讨论结果等。

演讲前需要进行充分的准备。在准备阶段，关键是要明确为什么要讲、对谁讲、要讲什么和怎样讲的问题。准备内容包括通过对听众和自己所讲内容的分析确定演讲的主题，根据主题确定演讲的结构并做出演讲计划。另外，在准备阶段，对于演讲材料及其所使用的媒介等需要预先确定和安排就绪。

在充分准备的基础上，演讲过程中需要注意三个主要环节，即开始、主体和结束。在演讲的开始应该自信、注意姿势与神态、声音等非言语沟通技能的使用，通过对主题和层次内容的说明引起听众的兴趣。在演讲过程中要注意保持听众的兴趣，注意与听众的互动式交流，利用适当的方法进行讲解和提问。在演讲过程中，提问是一个重要的技能。许多人从演讲开始到结束没有任何提问，这样往往效果不好。为此，在本章的演讲过程中和对演讲问题的处理两个小节中分别对提问的细节做了介绍和讨论。

演讲结束时需要与开场白相呼应，对整个演讲内容进行总结并对听众表示感谢。

要使演讲成功，需要注意的问题很多。需要提出引起大家注意的是要重视准备，要尊重听众，要有自信，要注意逻辑层次清晰，适当地运用非言语沟通技巧。在讲演过程中，需要合理安排时间，也应该训练和积累处理突发情况的能力和经验。要注意有勇气、多练习，在不紧张拘束的状态下才能从容地处理演讲过程中发生的问题。

无论任何人在任何情况下的发言、展示或演说都不是一件随意的事情。对自己而言，演讲是展示自己的一个机会；对他人而言，演讲是了解自己的一个机会。有时候，也许你与某些人根本不认识，但是也许这些人仅听了一次你的发言或讲话，以后可能再没有机会与你见面，那么，在这些人的脑海里，你的演讲就是人们对你的印象。因此，锻炼自己的演讲能力需要诊视日常工作中的每一个机会。

思 考 题

1. 什么是演讲？
2. 如何做好演讲前的准备？
3. 在演讲过程中怎样使主题突出，表达清晰而且能够保持听众的兴趣？
4. 如何在演讲过程中把握好提问和回答？
5. 在讲演中怎样使用非言语沟通的技巧？

第九章 会议主持 >>>

本章首先对会议成功的基本要素作了介绍，包括会议的特征、目的和类型，开好一个会议需要做的工作以及开会方法。其次，本章简要说明了对会议主持人的基本要求。最后，本章介绍了会议主持人分别在会议开始、过程中和结束时的主持技巧。为了便于学生学习和练习会议主持技能，在本章第三节以表格的形式介绍了会议主持训练的方法。

会议是有效地传达信息、寻找问题解决方法的过程。对于每个人来说，开会都不是一件陌生的事情。每个人在日常生活和工作中都要参加甚至亲自主持许多会议。但是，要想把会开好，在短时间内获得有效的会议结果并不是一件很容易的事情。无论哪类会议，总有一些共同点。总结起来，会议应该具备下列几点特征：①会议必须有主席。②必须有题目。③必须有议事日程。④必须有预期产出。显然，能否组织并主持好会议往往能体现一个人的沟通能力。

第一节 会议成功的要素

一、会议的目的和类型

1. 开会的目的

开会的目的根据具体情况有很多，但综合而言可归纳为以下五点，其基本及最后的目的在获得某种程度的结论：①需要协调矛盾。②需要征求意见。③需要共享信息。④需要宣传政策。⑤需要澄清事实。

2. 会议的类型

会议的类型可以简单地分为两类，即发布消息的会议和解决问题的会议。

1)发布消息的会议

发布消息的会议是指领导将上级的信息原封不动地传达给人们，起到上传下达的作用，会议主要向人们提供信息和信息来源。

2)解决问题的会议

在一个组织机构中，以分析问题和解决问题的会议最为常见。召开解决问题的会议的目标是通过征求大家对某些问题的意见和看法，对所提出的问题进行分析，通过表决的方式找到有效地解决问题的方法。

3. 会议的评价

评价一个会议一般有四个方面的指标，即实现目标的程度、主持技巧、与会者参与程度和对决策过程的满意度。一般在会议结束时将评价表发给与会者进行无记名的填写，目的是不断总结经验，提高会议质量。另一种评价会议的指标包括会议一般性事项、会议主席、与会者三个主要指标，每个指标都有细化的具体评价指标，见表 9-1 和表 9-2。表 9-2 是观察员在会议现场的观察记录结果。

表 9-1 会议评价表 1

总 分		优 点	缺 点
实现目标(25%)			
主持技巧(25%)			
参与程度(25%)			
决策过程(25%)			

表 9-2 会议评价表 2

主席： 会议名称： 地点：

观察员： 时间：

	项 目	评 分					现场观察情形	
一般性事项	会议目标与主题	1	2	3	4	5	优 点	需要改进事项
	会议程序							
	参加者是否与主题有关							
	会前通知时间							
	制定及通过会议开始与结束时间							
	会议资料是否事先分送给与会者							
	会议是否有结论							
	会议记录							
	会议记录是否按时送给了与会者							
	会后追踪							

续表 9-2

	项目	评分					现场观察情形	
主席	主持会议能力与技巧							
	控制会场秩序							
	拟订发言者发言方式							
	表决情况及优先秩序							
	必要的意见归纳							
	会议方向的掌握							
	小结与总结							
	时间的控制							
	是否运用身体语言							
与会者	是否守时							
	会前准备							
	发言是否踊跃							
	发言是否举手							
	发言内容							
	会场秩序							
	是否参与表决							
	是否注意及尊重他人发言							
	是否协助主席							
	是否阅读非会议资料							
总评								

二、会议各阶段需要做的工作

当我们认为需要召开会议时，我们对会议应有所规划，其规划架构可从会议前、会议中、会议后来看，这样才不会使会议流于形式。

1. 会议前需要做的准备

会议之前的思考与准备是成功会议的必要条件。俗话说，良好的准备是成功的一半，没有良好的准备，就无法使会议成功。概括起来，开会之前需要做以下几个方面的准备工作。

(1)确定清晰目标。

(2)确定会议主席。

(3)计划会议开始和结束的时间。

(4)确定适当的地点。

(5)根据需要确定与会人数。

(6)准备好必要的材料和工具。

2. 会议中需要做的工作

会前准备固然重要,但会议进行的过程更重要。在会议期间,应该保证能使会议进行顺利,完成预定目的。在会议中需要做的工作如下。

(1)会议应准时开始。

(2)会议议程要获得所有参与者的同意。

(3)应按议程所排定的讨论内容的优先秩序进行。

(4)会议应该有总结和结论。

3. 会议后需要做的工作

许多人仍有一种错觉,认为会议完成了,就一了百了,其实在许多情形下,会议完成才是行动的真正开始,千万不要忘记,会议本身的结论才是目的。会议结束后需要马上做的工作如下。

(1)尽快整理会议记录。

(2)必要时在记录上注明人员出席情况。

(3)追踪会议中的决议落实情况及待办事项。

三、开好会议的方法

1. 会议讨论

1)确定讨论题目

主持人将所要讨论的题目公布,要求大家各自发表对该问题的意见。如果与会者人数较多,也可以分小组展开讨论。当分小组展开讨论的时候,小组长便是主持人,因此主持人的第一项任务是在小组内澄清所要讨论的题目。

2)有顺序的发言

主持人决定发言顺序,与会者依次发表意见。主持人通过总结归纳,与大家一起找出一些解决问题的候选方案之后,接下来就需要评估这些候选方案,征集与会者的意见和建议的过程就是评估方案的过程。

3)通过会议决策

对问题解决方案进行评估之后,就需要会议决策,制订最终的方案。当主持人掌握了几个解决问题的方案时，可以通过会议进行决策，综合判断孰优孰劣，选择其中更好的方案。一旦通过会议决策出最终方案，那么无论是主持人还是与会者都需要按照最终方案去执行。

2. 头脑风暴

头脑风暴是一种鼓励参与者在无约束的情况下针对某个问题充分发表自己观点和意见的方法。在培训班或会议中，培训师或主持人提出题目，大家就此题目在不与其他人进行任何讨论的情况下发表自己的见解（例如给出某个概念或定义）。由于大家发言的先后顺序可能影响小组中其他人的主观看法或产生群体压力的效果，因此人们往往将自己的见解写在各自卡片上，以此达到收集各种不同意见的目的。意见收集后，主持人与参与者一起将卡片进行分类。如果有必要，则分别加以讨论以便集体得出相对共识的结论。

头脑风暴方法的作用在于：①最大限度地发挥参与者的创造性；②全面地看待事物，多角度地观察问题；③建立相互尊重而和谐的小组气氛。

头脑风暴要求全部参与者将自己的想法、意见充分地贡献出来。通常的程序见图 9-1。

（1）参会的每一个人明确要解决的问题是什么。

（2）记录所有意见。

（3）每个人各自表达出自己的解决方法。

（4）选择可行的方案；如果没有则进行第五步。

（5）将所有解决方案中可行的部分进行各自优点的组合，最后形成一个较为理想的解决方案。

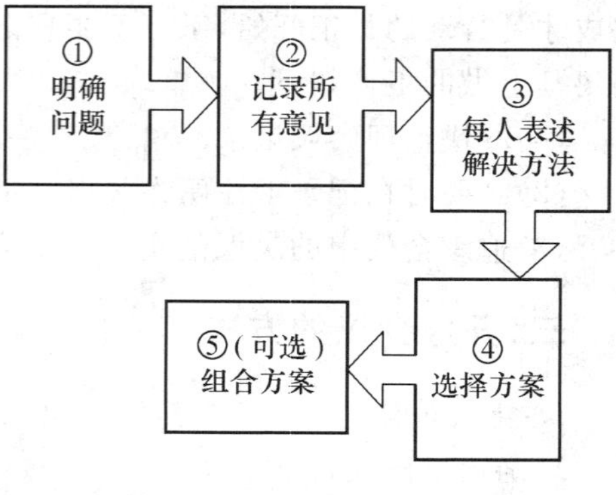

图 9-1　头脑风暴的步骤

运用头脑风暴时，不能违反以下两个原则。

（1）每个人可以毫无顾忌地说出最直觉的想法。

（2）会议要尊重与会者的意见，因为每一个想法都有可能引导出新的解决方案。

3. 集体决策

开会的目的往往是交换意见并形成决策。在许多情况下，既然开会，决策最好应该是集体作出，而不是某个领导拍板。集体决策有利于后来的方案实施。集体决策所需要的技能如下。

(1)通过问题分析方法确立问题。

(2)通过目标分析确立目标。

(3)利用集体智慧和创造力找寻替代方案。

(4)通过决策分析列出重要制约因素。

(5)通过决策分析及风险评估评估替代方案的优劣。

(6)通过打分排序选择最适方案。

(7)通过效益评估分析评估执行成效,以供后续决策参考。

4. 主持人

一个成功的会议中,合格的主持人是关键。因此,主持人应具备的条件对于一个会议的成功至关重要。当好会议主持人,应具备以下条件。

(1)思路清晰,思维敏锐。

(2)幽默诙谐,营造气氛。

(3)因势利导,分析深入。

(4)善于表达,归纳简练。

(5)总结全面,公正果断。

(6)控制时间,灵活应变。

(7)沉着自制,具有耐性。

(8)鼓励参与,保持中立。

第二节　会议主持人的主持技巧

一、会议主持人在会议开始时主持的技巧

(1)开会首先要遵守时间,避免拖拉。时间一到,即要宣布开会。人们最怕拖拖拉拉,到了时间却又开不了的会议。同时,在宣布会议开始时要心平气和,神态自然、镇定,把纷乱、嘈杂的场面平静下来。

(2)当与会者进入会场时,应向他们打招呼,要保证他们各就其座。

(3)适当的座位安排,避免课堂教学式的就座习惯,尽量创造面对面的机会。

(4)自我介绍并说明开会的目的。

(5)除非能确定每一位与会者都彼此认识,否则必须进行介绍,且越简单越好。

(6)一开始便要说明议程安排、大纲及会议进行时间表。

(7)寻问有没有人对会议的安排不清楚,并回答与会者提出的其他问题。

二、会议主持人在会议进行中的主持技巧

一般来说,任何人都可以通过教育与训练,培养担任会议主席所需要的能力;关于个人的特质,虽非短暂时间可以训练,但仍可经过长时间的自我观察、自我锻炼及自我修养,增进其主持会议的特质,而此项特质也是领导的必备素质之一。会议主持人在会议进行中应该做到以下几点。

(1)要尽早并简明地引出主题、说明讨论的目的。

(2)要具有亲和力并尊重参与会议者的发言。

(3)要把握和控制会议的进度。

(4)要保持中立的立场。

(5)积极注意倾听,鼓励每个人发表自己的见解。

(6)在一段时间里要集中讨论一个议题,在一个议题结束之后再开始下一个议题。

(7)要具有结合与调和意见能力和导向会议目标的能力。对待不同意见时,应该做到。

①对争论双方各方的观点加以澄清。

②分析造成分歧的因素。

③研究争论双方或各方的观点,了解协调的可能性。

④将争论的问题作为会议的主题之一,展开全面的讨论,以便把会议引向深入。

⑤若分歧难以弥合,那就暂时放下,按会议议程进入下一项。

(8)随着会议的进行,对已表述的观点要及时加以概括总结。

(9)控制时间,争取尽早得出结论。

三、会议主持人结束会议的主持技巧

(1)要能够判断会议结束时机。一般来说,在以下的情况下可以结束会议。

①提供必要资料的人已经不在场了。

②达成决定所需的信息目前无法获得。

③预定散会的时间已到,而与会者看来显然无法达成任何决定。

④与会者中几个人可以解决问题,没必要把大家都留下来。

⑤预期的会议结果已经达到。

(2)简短地报告此次会议的决定,或是稍后会处理的问题。
(3)对与会者再次表示感谢。
(4)如果人数太多的话,安排与会者的退场。
(5)安排人员清理会场。

第三节　会议主持人的主持技巧训练方法

在许多国际发展项目中,都要单独聘请资深的会议或研讨班的主持人,开展项目计划、项目评价或问题解决等项目管理工作。要做到一个职业化主持人的标准,必须经过严格的专业训练和多年的实践。本节介绍一些主持人的基本训练方法。

一、会议主持技巧测试

1. 会议主持技巧自测卷 1

请回答表 9-3 中的问题,计算你回答“是”的数量,判断自己的会议主持技巧。

表 9-3　会议主持技巧自我测试

测试题目	实际情况
在主持会议时,我常对这些参加者更注意,而非对自己更注意	□是　□否
会议前,我总是能心平气和、泰然自若	□是　□否
会议前我会考虑参会者对话题感兴趣的程度	□是　□否
参会者告诉我,我的讲话机智而又风趣	□是　□否
会议结束前,我会再次地强调重点	□是　□否
重要的会议,我会准备好各种辅助设施	□是　□否
我对想表达的主要和次要的观点非常清楚	□是　□否

在表 9-3 中,如果你有 4 个以上选择了“是”,说明你掌握了基本的会议主持技巧;如果低于 4 个,你真的需要注意了,多给自己一些锻炼的机会。

2. 会议主持技巧自测卷 2

表 9-4 为自测卷。在表中,每一个问题都有一个是正确的答案,请你将对的答案找出来(将认为对的打√)。

表 9-4　会议主持技巧自我测试

问题	对	错
1. 主持会议的精力投放		
1)在主持会议时,对参加会议者更加注意		
2)在主持会议时,对自己更加注意,注意自己所说的话、语气、句子等,还要想下面要说什么		
2. 会议主持的心态		
1)会议前心平气和,泰然自若		
2)会议前紧张,对自己没有信心		
3. 会议话题的考虑		
1)会议前我会考虑参会者对会议内容感兴趣的程度		
2)我基本不在乎什么话题。我现场发挥能力强,能很快适应其他参会者		
4. 参会者会后的反馈		
1)参会者告诉我,他们很喜欢我的主持		
2)参会者很少讨论我的主持,我认为他们已经默认了我的主持能力		
5. 会议中重点的强调		
1)会议结束前,我会再次强调重点		
2)会议结束前,我没有再强调重点,因为会议中已经讲过		
6. 会议视听辅助设备的运用		
1)在重要的会议中我会应用视听辅助设备		
2)在重要的会议中内容的准备比视听辅助设备更重要,视听辅助设备只是点缀		
7. 对表达观点分主次		
1)我对想表达的重要和次要观点非常清楚		
2)我的每一个观点对参与者都有作用		

问题测试自测卷的答案

正确　1. 1)　2. 1)　3. 1)　4. 1)　5. 1)　6. 1)　7. 1)

3. 会议主持技巧自测卷 3

表 9-5 是主持人的语言表达句式。请你从会议主持人的角度,找出错误的行

为，并说明理由。

表 9-5　会议主持技巧自我测试

句式	注明对错	为什么
(1)你的表述方式有问题，应该……		
(2)今天的会议主要讨论了三个问题……		
(3)小王好像是想要发言，“小王，你对这个问题有什么看法呢？”		

4. 会议主持技巧自测卷 4

表 9-6 是一张会议主持人自我评估表。练习者只需要在相应的栏内打√，将结果提供给小组会议上讨论。

表 9-6　会议主持人自我评估表

评估题目	是	否
1. 在决定开会前我会考虑是否可以用其他方法代替开会		
2. 开会成本不多，时间合适		
3. 单位主管一定是该单位开会之当然主席		
4. 我通常在开会前先定开会主题		
5. 开会目标应预设“底线”		
6. 开会应事先将时间予以分配，但不必先告知与会者		
7. 开会通常由我指定记录人		
8. 通常我会要求与会人员签名		
9. 我在开会中告知与会人员开会的目的		
10. 我对开会的议事规则相当了解		
11. 开会通常是双向或多向意见交流的场所		
12. 我知道我会为集体决策而开会		
13. 我在开会前 1 周已通知与会者		
14. 我在通知与会者时已将会议主题及程序通知参与会议者		
15. 开会是为了集思广益，人越多越好		
16. 我通常在与会者有时间时举行会议		
17. 开会前我通常预作准备，细读参考数据		

续表 9-6

评估题目	是	否
18. 会议开始时，我一定再把会议主题及程序宣读一次		
19. 开会前我通常规定发言时间		
20. 为了尊重参与会议者，对偏离会议主题者，我会容忍		
21. 会议进行时，我要求举手作为发言表示，否则婉转禁止其发言		
22. 会议进行时，我一次只允许一位人员发言		
23. 多人举手发言时，以先后顺序决定		
24. 同时多人举手发言时，我通常以性别、年龄、距离远近、已/未婚等方式决定发言		
25. 若预期发言不踊跃，我会事先安排		
26. 发言过长，或超过时间，我会制止		
27. 我会让发言较少的人先发言		
28. 我在主持会议时尽量运用幽默感		
29. 引导会议进行是我的责任		
30. 主席应迅速领悟发言内容，立即分别答复		
31. 我通常会在子题目讨论完毕时作小结		
32. 遇到会议问题人物时，我会强势制止		
33. 我在进行表决前，通常均会征求大家意见		
34. 重要议题，我认为会前疏通重于会中讨论		
35. 我主持表决时，通常按照先提议先表决的原则		
36. 当表决时出现正、反两面票数相同时，可以我的一票作决定		
37. 我常在出现不合理表决结果时使用否决票		
38. 主席保持客观不是必要的，要视情形而定		
39. 散会时，我会尽快将会议记录送交与会者，通常均不超过 2 周		
40. 会议主席不负责会后行动，那是参加会议人员的事		

二、对会议主持过程及效果的监测评价

会议绩效测量表见表 9－7。

表 9-7　会议绩效测量表

考核问题	经常	偶尔	少有	绝无	合计
1. 会议未能准时召开却能按时结束					
2. 参加会议的成员迟到现象					
3. 参加会议的成员不清楚会议的目的					
4. 参加会议的成员不清楚为何要参与该会议					
5. 开会时没有或不知议程是什么					
6. 会议中少数人占用大部分会议时间					
7. 报告占用会议人部分时间					
8. 会议中参与者形成小群体各自交谈					
9. 主席占用大部分的会议时间					
10. 会议中无意见，会议后有很多议论或耳语现象					
11. 会议中无法获致共同结论					
12. 会议中运用表决以决定结果					
13. 经会议的决议后仍不清楚相关的决定					
14. 觉得需设计一套完整的会议管理制度					
合计					

评分标准

经常　1；偶尔　2；少有　3；绝无　4

计算方法：将所得总分相加，将结果与下表进行对照

总分	评论	建议
60～51	非常好的会议绩效表现	主动分享会议经验与作法
50～38	会议绩效略具水准，仍有改善空间	积极培养主席主持会议的能力
37～26	会议的形式重于实质	建立会议管控制度
25～15	会议绩效亟待改善	建立并宣达会议有效进行的重要性概念

三、主持过程中的问题与应对技巧

表 9-8 所列关于主持过程中的问题与应对技巧不仅适用于开会，同时也适用

于一般性的小组讨论。

表 9-8　主持过程中的问题与应对技巧[1]

过程中的问题	应对技巧	举例
话多、支配型听众	当此人说完一句话停顿时，马上请其他听众参与； 肯定发言内容的价值，然后转向其他人； 让全组展开讨论	“别人的看法呢？” “这些看法都很好，谁还能补充？”
进攻对立型听众	保持冷静。询问小组其他人的观点； 支持这位听众的一个或几个论点； 会后和这位听众交流	“谁想说说自己的看法？” “这个想法太好了，谁还能继续发挥这个观点？”
几个人间意见不同或争论不休	鼓励倾听； 澄清观点； 肯定每一个人的看法和情感； 鼓励采用其他的方法； 取得共识； 找出相同点； 对事不对人	“让我们先一个一个讲，听听每个人的看法。” “我们先别争论，让大家都有机会把话说完。” “这位听众好像对这个问题有很强烈的感受，你们都理解他的意思吗？理解了？好吧，那我们继续。” “谁还有不同的观点？我们把所有不同的观点都讲出来吧。” “这位听众，你刚才问到我们应该如何应对这个问题。那你的建议是什么呢？” “时间到了。我们的想法都一致了吗？” “我们在这点已经达成一致了。” “咱们看看是什么，不要看是谁。”
打断谈话	让想发言的人按顺序讲话； 让打断者等一等； 让打断者写下自己的看法	“让我们先听听（打断者的名字），然后再听听别人的。” “你稍等一会儿再说好吗？” “你先把想法写下好吗？这样我们过后就不会忘了？”

〔1〕 根据 UNICEF《成功讲演技能》中的表格整理。

续表 9-8

过程中的问题	应对技巧	举例
跑题	归纳； 表现出你已经倾听了发言人，然后重新回到讨论正题； 直接指出讨论跑题了	“我们目前听到的观点包括……这么归纳准确吗？” “咱们先记下这个观点后面再谈，下面我们继续往下讨论吧。” “好像我们跑题了，重新回到原来的话题好不好？” “我们跑题了吧？” “我们说的是一回事吗？” “我们后面再讨论这个题目好吗？”
想法不清晰，表达含糊不清	支持发言人讲话，请求听众帮助； 重新开始； 问发言人其发言和讨论的关系	“你开的头很好，谁能继续发挥？” “让我看看我听明白没有。” “我们看怎么把你的发言和讨论联系起来？”
时间不足	规定一个停止讨论的时间； 问大家继续讨论是否合适	“我们再听两个发言，然后决定要不要往下讲。” “我们只有(这么多)时间了。余下的时间怎么安排？” “让我们把这个问题放在一边，留给下次开会讨论吧？”
结论错误	倾听所有人发表的意见，再问问别人有什么看法； 寻找支持论点的依据	“这是一个看问题的角度。还有没有别的角度呢？” “这个结论很有趣。你这个结论的依据是什么呢？”
冷场	争取听众的参与； 把问题说出来，请求听众帮助； 把眼光放在默不作声的听众身上； 在会前准备好直截了当的问题，提问那些不发言的人	“这些想法都很好，还有谁能补充？” “现在太安静了。有没有人帮助我们继续谈下去？” “那我们应该做什么呢？”
会上开小差	让听众帮忙； 让开小差的人集中精力； 把眼光集中在开小差人身上，让他知道你的不满； 停顿。沉默一段时间； 让开小差者谈自己的看法。把讨论归纳一下，防止这个人难堪	“看起来你有什么想法要说？” “别人怎么想？” “××(人名)，我们刚才谈到……”

本 章 小 结

会议是有效地传达信息，寻找问题解决方法的过程。开会的目的有 5 个：①需要协调矛盾；②需要征求意见；③需要共享信息；④需要宣传政策；⑤需要澄清事实。人们往往会召开各种不同的会议以期达到不同的目的。会议的类型可以简单地分为两类，即发布消息的会议和解决问题的会议。只有在会议前做好充分的准备，会议才能达到预期的效果和目的。开会的方法主要包括会议讨论、头脑风暴和集体决策。然而，无论哪种会议，都需要有会议主席或主持人。会议主席或主持人的主要职责是组织和主持好会议，使每个参与者能够清晰了解会议主题、内容和结论。在需要讨论的时候，使每个人都有机会畅所欲言，表达自己的观点和意见。在大家充分发表意见的基础上，经过归纳总结，最后形成共识性的结论。

可见，一个会议的成功取决于会议主持人的主持技巧。一般来说，主持人可以分为两类：一类是被参与者推选出来作为会议过程中的临时主持人，其任务主要是负责组织协调会议过程并完成会议程序所规定的议程；另一类是在工作单位或项目活动中的领导者，往往自然地成为会议的主席或主持人。在这种情况下，其任务不仅包括会议本身，而且包括会议的前后工作安排。

一般来说，一个合格的主持人在会议的不同阶段包括开始前、开始、进行中、结束时和结束后都需要做很多工作和使用不同的技巧。主持人在会议开始前需要注意确定会议的必要性、准备提纲、确定时间地点并通知参与者；开始时说明会议目的、希望达到的结果并明确会议程序以及一些必要的安排和布置；会议进行过程中要求主持人做到保持中立、控制进度、鼓励参与、澄清问题、协调关系以及对会议的掌控能力和领导艺术；会议结束时主持人应该善于判断会议结束的时机、归纳总结会议的内容、明确会议结束后的工作或活动；会议结束以后主持人应该整理会议报告，如有必要，检查跟踪会议决议的落实情况，以决定后续工作安排。要做到一个合格的主持人不是一件容易的事情，需要一个人不断学习，努力实践。在每次有机会训练时，认真填写本章中所列的表格是一个很好的方法，它可以帮助你不断总结经验，修正缺点和错误，以便使你的主持技术不断趋于成熟。

思　考　题

1. 学会会议主持有什么意义?
2. 会议主席与会议主持人有什么不同?
3. 会议主持人与电视节目主持人有什么不同?
4. 会议主持人最重要的素质是什么?
5. 主持技巧中哪些是比较难掌握的?
6. 如果会议中很多人开小会大家争论不休怎么办?
7. 会议中没有人发言怎么办?

第四篇　农村发展传播学的调查分析方法

第十章

参与式沟通方法概述 >>>

本章从参与式农村发展途径、参与式沟通方法的作用和特点三个方面介绍了参与式沟通方法的含义；然后介绍了参与式沟通方法的几个基本原则和关键技能；最后对如何应用参与式沟通方法进行了讨论。

第一节　参与式沟通方法的含义

参与式沟通方法是指从事农业和农村发展的工作者包括干部、教师、研究人员、推广人员在与农民一起工作时所使用的方法，这种方法不是自上而下的行政命令方式，而是一整套在调查和讨论基础上进行群体决策的自下而上的方法。参与式沟通方法是以参与式农村发展途径为指导的、以参与式农村评估为基础的工作方法。

一、参与式农村发展途径

1. 参与式农村发展途径的概念

参与式农村发展途径（也常常被称为参与式途径）是指一定区域的社区内男女农民、特别是贫困农户，在发展工作者的协助下，采用适当的参与式工具和方法，分析自己、家庭和社区以及自然资源与社会经济环境的问题、需求、发展机会、制约因素和克服途径，并进而对发展活动进行规划、实施、管理和监测、评估的过程。参与式农村发展途径实际上是一种理念、指导思想、思维方式和工作思路，由于与其相适应的一整套工作方法紧密相连，因此，人们将参与式农村发展途径理解为包括所有以参与为导向的工作方式和工作方法。

参与式农村发展途径能够使发展活动的设计及其组成要素、实施机制，最大限度地适应目标区域和目标群体的现实条件和环境背景、满足目标群体的需求，使男女农民、特别是贫困农户在全过程参与中，对发展的规划和行动产生权属感、责任感，由过去发展活动被动的执行者、劳动力，变成分析、决策并实施自身经济和社区发展行动、实现发展目标的主人公，从而解决过去发展项目或实践在资源环境管理、社会的公平性以及项目本身的可持续性等方面普遍存在的问题，使发展活动的成果和运行机制可以长期持续。

参与式发展研究与实践途径的核心是人力资源的开发，是角色转变，是交流、沟通与对话。把知情权、发言权、分析权、决策权、管理权交给当地人民，而外来者—发展工作/研究人员则成为变化的催化剂和农村发展、变革进程的协助者。与结果相比，参与式发展途径更注重过程。鼓励当地群众实际运用参与式工具和方法，在表达、分析、决策和管理的过程中，开发潜力、培养能力，互相学习、自我教育，组织起来、合作行动，承担起责任，持续发展。它提供场所，使那些与社区及农户发展有关的机构、人员，特别是目标群体坐在一起，互相了解和理解，通过交流、沟通，达成共识、形成发展的合力。

2. 参与式农村发展途径的几个要素

1)向当地人民学习

采用参与式沟通方法的目的是为了当地人民的利益。它承认传统知识的价值和当地人民解决他们自己问题的能力。

2)讨论并分享经验

外来者和当地人民一起分享他们的知识和经验，从不同角度分析问题，以便找到新的解决方案。

3)让社区中所有群体都参与进来

一个社区不是同质性的(不同的阶层、民族、宗教、性别)。正式的领导、社区的发言人或特殊群体并不一定能代表整个社区。

4)“外来者”作为协助者

外来者协助当地人民调研、分析他们自己的问题，并且互相交流、学习；外来者不讲课、不给指示或在项目中处于支配地位；往往由外来者启动这一过程后，外来者的作用便逐渐减少。

5)以实践为导向

调查问题和潜力；考察解决问题的可供选择的方案；一起制订计划，强调社区自治。完善结果；不断探究，通过缩小范围和深化分析，逐渐认识不了解的东西。通过适当的忽略和欠精确，来克服约束条件(时间、人力、资金)。

6)审视自己、自我警觉、从错误中学习

外来者作为协助者要能不断觉察自己的行为，加以改进；认识到犯错误是正常的，而且是完善自己的机会；并且要在实地对工具进行适应性调整，并发展新的方法。

7)循环往复、不断进行的过程

对问题和潜力的分析是一个不断进行的过程，这是因为，一个社区的问题和优先需求是随着阶段的演替而变化的;社区的活动和计划也应随着发生的变化而相应调整。

8)伙伴关系

社区群众和社区发展机构的合作表现为责任均担、相互信任、同心协力。

9)自我管理

社区群众和社区发展部门所做的一切都是为了能够提高当地社区自我管理的能力。

二、参与式沟通方法的作用

1. 信息收集

利用参与式沟通方法收集信息是一种快速有效的途径。由于参与式沟通方法中包含了许多工具,这些工具从不同角度发挥作用,从而使收集到的信息具有准确性和综合性。信息收集的主要途径有以下两类。

(1)调查者利用参与式农村工作方法中的各种工具开展对第一手资料的收集。第一手资料指的是调查者依靠自己的调查方法所获得的,不能在正式记录中发现的信息,例如,用问题分析的方法与当地人一起发现的目前在生产生活中存在的主要问题以及这些问题的原因和后果。

(2)调查者通过各种渠道所收集的那些现有的而且比较容易获得的二手资料。二手资料指的是那些已经有记录的由他人整理或使用过的信息资料。可能的二手资料包括书籍、文件、资料等,例如政府工作报告,各级政府制订的发展规划、会议记录等。

当然,在信息收集过程中,只有将一手资料与二手资料获得的信息相互验证,才能得到准确的分析结果。

2. 问题分析

在很多情况下,利用参与式沟通方法更多的是开展对问题的分析。这些问题所涉及的方面很广泛,可以包括资源、环境、经济、社会等许多领域。在对一个特定的社区进行分析的过程中,我们往往要面对一些纷繁复杂的互相关联的问题,采用传统的农村工作方法往往仅停留在问题的表面,无力找出其实质进而影响科学决策的质量。参与式沟通方法的主要作用就是对这些问题在平等沟通的基础上进行逻辑的分析并找出合理的解决方法。

三、参与式沟通方法的特点

参与式沟通有以下几个特点。

1. 参与性

当地人与外来者一起开展数据收集和分析工作。

2. 可视性

可视性或可视化是指所有参与式沟通方法工具都是用一种透明公开的形式将讨论过程和结果明确地展示在所有参与者面前的一种工作形式，它是参与式沟通方法工具的一个突出特点。可视形象化工具的优点如下。

(1)成为大家讨论问题时集中注意力的焦点。

(2)有利于参与，使文盲、半文盲，妇女、儿童等也能参加讨论。

(3)简单、明了地表示复杂的事物、过程。

(4)消除疑虑、鼓励参与、促进有效的小组讨论。

(5)便于总结、核对、联想、激发人们对事物的思考分析。

可视性表现在语言形象化工具的使用上，它与仅用语言问答的语言化工具比较起来最主要的是改变了传统意义上的人际传播的方式方法，两者的一些具体区别如表 10-1 所示。

表 10-1　语言工具和可视形象化工具的比较

表现方面	语言工具	可视形象化工具
调查者的目标	了解情况，获取知识	了解情况过程中启动并促进当地农民自己的分析
调查者的工作方式和角色	信息获取者	协助者和变化过程的催化剂
当地农民反应的方式和角色	“你问我答”式的回应者	讲解者、研讨者、分析者
信息交流的媒介、材料的决定者	调查者	当地农民
信息流的走向	顺序性的	逐渐积累性的
当地农民意识到调查者存在的程度	高	低
当地农民与调查者相互之间眼神的接触	高	低
信息对于其他人的可得性与持续性	低、一次性	高、具有一定的持续性
信息间核对的责任在	调查队成员之间	当地农民和调查队成员一起
信息的归属	由调查者保存	分享，可以由当地农民所有

3. 灵活性

不是一种标准化的方法，对它的使用取决于目的、资源、技能和时间。参与式沟通方法使用了一系列方法（画图、分类、排队、打分等），相当灵活而不死板，形象具体而不仅仅光用语言；注重小组讨论、交流、形成共识，而不主要靠个别访谈、分析；着重定性的比较，而不是精确的度量。

4. 综合性

学科交叉与团队工作。工作小组构成包括当地人和外来者；男性和女性。

5. 简约性

适当的忽略、适度的欠准确。调研内容、范围不超过所需要的标准；有比较就够的时候，不去度量。我们受过的训练是要计量出绝对数字，而实际中往往需要知道的是趋势、打分或排序结果。注重成本和时间的效率；将充分的机会用于分析和计划。

6. 地方性

当地群众能够采用它的工具和方法。

7. 全面性

力求全面、避免偏见——空间的、时间（季节）的、人的（不同社会性别、收入层次、种族、民族）、学科专业的、部门的。比较集中体现灵活、深究、互动、创新。

8. 系统性

为了增加有效性和可靠性，要求部分的分层取样和交叉检验。

第二节　参与式沟通方法的原则与技能

一、参与式沟通方法的几个基本原则

参与式沟通方法提供了一系列很好的沟通工具来帮助社区，更多的是那些弱势群体分析他们具体的困难和问题，鼓励讨论并在讨论的基础上取得解决问题的一致意见。通过这种方式，农村社区中的人们，尤其是贫困人口、妇女和儿童能够发现自己的潜力和价值。在许多情况下，这种方式可以使农村社区重新审视他们所面临的条件从而根据所处环境找到适合当地的解决问题的方法。

参与式沟通方法是一种方法，更是一些工具。这些工具主要表现在由当地社区创造的具有浓厚地方性的画图式表现手法。利用这些工具或手法呈现当地知识的价值，提倡赋权的理念。参与式沟通方法的几个基本原则或核心理念如下。

1）赋权

知识权。知识是一种权力。一般认为知识产生于研究的过程和结果，通过参与，达到与当地老百姓共享和被当地老百姓所承认或拥有的目的。由于参与式发

展途径或者说参与式沟通方法的出现，使得过去被用于计划和管理决策的这种信息的专业化垄断被瓦解。于是，产生了一种对新的关于当地人自己知识的合法性、有效性和正确性的地方信任感并得到加强。在承认乡土知识价值的基础上，“外部的”知识才能够更好地在本地被吸收。

知情权。知情权指当地社区群众要有知晓、了解有关社区发展方面的已经发生、正在发生和将要发生的情况的权力。不能以当地人文化水平不高、理解力不强为理由而将其拒之门外，使其对相关事情一无所知。

发言权。在开会讨论问题时应该邀请当地人或知情者参加。不仅参加而且要使参与者有表达自己意见和建议的机会。

分析权。参与者不仅仅是信息的提供者，更重要的是应该能够鼓励他们参与对有关信息和问题的讨论分析过程中。他们的表达也许不那么流利，但他们的观点是鲜明而独特的；他们的意见也许不像干部和技术人员那样有大局和宏观视角，但是对于局部或具体问题的解决有不可替代的作用。

决策权。对于解决问题或项目活动的计划和实施的决策来说，这不仅仅是领导者的责任，应该增加社区群众支配当地资源、分配社会利益和自主决策的权力。参与者应该在讨论分析的基础上有机会提出自己对于解决问题的意见和建议，应该提倡集体决策而不是一言堂。参与决策过程可以增加参与者的拥有感和责任感。

管理权。管理权不是领导者的专利。在项目活动的实施上应该提倡集思广益和民主管理。参与者如果有机会参与管理，就会产生拥有感和责任感，对减少管理成本会有很大作用。不仅如此，在管理上集中每个人的智慧会把事情做得更出色。

我们可以把赋权理解为一个过程，也可以把它作为一个目标。让社区群众积极参与项目的决策、设计、实施和评估等所有阶段的工作。社区发展部门应该帮助社区群众分析问题，找出解决问题的方法。社区发展部门在这些活动的组织和实施过程中给他们提供指导。参与式沟通方法提倡民主、多样化和赋予权力等，这样可以使计划、行动的成果和影响具有可持续性。

2)尊重

参与式沟通方法将外来者(包括社区以外的研究者、政府干部、教师、推广工作者等)这些原来被认为传授知识的人转化为学习者和倾听者。外来者必须学会用一种新的思维方式来观察事物，他们必须完全舍弃那种恩赐或施舍的工作态度，不要发出类似于“当地人那么聪明，他们能够做出他们自己的许多图表”等的那种惊叹。一个很好的经验告诉大家：当你真的懂得了当地的语言、笑话或歌曲的时候，你会感觉你才开始了解当地人的文化。

参与式方法是建立在尊重当地社区群众的思维方式和信念的基础之上的。只有通过这种方式，社区发展部门才能够同项目的受益者真正合作，项目受益者才会将项目引进的新的东西真正作为一种方法去解决他们自己面临的问题，而不至于将这些方法看成是社区发展部门或政府强加给他们的行动。

3)本土

广泛而具有创造性地运用当地所能找到的材料和表达方式来鼓励分享可视化的信息，避免将外部的表达方式和习惯强加给当地的人们。

4)快乐

如果将参与式沟通方法运用好，它应该是很快乐的事情。需要强调的是，千万不要图快，而要注重过程。

5)包容

通过关注过程增强敏感性；注意倾听包括穷人、老人、妇女、儿童等那些弱势群体的声音。

二、参与式沟通方法的关键技能

采用参与式沟通方法对农村工作者的工作能力提出了比较高的要求，最突出的应该具有的技能表现在两个方面，即半结构访谈和小组主持。对于农村发展工作者来说，这是有效使用参与式沟通方法的两个基本功。

1. 半结构访谈

半结构访谈是相对于结构性访谈而言的。后者的典型代表是问卷调查，所有问题都事先考虑、设计好了，甚至连几种可能的答案都确定好了，从而失去了交流、深究、获取大量生动信息、并与被访问人进一步建立密切关系的机会，而这种关系对搞好扶贫项目是十分重要的。此外，由新手或对农村、农民缺少感情、兴趣的人做结构性问卷调查，往往枯燥，而且随着问卷长度、访谈时间的增加，其信息的可靠程度也下降。

半结构访谈是有大纲作指导的访谈，其中只有主题和次级主题是事先准备好的，而具体问题或其提法是在讨论或可视形象化分析的进程中顺应情势即席形成的，因此是十分灵活和逐渐展开的过程。作为新手或者小组工作，访谈大纲应该是书面文字的，而积累了经验后，则可以在脑子里构思，但最好能写出几条来备忘。半结构访谈不仅是搞好小组或个别访谈所必要的，也适用于我们协助农民采用参与式沟通方法工具进行分析和决策的过程中。采用半结构方法应该注意语言明确、简练，尽可能用当地老百姓的语言表述。采用半结构方法进行的访谈可以分为以下三个类型。

(1)个体访谈。

(2)主要知情人访谈。

(3)专题小组访谈。

注意事项：

(1)做好小组准备。

(2)创造适当的气氛与环境。

(3)与访谈对象建立相互理解与信任的关系。

(4)控制时间。

(5)敏感性地倾听与提问。

(6)使用可视形象化的工具。

(7)避忌诱导性的提问。

(8)注意记录。

(9)与不同访谈结果的核对证实。

2. 主持

小组座谈或运用参与式工具讨论、分析，都需要有主持人。他/她起着十分重要的作用。主持人要能够不带偏见，不把自己的意见强加于人，让每个人畅所欲言，帮助当地群众一起来分析他们的情况、规划相应的行动，并达成共识。在项目开始时往往由我们外来的扶贫工作者、项目人员担任这种角色，以后要逐渐由当地的农民、群众领袖人物担任，在妇女讨论时，最好由妇女。那么怎么才是合格的主持人呢？

1)合格的主持人、协助者的注意点

前面已经提到了农村发展工作者角色的转变——由主导者转变为协助者和主持人，协助基层农村发展的主体——农民，在协助者主持的集体讨论中，运用参与式沟通方法的工具，对自身和社区的发展，进行发言、分析和决策。因此，要成为一个合格的协助者、主持人，除了在半结构访谈要点中提到以外，还应该注意以下几点。

(1)能创造一个友好、平等、和睦的工作气氛。首先要说明来意或小组讨论、分析的目的，表达对他们的真诚和尊重，不要一上来就开始具体工作。这需要花费一些时间，但十分值得，十分必要。

(2)调动群众的积极性。能调动群众的积极性，由他们拿过笔、纸来分析自己的问题、需求和创收的机会。要用自己的热情、耐心和鼓励，把群众的这种潜力充分发挥出来。

(3)能给所有参与者以同等机会。尤其善于观察、发现、并鼓励过去不习惯在公众场合、会议上发言的人，特别是贫困农户、妇女。

(4)尊重参与者的意见。主持人一般不采取批评态度。好多农民，特别是贫困农户、妇女往往有自卑感。即使你心里认为他们的看法不正确、不全面，也不要去否定，给好不容易调动起来的积极性泼冷水。相信通过讨论、交流、群众自我学习、自我教育，会形成正确的意见、达成共识。

(5)保持中立立场。不偏向、不存偏见，避免做评判。也许去的村有姓氏、宗族或干群之间的矛盾，我们要对此敏感，并保持中立、不偏不倚；同时善于在不同的利益群体之间进行调解，来促进决策。

(6)思维敏锐。善于提出相关问题，捕捉新的信息、观点和苗头，加深对问题的讨论、分析。保持敏感，及时体会讨论气氛，必要时变换问题的提法，甚至整个话题。

(7)善于总结归纳。把群众的发言、观点加以归纳、精练，写在大纸或卡片上，展示给大家，询问、征求意见，予以纠正、完善，形成共识。

(8)辅导协助。如果发现可以让群众自己主持、自己讨论，特别是男调研队员主持妇女小组讨论的时候，应及时让群众自己主持，自己退到后面观察，必要时做补充。

2)主持讨论的技巧讨论见表 10-2。

表 10-2　参与式沟通方法中主持讨论的技巧

主持讨论时应该做的	主持讨论时不应该做的
・找访谈对象感觉舒服、放心的地方讨论	・语气生硬、呆板、指令式
・眼睛注视对方	・经常对群众的意见表示怀疑、批评、责备
・微笑	・使用攻击性的语言
・用表情表示兴趣	・事先就有了自己的观点、立场
・语调温柔	・说话主观
・肯定、赞扬	・询问私人敏感的事情
・鼓励群众多发言	・语调生硬
・讨论他们关心或感兴趣的事情	・不注意对方，东张西望
・找对姿势、位置，拉近和群众在空间和感情上的距离	・高高在上，盛气凌人
・请男人抽烟，给妇女小孩用的铅笔	・说群众“不懂”
・多听群众的意见，观察他们的反应	・不耐心，做出不耐烦的举动
・注意语言、行为和态度，让群众感觉和你平等	・经常看表
・给群众时间思考	・喜欢给群众很多建议
・注意发现群众意见中珍贵的道理、知识和信息	・喜欢提封闭、诱导性的问题
・如果群众在忙，先帮他们做事，之后再讨论	・不给群众适当的场合和时间开展讨论和思考

第三节　参与式沟通方法的应用

一、对沟通者的要求

参与式沟通方法既是一系列开展具体活动的方法，同时也是一种理念（外来者需要向生活在社区内部的人们学习，社区内部的人们能够分析他们自己的问题）。在运用参与式沟通方法的过程中，外来者通过帮助社区中的人们分析自己情况，作出适合自己本身情况、解决自己问题的决策。参与式沟通方法的总体目标是要赋予社区更多的权力，要将过去在农村人口与外来者（研究者、推广工作者和规划者）的关系推翻，建立起一种新型关系。即社区发展的设计和实施活动要由社区内的当地人控制而不是外来者。因此，要求外来者的态度要改变，要更加注重当地人们的参与；尊重社区人们的选择和意愿，对他们所知道的、所说的、展示的和所做的事情感兴趣；要有耐心，不要急躁、不要打断和干扰；要谦虚、要注意倾听。

采用参与式的农村发展途径和方法，需要我们发展工作者在观念、态度和行为上发生必要的转变：由发展项目或活动的主导者变为农村社区和农户变化的协助者、服务者和催化剂。相信当地的男女农民有知识、能力和潜力，分析自己的问题和需求，决定行动的方案和计划，并组织起来，承担起实施、管理发展项目或行动和延续活动的责任。我们进行协助的目的，是通过帮助当地群众运用这些途径和方法，使他们能够分析自己的情况、问题、需求、资源与社会经济条件和发展机会、制约因素，提出解决的办法或方案，制定相应的计划，并采取行动；在这一过程中使他们认识到自己的潜能，对发展的计划和行动产生权属感，承担起责任，并进行必要的机构发育或加强现有的组织；同时我们自己实现向群众的学习和行为、态度的转变。

发展工作者角色上的转变不可能在短时间内完成。而作为协助者，我们的行为和态度在任何参与式的研究或实践过程中，都会产生非常重要的影响。只有我们的行为和态度恰当，才能保证当地人们真正的参与。因此，在进行发展研究和实践中，要自觉地不断审视自己的行为和态度。具体来说，要注意以下两点。

1）自我意识

在任何一个参与性的过程中，协助者都要自我审视和警觉自己各方面的行为和态度，并不断加以改进。

2)从错误中学习

"失败是成功之母",我们要能够及时发现和总结在协助发展进程中犯的错误,并把它当作一次学习机会,以便下一次做得更好。

发展工作者要做好协助者,需要有这样一些个人素质,包括:开放、真诚;同情、倾听、关心穷人和弱者;灵活、有弹性;有能力协调不同意见、排解纠纷。这些素质不是天生就有的,要靠我们在实践中培养和加强。

二、社区调查

按照传统的工作方法,决策过程往往是自上而下的,许多决定都是在没有开展深入调查的基础上做出的,而这种基于信息不足而做出的决策会不可避免地带有盲目性和风险性,会给社区发展工作带来很大损失。因此,越来越多的人认识到,全面的收集信息、深入地分析信息是做好任何决策的基础。

信息收集可以采用不同的方法。实践证明,与传统的调查方法相比,应用参与式沟通方法可以更全面、高效地收集真实的信息。一般来说,采用参与式沟通方法进行信息收集需要按以下程序进行。

1. 成立社区调研小组

社区调研小组可以分为两类,一类以社区外部的人员为主组成,而另一类主要由社区内部的人员组成。以外部人员为主的信息调研小组需要吸收一部分当地人为小组成员以保持与当地社区的紧密结合。以社区内部人员为主的调研小组的组成人员应该选择那些了解社区实际情况、具备一定的沟通技能的人。

2. 准备调研提纲

社区调研小组成立后,应该着手制订调研提纲。需要注意的是,调研提纲不是问卷而是一系列需要获得答案的问题要点或核查清单。调研提纲或核查清单的内容应该以一般性表述而不是问题的形式列出,它的主要作用是指导调查过程,提醒调研人员逻辑性地展开调查,避免遗漏重要信息。

3. 制定调研计划

调研计划一般应该包括几个部分:调研目的、时间安排、调查路线、调查对象选择、工具与材料的准备、交通与后勤安排。

4. 分解调研内容

确定调研内容实际上是制订调研计划过程中的一项重要任务。调研内容视调研目的而定。一般来说,一个调研目的下包含的调研内容往往很多,而且需要在相对较短的时间内完成。因此,需要对调研内容按类别进行分解,由单一的小组成员或由两人以上的分小组承担并明确每类调研内容及任务量(包括确定调研对象的种类和数量,落实分解后的调研提纲)、使用的调研方法与工具、预期产出(图、表、文字描述等)、完成时间。

5. 实地调研

社区调研小组按照预先制订的调研提纲和调研计划展开实际的调研工作。在实际的调研工作中,需要注意:不要为了使用调研工具而调研,调研方法与工具的使用应该严格服从于调研内容;同时,为了清晰、准确地获得某类信息,也可以灵活地将某几种调研工具合并使用。

6. 总结调研结果

1)小组成员每日反馈

每天的工作结束后,调研小组成员相互交换收集到的信息,对调查过程中所用的工具及所调查的内容进行必要的讨论、核对与补充。信息的交换和核查应以调研提纲或核查清单为准。当发现有些任务没有完成时,可以加入到第二天需要完成的工作任务中。同时,小组成员也可以为第二天的工作做好准备。

2)调研结果汇总

在调研实施结束时,调研小组需要对所有调研结果按一定格式进行汇总(见表10-3)。

表 10-3 调研结果汇总表

调研提纲中的题目	基本情况	问题	机会	解决方法
1				
2				
3				
4				
…				

3)回访与核实

将汇总结果最好展示给调研对象或社区群众。建议将汇总表简明扼要地誊写在大纸上以便于展示。让村民自由地对汇报结果提出他们的看法,并决定是否修改汇报结果或补充信息。

三、三角法则

三角法则是一种交叉验证定性信息的方法,通过对某类相同问题以不同方式收集信息来确定其准确性。可以通过应用多学科工作小组收集信息,应用不同的工具来收集和分析信息，通过从不同的信源来收集对某一问题的信息等。总之，应用不同的方法、信息来源和学科，选择一系列的地方和一系列的信息范围，并且相互核对、验证，从而通过前后联系的比较，取得更为接近实际的发现和结论。上述三角法则可以用图10-1来表示。

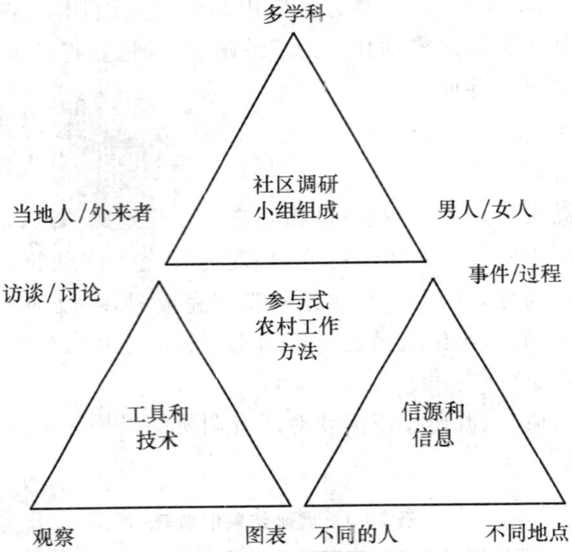

图10-1　三角测量程序图

在应用参与式沟通方法的时候需要进行连续的分析、判断核实，不断缩小问题焦点，建构理解框架，积累知识，见图10-2。

参与式方法与工具是服务于参与式发展或应用参与式发展途径这一目的的具体技术。顾名思义，作为方法和工具本身，应用它并不是目的，其意义完全包含在应用它的过程和目的之中。因而，工具本身是完全客观的。许多工具既可服务于参与式的发展项目，也可用于其他的调查和研究需要。在实践中，对一个工具的使用并不意味着对其他工具的排斥。恰恰相反，一个工具的成功和恰当运用往往需要多个工具的相互配合。如半结构的小组访谈既需要掌握访谈技巧，又要运用和掌握组织小组会议、运用各种展示类和分析类技术。为达成一个预定的目的，对工具的使用本身也存在很大的灵活性。如何掌握这一切，既需要全面的理论知识，更需要丰富的实践经验。

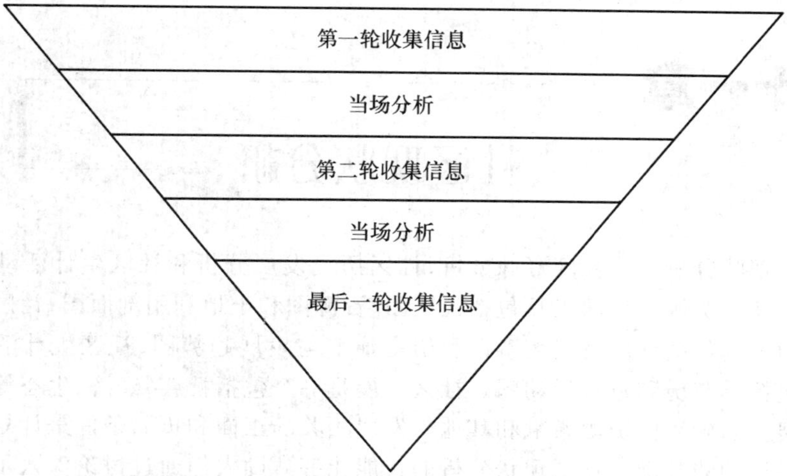

图 10-2　应用参与式沟通方法进行最终分析

本 章 小 结

参与式沟通方法是以参与式农村发展途径为指导的以参与式农村评估为基础的农村工作方法。参与式沟通方法承认当地农民和当地乡土知识的价值，尊重当地人的意愿，应用一整套可视化的参与式工具与当地人进行沟通，在农村社区的人们特别是农村中贫困农民和妇女的参与下发现其面临的问题并与社区一起寻求适合的解决方法。使用参与式沟通方法需要农村发展工作者改变传统观念和态度，学习并掌握运用半结构访谈和主持技能，做到赋权、尊重、本土、快乐、包容，善于将所得到的信息交叉核实，认真分析，才能实现参与式发展的目标。

思 考 题

1. 什么是参与式沟通方法？
2. 参与式沟通方法与参与式发展途径有什么关系？
3. 参与式沟通方法的主要特点是什么？
4. 参与式沟通方法的基本原则是什么？
5. 参与式沟通方法的关键技能是什么？
6. 参与式沟通方法与传统方法有什么不同？

第十一章 社区现状分析

社区现状分析包括社区资源分析、社区历史发展分析和社区生计活动分析三个部分。社区资源分析的工具包括社区图、资源图和土地利用剖面图；社区历史发展分析的工具包括社区发展大事记和历史演变与发展趋势图；社区生计活动分析的工具包括季节历和每日活动图。社区发展是一个包括社会、经济、生态等在内的综合发展。明确社区资源禀赋和其他与发展相关的正面和负面条件是计划和开展社区发展活动的基础。社区现状分析的技能能够帮助人们通过讨论深入了解本社区的现状及发展历程，分析有效利用资源的途径。

第一节　社区资源分析

社区资源分析是对社区范围内的与生计相关的所有资源包括社会、经济和自然资源进行描述，分析其特点和相互关系，探讨可能的发展机会的过程。使用的工具包括社区图、资源图、土地利用剖面图。

一、社区图

根据当地的社会、文化特点，可以尝试采用画社区图的方法，对农户进行公开、透明的分类，从而体会当地不同姓氏、宗族、贫富程度和其他社会文化背景的群体对事物看法的差异性。从参与式的角度来讲，绘图为参与者提供了一个进一步认识其所在社区的过程，并使他们获得充分交流的机会。一幅社区地图的完成不仅是当地人能力的表达，也是对社区及自身的潜力进一步认识，并增强有关发展信心的过程。

社区地图对社区状况的表达直观、生动，用自己所熟悉的方式表示熟悉的事物，会有助于调动参与的热情。在画图过程中，参与者根据自己的知识和经验畅所欲言，所得的信息在准确度及代表性方面要优于常规的统计数字。

社区图一般含有关于基础设施、居住区和重要标志性建筑等信息；标有家庭住户，并含有相关的具体信息，如文化程度、营养状况、疾病分布、五保户、儿童数量、妇女为户主的家庭等。

1. 目的

(1)了解、分析社区的总体情况、特点以及存在的问题。

(2)研究一个社区(村、组)内的人口和社会经济要素的分布。

(3)本社区村、组和农户之间的类型划分。

(4)根据社区图,在后续讨论中进一步分析农户分化的原因和发展机会。

(5)活跃气氛并为进一步的讨论打下基础。

2. 工具与材料

大纸、彩色笔或就地取材(谷粒、石块等)。

3. 步骤

(1)将一张一开的牛皮纸或大白纸用图钉钉在展示板上,也可贴在墙上或铺在桌子上。

(2)在纸的上方写上某县某乡(镇)某村社区图并标注方向(可按当地人的习惯标注)。

(3)勾画出村轮廓。

(4)标出有特征的建筑和地理特征,如村委会、学校、公路或河流等。

(5)在图上标出需要了解的信息及用什么符号表达这些信息(例如学校、卫生站、商店、兽医、五保户、残疾户、儿童等)。

(6)将一些社区内的基本情况(如户数、人口、劳力、男女比例、儿童数量、学生数量等)以文字形式写在空白处。

(7)制作图例以及注明制图日期、制图人姓名、地点。

4. 注意事项

(1)绘制社区图一般以小组形式完成。

(2)由一人执笔,其他人予以补充,共同参与到这一过程中,使所反映出的社区状况更加真实准确。

(3)最好先用铅笔在大纸上勾画出轮廓,修改确定后再用粗笔勾画。

(4)可以按照自身习惯的方位画图,最后标出方向。

(5)在画图过程中参与者之间可以进行简单的讨论。

(6)必要时可以将男、女分为两组分别绘制,使不同性别对社区的观察和了解上的差异得到表达,并形成相互间的补充。

(7)在画的过程中,不断征询其他参加人的意见,加以核实并确定。

(8)不必强求图的精确性,而更加注重信息的真实性和完整性。

二、资源图

除了同制作社区图具有同样的作用之外，在公开讨论的环境中制作资源图可以有助于进一步认识社区发展中所涉及的各种资源（自然资源、社会资源等）的分布及利用现状，共同判断社区资源利用中存在的问题，寻找发展的资源潜力，确定资源的合理利用方案。资源图应该表明资源的分布以及社区或其他利益群体是如何利用这些资源的（图 11-1）。

在绘制资源图时，需在图上反映出社区内及与其直接相关的外部环境中的一些信息并在绘图过程中进行一些与资源现状、利用等情况相关的讨论。

1. 目的

（1）描述一定区域（县、乡、村、组）内的自然资源、基础设施分布。

（2）村与村之间、组与组之间、户与户之间资源禀赋的差别。

（3）了解社区资源利用现状，寻找社区资源利用中存在的问题及发展的资源潜力，确定资源的合理利用方案。

（4）分析当地存在的问题、所能获得的条件（包括内部和外部）和发展机会。

2. 工具与材料

大纸、彩色笔或就地取材（树叶、谷粒等）。

3. 步骤

（1）将一张一开的牛皮纸或大白纸用图钉钉在展示板上，也可贴在墙上或铺在桌子上。

（2）在纸的上方写上某县某乡（镇）某村资源图并标注方向（可按当地人的习惯标注）。

（3）绘出主要的地形地貌：如山脉（峰、坡、谷等）山势走向、海拔、坡度、沙漠等；同时标明基本的自然资源，包括水、矿产、野生动物等。

（4）绘出基础设施和地物信息：如道路及走向、房屋及类型、水源和电力设施、社区内组织机构的位置（村委会、学校、卫生院、商业网点、企业或加工厂等）。

（5）对与社区有直接关系的外部社会资源的位置及与社区的距离进行标注，包括地方政府（县、乡政府管理及服务部门）、中心学校、集贸市场、医疗卫生、交通等内容。

（6）种植业用地（作物种类、分布位置、面积）、牧业用地（牧场、草场、圈养地等）、林业用地及林业资源（树种、林种、天然林、人造林等），进行土地类型划分的描述（如一等地、二等地等）。

（7）在图上注明自然灾害如水土流失情况严重的区域及其发生频率等

内容。

(8)如有必要，在空白处或另外的大纸上，说明村、组之间的类型划分、各自特点。

(9)制作图例以及注明制图日期、制图人姓名、地点。

4. 注意事项

(1)按照自己的思路确定方向、边界、注明内容。尽量采用不同的符号、线条、颜色，增加直观性、形象性。

(2)使用此工具时，不应对比例尺、图例等作规定。

三、土地利用剖面图

土地利用剖面图主要用于了解当地社区土地利用状况、土壤类型和目前存在的问题，探讨其发展的潜力(图 11-2)。不同于社区图及资源图，土地利用剖面图主要是通过立体的剖面展示社区的土地利用状况。3～4 名当地村民沿事先选定的路线步行横穿某一地区。线路方向任选，但是要保证能够横跨所考察的地区的所有主要的生态和生产地带和最大程度地考察该地区的地形地貌、生产生活和经济等情况。

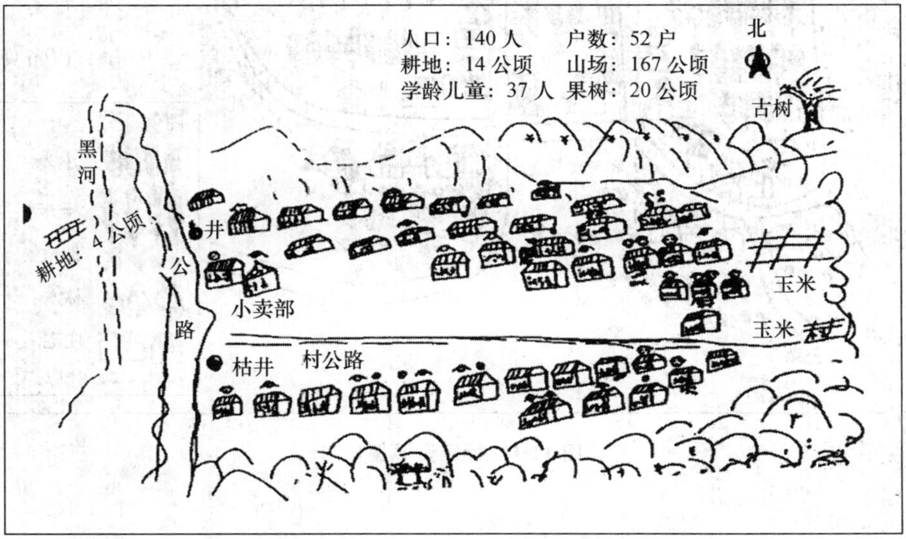

十堰市郧县胡家营镇土地沟村现状图

图 11-1　社区资源图(一)

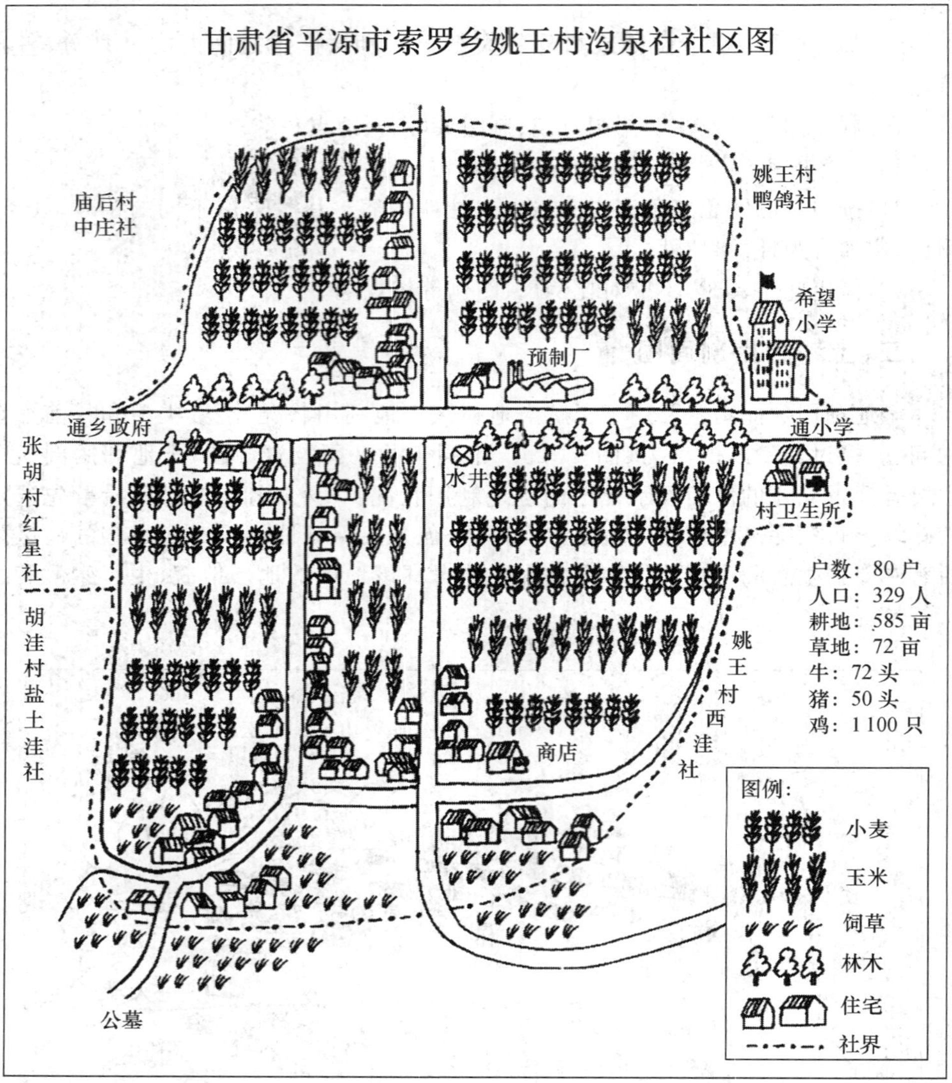
甘肃省平凉市索罗乡姚王村沟泉社社区图
庙后村
中庄社
姚王村
鸭鸽社
希望
小学
预制厂
通乡政府
通小学
张
胡
村
红
星
社
胡
洼
村
盐
土
洼
社
水井
村卫生所
户数：80 户
人口：329 人
耕地：585 亩
草地：72 亩
牛：72 头
猪：50 头
鸡：1 100 只
姚
王
村
西
洼
社
商店
图例：
小麦
玉米
饲草
林木
住宅
社界
公墓

图 11-1　社区资源图(二)

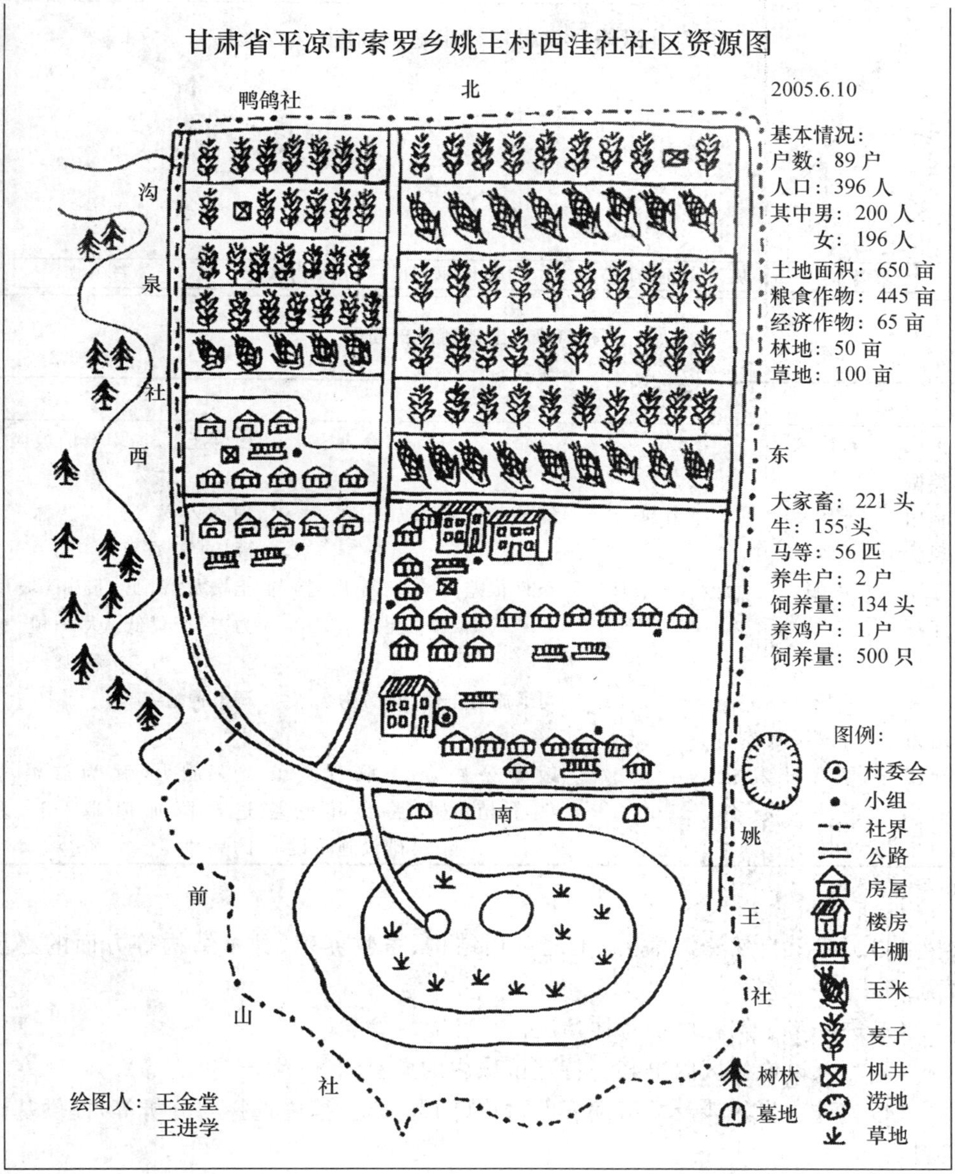
甘肃省平凉市索罗乡姚王村西洼社社区资源图
鸭鸽社
北
2005.6.10
基本情况：
户数：89 户
人口：396 人
其中男：200 人
女：196 人
土地面积：650 亩
粮食作物：445 亩
经济作物：65 亩
林地：50 亩
草地：100 亩
沟
泉
社
西
东
大家畜：221 头
牛：155 头
马等：56 匹
养牛户：2 户
饲养量：134 头
养鸡户：1 户
饲养量：500 只
南
姚
王
社
前
山
社
图例：
村委会
小组
社界
公路
房屋
楼房
牛棚
玉米
麦子
树林
机井
墓地
涝地
草地
绘图人：王金堂
王进学

图 11-1　社区资源图(三)

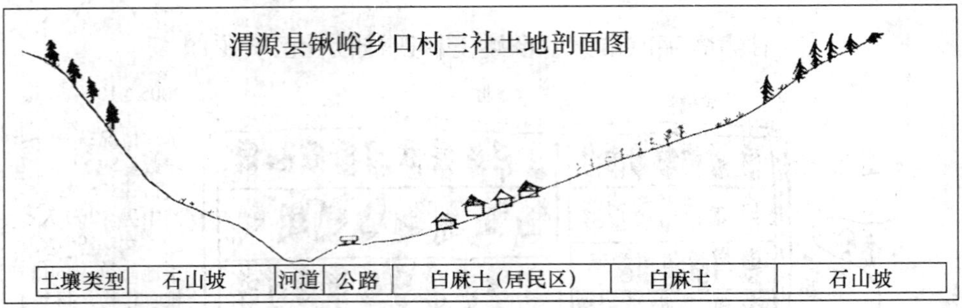

图 11-2　土地利用剖面图

	1	2	3	4	5	6
土壤类型	石山坡	河道	公路	白麻土	白麻土	石山坡
利用现状	天然林	季节河	简易路	居住区	种植小麦、土豆、油菜、蚕豆	天然林
存在问题	陡峭，坡度大，植被稀少	4～6个月/年	条件很差	95%以上的土房	土壤贫瘠，肥力差，产量低	陡峭，坡度大，植被稀少
发展潜力	风景优美；适合发展旅游		可通旅游车辆	有劳力	调整种植结构	
建议	寻找开发旅游的资金支持		改善公路条件，种植路树	争取资金修路及其他基础设施建设	增强肥力，引进高附加值的品种	为旅游争取开发资金

1. 目的

(1)提供就自然资源潜力、土地利用结构、畜牧养殖、种植结构等方面的必要信息。

(2)进一步了解社区的总体情况。

(3)深入讨论社区内部某一特定区域内的所有情况(生产、生活等)。

(4)为进一步的涉及社区发展的讨论(问题确定、措施选择与分析等)提供基础资料。

(5)与社区图及资源图所获得的信息进行交叉验证。

2. 工具与材料

笔记本、笔、大纸、彩笔等。

3. 步骤

(1)根据制作完成的社区图及资源图选定具体的踏查路线组建踏查小组。

(2)每走5～10米,就停下来对周围进行观察并记录下观察到的东西。可以与小组成员进行讨论诸如当地的土地、植被和水资源等方面的情况并加以记录。

(3)结束实地踏查,将一开的牛皮纸或大白纸用图钉钉在展示板上,也可贴在墙上或铺在桌子上。

(4)在大纸上方写上某县某乡(镇)某村土地利用剖面图并写明踏查方向和距离。

(5)根据实际情况,将剖面的大致地势包括地表的主要利用形式绘制在大纸的上半部分并在相应位置标注海拔、坡度等信息。

(6)根据距离(一般为千米)、土壤类型或者利用情况将剖面分段并相应地在剖面下制作表格。其中,横向通栏为不同分段,纵向通栏分别为为土壤类型、利用现状、存在的问题、潜力分析和解决的对策等内容。

(7)标注制作时间、地点及参与人员。

4. 注意事项

(1)根据时间及调查的具体情况,可以选择实地踏查后制作剖面图并讨论,也可以在制作完成社区资源图的基础上选择一个剖面进行讨论。

(2)讨论的核心内容是各地段目前存在的问题,包括自然造成的问题和管理造成的问题以及相应的发展潜力和解决问题的对策。

(3)制作过程中要反复验证并注意与社区图及资源图的交叉检验。

第二节　社区历史发展分析

社区历史发展分析是参与者回忆和追溯社区历史上曾经发生的、与村民生计相关的、村民认为重要的事件。通过对社区历史发展分析有利于对社区发展过程的了解及对发展趋势的预测。主要使用的工具包括社区发展大事记、历史演变图、社区发展趋势分析图等。

一、社区发展大事记

大事记从某种意义上展现了对村民有较深影响的乡村发展史中的重要事件。该工具将社区发展中的演变过程予以直观、形象地表达,加深参与者对社区自然生态、社会文化、社区制度、技术及经济变迁过程的认识。这一工具将有助于参与者理解过去事件(重大事件)对发展的深刻影响,并为进一步探讨未来的发展方向、途径和措施提供可资借鉴的经验和教训。在这一过程中,参与者能够从社区的发展历史中得到有益的启示。此工具的优点是从历史的角度来看待发展中的问题,通过参与的过程而形成对发展的共识,使之成为社区制订发展规划和启动其发展过程的动力。

1. 目的

(1)了解社区在一定时间段内发生的特别是社会经济方面重大事件及对当地人的影响,以便对社区发展的过程进行分析。

(2)通过调查,发现并分析不同的目标群体对于发展、变化的认识以及他们对于社区内变化情况的了解(参与)程度。

(3)配合现状和问题分析,追踪导致现状的历史原因和演变过程,从而预测今后的发展趋势和项目干预的效果。

2. 工具与材料

笔记本、笔、大纸、记号笔等。

3. 步骤

(1)在一张大纸的上方分别写上年代、事件及对社区发展的影响。

(2)请一位社区中的长者从他(她)能知道的时间开始,逐年依次回忆比较重大的事件。

(3)写出具体的时间(年份),发生的事件,对他(她)和社区的各种实际的以及潜在的影响(正面或负面)。

(4)在制作过程中,如展开了相关讨论,可将有价值的信息记录在空白处。

(5)请其他人进行补充。

(6)标注制作时间、地点、参与人员。

4. 注意事项

(1)所谓的大事应以当地农民自己的标准为准;影响不仅是正面的,也可能有负面的。

(2)主持人应不断提醒,帮助其回忆。

(3)最好同小组访谈结合在一起进行。

(4)注意信息所提供的主要线索。

(5)注意交叉验证。

二、历史演变与发展趋势图

绘制历史演变与发展趋势图(图 11-3,图 11-4),需与社区发展大事访谈进行配合或者根据时间安排单独制作。主要是对不同时期的基础设施建设、新技术的引进和应用、自然资源与环境方面的变化等对社区有重要影响的事物进行直观的、量化的表述。根据调查需要，运用历史演变图这一工具的对象可以是社区内不同的群体：村干部、男女农民小组、个体农户、儿童等。内容可以包括：随着社会的发展，给个人带来的变化；土地利用上的变化；技术上的变化（技术革新）；气候变化；自然环境的变化等等。除此之外，标明根据社区历史的分析对将来的发展趋势的预测结果。

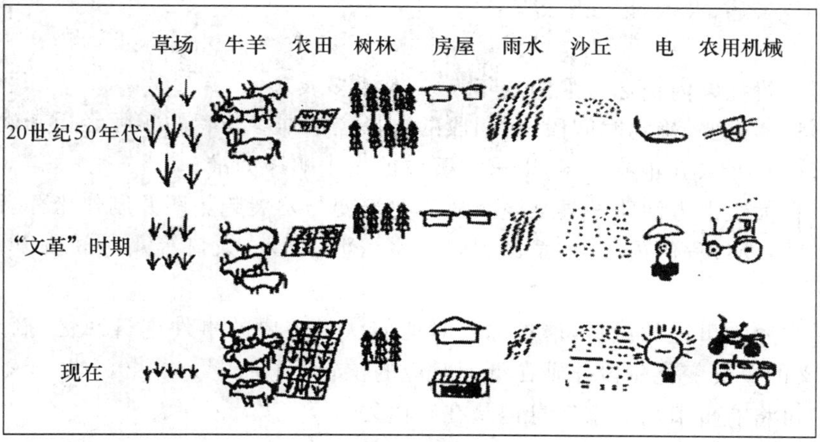

图 11-3　历史演变图

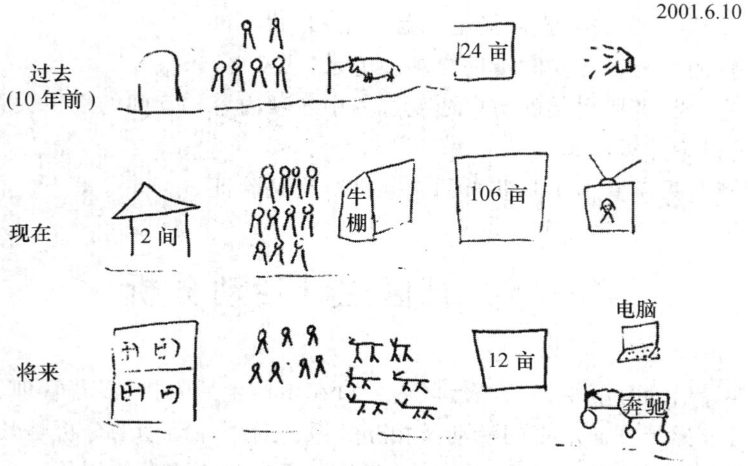

图 11-4　平凉市姚王村西洼社农户历史演变发展图

1. 目的

(1)了解在乡村发展过程中自然资源与环境的变化、原因、结果和影响。

(2)从中获得有关过去社区发生的变化、遇到的主要问题以及处理这类问题的方法。

(3)根据历史分析预测社区在短期和长期可能发生的变化。

(4)在讨论过程中分析当地人对变化的理解及在变化管理过程中的角色。

2. 工具与材料

笔记本、笔、大纸、记号笔等。

3. 步骤

(1)寻找社区内记忆力强的老年人(1人或多人)。

(2)根据需要,确定时间段:时间段的选择应根据参与者的实际经历来确定,其单位可以为三年、五年或十年,以重大事件的发生顺序为准。

(3)在大纸上方注明某县某乡某村历史演变与发展趋势图并制作坐标,注明需要讨论其演变过程的内容(如草场、林地、水资源、收入、人口等)、时间段以及发展趋势。

(4)参照大事记的做法,请参加人对他们认为重要的事件进行回忆,摘录具有历史意义的重要变化阶段并画在纸上对应的位置。

(5)可将有价值的文字信息记录在空白处。

(6)完成并注明制作时间、地点、参加人员。

4. 注意事项

(1)可以从个人的经历(从能记忆起开始)开始。

(2)年轻的参与者必要时帮助绘画和笔录。

(3)注意参与者所提供的历史演变过程中各项内容相互间的逻辑关系,必要时展开相关的讨论加以明确。

(4)注意与采用其他工具获得的结果进行交叉验证。

第三节　社区生计活动分析

社区生计活动分析探讨的是社区内人口在生产生活安排、经营管理、自然资源与社会资源分配等方面从事的活动及相互关系。对生计活动的分析是开展社区问题分析和解决方案的重要组成部分。社区生计活动分析主要使用的工具包括季节历和每日活动图。

一、季节历

季节历可以帮助了解社区主要农事活动类型、如何配置资源(土地、劳力、劳动时间等)、经营活动及满足其基本需求(口粮、现金、燃料等)的方式和忙闲的季节差异,例如当地农户生产活动,收入支出情况,自然灾害发生频率及影响,疾病,农户的劳动量(强度、负担),男人、妇女及儿童在生计活动中的角色与作用(图11-5)。

1. 目的

(1)分析劳动力的季节分布,特定时间的劳动强度,确定劳动力转移的潜力。

(2)显示政府以及非政府组织参与当地社区发展活动提供支持与服务的有利时机。

(3)分析价格、市场、收入、支出的动态,以便分析项目活动与生计活动的关系,如小额信贷活动的培训时间、放贷时间、还款周期、频率等。

(4)进行社会性别分析。

2. 工具与材料

大纸、彩色记号笔、就地取材(不同颜色的粮食颗粒)。

3. 步骤

(1)在大纸最上方写上某县某乡(镇)某村季节历并注明公历或农历。

(2)在大纸上画十二条竖线。在每条竖线的上面标上月份;左侧要留有书写的空当。

(3)在左侧写出生计活动种类,例如:种植业(作物种类及所需投入劳力的活动和数量),养殖业(种类及劳力投入类型包括种畜购买、防病、放牧等),林果业(整地、剪枝、除草、收获等),副业(采集药材、打工等),主要支出的类型及时间分布,主要收入的类型及分布,灾害与疾病的发生及类型等。

(4)尽量体现不同性别在不同活动中的分工及投入的差异。

(5)可用不同颜色的豆粒等表示各月男女农民相对的劳动量。

(6)作为对上一条的替代,也可以直接讨论当地每个月的不同活动内容并填入对应的月份下。

(7)与参与者回顾、确认完成的季节历。

(8)注明制作时间、地点、参与者。

4. 注意事项

(1)根据当地人习惯决定使用公历或农历。

(2)灵活使用季节历,根据情况添减内容。例如,可以在农事季节历的制作中

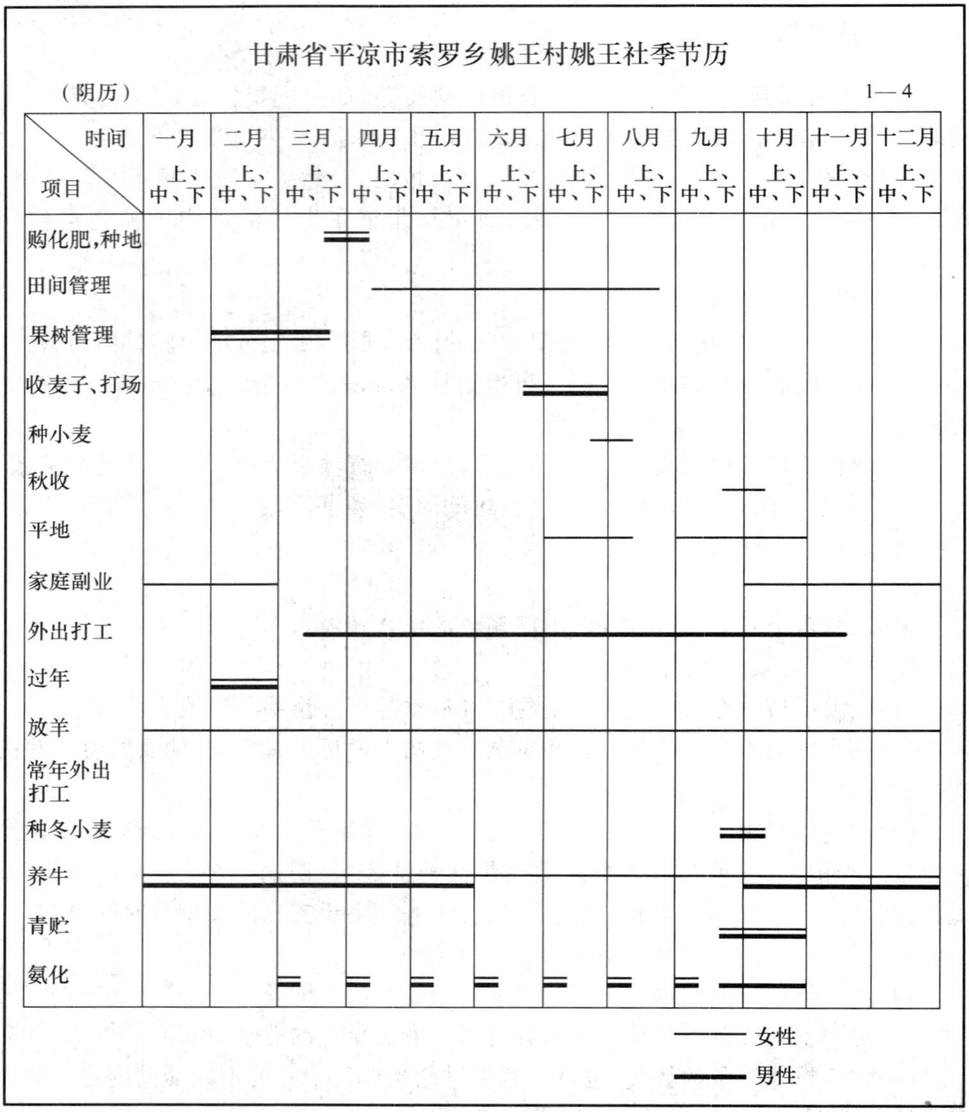

图 11-5　季节历

逐月讨论各项活动情况；可以在制作过程中与当地人就一些有价值的问题如困难、对策等进行讨论并记录。

(3)在制作过程中注意交流及与不同参与者的交叉验证。

(4)完成后要进行总结。

二、每日活动图

每日活动图是对某人或某些人在特定时间段内（农忙或农闲）从早上起床到晚上睡觉的全部活动的简单而完整的记录。每日活动图用来帮助收集和分析社区成员的日常活动方式和每日的时间安排（图 11-6）。通过对不同成员（男女老少）

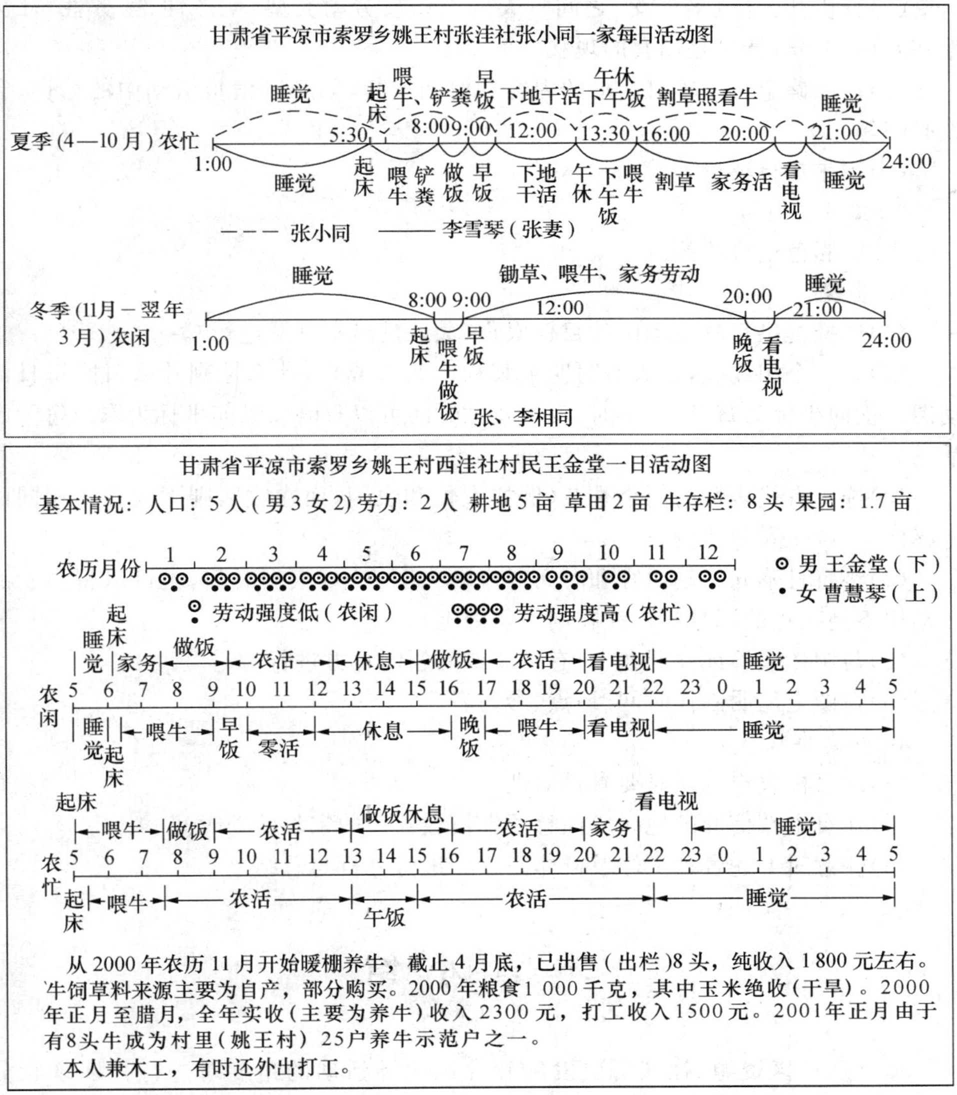

图 11-6　每日活动图

的每日活动比较，可以提供作息时间、生计活动安排、性别分工、农村文化生活和当地风俗等信息。每日活动图可以对不同人的活动进行对比，如男性和女性；也可以比较同一个人在不同季节和随着时间推移的活动模式的变化。

1. 目的

(1)帮助收集和分析社区成员的日常活动方式和每日的作息时间安排。

(2)分析社会性别(男女)之间每天的工作或劳动类型(生产性、家务性、社会性)和时间差异，特别是妇女的现状。

(3)帮助确定特定项目活动的内容和时间安排，如小额信贷活动中的培训、会议时间等。

(4)用于项目评价。

2. 工具与材料

大纸、彩色记号笔等。

3. 步骤

(1)选择提供每日活动图的目标农户(最好是男女分开进行)。

(2)画一个图或表，抬头需写明某某社区某人或户，什么性别什么时间每日活动图。横向坐标为每日 24 小时，夜里睡觉时间可以省略。纵向坐标为农户每天的活动。

(3)选择有代表性的两个季节(例如农忙和农闲，而在牧区则因为各不相同而选择四季)各一天做比较。

(4)将每日不同活动内容和时间对应填入图表中(根据时间，也可以将男女的活动用不同颜色的记号笔标注在同一张图上)。

(5)与制作人验证并回顾，对有争议或问题的地方进行讨论。

(6)在图上注明制作时间、地点、参与者。

4. 注意事项

(1)在目标农户选择时要有针对性。

(2)在有宗教信仰的地区应注意了解信教农户的宗教活动时间。

(3)注意对上述各种个体及群体间差异进行分析与总结。

本章小结

本章从社区资源、社区历史发展和社区生计活动的角度对进行社区现状分析的七种工具做了介绍。这些工具在使用时看来是相互独立的，但是，在具体操作过程中要注意相互之间的关联性和交叠点，在分析使用工具获得的结果时要注意它们之间的互补性。对社区现状进行分析不是一些表面现象的简单累加，而需要在使用现有工具的基础上保持对现状所能表达的深层问题及其相互关系的敏感性。

从相互之间的关联性与互补性出发，可以将有些工具合并使用，例如，社区图与资源图可以合并为社区资源图。另外，在制作土地利用剖面图时，社区资源踏查活动可根据具体情况决定是否实施，例如，可以在社区资源图的基础上选择一个有代表性的剖面进行。

思 考 题

1. 为什么要用参与式工具开展调查？
2. 使用参与式工具需要注意的问题是什么？
3. 开展社区资源分析可用哪些工具？
4. 开展社区历史发展分析可用哪些工具？
5. 开展社区生计活动分析可用哪些工具？

第十二章 社区问题分析

社区问题分析包括半结构访谈和专题研讨两个部分。半结构访谈的工具包括农户访谈、主要知情人访谈和专题小组交流；专题研讨的工具包括因果关系分析、打分排序、优劣势分析、选择方案可行性分析和“H”形评价图。从某种意义上说，参与式沟通方法中核心的内容就是通过运用许多相关工具开展发现问题、分析问题和解决问题的活动。因此，问题分析在参与式沟通方法中占有很重要的位置。社区问题分析的技能能够帮助人们利用访谈和研讨两种形式对所关心的话题开展深入的、逻辑化的讨论分析。访谈是以访谈提纲为基础在访谈者与访谈对象之间开展的对话过程；研讨是以主持人的主持为特征在小组中开展的讨论过程。

第一节 半结构访谈

参与式发展研究成功的核心在于进行敏感或机敏的访谈。如果缺少了它，无论你在讨论中采用什么别的方法，得到的信息或对事物的理解都将十分有限。而作为一种有访谈提纲作指导的访谈，半结构式访谈中只有主题和次级主题是事先准备好的，而具体问题或其提法是在讨论或可视形象化分析中根据当时具体情况临时确定的，因此这是一种十分灵活和逐渐展开的过程。半结构访谈是一种开放、交互式的访谈形式，这就要求访谈者应灵活多变、要有创造性思维。半结构访谈有利于打消访谈对象在面对问卷及机械化的提问方式时容易产生的紧张与顾虑。

对不同访谈对象开展的问题分析是指对社区内不同的群体或个人就某些背景情况展开的访谈活动。不同个体或不同群体由于所处的社会经济地位不同，对社区问题的看法和认识也会有差异。这种差异会导致对解决问题的措施有不同的选择，从而导致不同的结果。

既然从不同角度对问题的分析有不同的针对性和不同的作用，那么就应该根据问题分析的需要选择适当的访谈对象。通过不同访谈对象开展的问题分析主要应用的工具有农户访谈、主要知情人访谈和专题小组访谈。农户访谈更多用于对普遍性的问题的了解；而知情人访谈和专题小组访谈更多的是对针对性问题的讨论。

一、农户访谈

在农村，家庭是最基本的生产、生活单元，也是社区的组成单元。采用一定标准，如人口数、富裕程度、受教育程度等，可以将社区内家庭分为几类，可在社区有关人士的帮助下，挑选不同类型的家庭进行采访，例如，需要采访社区家庭基本经济状况时，可挑选一定数量的贫困户、中等户及富裕户进行分别采访以收集相关的资料，进而了解社区内家庭的基本经济状况。

1. 目的

(1)了解社区背景资料。

(2)了解农户生计状况及相互之间的差异。

2. 工具与材料

笔记本、笔、访谈提纲。

3. 步骤

(1)准备调查问卷或访谈提纲。

(2)选择访谈对象。

(3)进行半结构式访谈。

(4)在结束访谈前，需对所有的问题进行一次快速的检查，对访谈者不能回答的问题，请他(她)提供另外的访谈对象。

(5)与访谈对象进行回顾和总结并做必要的补充。

4. 注意事项

(1)调查问卷设计要简明、容易填写。

(2)提问方式不要引起被访对象的反感。

(3)在讨论过程中保持对问题的敏感性。

二、主要知情人访谈

一般来讲，主要知情人指社区内对某些专题比较熟悉、有较多的相关知识的人。他们可能是领导，也可能是一般群众。作为半结构访谈之一的主要知情人访谈具有半结构访谈的基本特点，要求访谈者具备相关主题或领域的基本知识和一定的实践经验。

1. 目的

(1)在了解一般信息的基础上，深入了解某个专题或某领域的具体信息。

(2)对某些问题进行进一步分析并提出相关的建议。

2. 工具与材料

笔记本、笔、访谈提纲。

3. 步骤

(1)事先根据内容,确定少量的访谈对象,并约定好访谈的时间。

(2)简要介绍访谈的目的和内容,并征求被访谈者的意见、理解和同意。

(3)进行半结构式访谈。

(4)在结束访谈前,需对所有的问题进行一次快速的检查,对访谈者不能回答的问题,请他(她)提供另外的访谈对象。

(5)与访谈对象进行回顾和总结并做必要的补充。

4. 注意事项

(1)尽量避免访谈过程及结果被访谈对象的主观偏见所误导(样本量小导致访谈易受影响)。

(2)尽量控制访谈不要离题太远。

(3)要注意了解被访谈者的个人经历和知识背景,这有助于分析获得的信息。

(4)主要知情人访谈也可以两个调查人员一起参加,一个人提问,另一个人记录。

三、专题小组交流

专题小组交流是用半结构的方式由一组选定的参与者(男农民、女农民、干部、教师、儿童等)对某些特定的题目进行讨论交流的一种形式。专题小组通常由6~8人组成,是小组成员通过相互交流、深入讨论后达成共识的过程。专题小组交流的主要步骤与主要知情人访谈是相似的。只是在内容上,专题小组交流更强调特定主题。

专题小组交流可按两种形式操作:一种是访谈,另一种是研讨。正如本章开头所述,访谈是以访谈提纲为基础在访谈者与访谈对象之间开展的对话过程;研讨是以主持人的主持为特征在小组中开展的讨论过程。

1. 目的

(1)在了解一般信息的基础上,深入了解某个专题或某领域的具体信息。

(2)对某些问题进行进一步分析并提出相关的建议。

(3)在有限时间内针对特定的主题获取广泛的反馈。

2. 工具与材料

大纸、记号笔、胶带、图钉、大纸、访谈提纲。

3. 访谈步骤

(1)访谈者事先准备好访谈提纲。

(2)选择或用村民大会的方式确定访谈对象、时间与地点。

(3)简要介绍访谈的目的和内容,并征求被访谈者的意见、理解和同意。

(4)访谈中要求有两个调查人员同时参加,一个人提问,另一个人记录或帮助写卡片。

(5)按照半结构式访谈的方式展开讨论。

(6)结束时小组成员进行回顾和总结。

4. 研讨步骤

(1)事先准备好研讨题目或者问题。

(2)由主持人选择确定访谈对象、讨论的时间与地点。

(3)事先通知到选定的参与者。

(4)主持人自我介绍后,简要介绍研讨的目的和内容,并征求参与者的意见、理解和同意。

(5)将大纸贴在墙上或铺在桌上,由主持人主持并将内容记录在大纸上。

(6)按照准备好的研讨题目展开研讨过程。

(7)结束时小组成员进行回顾和总结。

5. 注意事项

(1)访谈者或主持人应注意不要过多地用自己的观点去影响访谈对象的看法和理解。

(2)注意态度、语气和行为方式对整个讨论过程的影响。

(3)应尽量照顾到所有参与者,鼓励每个人发表观点。

(4)尽量对所讨论的内容达成共识。

第二节 专题研讨

问题分析可以采用不同方式进行,可以利用访谈的形式也可以在小组研讨中进行,但更多的是以小组的形式进行的。因此,问题分析是针对不同专题内容开展的分析。专题研讨强调主持人的主持技能和辅助作用的发挥,参与主体是当地人。要应用的工具有因果关系分析、目标分析、优劣势分析、简单排序、复杂排序。

一、因果关系分析

这是参与式沟通方法中比较重要的工具之一，需要主持者具备较高的发动并主持讨论、快速归纳并总结问题等方面的技巧。通过小组讨论与分析，在较短的时间内与参与者一起对某一特定问题（如社区贫困问题）的原因、导致的结果等方面进行分析并按照一定的逻辑层次加以整理、归纳（图 12-2）。尤其值得注意的是，人们往往容易将导致贫困的原因及贫困导致的结果混淆起来；另外，通过讨论获得的大量原因与结果也往往属于许多不同的层次，在这种情况下，掌握因果关系分析法可以帮助我们在讨论与分析过程中更好、更快地认清某一事物的本质，以便将注意力集中到使村民对贫困的问题、原因和影响达成共识，为进一步研究解决措施、找到项目的切入点（着眼点、入手点）及可能的扶贫开发规划内容打下基础。

1. 目的

（1）通过讨论，澄清人们所关心的主要问题。

（2）通过分析，对问题、原因和影响达成共识。

（3）为确定解决问题的方案打好基础。

2. 工具与材料

大纸、彩色记号笔、卡片、胶带、胶水、图钉等。

3. 步骤

（1）邀请不超过 15 名当地人参加小组讨论。

（2）在大纸的上方写明某县某乡镇某村某问题因果关系分析。

（3）说明意图、做法，分发给每人一张卡片与记号笔，提示参与者将要发表的意见按要求写在卡片上。

（4）采用“头脑风暴法”在所确定的讨论题目下找出主要问题。

（5）通过讨论找出核心问题并固定在大纸中间。

（6）找出核心问题的原因（包括不同层次，如原因的原因等等）。

（7）分析核心问题带来的后果/负面影响，按照其前后（上下）逻辑关系钉或粘在大纸上。

（8）将属于原因的卡片按照不同的层次和逻辑关系钉或粘在核心问题的下方。

（9）用线条将有关系的原因与结果（包括不同层次）连接起来，形成完整的因果关系网络。

（10）与所有参与者一起回顾、总结并确认制作完成的因果关系分析图，进行必要的调整与修改。

（11）完成后的形式应该是：中间为核心问题（树干），上方为后果及影响（树枝)，下方为原因(树根)，即"问题树"(图 12-1)。

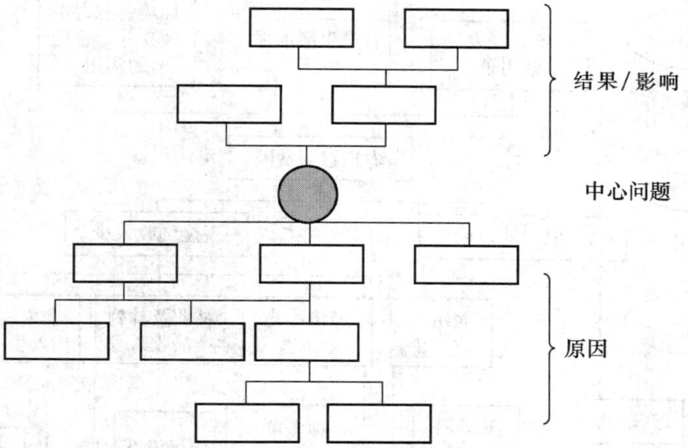

图 12-1　问题树的基本形式

(12)注明制作时间、地点、参与讨论的人员。

4. 注意事项

(1)主持人应遵守"中立"原则、研讨过程中平等参与原则、群体决策的原则。

(2)参与者应该是对社区情况比较了解的当地人。

(3)不断提醒大家对不同层次上问题、原因、结果的表达与描述；在问题的表述中不要用"缺少"、"没有"等词汇。

(4)可以邀请参与者直接写卡片，也可以由支持者或其助手帮助书写(注意书写后向意见的提供者确认是否准确)。

(5)要尊重每一位参与者，不要加以简单的如"对"或"不对"的评价，可以要求他们对自己的意见加以说明并在讨论后进行修改。

(6)要尽可能多地征求所有参与者的意见，避免少数人主导讨论。

(7)主持者是在发动、组织、协助参与者讨论而不要以自己的观点主导讨论。

(8)结束讨论前要与所有与会人员总结并回顾讨论的过程与内容。

二、打分排序

打分排序是指为决策提供依据的一种结论性的选择过程，它是由一组人按一定标准将事物进行打分然后排序的过程。打分可以采取直接投票或投票与权重相结合的形式进行。排序是按照一定的标准对一组事物排列顺序的过程。排序可以按用途分为问题排序、优先选择性排序和富裕程度排序等。本章描述的打分排序主要包括投票法、直接排序法。

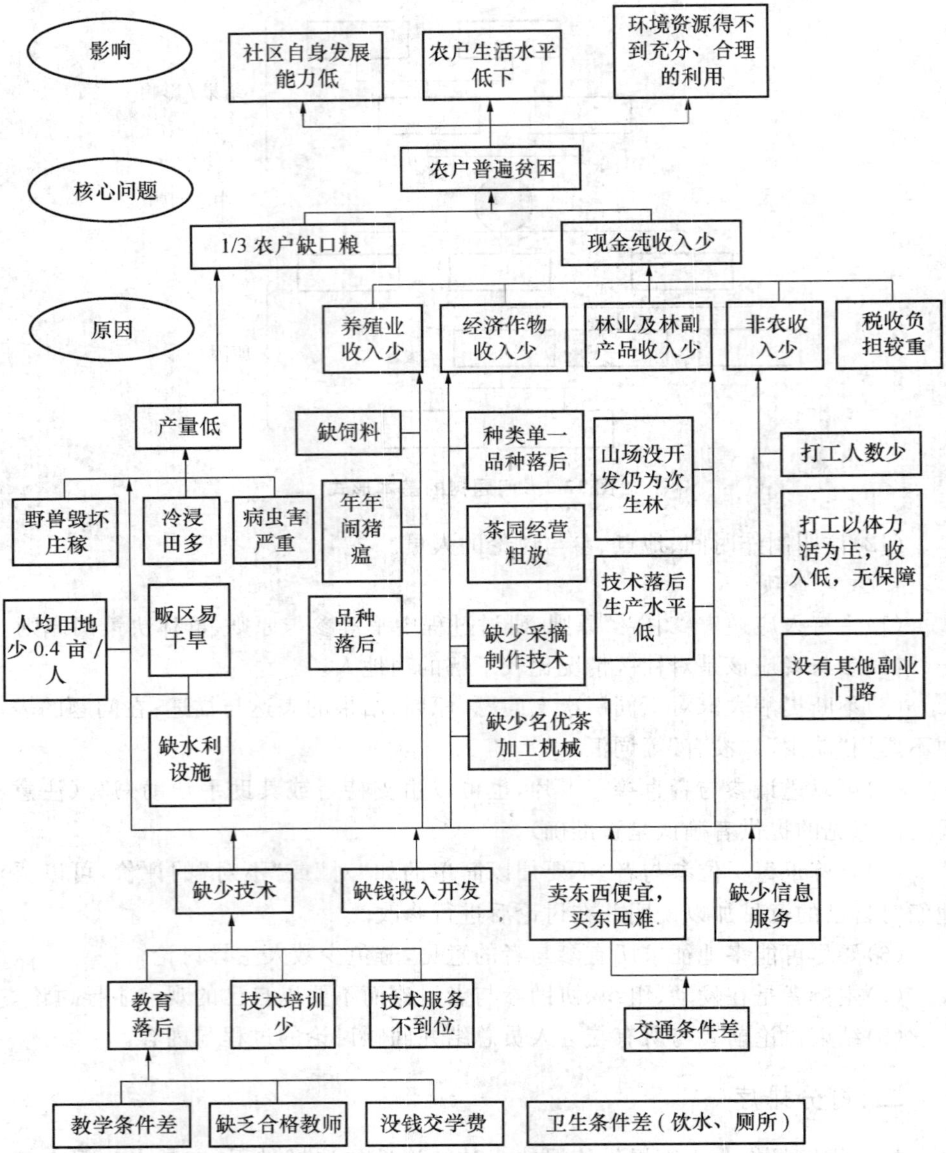

图 12-2　因果关系分析

1. 投票法

投票法主要是参与者对需要排序的事物按照一定的标准（重要性、偏好性等）

通过投票的方式进行打分选择，并排出优先顺序的过程。用此种方法所得到的结果是从所有选择对象中挑选出来的一项或几项结果（表 12-1）。

表 12-1　投票法表格

排序对象	投票	排序
1		
2		
3		

1）目的

（1）判断事物的前后顺序。

（2）为决策提供参考依据。

2）工具与材料

大纸、彩色记号笔或就地取材（玉米粒、豆子、石块等）。

3）步骤

（1）组成不超过由 15 名当地人参加的小组。

（2）详细说明目的、做法。

（3）明确需要进行打分排序的对象并自上而下书写在大纸上。

（4）讨论明确投票的限量标准（一人一票或一人多票），每个参与者对一个选择对象只限一票。

（5）请参与者逐一在排序对象后面投票（打勾、画圈、投玉米粒或写数字等方式）。

（6）待所有参与者完成打分之后，计算每个排序对象后的得票数（结果可以是一项选择，也可以是数项选择）。

（7）按得票多少排出顺序。

2. 直接排序法

直接排序法主要是参与者对需要排序的事物按照个人的标准（重要性、偏好性等）重新排序（表 12-2，表 12-4）。用此种方法所得到的结果是所有选择对象的一个排列顺序。

表 12-2　排序法表格

排序对象	参与者 1	参与者 2	参与者 3	参与者 4	合计	排序
1						
2						
3						

1)目的

(1)判断事物的前后顺序。

(2)为决策提供参考依据。

2)工具与材料

大纸、彩色记号笔。

3)步骤

(1)组成不超过由 15 名当地人参加的小组。

(2)详细说明目的、做法。

(3)明确需要进行打分排序的对象。

(4)制作表格。将确定的排序对象逐一写在最左侧的纵栏内,对应的右侧按照参与者人数画出空白的纵栏并在第一行写明参与者的号码或姓名。

(5)请参与者逐一在表格内将排序对象按自己的偏好重新给予顺序号(1,2,3,4)。

(6)待所有参与者完成打分之后,将每个排序对象后的数字相加,将结果填入合计栏内。

(7)按合计栏内数字多少重新排出顺序。

4)打分排序的注意事项

(1)尊重排序者,不要打断排序的过程。

(2)排序的主题应根据工作的需要由主持人确定,但具体的内容及衡量的标准应尽量由当地人讨论产生。

(3)排序结果应该仅作为决策的参考依据,因为参与排序的人所给出的结果不可避免地会受其本身社会存在所产生的立场和态度影响。

三、优劣势分析

优劣势分析是帮助人们在面对诸多影响因素时进行分析决策的工具之一(表12-3,表12-5)。对社区面临的内部和外部条件、可控和不可控因素进行比较分析,为制定社区发展计划,制定行动方案提供依据。优劣势分析的内容包括优势(社区自身有利条件)、劣势(社区自身面临的不利条件)、机会(社区以外可以提供的发展机会)、风险(社区以外可能对社区活动有影响、而且是社区无法控制的因素)。优劣势分析法通常用于小组讨论中,为小组讨论提供框架,使讨论与分析过程具有较好的针对性和系统性,将有利、不利、可能潜力和风险制约因素置于同一框架,能克服常规规划方法中问题分析、目标分析、项目方案分析等环节互相分离的缺点。优劣势分析可以采用打分的方法进行,也可以采用文字描述的形式开展或者两方面结合使用。

表 12-3　优劣势分析表

项目	优势	劣势	机会	风险

表 12-4　简单排序

项目	农民代表														分数	排序
	1	2	3*	4	5	6	7	8*	9	10	11	12	13	14*		
种植业																
土豆	1	1	1	2	2	2	1	3	1	1		2	1	3	21	1
中药材	2	2	2	1	3	1	2	1	2	2		3	2	2	27	2
蚕豆	4	3	4	4	4	4	4	4	4	4		4	4	4	51	4
育苗	3	4	3	1	1	3	3	2	3	2		1	3	1	37	3
养殖业																
牛	1	1	3	1	2	2	1	1	1	3		1	1	1	19	1
羊	2	2	1	2	1	1	2	2	2	1		2	2	2	22	2
鸡	3	3	2	1	3	3	3	3	3	2		4	4	3	39	3
中国林蛙	4	4	4	4	4	4	4	4	4	4		3	3	4	50	4
基础设施建设																
道路	3	1	1	3	4	2	3	4	4	2		4	4	2	37	3
学校	1	2	2	1	2	1	1	1	1	1		2	1	1	17	1
卫生所	2	3	4	4	1	3	2	2	2	4		3	3	3	36	2
技术服务	4	4	3	2	3	4	4	3	3	3		1	2	4	40	4

注：* 为女性参与者。

表 12-5　优劣势分析(一)

推荐领域	优势	劣势	机会	风险	结论	排序
洋芋	5	4	3	5	17	2
中药材	3	3	4	2	12	5
蚕豆	4	5	5	4	18	1
育苗	4	4	4	3	15	3
养牛	4	4	4	3	15	3
养羊	4	4	4	3	15	3
养鸡	3	4	4	3	14	4
特种养殖	3	2	4	1	10	6

注:优势分数高表示优势大,劣势分数高表示劣势小,机会分数高表示机会大,风险分数高表示风险小。

优劣势分析(二)

项目活动		优势	劣势	机会	风险	总分	排序
桑园	打分	35	21	32	26	20	1
	描述	有资源、有技术,见效快,投资少,农户大多可以养蚕	无标准化蚕室,缺建蚕室资金	有项目支持,市场需求大	资金到位不及时,易受天气影响		
种黄姜	打分	35	18	34	36	15	2
	描述	有土地,有技术,省劳力,不抢收	资金少,投入大	农村信用社信贷,国际项目支持	怕涝		
蚕沙保健枕	打分	21	20	30	22	9	3
	描述	有蚕沙原材料,有技术,有劳力	缺配套材料,如布、棉、药料	农村信用社信贷,国际项目支持。好卖	市场波动大		

说明:6 人参加打分,最高分 5 分,最低 0 分。

1)目的

(1)帮助人们在分析问题的基础上基于诸多影响因素进行选择性的决策。

(2)帮助人们在问题分析与决策过程中更清楚地了解自身的条件和发展潜力。

(3)明确争取外部包括当地政府在内的支持方向或领域。

2)工具与材料

大纸、彩色记号笔、卡片、胶带等。

3)步骤

(1)组织不超过15人的讨论小组。

(2)向参与者清楚地介绍讨论的题目、主要内容和讨论方式。

(3)展示事先绘制的包含优势、劣势、机会和风险四列内容的表格并解释其含义。

(4)用集思广益的形式收集参与者对表格内四个因素的意见和观点并将结果填入相应位置。

(5)对结果讨论、分析、归纳、总结。

(6)标注时间、地点、参与者信息等内容。

4)注意事项

(1)注意不要让少数人主导整个讨论,要(通过写卡片或有针对性地提问)尽量让所有参与者尽可能多地发言。

(2)在讨论过程中,注意不要将内部和外部因素混淆(如优势与机会、劣势与风险)。

四、选择方案可行性分析

选择方案可行性分析是帮助当地人对几种预选方案在社会、经济、生态、技术以及市场等方面进行分析决策的过程,是对预选项目的一种评价(表12-6)。选择方案可行性分析不是按照自己的偏好,而是根据自己掌握的信息和经验对其可行性进行客观的判断,以得出比较科学的结论。

表12-6　可行性分析

推荐领域		经济可行性	社会可行性	技术可行性	生态资源可行性	市场可行性	结果	排序
种植业	中药材	4.5	4.1	5	4	3.8	21.4	4
	设施农业	4	3.8	3.5	3.4	4.5	19.2	6
	油菜制种	4.8	2.7	4.8	4.5	4.8	21.6	3
	花椒	4.2	3.8	4.2	4	4.6	20.8	5
养殖业	育肥牛	4	4.1	4.9	4.6	4.5	22.1	2
	育肥羊	4.2	4.5	4.7	4.6	4.4	22.4	1
	奶牛	4.7	4.8	4.1	4.2	4.6	21.4	4
加工业	肉制品	4.3	2.2	3.2	3.9	4.4	18	7
	奶制品	4.7	1.8	2.6	3.5	4.7	17.3	8

1)目的

(1)帮助社区中的人们进一步分析预选方案可能造成的正面和负面的影响。

(2)帮助社区进一步明确自身发展决策的优先序。

(3)明确争取外部包括当地政府在内的支持方向或领域。

2)工具与材料

大纸、记号笔、卡片或纸条、图钉、胶带等。

3)步骤

(1)组织不超过10名当地人在内的讨论分析小组。

(2)详细介绍讨论的必要性、内容、方式、步骤等。

(3)制作可行性分析表。

(4)邀请大家对不同的可行性内容以五分制分别打分。

(5)将各项预选方案得分分别统计总分。

(6)根据总分进行排序。

(7)标注时间、地点、参与者信息等内容。

4)注意事项

(1)可以组织混合小组进行讨论,也可以专题小组讨论。

(2)意不要让少数人主导整个讨论,要(通过写卡片或有针对性地提问)尽量让所有参与者尽可能多地发言。

(3)可以邀请参与者逐一上前在对应的空格内打分,也可以采用发卡片的形式背靠背打分并由主持人收集后记录到大纸上。

(4)根据参与者的具体情况,在难以取舍时,也可以使用小数(如3.5分、2.9分等)。

五、"H"形评价图

传统的评估方法过多地关注于技术层面,忽视了发展项目活动对社区尤其是当地人在社会、生活等各方面带来的长期影响。"H"形评价是一种评估方法,它用可视形象化和民主评议的方法,调动群众参与对发展活动效果的讨论、分析,以打分和定性描述相结合的形式开展对特定项目活动或机构等对象的评价(图12-3)。

1)目的

(1)客观、真实地对评估对象开展定性的分析。

(2)对评估对象开展定量的评价。

2)工具

大纸、记号笔、卡片、胶带、图钉等。

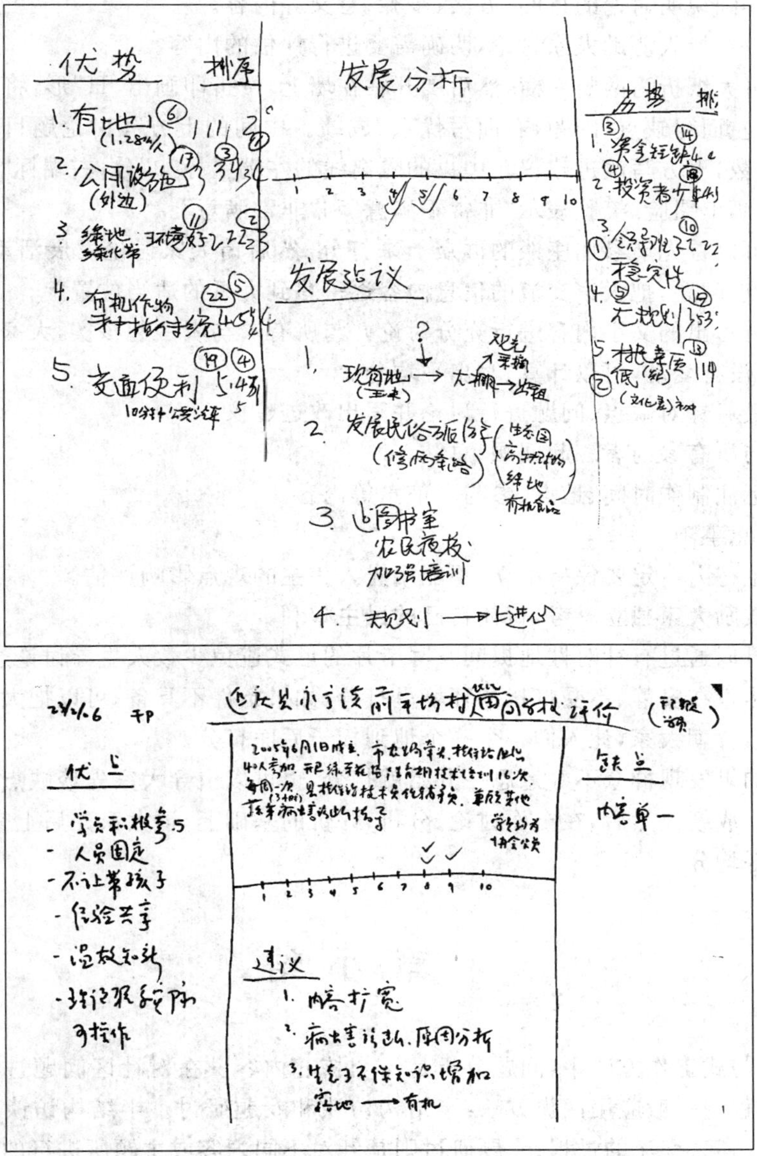

图 12-3 “H”形评价图

3)步骤

(1)组织包括不同身份、不同性别在内的评估小组。

(2)详细说明讨论的目的、方法、步骤、意义等内容。

(3)由主持人协助大家讨论，明确需要进行评估的内容。

(4)将大纸折为两竖一横，然后展开粘在墙上，按折印画出“H”形，将纸分为四个空间。左面写缺点、问题，右面写优点、成绩。中间的上方写讨论题目和大家打分的平均数，下方写改进建议。中央的隔离线的左端上标“0”分，右端标“10”分，也可以分别画上哭脸、笑脸表示“非常不满意”和“非常满意”。

(5)可以首先请参加座谈的群众上来打分，然后请大家讨论发展活动的优点/成绩、缺点/问题，把大家交流的信息内容逐一写到大纸的适当位置上。

(6)对写出的文字内容进行充分讨论并与所有参与者一起核实，大家如果对自己的打分没有变动，可以计算、写出平均分。

(7)最后针对缺点、问题进行讨论并写出改进建议。

(8)与所有参与者一起回顾、总结。

(9)标注制作时间、地点、参与者信息等内容。

4)注意事项

(1)主持人一定要保持中立，不能用先入为主的观点影响评估。

(2)鼓励大家独立思考，行使自己的民主权利。

(3)可以通过有针对性地提问及写卡片的形式避免少数人主导讨论过程。

(4)尽量在安静、不受打扰的环境里打分，如果条件不具备，可以把大纸钉在一个板子上，背朝大家，让人们一个一个地到板子后面打分。

(5)如果发现群众不好意思一开始就打分，也可以引导大家先谈缺点、问题，或先摆优点、成绩。然后，在全面讨论、分析、评价的基础上，请大家先后上来打分，计算、写出平均分。

本章小结

在参与式工作方法中，问题分析是一个核心内容。在对社区问题进行讨论与分析的过程中一般应用两类方法：半结构访谈和专题研讨。半结构访谈是针对不同对象的访问、交流的过程；专题研讨则是针对不同内容或主题所进行的深入的决策性分析。

本章在半结构访谈方面主要介绍了农户访谈、主要知情人访谈与专题小组交流三种工具，其中，专题小组交流在运用过程中又可以分为两种方式：以访谈提纲为基础在访谈者与访谈对象之间开展的访谈；以主持人的主持为特征在小组中开展的研讨。在专题研讨方面，本章主要介绍了因果关系分析、打分排序、优劣势分析、选择方案可行性分析和“H”形评价图五种工具，其中，打分排序可以采用投票法和直接打分排序法进行。此外，除去本章所介绍的作用之外，打分排序也可以用于农户贫富排序中，但考虑到贫富排序更多的是针对农户社会经济状况的分析，所以放在目标群体分析中讨论。

一般来讲，问题分析与决策分析是联系在一起进行的。因为，在问题分析基础上进行的决策才能更加切合实际。

思 考 题

1. 为什么要开展社区问题分析？
2. 由谁进行社区问题分析？
3. 什么是半结构访谈？
4. 问题分析分为哪几个层次？
5. 优劣式分析与可行性分析的侧重点各是什么？

第十三章 目标群体分析

目标群体分析包括经济状况分析和社会关系分析两个部分。经济状况分析的工具包括社区农户划分和富裕程度排序；社会关系分析包括农户流动图和机构联系分析图。

众所周知，任何的发展项目和发展措施都不是针对社区内所有人的，而要根据社区自身需求和外部机构的不同特征来确定有针对性的目标群体。目标群体分析是指为社区提供服务的外部机构按照各自的标准对社区中的人们进行分析、筛选的过程；但在社区发展过程中，更强调的是目标群体进行自我分析的过程。目标群体分析能够帮助人们更清楚地了解自己，明确自身所拥有的社会资本、发展所需要的支持条件以及获取这些支持的途径。

第一节 经济状况分析

经济状况分析是分析目标群体在社区中的经济发展水平以及所能发挥的作用及其影响。经济状况分析所使用的工具主要包括社区农户类型划分与农户贫富或生活状况排序。

一、社区农户类型划分

社区农户类型划分是一种非常有实用价值的工具，它可以帮助社区分析当地的社会经济状况，包括收入结构、贫困程度、与外界的联系途径等大量的信息。同时，社区农户类型划分可以为项目实施过程进行监测和评估(表 13-1)。

1. 目的

(1)了解不同类型农户的需求及分化状况。

(2)选择农户访谈对象或确定参与项目的农户。

(3)为发展过程或设计中的项目活动提供监测与评估的依据。

2. 工具与材料

大纸、记号笔、胶带、图钉等。

表 13-1 农户类型划分

类型	户数	特 点
好	12(10%)	跑运输，小包工，打工，经济收入较高
一般	22(18%)	打零工，摆小摊，蹬三轮车，教师等；基本能维持家庭生计，能够借贷款
较差	48(40%)	主要从事农业生产，零花钱主要靠养一头猪或羊，有一些外债，开支大于收入
差	38(32%)	10 户丧偶，老弱病残无劳动能力 12 户；其余无创收能力，有些孩子较多，欠债多，生活特困难

3. 步骤

(1)组织包括 4～6 名当地人在内的讨论小组(村干部、农民代表、妇女等)。

(2)在大纸上方写明某县某乡镇某村农户类型划分。

(3)制作一个三栏的表格，在第一行分别填写“类型”、“特征”、“所占总户数比例”。

(4)讨论并确定农户分类类型(三类：好、中等、差；四类：好、中等、差、极差；五类：极好、好、中等、差、极差)。

(5)讨论并确定农户分类标准(可以包括收入结构、劳力数量与质量、受教育情况、家庭负担、经营类型、债务、支出结构、生产生活设备等)与所占比例。

(6)与所有参与者一起核实，进行总结、回顾讨论过程并做必要补充。

(7)注明制作时间、地点、参与者。

4. 注意事项

(1)得出的结果不是人员名单，而是分类的类型和标准(表 13-2)。

表 13-2 农户类型分类指标

类别	分类指标	
	开展项目前	现在
好	·住瓦房 ·有电视(黑白为主) ·人均纯收入 700 元左右 ·收入来源：养猪、打工	·住楼房 ·家用电器齐全 ·生活水平高(荤菜多) ·有卫生厕所(可洗澡) ·组合式卫生灶 ·有庭院经济 ·井、池、园配套 ·人均纯收入1 400元以上
	15%	5%

续表 13-2

类别	分类指标	
	开展项目前	现在
一般	·土墙瓦顶(也有草房) ·人均纯收入 400 元左右 ·收入来源:养殖 ·劳力较少 50%	·住瓦房 ·无欠款、无存款 ·有电视、电话 ·温饱无问题 ·养 4～5 头猪 ·人均纯收入 800～1 000 元 70%
较差	·住草房 ·有娃娃念书 ·债务较多 ·人均纯收入 200 元左右 ·缺乏技术 20%	·土墙瓦顶,房屋无装饰 ·周转不灵、欠银行贷款 ·黑白电视 ·主要成员文化水平低 ·养 2～3 头猪 ·人均纯收入 500 元左右 20%
差	·住草房,面积小 ·生活依靠救济 ·五保户、缺劳力、残疾 15%	·住土房或草房 ·温饱靠救济 ·五保户、缺劳力、残疾 5%

(2)类型的划分应该完全按照参与者的意见并使用当地人熟悉的语言描述方式。

(3)尽量避免使用一些绝对化的容易引起误会或不易在实际中获取的特征如“银行存款”、“人均收入”、“人均支出”等。

(4)必要时可以在分类基础上讨论如“成功农户的经验”、“不同类型对发展的想法与需求”等。

二、富裕程度排序

社区人群中由于等级地位的不同、生产和生活资料的占有不同、生产和经营水平的不同以及文化健康等方面的差异,通常在富裕程度上产生差别,而不同富裕程度的农户有不同的发展需求。富裕程度或排序可以帮助我们进一步了解一个社区内所有农户之间的差异,其目的是将一个地域内的所有人口或每个村庄(自然村)根据贫困状况或经济条件进行排队,以便于项目活动及资金投入的优先选择。

1. 目的

(1)了解村内不同农户间贫富的差异并探讨其原因。

(2)为后续的农户访谈的抽样提供依据。

(3)为今后的针对发展结果的监测与评估提供基础资料(依据农户排名的变化)。

2. 工具与材料

大纸、记号笔、卡片或纸条、胶带;村或组花名册。

3. 步骤

(1)邀请4～10名当地人(尽量包括来自不同自然村的代表及妇女)作为排序的参与者。

(2)每两人一组开展工作。

(3)将全村所有农户的姓名分别写在小卡片或纸条上(一人一张)。

(4)将写好名字的纸条或卡片交给参与者并请他们按照自己的观点进行贫富程度排队并标号(过程由参与者自己商量掌握)。

(5)将分类标准写出来。

(6)注明制作时间、地点、参与者等信息。

4. 步骤

(1)事先在大纸上制作表格,将全村农户的姓名由上至下写在最左侧的栏内并在对应的横向画出4～5列纵栏(数目根据参与者人数)。

(2)所有参与者各自逐一在纵栏内为左侧的名单打分(按照事先定好的由贫至富或由富至贫的顺序,如5分表示最富,4分表示较富,3分表示一般,2分表示较穷,1分表示最穷或相反)。

(3)在最右侧将每个名字后的分数相加,即可得到大致的贫富排序结果。

(4)就结果再次询问所有参与者,对不同意见进行讨论并对结果进行必要调整。

(5)将分类标准写出来。

(6)注明制作时间、地点、参与者等信息。

5. 注意事项

(1)注意参与者的身份及性别比例,需要时也可分开男女小组进行排序。

(2)尽量在相对封闭与安静的环境进行排序并注意不要中途打断参与者的讨论和排序。

(3)当排序出现较大的出入时,即对同一个农户不同的人排出的结果有最富裕和最贫困时,需要进行比较性的询问以便再次确定。

(4)根据发展项目活动的需要(如确定小额信贷的贷款户)在村民大会上将结果张榜公布。

(5)注意在后续的抽样入户调查中交叉验证及与通过其他调查方法获得的结果相互核实。

第二节　社会关系分析

社会关系分析是分析目标群体生计框架中社会资本以及对社区发展所发挥的作用及影响。社会关系分析所使用的工具主要包括社区农户流动图、机构联系分析图。

一、农户流动图

农户流动图可用来作为衡量农户的知识、交往、自由度、开放程度、见识的指标。这既是一种信息收集工具,也是一种分析工具(图 13-1,图 13-2)。在一个社区中,个体的活动空间往往与权力、与外部资源的接近程度密切相关。一般而言,流动图很大程度上能够用于衡量农户或某个人在社区中的权威,分析农户贫穷与富裕的原因,分析性别差异与原因等。另外,流动图也可以用来分析农户的劳动力资源配置、劳动强度、不同性别的劳动分工等方面,为设计今后的社区发展活动和合理配置发展资源提供依据。

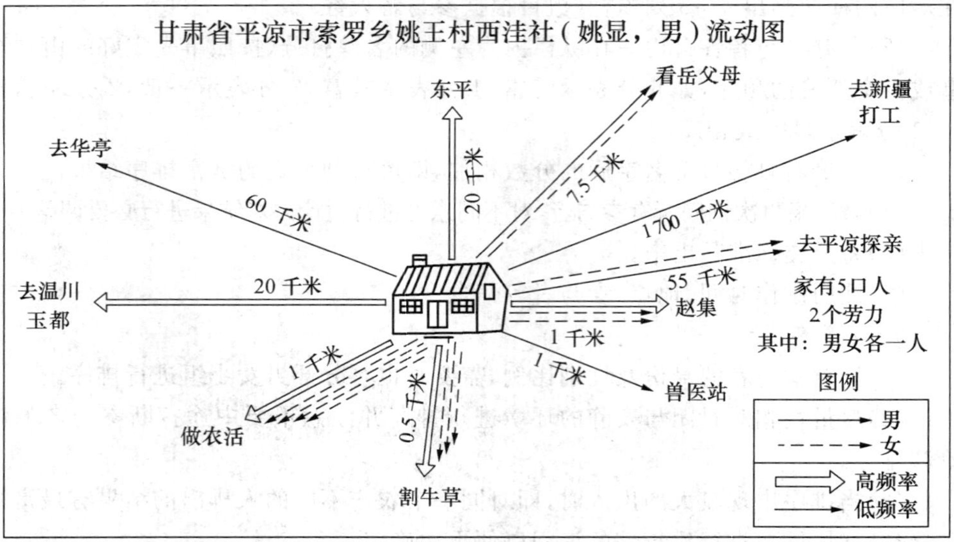

图 13-1　农户流动图

图 13-2　技术人员服务活动图

1. 目的

(1)通过了解农户活动范围衡量不同农户与外界的交往能力。

(2)了解农户获取信息的渠道与方式。

(3)衡量不同农户与各类资源(服务、资金、社会关系等)的接近程度。

(4)分析贫富原因、性别差异、不同性别的劳动分工及劳动强度。

2. 工具与材料

大纸、彩色记号笔、铅笔、胶带等。

3. 步骤

(1)在一张纸的上方标明某某户或某某人流动图。

(2)在图的中心位置画一符号代表农户家，将活动内容按照实际方向和大致距离比例写在或用卡片固定在周围并用线段连接。

(3)在图上标出最远去过什么地方、去干什么、什么时间去的、采用什么方式等，内容包括外出打工、走亲访友、做生意、赶集、看病、参加培训、生产活动、旅游娱乐、妇女回娘家、买生活用品等活动以及在什么地方、距离多远。

(4)在图上标出性别与活动频率(性别可用不同颜色线条标出，频率可用不同粗细的线条或加注文字的方式表达)。

(5)与农户就流动图所展示的结果进行讨论、简单分析与总结。

(6)补充修改流动图的内容,标明制作时间、地点、参与者。

4. 注意事项

(1)根据需要,可以分别询问丈夫和妻子、老年人和青年人,以了解不同性别、不同年龄和不同富裕程度的农户流动情况。

(2)对活动空间的范围,不必追求比例尺上与方位上的精确。

二、机构联系分析图

机构联系分析图可以用来分析社区或社区中的农户与当地政府管理与服务部门、技术推广部门、企业、市场等外界机构的联系,也可以用来分析机构之间的关系(表 13-3,图 13-3,表 13-4)。

表 13-3 机构联系分析表

机构名称	与社区有关的主要职能	对目前表现的评价	社区的具体需求	建议

表 13-4 机构联系分析结果

类别	机构名称	积极作用	消极作用	村民的期望
1	镇政府	产业结构调整(退耕还林、养殖等)的指导作用; 聘请专业技术人员对村民进行指导(种养殖等); 争取项目或资金,发展社区经济	和有关部门协调不力,导致村民经济受到影响	争取扶持资金,搞发展项目(打坝、农灌蓄水池等)
	国际计划县办	帮助社区实施发展项目; 提高村民实施项目的能力; 提高村民的思想觉悟; 提高村民的发展能力(技术、营销知识等); 提高了村民(妇女、儿童)参与能力; 改善了农村的生活、教育环境	工作程序烦琐,耽误村民的时间较多	家庭项目拓宽到其他贫困的非 SC 家庭; 小额信贷金额多一些,周期延长,范围扩大; 扩招符合条件的儿童为 SC

续表 13-4

类别	机构名称	积极作用	消极作用	村民的期望
1	县妇联	通过培训，提高了妇女能力和地位； 对发展家庭经济起到了重要作用； 通过培训提高了村民的保健意识		保持现有的支持； 扩大培训的范围（不同的技术种类）
2	林业局	退耕还林、草技术指导； 保护生态环境； 组织提供优良经济树种	树种质量有时不能保证	及时兑现粮食、资金补助，不打折扣
	粮站	就近领取退耕还林补助粮	补助粮质量有时不能保证	保质保量，及时发放补助粮
	乡医院	及时给孩子打防疫针； 就近治疗简单病； 服务态度好	药品价格高，种类不全	合理收取医药费
	乡派出所	保护社会治安	不能积极配合村民办理相关手续	办事人员平易近人
	民政局	给困难户提供救济	有时有戴帽指定资金，给村干部造成不良影响	公平、合理地发放救济
3	农业局	农业技术指导； 地膜等农业资金投入	不能因地制宜	因地制宜，增加农业资金的投入
	电力局	供电； 农业电网改造	配合不积极； 工作人员有腐败现象	提高服务质量
	畜牧局	牲畜防疫； 引进优良牲畜品种（小尾寒羊等）	引进新品种时，种羊质量不高	
	乡学区	合理分配教师； 布点合理	对教师要求不严格	继续保持统考制度
4	乡税务所		收税不合理	希望合理收取税费
	老区办	提供扶贫资金； 帮助实施扶贫项目	选择扶贫村时不合理	合理选择扶贫村
	水利局	提供水利方面的技术支持		争取水利项目、资金
	乡信用社、县农行	提供信贷资金	信贷提供不及时、不公平（个人关系）； 农业生产类信贷少，商业类信贷多	面向农民发放资金
	村委会（VDC）	积极组织实施项目； 制定村级发展规划； 组织村民开展公益事业； 调解本村民事纠纷； 向广大村民宣传国际计划； 组织村民制定项目管理规章制度	村干部有时办事怕惹人	带领村民尽快富裕起来（组织种、养、加工等培训）； 争取资金打坝； 争取资金建农灌蓄水池

注："类别"为村民认为该类机构与社区发展关系远近程度，1 类为最密切，依此类推。

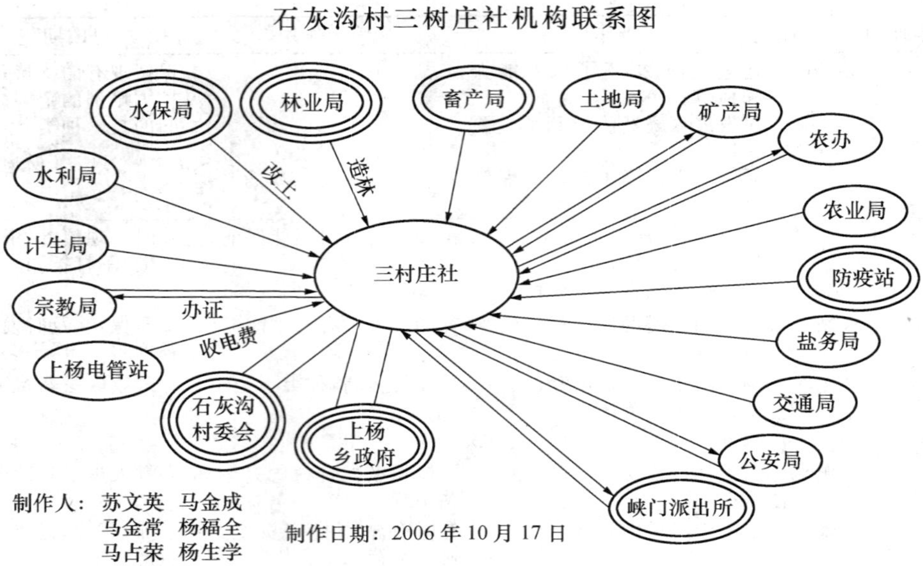

图 13-3　机构联系图

1. 目的

(1)了解农户或社区与周边各种机构(管理和服务机构)的交互关系。

(2)了解与社区相关的各种组织的类型(政府组织、民间组织；行政组织、技术组织、经济组织等)，各组织间的相互联系以及它们在社区发展中的作用。

(3)明确与社区发展有关的机构(主要为政府部门)的职能及其在社区发展中可能的结合点。

2. 工具与材料

大纸、彩色记号笔、卡片、胶带等。

3. 步骤

(1)在大纸上方写上某县某乡镇某社区(或农户)机构联系图。

(2)讨论并明确与社区发展活动有关系的组织机构。

(3)将社区名称标示(写或贴卡片)在大纸的中间，将各类相关组织的名称写或放置在周围。

(4)在每个机构名称下用不同数量的“＋”或“－”号表示与社区的主要关系或用不同粗细和颜色的线条表示。

(5)制作一张表格，注明机构名称、主要职能、对目前表现的评价、需求及建议。

(6)标注制作时间、地点及参与人员。

4. 注意事项

(1)注意讨论不同人对不同机构看法上的差异,争取达成共识。

(2)最好用线条表示关系,用表格表示对关系的分析。

本章小结

本章主要从经济状况和社会关系两个方面对开展目标群体分析的工具和作用进行了介绍。经济状况分析包括社区农户类型划分和富裕程度排序两种工具;社会关系分析包括农户流动图、机构联系分析图两种工具。除去经济状况分析之外,本章通过农户流动图说明并分析农户的社会交往能力;机构联系分析图从社区的角度对与社区发展活动有关的组织机构或相关群体的作用、影响以及社区在相关方面的困难、障碍和发展潜力进行分析。

思考题

1. 为什么要开展目标群体分析?
2. 目标群体分析包括哪些内容?
3. 什么是经济状况分析?
4. 农户流动图和机构联系图有什么区别?
5. 农户类型划分和富裕程度排序有什么不同?

参考文献

[1]【美】埃里克·M·艾森伯格,小H·L·古多尔. 组织传播——平衡创造性和约束. 白春生,等译. 北京:清华大学出版社,2004.

[2] 艾丰. 新闻采访方法论. 北京:人民日报出版社,1999.

[3] 北京市通州区于家务回族乡远程教育示范基地. 北京市通州区于家务回族乡农村远程教育示范基地发言稿,2006-06-15.

[4] 北京市通州区于家务回族乡劳动和社会保障事务所. 于家务回族乡劳动和社会保障事务所先进事迹材料,2005-12-09.

[5] 北京中外企业管理培训中心. 管理故事与哲理. 中外管理杂志社,2003.

[6]【美】本·巴格迪坎. 传播媒体的垄断. 北京:新华出版社,1986.

[7]【美】彼得·圣吉. 第五项修炼. 上海:上海三联书店,1999.

[8] 曹忠仁. 浅谈市场经济条件下农民观念的转变. 北方经济,2007(2).

[9] 曹可凡,王群. 节目主持人语言艺术. 上海:上海人民出版社,1997.

[10] 蔡林. 初级摄影教程. 成都:四川科学技术出版社,1998.

[11] 陈军. 农民工求职的信息短缺问题研究——一个信息不平等视角. 湖南师范大学硕士论文,2005-4.

[12] 陈长虎,刘成新. 自主学习过程中的个人知识管理. 现代教育技术,2007(2).

[13] 程同顺,等. 农民组织与政治发展:再论中国农民的组织化. 天津:天津人民出版社,2005.

[14] 董振国. 盘点中央"一号文件" 农民从中受惠几何? http://news.xinhuanet.com/focus/2004-11/22/content_2237072.htm.

[15] 董天策. 传播的划分与传播学分支学科建设. 川东学刊(综合版),1995(10).

[16] 戴俊潭. 电视传播与转型期中国农民的意识现代化. 复旦大学博士论文,2004.

[17] 戴元光,等. 传播学原理与应用. 兰州:兰州大学出版社,1988.

[18]【英】达仁道夫. 现代社会冲突. 林荣远,译. 北京:中国社会科学出版社,2000.

[19]【英】丹尼斯·麦奎尔,等著. 大众传播模式论. 祝建华,等译. 上海:上海译文出版社,1987.

[20] 丁俊杰.广告学.武汉:武汉大学出版社,2001.
[21] 邓正来.全球化时代的发展传播学.传播与社会学刊,2009(10).
[22] 方晓虹.大众传媒与农村.北京:中华书局,2002.
[23]【德】斐迪南·滕尼斯.共同体与社会——纯粹社会学的基本概念.林荣远,译.北京:商务印书馆,1999.
[24] 费孝通.乡土中国 生育制度.北京:北京大学出版社,1998.
[25] 费孝通.乡土中国.北京:人民出版社,2008.
[26] 冯健伟.信息的传播与应用.北京:新华出版社,1987.
[27] 高卫平.知识管理——组织创新的基点.广东培正学院学报,2007(9).
[28] 高崇,王德海.非暴力:中国农村社会冲突的礼让逻辑.西北农林科技大学学报(社会科学版),2011(1).
[29] 高崇,王德海.论新时期农村社区的非正式群体——国家与社会的关系视角.安徽农学通报,2010(19).
[30] 高崇,王德海.论边缘农民在社区公共冲突中的行为及其走出边缘的路径.中国农学通报,2010(24).
[31] 郭建斌.社会转型期大众传媒与少数民族社区——独龙江个案的民族志阐释.复旦大学博士论文,2004-6.
[32] 郭庆光.传播学教程.北京:中国人民大学出版社,1999.
[33] 郭于华.农村现代化过程中的传统亲缘关系.社会学研究,1994(6).
[34] 郭翔宇,等.中国农民与农村经济发展.北京:中国农业出版社,1996.
[35] 甘波,等.沟通时代的管理者.北京:企业管理出版社,1998.
[36] 国家广电总局发展改革研究中心课题组.关于构建农村广播影视公共服务体系的研究报告.北京:中国广播电视出版社,2008.
[37] 国家发展改革委 广电总局召开广播电视"村村通"工作座谈会.http://www.sarft.gov.cn/国家广播电影电视总局网.
[38] 广电总局发展研究中心.2010年中国广播电影电视发展报告(广电蓝皮书).北京:新华出版社,2010.
[39] 何菲.互动视阈中的对农电视节目——基于电视媒体与城乡受众关系的视角.湖南师范大学硕士论文,2007.
[40] 贺雪峰.新乡土中国:转型期乡村社会调查笔记.桂林:广西师范大学出版社,2003.
[41] 黄祖辉,赵兴泉,赵铁桥.中国农民合作经济组织发展:理论、实践与政策.杭州:浙江大学出版社,2009.

[42] 韩鸿. 参与式传播:发展传播学的范式转换及其中国价值——一种基于媒介传播偏向的研究. 新闻与传播研究,2010(1).
[43] 韩志丽. 高科技企业知识共享悖论解读. 科技进步与对策,2005 (11).
[44] 蒋涛. 我国社会网络研究简评. 社会科学论坛,2005(6).
[45] 旷宗仁,李红艳,左停. 农业知识与信息系统(AKIS)个案分析. 中国农业大学学报(社会科学版),2008(4).
[46]【美】凯瑟琳·米勒. 组织传播. 袁军,等译. 北京:华夏出版社,2000.
[47]【美】科里·帕特森,等. 冲突与解决. 李芳龄译. 北京:中国财政经济出版社,2006.
[48] 赖晓飞,邱耕田. 建立完整的发展学学科体系. 重庆大学学报(社会科学版),2002,9(1).
[49] 李谦. 现代沟通学. 北京:经济科学出版社,2002.
[50] 李彬. 大众传播学通俗讲座. 新闻与成才,2002.
[51] 李小云. 参与式发展概论. 北京:中国农业大学出版社,2001.
[52] 李小云. 谁是农村发展的主体. 北京:中国农业大学出版社,1999.
[53] 李元授. 交际学. 武汉:武汉测绘科技大学出版社,1991.
[54] 李林. 西部地区新农村建设信息服务问题探讨. 西南大学学报(社会科学版),2008(5).
[55] 李红艳. 乡村传播学概念解析——兼论乡村传播学与发展传播学之异同. 新闻界,2008(6).
[56] 李红艳. 乡村传播与农村发展. 北京:中国农业大学出版社,2007.
[57] 李平,张庆普. 从知识共享到知识和谐:一种知识管理观念. 商业经济与管理,2008(3).
[58] 李阳,蒋国瑞. 两种重要的知识管理技术:数据挖掘和知识发现. 情报杂志,2007(3).
[59] 李芹. 社会学概论. 济南:山东大学出版社,1999.
[60] 李任明. 水稻有害生物综合治理技术转化的新途径——试办"农民田间学校"的体会. 江西植保,1995(1).
[61] 林夏竹. 茶山智慧:农民的知识转化过程研究. 中国农业大学博士论文,2010.
[62] 刘刚,王芳. 乡村纠纷调解中的公共权力和权威——对一起农地纠纷的调查分析. 中国农村观察,2008(6).
[63] 刘金海. 社会化小农的历史进程:中国的经验. 华中师范大学学报(人文社会科学版),2007(7).

[64] 刘荣勤.农村市场经济的主体培育问题.山东经济,1994(5).
[65] 刘玉花.农村社区信息传播网络研究——以吉林省方村为例.中国农业大学博士论文,2008.
[66] 刘家勋.现代教育技术.沈阳:辽宁师范大学出版社,1995.
[67] 黎泽潮.公共关系总论.合肥:合肥工业大学出版社,2005.
[68] 陆相欣.农村社会学.郑州:郑州大学出版社,2006.
[69] 卢福营.派系竞争:村委会选举面临的新挑战——以浙江白村的一次村委会选举为例分析.中国农村村民自治信息网.
[70] 卢福营,等.冲突与协调:乡村治理中的博弈.上海:上海交通大学出版社,2006.
[71] 罗建,古玲.广告创意.北京:中国经济出版社,1995.
[72] 陆学艺.内发的村庄.北京:社会科学文献出版社,2001.
[73] 吕斌.人际信息交流与技能.南京:南京大学出版社,1994.
[74] 吕青,程军,叶小梁.知识管理中对隐性知识发掘的探讨.情报杂志,2002(11).
[75]【德】M·兰德曼.哲学人类学.阎嘉,译.贵阳:贵州人民出版社,2006.
[76]【美】马歇尔·卢森堡.非暴力沟通.阮胤华,译.北京:华夏出版社,2009.
[77] 梅尔文·德弗勒,等.大众传播学诸论.北京:新华出版社,1990.
[78] 玛丽·蒙特.管理沟通指南.北京:清华大学出版社,1999.
[79]【美】密苏里新闻学院写作组.新闻写作教程.北京:新华出版社,1986.
[80] 明安香,等.信息高速公路与大众传播.北京:华夏出版社,1999.
[81] 闵大洪.中国网络传播研究现状及前瞻.北京:北京广播学院出版社,2006.
[82] 闵大洪.电子传媒的数字化浪潮.国际新闻界,1997.
[83] 孟祥晟.2001 中国年度最佳广告案例.北京:中国经济出版社,2001.
[84] 邝宁华,胡奇英,杜荣.知识特征与知识传递媒体的选择.软科学,2003,17(6).
[85] 倪宁.广告学教程.北京:中国人民大学出版社,2001.
[86] 倪波,等.信息传播原理.北京:书目文献出版社,1996.
[87] 宁威.国内农业电视频道研究.西北大学硕士论文,2008.
[88] 农业部市场与经济信息司.农业部关于进一步加强农业信息化建设的意见.http://www.agri.gov.cn/xztz/t20061102_713455.htm.
[89] 欧阳康.大众媒体通论.广州:中山大学出版社,1991.
[90] 秦朔.传播成功学.广州:广州出版社,1998.

[91] 裘正义. 大众传播与中国乡村发展. 北京:群言出版社,1993.
[92] 饶静. 杨乡政权:依附型行动者. 中国农业大学博士论文,2007(6).
[93] 孙瑞祥. 传播社会学:发展与创新. 天津师范大学学报(社会科学版),2004(2).
[94] 孙聚成. 信息力——新闻传播与国家发展. 北京:人民出版社,2006.
[95] 孙瑾,郑风田. 关于中国农村社会冲突的国内外研究评述. 中国农村观察,2009(1).
[96] 沈小平. "不像话"与"不听话"——农村干群关系冲突透视. 领导广角,2000(10).
[97] 时蓉华. 社会心理学. 杭州:浙江教育出版社,1998.
[98] 水山,戴洪生,郑范洙,等. 中国农村人才发展报告. 2005. http://www.chinareform.org.cn/cirdbbs/dispbbs.asp? boardid=11&id=47615.
[99] 沙莲香. 传播学——以人为主体的图像世界之谜. 北京:中国人民大学出版社,1990.
[100] 申明,等. 管理沟通. 北京:企业管理出版社,1997.
[101] 沈后文,徐军明. 国外著名广告实例及述评. 北京:中国广播电视出版社,1995.
[102] 苏宝华,冯海燕. 怎样当好节目主持人. 哈尔滨:黑龙江人民出版社,1991.
[103] 石光. 人与世界的沟通. 武汉:湖北人民出版社,1987.
[104] 宋锡仁. 传播手段基础. 成都:四川人民出版社,1990.
[105] 社科院新闻研究所. 传播学简介. 北京:人民日报出版社,1983.
[106] 田捷. Internet 基础教程. 北京:清华大学出版社,1999.
[107] 汤俊峰,杨学军. 成功广告案例评析. 北京:中国商业出版社,2001.
[108] 谭英. 欠发达地区不同类型农户科技信息需求与服务策略研究. 中国农业大学硕士论文,2004.
[109] 谭英. 中国乡村传播实证研究. 北京:社会科学文献出版社,2007.
[110] 谭英. 乡村"自下而上"的信息传播位能提升研究. 中国农业大学博士论文,2010.
[111] 王德海. 现代培训的理论与方法. 北京:中国农业大学出版社,1997.
[112] 王德海,周圣坤. 传播. 北京:中国农业大学出版社,2002.
[113] 王德海. 发展传播学. 北京:中国农业科学技术出版社,2003.
[114] 王德海. 农业推广. 北京:中央广播电视大学出版社,2006.
[115] 王德海,李凡. 参与式农村工作方法. UNICEF,2005.

[116] 王泰兴.有声传播语言应用.北京:中国广播电视出版社,2001.
[117] 王伯扬.生物科学摄影基础.北京:人民教育出版社,1980.
[118] 悟心国际顾问有限公司.会议主持技巧.2005.http://www.tai-pei.com.tw/.
[119]【美】沃纳·赛佛林,小詹姆斯·坦卡德.传播理论——起源、方法与应用.郭镇之,等译.北京:华夏出版社,2000.
[120] 王晓东.改革开放30年我国农村报刊发展的回顾与反思.今传媒,2009.
[121] 王建,赵静,王玉平.西部农村的信息贫困及农民信息权利维护.图书情报工作,2007(10).
[122] 王思斌.社会学教程.北京:北京大学出版社,2003.
[123] 王晓毅.转型时期的农村社会冲突.广州:广东教育出版社,2009.
[124] 王山.农民田间学校模式的特点和创新.中国农技推广,2005(10).
[125] 毋俊芝.中国农民合作经济组织的理论和实践.北京:中国社会出版社,2008.
[126] 汪奇兵.我国对农传播的现状透析.贵州民族学院学报(哲学社会科学版),2009(4).
[127] 吴锋,曹英群.关于我国农村报刊发行现状的调查报告.今传媒,2007.
[128] 吴飞.社会传播网络分析——传播学研究的新进路.中国人民大学学报,2007(4).
[129] 吴郁.主持人的语言艺术.北京:北京广播学院出版社,1999.
[130] 吴缦,曹璐.新闻广播研究.北京:北京广播学院出版社,1997.
[131] 维伯特·坎布里奇.传播学的里程碑与国家发展//叶海亚·R·伽摩利珀.全球传播.尹宏毅主译.北京:清华大学出版社,2003.
[132]【美】威尔伯·施拉姆,威廉·波特.传播学概论.陈亮,等译.北京:新华出版社,1984.
[133]【美】沃尔特·范伯格,等.学校与社会.4版.李奇,等译.北京:教育科学出版社,2006.
[134] 夏文蓉.发展传播学视野中的媒介理论变迁.扬州大学学报(人文社会科学版),2007,11(3).
[135] 熊源伟.公共关系学.合肥:安徽人民出版社,2003.
[136] 熊源伟,等.人际传播学.广州:中山大学出版社,1991.
[137] 熊源伟,等.公共关系策划.广州:中山大学出版社,1991.
[138] 谢咏才,李红艳.中国乡村传播学.北京:知识产权出版社,2005.

[139] 谢菊.论建设社会主义新农村的主体问题.学术探索,2006(1).
[140] 谢天勇.大众传媒与扶贫报道.复旦大学硕士论文,2005(6).
[141] 徐晖明.我国发展传播学研究状况.当代传播,2003(2).
[142] 闫文秀.流动民工的边缘化问题综述.求实,2005(2).
[143] 尹勇,等.运用传播学原理比较传播农技推广与农民田间学校.西南农业大学学报(社会科学版),2005(1).
[144] 余世维.有效沟通.北京:机械工业出版社,2006.
[145] 余姣萍,许阳奎,段尧清.我国中部地区农民信息素质调查分析及对策研究——基于湖北省部分地区调查数据的分析.图书情报知识,2007(5).
[146] 姚远峰,齐礼良.试论基于知识管理的交互学习.当代教育论坛,2007(8).
[147] 叶敬忠.农民发展创新中的社会网络.农业经济问题,2004(9).
[148] 姚君喜.大众传播媒介与反贫困——大众传播与贫困地区甘肃的社会发展研究.复旦大学博士后论文,2004.
[149] 周德孚,等.学习型组织.上海:上海财经大学出版社,1998.
[150] 朱增朴.传播与现代化.北京:中国新闻出版社,1989.
[151] 朱晓军.科学发展观对传播学本土化路径选择的现实意义.重庆工学院学报(社会科学),2007(12).
[152] 祝建华.上海郊区农村传播网络的调查分析.复旦学报(社会科学版),1984(6).
[153] 曾士强,刘君政.人际关系与沟通.北京:清华大学出版社,2006.
[154] 张孙玮,吕伯昇,张讯.科技论文写作入门.北京:化学工业出版社,2005.
[155] 【美】威尔斯.广告学原理和实务.张红霞,杨翌昀主译.昆明:云南大学出版社,2001.
[156] 张隆栋.大众传播学总论.北京:中国人民大学出版社,1993.
[157] 张国良.新闻媒介与社会.上海:上海人民出版社,2001.
[158] 张承宏,于宁.知识管理中的知识共享问题.内蒙古图书馆工作,2007(1).
[159] 张建华.KM中隐性知识管理策略研究.情报科学,2006,24(5).
[160] 张润彤,朱晓敏.知识管理学.北京:中国铁道出版社,2002.
[161] 张琼.农民工在农村信息传播中的角色分析.新闻窗,2008(2).
[162] 张海涛.按照科学发展观的要求全面加强农村广播电视工作.中国广播电视学刊,2005(5).
[163] 张春朗.对农广播电视的现状分析.当代传播,2006(6).
[164] 张文宏,阮丹青,潘允康.中国农村的微观社会网与宏观社会结构.浙江学

刊,1995(5).
[165] 朱力,等.社会学原理.北京:社会科学文献出版社,2003.
[166] 钟靓.终身学习视野下的个人知识管理.教学研究,2007(3).
[167] 周治朴.知识管理与其系统的建置.商业时代,2007(1).
[168] 赵树凯.历史性挑战:中国农村的冲突与治理.http://www.china.com.cn/zhuanti 2005/txt/2004-01/18/conten_5483/04.htm.
[169] 赵小春.农业传播学.北京:中国传媒大学出版社,2006.
[170] 郑杭生.社会学概论新修.北京:中国人民大学出版社,2002.
[171] 中华人民共和国农业部.2003中国农业统计资料.北京:中国农业出版社,2004.
[172] 中国社会科学院农村发展研究所,国家统计局农村社会经济调查司.中国农村经济形势分析与预测(2009—2010).北京:社会科学文献出版社,2010.
[173] 张国良.中国发展传播学.杭州:浙江大学出版社,2009.
[174] 左停,旷宗仁,徐秀丽.从"最后一公里"到"第一公里"——对中国农村技术和信息传播理念的反思.中国农村经济,2009(7).
[175] 旷宗仁,谭英,左停.中国乡村传播及其优化模式研究.农业经济问题,2006(8).
[176] 杨雄年.教育程度低科技素质差 中国农民素质不容乐观.中国网 china.com.cn,2008-04-25.
[177] 2007年中央1号文件:关于积极发展现代农业扎实推进社会主义新农村建设的若干意见.http://www.sina.com.cn 新华网,2007-01-29.
[178] Adhikarya, R. Strategic Extension Campaign-A Participatory-Oriented Method of Agricultural Extension. FAO, Rome, 1994.
[179] Alexander G. Flor. Development Communication PRAXIS. University of Philippines, Open University, 2007.
[180] Alice Lam. Embedded Firms. Embedded Knowledge: Problem of Collaboration and Knowledge Transfer in Global Cooperative Ventures. Organization Studies, 1997, 18(6).
[181] Ashby, J. A etc. Investing in Farmers as Researchers: Experiemence with Local Agricultural Research Committees in Latin America. CIAT, 2000.
[182] Barker, L. L. and Barker, D. A. Communication, Sixth Edition, PRINTICE HALL, USA, 1993.
[183] Dominick, J. R. The Dynamics of Mass Communication. Random House,

New York,1983.
[184] FAO and World Bank. Agricultural Knowledge and Information Systems for Rural Development(AKIS/RD), Strategic Vision and Guiding Principles, Rome, 2000.
[185] FAO and GTZ. Framework on Effective Rural Communication for Development, 2006.
[186] Harry A. Carey, Communication in Extension, FAO, Rome, 1999.
[187] Hopkinson, H. Technial Communication. McGraw-Hill book Company, Sydney, 1974.
[188] IDRC, CRDI etc. Living the Information Society: The Impact of ICTs on People, Work and Communities in Asia, 1st International Conference, 2007.
[189] IIa Virginia C. Ongkiko, Alexander G. Flor. Introduction to Development Communication, University of Philippines, OPEN UNIVERSITY, 2006.
[190] Ivette Martinez Riveria, Julia Rees. 成功演讲技能. 联合国儿童基金会, 2004.
[191] Jan Servaes & Patchanee Malikhao. Communication and Sustainable Development. Background Paper, FAO document, Rome, 2004.
[192] Kalman M E. The Effects of Organizational Commitment and Expected Out-comes on The Motivation to Share Discretionary Information in a Collaborative Database: Communication Dilemmas and Other Serious Games. University of Southern California, 1999.
[193] Leeuwis Cees with contribution from Van den Ban, Anne. Communication for Rural Innovation: Rethinking Agricultural Extension, Third Edition, Blackwell Science, 2004.
[194] Lionberger, H. F. and Gwin P. H. Communication Strategies: A Guide for Agricultural Change Agents. Interstate Printers & Publishers, USA. 1982.
[195] Mikkelsen, B. Methods for Development Work and Research, Sage Publication LTD, New Delhi, 1995.
[196] McQuail, D. & Windahl, S. Communication Models for the Study of Mass Communication. Longman, London and New York, 1993.
[197] Melkote, S. R. Communication for Development in the Third World-Theory and Practice. Sage Publications India Pvt Ltd., New Delhi, 1991.
[198] MacDonald, I. and Hearle, D. Communication Skills for Rural Develop-

ment. Evans Brothers Limited, London, 1984.
[199] Miller, G. R. Explorations in Interpersonal Communication. Sage Publications, London, 1976.
[200] Niels Roling. The Agricultural Reserch-Technology Transfer Interface: A Knowledge Systems Perspective. Isnar, 1989.
[201] Norman, D. W. The farming systems approach to development and appropriate technology generation, Food and Agriculture Organization of the United Nations, Rome, 1995.
[202] Reardon, K. K. International Communication: Where Minds Meet. Wadsworth Publishing company, California, 1987.
[203] Rogers, E. M. Diffusion of Innovations. The Free Press, New York, 1983.
[204] Reberas . Implicit learning artificial grammars. Journal of Verbal Learning and Verbal Behavior, 1967(5): 855-863.
[205] Van den Ban, A. W. and Hawkins, H. S. Agricultural Extension. Blackwell Science Ltd. , London. 1996.
[206] Von Krogh G, Roos J. Five Claims of Knowing. European Management Journal, 1996(14).
[207] Williams, F. The New Communications. Wadsworth Publishing company, California, 1984.
[208] William M. Rivera. Agricultural and Rural Extension Worldwide: Options for Institutional Reform in the Developing Countries. FAO, Rome, 2001.